동 | 아 | 시 | 아 | 의 | 문 | 화 | 선 | 택

한류

2005년 9월 12일 1판 1쇄 펴냄
2010년 5월 3일 1판 2쇄 펴냄

지은이 | 백원담
펴낸이 | 박종일
펴낸곳 | 도서출판 펜타그램

주소 | 서울시 마포구 서교동 463-28 공암빌딩 4층
전화 | 02-322-4124
팩스 | 02-3143-2854
이메일 | cleanep@chollian.net
등록 | 2004년 11월 10일 제313-2004-000259

책임편집 | 장영권
디자인 | 맑은엔터프라이즈(주)
제작 | 창영프로세스

동 | 아 | 시 | 아 | 의 | 문 | 화 | 선 | 택

한류

백원담 지음

도서출판
펜타그램

차례 CONTENTS

차례 CONTENTS

한류의 파장을 읽는 법

동아시아가 겪어온 불행한 관계성을 넘어설 희망의 고리

21세기 초 한국 혹은 동아시아의 말뜸(화두)은 한류라고 해도 과언이 아닐 만큼, 나라 안팎이 소란하다. 그런데 정작 한류가 무엇인지, 왜 그것이 동아시아에서 화젯거리가 되는 지 5년이 넘도록 우리 사회는 아직 그 실체를 규명하지 못한 채 의론만 어지러이 분분하다.

한류에 대한 주변 사회의 시각은 다양하다. '고려인들이 특유의 저력으로 21세기에 올린 문화적 개가'라던가, '전자헤로인(중국 광명일보가 한국 온라인게임에 중국 청소년들이 빠져드는 현상을 두고 한 말)'과 같은 극단의 평가가 있는가 하면, 반(反)한류의 조류가 흐르기도 한다. 우리는 물론, 한류가 흘러들어간 동아시아 사회 역시 당혹스럽기는 마찬가지인 것으로 파악된다.

그렇다면 예기치 않게 종횡무진 흐르고 불어제끼는 한류, 그것은 과연 무엇이기에 자신의 실체를 드러내 보이지 않는 것인가.

한류란 원래 21세기를 넘어서면서 한국의 상업주의 대중문화가 국경을 넘어 동아시아에 돌연 두드러지게 유통되며 반향을 일으킨 문화현상을 일컫는 말이다. 다만 그것이 각국에서 자신의 면모를 드러내는 양상과 시차가 다름으로 해서, 거품이다, 대세다, 하는 논란을 불러일으켜왔고, 초기의 격류가 유지될 것인가 하는 기대감과 의구심이 교차한다. 한류의 부상이 가져오는 경제적 효과에 대한 사회적 기대감과, 문화의 산업화에 따른 문화의 몰락에 대한 우려가 엇섞여 다양한 스펙트럼을 그리고 있는 것이다.

나는, 문화의 세계화 시대에 한국과 동아시아의 21세기 문화적 관계망은 자본의 논리에 의해 철저하게 조장되고 있으며, 한류란 결국 이들 거대 자본들에 의해 기획되고 조직되는 21세기 초반 문화산업버전에 다름 아니라고 갈파해왔다. 다만 여기서 한류가 일방적으로 국경을 넘어 흘러들어가는 것이 아니라 각국의 문화상태와 문화주체들의 선택적 수용, 곧 주체적 선택에 의해 오늘의 국면을 이루고 있다는 점에서 수용 주체적 입지를 강조한 동아시아의 문화선택이라는 점을 중시하고자 하였다. 아울러 한류가 아무리 상업주의 대중문화로 동아시아에 회통(會通)된다고 해도 그것이 동아시아에서 어떤 이유로든 선택되어진 한, 그 계기성을 잘 포착해야 한다는 점을 역설해왔다.

아직도 분단을 살고 있는 한반도적 살이의 어려움 속에서 한류의 돌연한 흐름은 한반도적 살이가 자아낸 긴장의 한 표현이며, 그런 점에서 한반도의 평화와 동아시아의 다원평등한 공존을 위해 한류의 이면 혹은 새로운 한류의 가능성을 열어내야 한다는 것이다. 물론 그러한 입장이 권력과 자본에 의해 간취되어 동아시아에 대한 지배이데올로기, 국가주의와 문화자본의 패권논리로 화해 주변화의 어두운 그늘을 만들고 말 것이라는 우려가 없는 것은 아니다. 그러나 그럼에도 불구하고 사안의 긴급함과 중요함으로 인해 나는 한류 안의 관계성, 현상타파적 저항성을 띠는 문화형질의 발현가능성을 결코 놓칠 수가 없다.

어쨌든 한류에 대해 나름으로는 이렇게 간명하게 정리를 해도 아직 의문은 남는다. 그것은 대개 세 가지로 정리될 수 있다.

첫째, 한류의 존재여부 자체에 대한 의문이 있다. 그것은 기대감과 의구심 사이에 있는데, 대개는 기대감에서 비롯된 것이다. 우리 사회는 우리 사회대로, 동아시아 지역사회는 각기의 이해관계에 따라 한류가 부침하고 있다는 것이다.

둘째, 한류가 있다면 그것이 지속되고 있는 원인에 대한 규명문제이다. 그것은 물론 한류의 지속가능성을 묻는 문제이고, 역시나 어떤 기대감과 연결되어 있다.

셋째, 한류의 파장은 과연 우리 사회와 동아시아에 어떤 의미인가 하는 것이다. 이것은 한국과 동아시아 각국의 입지로부터는 물론, 전체 동아시아와 세계적 입지에서 들여다볼 문제이다. 동아시아의 새로운 국제관계 형성단계에 한류파장의 의미를 규명해내야 하는 것이다.

이 책은 이 문제에 대한 어떤 해답을 구하는 과정 혹은 경로라고 할 수 있다. 어떤 해답이라 함은 그것이 정답이 아닐 수 있다는 자기확신의 부재에서 차선을 말하고자 하는 것이 아니다. 다만 우리가 함께 해답을 찾아나가는 과정에 있다는 의미를 강조하기 위함이다. 그것은 때로는 상호입지와 이해관계에 따른 격론이 될 수도 있고, 동아시아의 불행한 관계의 역사를 다시 불러내는 계기로 작동하여 반목과 몰이해, 예기치 않은 격돌을 야기할 수도 있다. 그러나 동아시아 라는 지역 범주에서의 새로운 관계성에 바탕한 바람직한 공동 모색의 지점을 찾아갈 가능성 또한 내재하고 있다. 그런데 내가 원하는 것은 바로 마주보든 돌아앉든 우리 사회 내부나 동아시아 범주 안에서 보다 긴밀한 관계의 설정에 대한 진지한 논의를 통해 상호관계성을 높여가는 것이다. 이러한 문제들을 우리 사회와 동아시아 지역의 상호발전을 위한 하나의 생장점 혹은 성장판으로 놓아두고자 한다.

이 책은 그 의론의 한복판에 서서 많은 화살을 우선 맞고자 다음 세 가지 각도에서 한류를 규명해 갈 것이다. 문화현상, 문화산업, 문화적 지역주의가 그것이다. 우선 나는 한류를 21세기 초반 동아시아에 흐르는 주된 문화현상으로 파악하고자 한다. 그러나 문화의 세계화 시대에 미디어와 교통의 발달에 따라 한국의 문화상품이 빠르게 동아시아 각국으로 퍼져나간 것이라는 관점에서 문화산업으로서의 한류를 규명해낼 것이다. 그런데 한편으로, 한류가 자본의 논리를 따라가지만, 그것이 문화인 한 그 안에는 분명히 어떤 가능성을 내재하고 있다는 점을 봐내야 한다. 나는 이 점을 포착하여 동아시아가 겪어온 불행한 관계성을 넘어설 새로운 동력을 찾아낼 수 있는 희망의 고리를 잡아내고자 한다. 그를 위해 나는 여기서 문화적 지역주의라는 개념과 지향을 제안하고자 한다. 그것은 동아시아의 새로운 관계성, 다원평등한 공존의 세상을 만들어가고자 하는 이념적 가치지향이라고 해도 좋을 것이다. 그런데 분명한 것은 문화적 경로를 세워나가고자 한다는 것이다. 그것은 무엇보다 동아시아 사회가 모두 서구로부터의 충격과 타율적 근대의 경험을 공유하고 있다는 데서 출발한다. 당장 동아시아적 보편성을 내세우기 힘든 상호 불행한 역사적 경험을 가지고 있다는 점에서, 문화적 되비추기를 통해 서로를 제대로 들여다보는 과정이 요구된다. 그러나 정지상태가 아니라 함께 흐르면서 서로를 껴안는 과정이 필요하다는 점에서 문화의 본원인 교류의 힘과 새로운 지향에 대한 문화적 상상력의 힘을 빌리고자 하는 것이다. 한류는 그런 점에서 나의 시야 속에 목적의식적인 배치와 활용의 의미가 강하다.

그러할 때 한류의 속성은 물, 틈 없는 틈, 무간(無間)을 흐르는 물이고, 척도 · 잣대로서의 물(準)이며, 흘러 흘러 거울이 되는 경지, 명경지수(明鏡止水)이자 아래로 아래로 흘러 모든 것을 받아들이며 거대한 바다를 이루게 된다. 그러나 그것은 모든 역풍에 맞서 돌연 몰아치는 파도이고, 끊임없이 거듭나는 자기갱신의 부단한 흐름이고, 그 모진 풍파 속에서도 하늘의 넉넉한 푸르름과 강렬한 태양의 의지를 은빛으로 반짝이며 출렁일 줄 아는 푸른 물결이다. 그것이 흐르다가 다시 하늘에 올라 단비로 내릴지 궂은비로 추적일지, 홍수와 해일로 세상의 파탄을 비웃을지는 아무도 모를 일이다. 그러나 나는 오직 간절함으로 부박하나마 한류의 흐름에 희망이라는 표지 하나를 찾아 몸을 싣는다. 문류(文流), 한류. 다른 방도가 보이지 않는 것은 아니나 어떤 계기성도 놓치지 않아야 한다는 신념으로.

이 책은 첫째, 한류를 21세기 초 동아시아에 두드러진 문화현상으로 파악하며 그것의 여정, 국경을 넘어 한류가 흘러간 곳곳의 문화현상들을 비판적으로 검토해갈 것이다. 우리는 한류에 감격하지만, 그러나 해당 국가의 사회문화 문맥 속에서 한류란 과연 무엇인가 하는 문제를 해당 국가의 문화상태와 문화현상 속에서 보아내고자 한다. 그것은 한류의 실체를 구체적으로 파악하는 첩경이 될 것이다.

그것은 한류를 통해 우리가 동아시아 사회를 이해하는 경로이기도 하고 우리와 가까운 공간범주 속에서 살아가는 사람들과 다시 새롭게 만나가는 계기와 방법을 찾아가는 과정이기도 하다. 무엇보다도 한류는 동아시아 지역에서 우리와 우리 문화의 위치를 가늠하는 척도가 되어줄 수 있을 것이다.

둘째, 한류를 문화의 산업화 시대에 문화산업의 한국판으로 이해하고, 문화산업의 각도에서 한류의 문제점과 전망을 진단해보고자 한다. 이는 한류가 한국 경제의 규모와 내용이 자본의 세계화 추세 속에서 문화산업의 영역에까지 확대 혹은 전화를 이루는 표징이라는 시각에서 출발한다. 그것은 거꾸로 한류를 통해 한국 문화산업의 발전 정도와 전망을 가늠해보는 과정이기도 하다. 물론 여기서 간과해서는 안 될 것은 초기 한류란 문화산업적 차원보다는 거대 자본들이 경제효과를 위해 상업주의 대중문화를 활용한 측면이 크다는 점이다. 따라서 문화산업 자체보다는 다른 산업과의 연관 속에서 한류를 점검하는 작업이 필요하다. 다시 말하면 한국의 거대 자본들의 다국적 자본화 과정 속에서 문화의 위치가 어디인가를 규명해야 한다는 것이다.

1997년 이후 IMF시대의 경제적 몰락 상황에서 김대중 정부가 문화산업을 21세기 국가 기간산업으로 등극시키고자 하는 일련의 기획 속에서 문화산업 진흥책이 마련되었다. 그것에 의해 다양한 문화산업의 성장 발전이 이루어져 그것이 한류로 이어졌다는 평가가 다른 나라에서 나오고 있다. 즉 국가의 문화산업정책에 의해 견인된 바 크다는 것이다. 그로부터 '한국(한국의 문화산업)을 배우자' 는 차감(借鑑)노력이 각국에서 대두되고 있다. 그런 점에서 볼 때, 한국의 자본

화 과정에서 문화산업의 대두와 발전이라는 차원에서 한류가 본격적
으로 논의되어야 한다는 생각이다.

이는 미국과 서구, 일본을 중심으로 한 세계 문화시장의 강고한
구조 속에서 한국과 동아시아가 그 하위체제로 편제되는 과정의 문
제를 필연적으로 맞게 된다. 한국 문화산업은 과연 세계 문화시장,
문화의 세계화 체제에 안착할 수 있을 것인가, 아니면 이미 정착했는
가. 그렇다면 그 수준은 어느 정도인가. 한류는 동아시아 경제성장에
따라 세계 문화시장 판도에 변화가 일어나고 있다는 것에 대한 하나
의 표징이다. 한류는 동아시아 사회에서 어떤 가능성, 대개는 세계
문화시장 진입의 가능성 혹은 재편에의 긴장으로 작동하고 있다.

중국의 경우, 자본의 세계체제 속에 스스로 걸어 들어온 후 급속
한 경제성장 속에서 지식산업과 아울러 문화산업에 크게 관심을 보
이고 있다. 다시 말하자면 문화대국으로서의 자존심과 풍부한 문화
유산을 가지고 문화산업의 육성을 통해 세계사적인 부상 혹은 귀환
을 준비하고 있다는 것이다. 이 가운데 중국은 한류를 중요한 차감체
계로 삼고 있다. 그런 점에서 중국에서의 한류는 일종의 충격파였고,
중국을 문화산업에 눈뜨게 하고 문화산업 체계를 가동시키게 한 장
본이라고 할 수 있다. 따라서 한류의 파장으로 인한 중국의 문화산업
의 태동과 발전추세를 가늠해보는 것은 자본의 세계화 추세의 변화
국면과 세계 문화시장과 동아시아 문화시장의 재편의 오늘을 파악하
는 중요한 지점이 될 것이다. 이는 중국의 사회 문화의 전면적 재편
과정을 예시해주는 바, 그런 점에서 중국의 문화적 격동 혹은 문화중
국의 새로운 가능성과 한계를 보아낼 수 있는 계기가 되기도 한다.
사회주의 문화의 해체 이후 중국의 문화 선택, 그것은 철저하게 자본

의 궤도 속에 있겠지만, 그러나 사회주의 문화전통을 어떻게 현재화
하면서 새로운 정합과정에 이를 것인가.

일본의 경우, 한류의 발동이 늦었지만, 그러나 추세가 만만치 않
다는 점에서 주의를 요한다. 최근에 일본에서 비판적인 문제인식을
가진 문화연구자들이 한국의 일부 문화연구자들과 함께 펴낸 책의
제목이 바로 '일식한류(日式韓流)'이다. 한국에서 명명하는 일본 음
식이 일식이라는 점에서 착안하기도 했다는 책의 표제는 한류, 특히
일본에서 일어난 한류 흐름에 대해 초국적 지역주의의 관점, 곧 문화
의 세계화 추세 속의 지역화 흐름이라고 보는 비판적인 시각을 견지
하면서도, 일본에서의 주체적 수용을 중요하게 포착하고 있다. 나 역
시 한류란 문화수용 주체의 입지에서 동아시아의 문화선택이라는 시
각을 제기했지만, 일본에서의 한류에 대한 주체적 수용의 문제는 묘
한 여운을 남긴다. '보아'라는 한일합작의 기획 문화상품 때문일까.

미국과 함께 세계 문화자본의 인수합병을 추동하며 세계 문화산
업을 주도해온 일본이 동아시아에서 대만을 거점으로 한 차례 회오
리를 일으킨 뒤, 잠시 침체된 국면에 한류의 주체적 수용이라. 책의
저자들 중에는 일본의 문화산업과 신대동아공영권, 새로운 동아시아
지배전략의 교묘한 결탁에 내포된 상업주의와 국가주의의 간교한 공
조에 대해 신랄하게 비판해온 이와부치 고이치(岩淵功一) 교수도 포
함되어 있다는 점에서 이 책의 의도는 분명하다. 한류의 일본에서의
파장과 일본문화 개방에 따른 일본에서의 한국 드라마 수용양싱 등
에서 그 양측의 수용주체에 대한 이해와 함께, 한일관계의 새로운 모
색과 아시아에서 지역 내 문화교통의 문제를 비판적으로 인식해가고
자 하는 것이다.

그러나 문제는 이제 어떤 문화도, 문화상품도 일국 단위로 사고할 수 없는 시점에, 그 안에 엄연히 존재하고 있는 비대칭성을 어떻게 극복할 것인가 하는 것이다. 세계 문화시장의 한 구석을 차지하고 초기 돌풍을 일으키는 한류는 그런 점에서, 향후 가속화될 한·일 문화산업 공조체계를 굳건히 하고 동아시아 세계시장으로 나아가는 문제, 그것이 일으킬 안팎의 파장에 대한 총체적인 고찰을 요하고 있다.

이 즈음에서 한국 문화산업의 현단계를 제대로 점검해 봐야 할 것이다. 자원이 부족하고, 다국적 독점기업으로 발돋움한 거대기업 이외에 여타 산업구조가 취약한 실정에서 고부가가치를 창출하는 문화산업이 과연 국가의 기간산업으로 자리 잡을 수 있을 것인가를 논의해보아야 하는 것이다. 한류의 경제 효과가 경이롭다고 감탄해 마지않는 사회 분위기 속에서 문화산업의 성장이 우리 경제 회생의 관건인가 아닌가를 심도 있게 논의해보아야 할 것이다. 그것은 안으로 우리 사회 문화의 발전 가능성을 열어가고자 하는 문화 공공성 논의, 그리고 추진의 성과와 한계에 대한 논의, 양축에서 진행되어야 한다. 그리고 밖으로는 한국 문화산업의 성장과 발전이 동아시아 지역사회에 일으키는 장력의 성격과 실질을 논의해나가야 할 것이다.

여기서 문화산업의 가능성과 체계적 발전을 문제 삼는 것은 확실히 나의 역량을 넘는 작업이다. 문화의 산업화는 근본적으로 문화의 본원적 발전이 아니라는 나의 입장으로 보면 논의를 이끌어가는 것 자체가 내키지 않는다. 게다가 중국문화 연구자로서, 중국의 현실문화 연구는 물론 동아시아적 지역학과 문화학의 건립 문제라는 학문적 관심에서 비롯된 논의가 문화현실에 전진배치 되면서 문화산업의 영역으로 넘어갈 때, 필시 만나게 될 현실논리에 어떻게든 대응하지 않으면 안 되기 때문이다. 즉 어쩔 수 없는 대세라는 미명하에 권력·자본과의 불가피한 관계형성과 그 현실논리에 의한 타협주의적 태도를 자의반 타의반으로 수용하게 될 수밖에 없는 위태로운 입지를 뻔히 예견하면서도 굳이 그곳에 다가설 이유가 있느냐, 하는 나 자신의 자성과 자문을 외면할 수가 없는 것이다.

그러나 문화현실의 문제라면 문화산업의 문제를 결코 비껴갈 수 없다는 곤경이 있다. 따라서 나로서는 세계 문화산업 구도를 놓고 그 속에서 문화의 산업화를 가속적으로 추동해가고 있는 정부와 문화산업 자본에 대해, 문화를 경제논리로만 파악하는 문제의 심각성을 우선 제기해나갈 생각이다. 문화산업 자체로 놓고 보더라도 한국 문화산업은 이제 겨우 초기 성장단계로 생산과 유통에 있어서 전근대성(前近代性)이 두드러진다. 그것은 우리나라 자본의 파행적 발전에서 말미암은 원치 않은 후과에 다름 아니다. 이러한 문제들을 극복하고 제대로 된 문화산업체계를 구축해가는 문제로 논의를 진전시켜보고자 한다.

그것은 할리우드 스타시스템과 유통배급망의 장악을 통해 전 세계지역을 문화시장으로 변질시키는 미국의 문화산업전략, 다양한 문화정체성들을 파괴하고 '아메리칸 스탠다드', '글로벌 스탠다드'로 획일화시켜가는 미국의 문화제국주의에 대한 비판적 인식에 바탕한다. 이는 거스를 수 없는 문화의 산업화 문제에 적극적으로 대응하는 의미를 가진다. 또한 일본의 현지 아이돌스타시스템에 대한 문제제기 속에서 문화의 다원화 국면조차 차별화된 상품의 생산과 유통·판매시장으로 통합해가는 전지구적인 문화의 세계화 추세에 대한 정면돌파의 성격노 시니고 있다.

그런 구도 속에 순응하고 쫓아다니며 떡고물이나 받아먹을 것인가, 아니면 저항하며 새로운 문화교류와 인간적 문화산업의 장을 창출해내어 이 무도한 세계 문화지배 구도의 판을 갈아엎을 것인가. 그렇게 우리는 다시 사회적 결단의 갈림길에 서 있다. 그러나 한반도적 살이가 늘 그래왔듯이, 문제인식의 첨예함에도 불구하고 우리의 의지와는 무관하게 강대국의 논리에 끌려다니게 마련임을 잘 알고 있다. 하지만 다시 스스로 기로에 서는 것을 두려워해서는 안 될 것이다. 삶은 늘 그처럼 가파르므로. 그러나 바로 그러한 가파른 삶의 긴장이 가장 빼어난 문화를 일구어왔음을 우리는 또한 잘 알고 있다.

우리는 동아시아 지역의 사회가 저마다 갖고 있는 아름다운 문화전통과 문화생산 능력을 여실히 목도하고 있다. 그 빛나는 미학의 소재를 미처 확인받기도 전에 마구잡이로 상품화되어 거대한 문화시장, 쇼핑몰 속에서 박제화되거나, 시장 밖 뒷골목에서 조야한 모조품으로 헐값에 팔려가는 문화적 사회적 몰락을 결코 외면해서는 안 될 것이다. 그것은 다른 지역사회의 문제가 아니라 바로 우리 지방정부가 추진하는 고장의 문화판촉 바람 속에서 얼마든지 확인되는 바다. 인간의 노동력만 상품이 된 것이 아니라 인간 자체가 상품화되고 인간의 무의식적 욕망까지도 상품화된 시대에 그런 촉구란 구태의연하기 짝이 없는 소치로 무시당하기 십상일 것이다. 혹자는 오히려 문화소비의 맥락에서 제대로 된 소비문화를 만들어가는 것이 더 빠른 길이라고 역설하기도 한다. 그러나 과연 그런가. 문화산업의 특장은 다른 산업과 달리 정신적 미적 가치의 생산이라는 점에서, 초동단계에서부터 제대로 길눈이를 세워 체계를 잡아야 한다. 그리하여 문화적 본연에 충실한 문화 산물들을 만들어낼 문화생산력을 확보해내고, 그 문화적 생산물들의 가치를 온전히 보존할 수 있는 수평적 유통구조를 만들어가야 할 것이다.

이 문제는 무엇보다도 우리 민간사회의 문화 수용주체 동력을 최대한 가동해내는 문제와 직접적인 관련이 있다. 현상타파의 저항성과 관계성 곧 사회성이 뛰어난 우리 민간사회의 문화 창조 능력은 인터넷 쌍방향성 문화와 한국적 영상미학이라는 쾌거를 이루어낸 문화생산과 유통의 가장 중요한 핵질에 다름 아니기 때문이다. 그러나 우리 사회에는 보다 많은 허접한 문화 잡화들이 산재해있고, 그런 점에서 수준 높은 민간의 문화요구에 걸맞는 팽팽한 정합이 이루어낸 아름다운 긴장의 미학을 우리 문화상품의 정채적 특징이라고 하는 것은 적절치 않다는 지적이 있을 수 있다. 인정한다. 그러나 그것을 특징으로 이야기할 때 전혀 부정할 수만은 없는 분명한 예증들 또한 엄연하다는 점에서, 문제는 그것을 어떻게 특징화할 것인가 하는 차원으로 전환되어야 한다. 요컨대 특정의 수요가 아니라 대다수 민중의 문화적 요구를 사회적으로 실현해가는 과정을 곧 문화산업의 체계 구축경로로 삼고, 그런 상호침투과정 속에서 우리식 문화 산품(産品)을 만들어 갈 경로를 찾자는 것이다. 정당한 가치평가 속에서 이제까지와는 다른 세계화의 가능성을 열어가는 그런 문화 생산 유통체계는 전혀 불가능한 일인가. 그러나 이 책의 논의는 그 불온한 적과의 동침 속에서 아직은 모호한 가능태로 강구되고 있는 수준이다.

세 번째로 이 책은 한류에 대한 검토를 통하여 동아시아 구래의 불행한 관계성을 넘어설 새로운 동력을 찾아내고자 애쓸 것이다. 그를 위해 나는 문화적 지역주의라는 개념과 지향을 제안한다. 그것을 동아시아의 새로운 판세싱, 다원평등한 공존의 세상올 만들어가고자 하는 이념적 가치지향이라고 해도 좋다. 나의 궁극적 목적은 아직도 세계사의 주변으로 몰려있는 동아시아와 서구 사이의 한 세기 반을 넘는 비대칭적 관계상과 불평등한 질서를 혁파하고, 복수(複數)의 자본주의가 아니라 다원적이고 평등한 새로운 문명세상을 만들어가기 위한 문화적 경로를 밝히고, 그것을 다양한 실천의 조직화를 통해 실현해가는 데 있다. 그런데 왜 하필이면 한류인가. 상업적 대중문화가 주류를 이루는 한류 속에서 과연 무엇을 찾아낼 수 있다는 것인가.

문화란 원래 높은 데서 낮은 데로 흐르는 물과 같다고 한다. 그러나 나는 주장하고 싶다. 문화의 흐름의 가장 중요한 특징은 낮은 데로 낮은 데로 흐르는 데 있다는 것을. 설령 오물투성이가 되더라도, 뒤섞이고 흐르면서 물은 어떤 식으로든 자기를 정화해 낸다. 그것이 여의치 않으면 물은 아예 흐르기를 멈추고 스며들어간다. 사람들은 그것을 문화의 죽음이라고 하지만, 그러나 나는 스며들어 다시 흐를 길을 찾아나서는 잠문맥(潛文脈)들을 이어내는 것이 새로운 문화적 경로를 만들어가는 과정이라고 감히 말하고 싶다. 동아시아의 역사, 그 전 과정에는 이렇게 서로 마주 오면서 함께 흐른 경험의 궤적들을 얼마든지 찾아볼 수 있다. 물론 그 속에서 아시아적 가치와 같은 '현자의 돌'을 찾아내겠다는 어리석은 우를 다시 범하는 일은 없어야 하겠다. 내가 말하고 싶은 것은 세계사의 전진을 위해 나아갔던 아름다운 지향들이 일구어놓은 그 흐름의 궤적들을 이어내어 그것을 동아시아 공동의 문화전통과 역사전통으로 안으며 새로운 미래지향으로 나아가자는 것이다. 그런데 그것을 찾아 나선 지 꽤 오래되었건만 일부 지식계층과 문화계에 문제인식만 공유되었을 뿐, 사회지층으로 전화해내는 길은 참으로 요원하였다.

그 즈음 한류를 만난 것이다. 처음에는 문화적 탁류인 줄만 알았다. 그러나 그것이 회통되어가는 길목을 따라가 보니 뜻밖의 상황을 만나게 되었다. 한류에 어린 우리의 부박한 살이들이 국경을 넘어갔을 때, 사람들은 거기서 우리의 속내까지 빤히 들여다보고 때론 옆에 서있기도 하더라는 것이다. 그것은 물론 미디어의 발달과 동아시아의 경제성장에 따라 자체의 문화수요에 걸맞는 문화적 선택이 가능해진 데에서 말미암는다. 그리고 인터넷, 그 가상의 공간에서 문화의 수용주체들이 자유로운 문화 횡단을 감행하고 있는 것을 발견하게 되었다. 그것은 물론 소비 차원의 문화임이 여실하고, 스타시스템에서 부박된 측면이 강하다. 그러나 그들이 만들어낸 소통의 공간에서는 분명 다른 무언가도 이루어지고 있었다. 그것을 가상공간에서 만들어낸 문화적 온기 혹은 생기라고 한다면, 그것을 두고 문화의 기사회생이라고 말할 수 있을 것인가.

문화의 산업화시대, 문화의 세계화시대에 문화에 관철된 자본의 논리는 엄연하다. 그러나 그것에 한편으로는 순응하면서도 다른 한편으로는 그것의 강제와 요구를 뛰어넘는 다른 문화적 생동을 어떻게 보아야 할 것인가. 한류가 타고 가는 문화적 경락 속에서 상호관계성의 새로운 문화풍토가 기생(氣生)한다. 그것이 식민지 시대에 나라의 독립과 세계의 평화를 위해 때로는 총을 들고 때로는 지향점을 놓고 격론을 하던 그 결연한 눈빛들의 만남과는 비교할 수 없는 수준일지 모른다. 그렇지만 지식과 정보까지 자본화한 카피라이트 세계, 그야말로 자본의 천지에서, 그들이 벌이는 무정형의 '카피레프트' 문화 향연은 가히 문화게릴라전에 비견될 만하다. 찰나의 포착과 유연한 대저, 말설기와 댓글달기로 이어지는 무국적의 소통들은 때로 민족국가의 자장 속에서 반목하기도 한다. 그러나 중요한 것은 온라인의 가상의 만남을 오프라인의 현실에서 구현해가며, 나름의 사회문화적 단죄와 정의구현의 경로를 열어가고 있다는 것이다. 주로 대중스타의 자발적 팬페이지를 중심으로 이루어지는 이러한 소통의 장이 미약하나마 새로운 동아시아의 지역성을 만들어가고 있는 것이라면, 그렇다면 그것을 문화적 지역주의가 실현되어갈 수 있는 가능성의 증거로 삼아도 될 성싶지 않은가.

권력과 자본의 이해에 따라 위로부터 형성된 EU에 대한 성찰 속에서 가장 중요하게 보아낼 부분은 바로 이러한 아래로부터의 상호이해와 소통의 문화경로를 열어가는 가운데, 그 보편적 이해관계로부터 새로운 관계상을 만들어가야 한다는 점일 것이다. 동아시아에서 문화적 지역주의의 가능성을 한류 속에서 찾아내고자 한 것은 바로 이 아래로부터의 경로와 수평적 관계상에 대한 고민으로부터 비롯되었다. 물론 이것은 EU의 성패와는 경우가 다르다. 전후 냉전시기 그리고 탈냉전시기인 오늘에 이르기까지, 동아시아 특히 동북아에서 미국을 배제하고 새로운 국제관계를 형성해간다는 것은 거의 불가능한 상황이다. 새로운 관계상을 찾는 작업은 이에 대한 반발의식의 발로라는 비판을 면할 수 없으라는 것을 잘 안다. 그리고 아무리 아래로부터의 경로를 모색한다고 하더라도 민족국가의 경계를 넘어 새로운 지역공동체를 구상한다는 것은 지금으로서는 거의 환상에 가깝다는 것도 분명히 인식하고 있다. 그러나 그러므로 더욱 문화가 갖는 힘에, 서로에 대한 구체적이고 실질적인 이해와 소통을 가능하게 하는 문화적 경험의 공유에, 공동의 문화향유의 경험과 그에 기반한 상황적 질곡을 단숨에 뛰어넘는 문화적 월경에 기대를 걸어보는 것이다. 한류가 이처럼 산지사방으로 물길을 내리라고 언제 상상이나 했던가. 여기서 한류의 문화 형질을 규명해볼 수 있겠거니와, 이 글은 그것을 중역성, 관계성, 현상타파의 저항성으로 해명해나가고 있다.

이 책은 권말에 두 개의 대담을 부록으로 수록하였다.

대만 학자 천광싱(陳光興) 교수와의 대화는 민족분단의 현실이라는, 다르지만 같은 현실에 처해 있는 두 사람이 같은 곳을 바라보고 각기 길을 찾아가는 과정이었다. 동아시아라는 다리를 통해 문제의 심연을 건너가기 위해 서로를 제대로 들여다보고 거기에서 상호계기성을 포착해나간 전향적 논의의 자리였다. 나의 한류에 대한 관심은 전적으로 천 교수와의 만남에서 비롯되었음을 이 자리에서 밝혀두고 싶다. 천 교수는 한류를 통해 비로소 우리가 어떻게 살아왔는지 조금이나마 이해할 수 있다고 말해주었다.

한국문화컨텐츠진흥원 베이징대표처 권기영 소장과의 2005년 벽두의 대담은 나로서는 각별한 것이다. 1999년 여름, 처음 내가 중국의 비판적 지식문화계 인사들을 만나가며 한반도의 생존문제를 놓고 동아시아 평화를 위해 함께 나아갈 것을 종용하던 그때부터 권 소장은 힘든 고비마다 어려운 걸음을 마다않고 선뜻 함께 나서 주었고, 가장 날카로운 문제제기로 나를 무력감으로부터 일으켜 세워주었던 소중한 길잡이이다.

이 책을 본격적으로 써내기로 작정한 그때, 북만주벌판을 향해 길을 떠났다. 아늑한 설원천지, 땅 끝에서 해가 뜨고 땅 끝으로 해가 진 다는 광막한 광야에 홀로 서서 그 하늘과 땅이 맞닿는 지평선에서 일 어나는 황홀한 일출과 일몰의 장관을 목도하며, 나는 오십을 바라보 는 나이에 내 삶의 판을 다시 짜리라 다짐했다. 그리고 그 시작을 바 로 이 책의 저술 작업으로 삼기로 하였다.

지평선이 없는 나라, 날마다 박살이 나는 이 좁아터진 한반도의 전쟁 같은 살림살이에서도 아버님은 내게 끝도 없는 옛이야기의 길 군악과 흥얼거림의 노래로 땅 끝, 천지가 맞닿는 그곳에서 벌어지는 장관을 그림처럼 펼쳐주셨다. 야생마의 멋진 갈기를 부여잡고 한없 이 드넓은 평원을 달리고 싶은 어릿떼의 꿈, 그것은 삶의 기로 혹은 막다른 골목에 설 때마다 환영처럼 내 앞에 나타나 내 인생을 새로운 경지로 이끄는 새뚝이와도 같은 것이었다.

쑹화강, 꽁꽁 얼어붙은 강 위에 드리운 내 그림자. 반짝이는 아침 햇살 아래 하얗게 눈 쌓인 강물 위를 걸어 건너며 심호흡. 언젠가 이 곳을 마구 달리며 뛰놀았던 듯, 북만주벌판의 차가운 아침바람, 그 북풍한설을 온몸으로 안으며 북방의 기운을 있는 힘껏 들여마셨다. 중국의 젊은이들은 이 곳을 북대황(北大荒), 하방당해 온 막막한 북 방의 거대한 황무지라고 부를 것이다. 그들은 인간이 닥쳐온 고난을 과연 얼마나 버틸 수 있는가를 시험받은 땅으로 기억하겠지만, 나에 게 그곳은 우리가 잃어버린 유년의 기억, 까마득한 대륙천지로 어머 니의 치마폭같이 너른 자락을 끝없이 펼치고 있다. 우리 선조들의 삶 의 무대였던 고구려 옛터, 민족이 갈라지고는 더욱 사무쳤던 되찾아 야 할 우리 땅, 만주벌판. 그러나 나를 비롯해 대다수 한국민에게 있 어서 고구려 만주벌판은 단순히 우리 고대국가의 옛 터전만은 아니다. 그것의 역사를 복원하고 옛 땅을 수복하자는 현대판 북벌주의의 허상이 아니다. 그것은 타율적 근대의 아픔, 일제 식민지와 민족분단과 파행적 자본주의에 의한 형극과도 같은 세월 속에서 온갖 역정에 시달려왔던 우리 대다수 민중들이 현실의 순치과정(馴致過程) 속에서 끊임없이 망각을 요구받았지만, 그러나 자기도 모르게 꽁꽁 숨겨두었던 영혼의 숨결, 현실에서는 결코 이룰 수 없지만 도저히 저버릴수 없는 미래지향이다. 외세와 억압과 착취가 없는 진정한 평등과 평화의 민중세상과도 같은 것으로 만주벌판은 우리 역사적 민중들의 의연한 현상타파의 의지에 구체적 형상을 부여해주고 있는 것으로 이해되어야 할 것이다.

한류에의 감격도 아마 그 지점에 있지 않을까. 우리 사회의 한류에 대한 도저한 기대감을 허접한 상혼으로 물리치고자 했지만, 그러나 생각해보면 언제 우리가 이처럼 동아시아를 마음껏 휘돌아본 적이 있던가. 식민지와 전쟁과 분단과 독재 말고 언제 우리가 세계의 이목을 이처럼 집중시켜본 적이 있던가. 대다수 사람들의 가슴 속에는 우리가 그 어려운 지경에서도 이렇게 질긴 목숨을 그저 부지하는 것이 아니라, 아직은 좀 어설프지만 분단적 삶의 긴박을 끊기 위한 그야말로 힘겨운 노력 속에서 이처럼 싱그러운 사회적 생기와 생동하는 문화의 꽃밭도 가꾸어냈다는, 그 사연을 전하고 싶은 간절한 바람을 품고 있는 것은 아닐까. 그리하여 이 땅에 다시는 동족상잔의 원통한 비극이 되풀이되어선 안 된다는 것을, 이 세상 어디에도 그런 통한의 세월을 강요해서는 안 된다는 것을 모두가 깃발처럼 나부끼고 싶은 것이 아닐까.

하얼빈에서 베이징으로 돌아오는 길에도 아침기차를 탔다. 창춘

에서 하얼빈까지 밤으로 열렸던 북만주벌판의 설원을 아침햇살 속에
서 되펼쳐보고 싶었기 때문이다. 떠오르는 태양 아래 벌판은 빛으로
가득했다. 그 백색의 세상에 가지런히 늘어선 방풍림, 그것은 북대황
으로 하방당했던 중국지청(지식청년)들이 하나하나 심어놓은 것일
것이다. 나무와 나무 사이가 유난히 좁다. 그로 인해 나무들은 위로
만 높이 솟아 있다. 그러나 띄엄띄엄 홀로 서 있었다면, 그래서 나무
가 뚱뚱해졌다면 그 홀로 된 나무는 모진 바람에 금방 꺾여 넘어가고
말았을 것이다. 바로 그 빽빽한 나란함, 조금씩 몸을 곧추 세워 다른
나무가 설 자리를 만들고 그렇게 서로가 서로에게 의지하며 더불어
숲이 되어 하늘을 향해 자기의 뜻을 꼿꼿이 펼치는 나무들, 그들의
관계상. 나무들이 숲을 이루었기에 그곳은 바람을 막아낼 수 있었을
것이다. 그리고 방풍림 덕분에 사람들은 마을을 이루고 그 안에서 더
불어 살아올 수 있었을 것이다. 나무로 숲이 된 사람들. 한류가 사람
들을 나무로 만들 수 있을까. 서로의 살이를 위해 조금씩 비켜서며
오직 하늘을 향해 올곧게 뜻을 펼쳐 그 나무들이 숲을 이루게 하는.
오직 숲을 이루게 할 수만 있다면, 그래서 그 안에 사람들이 마을을
이루어 오손도손 살아갈 수만 있다면. 상념이 길지만 제발 오늘의 한
류가 그런 깃발로 나부끼거나, 숲을 만드는 힘으로 작용하기를 바란
다. 나는 오로지 그 바람 하나로 턱없이 모자란 공부와 생각들을 사
정없이 몰아붙였고, 그 결과, 겨우 이처럼 더덕더덕 기운 누더기 모
양새의 글묶음을 세상에 내놓게 되었다.

성공회대학교 동아시아연구소의 연구진과 중국현대문학동네 선
후배님들, 아시아의 여러 친구들, 일산동네 사람들, 부모님과 식구
들, 그 모두의 존재로 인해 여기까지 내쳐 올 수 있었다. 이 책의 저

술을 제안해주신 KBS의 김영준 부장님과 출판을 맡아준 펜타그램 식구들의 인내 또한 적지 않은 빚이다.

　이 책을, 이 땅의 진정한 평등과 평화, 그리고 올바른 학문체계의 정립을 위해 원대한 기획을 하나하나 또렷이 새겨주시던 김진균 선생님, 이 시대 우리 민중의 영원한 스승이신 우리 선생님의 그 선연한 눈빛에 바친다.

2005년 9월 초하루

일산에서　백원담

제1부

왜 한류인가

金花折風帽　　황금꽃이 달린 절풍모를 쓰고
白馬小遲回　　백마를 타고 잠시 주춤 돌아
翩翩舞廣袖　　펄럭펄럭 넓은 소매 날리니
似鳥海東來　　바다 동쪽에서 날아온 새와 같구나

　　　　　　　　– 이백(李白), 〈고구려(高句麗)〉

한류, 동아시아에 부는 바람

한류, 거대자본에 의해 기획된 21세기 문화산업 버전

2001년 가을, 한류의 초동단계 정황. '한국을 이해하는 자문의 다리'라 자임하는 인터넷사이트 www.hanliu-cn.com. 맨 위에 N.R.G사진, Click. 일본에서 활동하고 있는 서태지가 내년부터 한국에서 가수 생활을 재개한다고. 빨간 머리의 서태지, Click. 간단한 한국소식, 그 아래 유행음반 소개, 텔레비전 드라마 보기, 여행관련 기사, 양 옆에 대중음악, TV · 영화, 여행, 요리란. 최근 한국가수들의 노래 Click, 인터뷰기사, 사진모음집, 신인스타들의 신상명세서가 빼곡하고. 한국 스타들에 대한 중국 십대들의 관심 정도가 한눈에 들어오는 게시판. 이밖에 www.ktv2002.com, 한류 관련 사이트와 TV방송들, koreawave.yule.sohu.com, asp.8v6.com/sea53421, koreafans.group.uland.com 기타 등등.

여느 스포츠신문의 연예란을 방불케 하는 이 사이버 창구들을 통해

중국의 젊은 세내들은 한국의 상을 잡아간다. 그 현란한 화면들을 응시하는 마음이 착잡하기 그지없다. 매춘관광의 대국이라는 오명을 조금은 씻을 수 있었다는 데 의미를 둘 수 있을까. 그러나 우리 또한 중국을 지극히 편협한 시각에서 바라보고 있다는 점에서 그리 통탄할 일은 못된다. 우리에게 각인된 중국 역시 미국적

▲ 삼성전자 yepp의 중국 사이트는 한류스타들을 앞세워 중국 청소년들의 호기심을 상품구매력으로 전환시키는 데 성공했다.

시각에 의해 철저하게 재단된 것이거나, 언론의 피상적 보도가 끊임없이 빚어낸 경제적으로 대상화된 일그러진 잔상들일 터, 역사적 맥락이나 전체상을 놓고 바라볼 수 있는 계기나 과정은 건너뛴 채 중국은 때로는 아시아 나아가 세계를 집어삼킬 거대한 공룡으로, 때로는 한없이 촌스런 뙤놈으로 가물거리고 있는 것이다.

이 지점에서 보자면 한류는 결국 대다수 중국민들이 다양한 문화적 접점을 통해 우리를 접할 제대로 된 관계지향의 계기로 현재화하고 있기보다는, 상업적 대중문화의 통로를 통해 우리의 일그러진 모습만을 확인케 하는 부정적 기제라 할 수 있겠다. 우리 또한 한류 속의 중국을 정치·경제·군사적 잠재력은 대단한지 몰라도 문화적으로는 궁핍하기 그지없는 후진국이라고 낙인찍으며, 경제논리로만 끊임없이 대상화하는 경향이 다분하다.

그런데 www.yepp.com.cn은 좀 달랐다. 우리 기업(삼성)이 한류의 초기적 흐름을 읽으면서 안재욱을 광고모델로 내세워 성과를 거둔

한편, 중국의 십대들을 겨냥한 전략적 마케팅의 일환으로 개설한 사이트. 기업은 정보사냥에 혈안이 된 소년소녀들의 호기심을 상품 구매력으로 조직하기 위해 핑클의 베이징 공연, 비밀만남, 한류 체험기회 제공 등 온갖 그물망을 필사적으로 쳐놓았다.

바로 여기서 한류는 그 실체를 여지없이 드러냈다. 한국과 중국, 혹은 한국과 동아시아의 21세기 문화적 관계망은 자본의 논리에 의해 철저하게 조장되고 있으며, 한류란 결국 이들 거대자본들에 의해 기획되고 조직되는 21세기 초반 문화산업 버전에 다름 아니었던 것이다.[1]

특히 중국의 경우, 초기의 한류가 긍정적이든 부정적이든 90년대의 거대한 사회변화 과정에서 대체문화로서의 역할을 하고 있다는 점에서 이 문제는 두드러진다. 중국은 시장화의 길, 곧 광활한 자본의 세계에 스스로 걸어 들어갔다. 그 과정에서 엄청난 문화적 변화를 겪게 될 것은 자명한 이치다. 사회주의 집체성 문화가 해체되는 과정과 자본주의 문화의 물결 속에서 아직 새로운 자기 문화의 정체성을 찾아나가지 못한 단계, 그러한 문화적 공백상태에서 한국기업들의 중국마케팅 전략이 엉겁결에 적중하여 한류가 조성된 셈이다. 그렇다면, 작금의 한류는 중국의 문화상태에 조응한 것이기는 하되, 그것을 거대한 문화시장으로 일궈낼 상업화 담론이자 문화산업 전략으로 등장한 것이다.

한류, 허와 실

1997년 CCTV에서 방영된 연속극 〈사랑이 뭐길래〉가 대륙을 강타한 이후 화교권 전역을 포괄하는 STAR TV 음악전문방송 채널브이의 'Korean Top 10' 신설, 한국 관련 프로그램 확대에서 2001년 8월 핑클의 베이징 공연에 이르기까지, 한국 선풍은 확산일로에 있었다. 중국의

1_ 물론 한국문화산업의 특성상 거대자본이란 말이 어불성설이라는 지적도 있을 수 있겠다. 특히 음악산업의 경우 대기업은 이미 97년 IMF를 계기로 스스로 퇴출하였고, 이후 중소 기획사 중심으로 산업구조가 편성됐다. 그러나 아이돌스타시스템을 통해 대량생산/대량소비라는 포드주의적 시스템을 확보한 기획사들의 경우 그 규모가 중소 정도라 해도, 그것이 제작업체보다는 유통업체적 성격이 강하거나 제작과 배급으로 사업을 확장한 경우가 강하다. 또 스타시스템 속에서 기획사의 기능이란 음반 제작보다는 스타의 매니지먼트, 토탈 연예기획사 혹은 토탈 매니지먼트사로 변질된 측면이 있다. 그런 점에서 이들은 음반 자체의 판촉은 물론, 해외진출을 위해서나 음반산업 외적 수익을 위해서나 광고나 판촉 등 거대기업과의 관계 속에서 생존해가지 않을 수 없는 구조다. 거대기업 또한 대중스타들을 통해 기업의 이미지를 제고하고 상품의 인지도를 높이고자 한다. 따라서 이들 기획사들이 만들어낸 아이돌스타시스템을 거대 문화산업 자본의 작동으로 보아도 문제가 없을 것이다. 한국음악산업의 구조적 문제에 대해서는 신현준, 《글로벌, 로컬, 한국의 음악산업》, 한나래, 2002 참조.

▲ 1997년 중국에서 한국 드라마 붐을 처음 불러일으킨 〈사랑이 뭐길래〉의 한 장면.

십대들은 중국 교수 월급에 버금가는 한국산 특대형 티셔츠, 힙합바지, 걸퍼덕거리는 운동화, 삼성 옙(YEPP) MP3로 무장하고 베이징·상하이·광저우의 대도시, 동남해안의 경제특구를 활보하며 한국판 온라인게임과 인터넷서핑에 몰두한다. 상류층 여인들은 한국미용실과 한국패션에 열광하며, 한국음식점은 중국인 고급 고객들의 선점으로 북적거린다.

문화대국 중국이 이처럼 한류에 휩쓸리는 현상에 대한 중국 지식인들의 시선에는 위기감과 우려가, 다른 한편에 자신감이 엇섞여있다. 그들은 우려했다. 한·일의 상업주의 문화가 "공기처럼 우리들 주변에 팽배해있다"고. 그러면서도 한류란 70~80년대 태어나 경제적 특혜를 받은 청소년과 부유층을 중심으로 외래 대중문화 소비욕구가 급팽창한 데 따른 일부 지역에 국한된 일시적 현상으로 파악한다. 한국에서 이제 더이상 홍콩스타들을 기억해내지 않듯이 중국에서도 5년 이내에 한국문화가 퇴조할 것이라 낙관했다. 한류란 모방성 강한 상업적 소비문화에 불과하며, 장구한 문화전통을 가진 중국이 동아시아, 나아가 세계를 중국풍으로 거세게 몰아칠 날도 얼마 남지 않았다고 장담하는 것이다.

그러나 그들은 "매체의 조작, 국내스타의 대동이 없다면 현재의 일·한풍조가 어떻게 이처럼 풍운처럼 일어날 수가 있겠는가" 하는 자성적 반문 또한 잊지 않았다. 대만과 중국가수들의 번안곡 히트로 한국가수들이 무리없이 중국에 접수될 수 있었던 과정을 상기하면, 중국 문화비평가들의 이러한 진단은 적확하다. 이들은 매체의 조작, 곧 중국의 문화자본들의 결탁지점들을 포착해냄과 동시에 중국정부의 무력한 대응에 대한 비판 또한 행간에 깔고 있다. 중국정부가 자본주의에 침윤된 현실을 목도하면서 삼강교육(三講敎育), 삼개대표(三個代表) 등 99년부터 사상교육 강화와 정신문명 건설을 역설하고 있지만, 대다수 중국민의 정신적 황폐감과 문화적 수요에 부응해가기에는 역부족이다. 철저한 상업주의 문화의 탁류가 중국사회 전역을 휘몰아쳐도 속수무책인 현실, 비판의 화살은 문화정책이 부재한 중국 정부의 무능함을 곧바로 겨누고 있는 것이다.

이들은 또한 한류의 가닥가닥을 헤집어 한국문화의 가능성 또한 조심스럽게 타진해냈다. 미국화의 표상으로 미국의 문화 지배구도에 편입되어 있지만 그 밑둥에 독창적인 자기 문화세계를 구축해온 적극적 측면을 포착하는 것이다. 특히 〈아름다운 시절〉〈박하사탕〉〈JSA〉 등의 한국영화는 상업주의 문화와 조응하면서도 인간적 가치생산이라는 문화적 본연에 충실했음을 인정한다. 그것이야말로 한민족 특유의 강인함과 근엄한 정신이 주조해낸 문화적 개가라는 것이다. 제5세대와 사회주의 주선율을 선양하는 낡은 영화 문법에서 헤어나지 못하고 있는 중국영화계에 이들 한국영화가 신선한 충격을 주었다고 그들은 평가한다. 물론 한국의 영화산업이 국가의 전적인 지원, 영화자본과 영화 생산주체들의 행복한 결합에 의해 탄탄일로에 있다는 환상이 있기도 하다. 그러나 한류의 도래가 결코 우연이 아닐 것이라는 그들의 판단은 우리도 면밀히 검토해볼 필요가 있다. 한류의 정확한 성분조사를 통해 내칠 것은 내치되 그 핵심 성분은 정확하게 뽑아내어, 중국문화의 교착 상황을 전향적으로 타개해나가는 기회로 삼고, 이른바 중국화하는 것

삼강교육, 삼개대표

장쩌민이 주창한 3개대표론은 중국공산당이 선진 생산력과 선진 문화, 광범위한 인민의 근본 이익을 대표한다는 이론이다. 이는 자본가와 지식인의 진입을 허용하는 것으로 이해되어 중국공산당의 우경화의 표지로 해석되기도 했다. 이는 2002년 11월 폐막한 중국공산당 제16차 전국대표대회에서 당장(黨章)에 공식 추가되었다. 이로써 3개 대표론은 공식적으로 중국의 국가지도이념이 되었다. 3강교육은 이에 앞서 제시되었던 것인데, '3강'이란 강정치(講政治), 강학습(講學習), 강정기(講正氣) 등을 이른다. 1999년 파룬궁 문제가 불거지던 시점에 사상교육의 측면에서 제기되었다.

제5세대

80년대에 중국 영화의 문화주의적 조류를 형성한 집단을 가리킨다. 대체로 문화대혁명이 종결된 이후 1978년 중국에 정식 대입고사가 부활되었을 때 베이징영화학교에 입학하여 82년에 졸업한 이들이 제5세대를 구성한다고 본다. 앞선 4세대와 마찬가지로 문화대혁명 경험이 영화 창작에 중요하게 작용하지만, 이들은 은유와 상징을 바탕으로 하는 독특

힌 영화인어를 신보였다. 따라서 이들의 작품은 '새로운 중국영화'(New Chinese Cinema)라고 불리곤 했다. 천카이거(陳凱歌)의 〈황토지(黃土地)〉(1984)는 제5세대 영화의 첫 작품으로 평가되며, 그의 두 번째 영화인 〈대열병(大列兵)〉(1986), 우텐밍(吳天明) 감독의 〈인생(人生)〉(1984), 〈옛우물(老井)〉(1987), 황젠신(黃建新) 감독의 〈흑포사건(黑砲事件)〉(1985), 장이머우(張藝謀) 감독의 〈붉은 수수밭(紅高粱)〉(1987), 텐좡좡(田壯壯) 감독의 〈도마적(盜馬賊)〉(1984) 등이 제5세대 영화의 중요한 인물과 작품으로 꼽힌다.

주선율 영화
일반적으로 정부정책 교화를 목적으로 제작하는 영화를 가리키는데, 정치의 영향을 깊게 받고 성장해온 중국 영화문화의 독특한 산물 가운데 하나이다. '인민에 대한 봉사'라는 중국 정부와 사회주의가 요구하는 영화예술의 틀을 추구한다. 영화가 국가적인 표현수단이 된 셈인데, 대부분의 소재는 신중국 성립 이후의 사회주의 혁명사상과 혁명영웅 등이다.

이 이늘 분제인식의 핵심인 것이다. 김민기의 〈지하철 1호선〉 중국 공연(2001년 10월)에 대한 중국 지식인들의 기대 또한 거기에서 비롯된다. 독일 원작을 한국적 상황에 걸맞게 개작을 거듭하면서 원작을 뛰어넘는 예술적 성과를 올린 데 대해 이들은 부러운 시선을 던진다.

한류, 상생의 샛바람으로

이처럼 중국 측이 한류에 대한 엄정한 평가와 대응을 고민했다면 우리는 어떠했는가. 최근 문화관광부의 문화콘텐츠 지원사업의 구축 계획과 더불어 민간단위, 특히 언론에서 제기하는 한류를 한국붐, 곧 한열(韓熱)로 확산해나가기 위해 제시된 내용들을 살펴보면, 중국 혹은 동아시아는 철저하게 문화산업의 공략대상으로만 산정되어 있음을 알 수 있다. 중국을, 동아시아를 거대한 문화시장으로 완벽하게 탈바꿈시키는 것, 이것이 우리가 감격하는 한류인가. 혹자는 역류를 주장하기도 한다. 한국바람을 지속시키자면 그들의 문화산업도 유입해야 한다는 것이다. 주고받고 나눠먹고. 결국 문화를 철저하게 자본의 논리에 복속시키는 이러한 발상의 근원, 거기에는 신자유주의의 세계화 논리가 옴팡지게 도사리고 있다. 문화의 올바른 소통 차원에서 문제를 바라보고 그것을 생산적인 문화산업의 차원으로 전화시키는 관점에 서지 않는 한, 오늘의 뜨거운 한류바람이 하루아침에 차가운 대륙성 한류의 역풍으로 되돌아올 것은 자명하다.

따라서 진정한 소통과 상생의 관점에서 한류의 나아갈 바를 모색해나가야 할 것이다. 중국, 동아시아에 대한 진정한 이해의 바탕을 마련하고, 그들로 하여금 우리 현대화 과정에서의 문화적 부침의 면면들을 있는 그대로 보여주어야 한다. 진정한 상생의 문화건설을 위한 소통의 고리로 한류의 흐름을 조성해나가야 할 것이다. 경쟁적으로 이해를 관철하는 자본의 논리로는 안 된다. 모두가 인간적 가치를 창출해가는 문화의 본연으로 돌아와서 인간의 무의식적 욕망까지도 상품화하는 이거대한 소비문화의 파고를 문화 연대의 힘으로 휘어잡아야 할 것이다. 인간적 가치창조의 문화를 일구는 상생을 지향점으로, 각기 문화 독자성을 인정하면서, 미국과 세계자본의 패권적 지배에 대항하여 경제적 자립을 상호 도모해나가는 과정에서 상호 발전을 조절하고, 문명사적 전환의 가능성을 여기 이곳에서 찾아나가는 화쟁회통(和諍會通)의 고리, 동아시아를 휘도는 상생의 샛바람으로 한류를 제대로 흐르게 해야 하는 것이다.

110층의 고도에서 세상을 보면 굽어보이는 모든 것은 패권적 지배와 착취의 대상일 뿐이다. 땅에 발을 붙이고 같은 눈높이에 서면 더불어 살지 않고는 도저히 살아갈 수 없는 것이 이 세상이라는 엄연한 진리가, 함께 이루어야 할 단꿈이, 저 푸른 하늘에 아로새겨질 터이다.

한류,
문화적 변방살이에서 분출된 역동적 힘

'한류홍보대사 임명', '한류스타 일본정벌에 나선다'. 최근 일본에까지 한류가 상륙한 사태를 놓고, 정부와 언론이 벌이는 난리법석은 가히 극에 달한 듯하다. 이는 소니(Sony)나 NHK 등 일본 문화자본이 자기 문화 본색을 안 드러내고 해당국의 아이돌스타 육성 등 지역의 문화자원을 이용하여 동아시아를 파고드는 것이나, 그것이 일본 정부의 신대동아공영권 구상과 교묘히 결탁하면서 지역전략을 구사해가는 정황과는 확실히 비견되는 졸부적 대응이 아닐 수 없다.

그러나 우리 경제의 불투명한 미래로 보면 한류에 대한 경제적 집착, 문화를 경제의 발판으로 삼고자 하는 천박한 경제논리에 대해 그저 비판만 할 수는 없는 형국이다. '동북아 경제 중심 국가'라고 아무리 외친들 결코 중심이 될 수 없는 현실에 허브 한반도, 그 매개와 유통의 위치를 강조해 보지만, 그 또한 여의치 않기에 틈새를 후벼 달려들 수밖에 없는 궁박한 생존의 몸부림을 보여주는 것이다. 그러나 과연 그것은 누구에 의한 무엇을 위한 박투인가. 문제의 곤경은 이 지점에서 분명해진다.

국가주의와 자본의 논리를 넘어서면 한류의 진정한 자리매김은 얼마든지 가능하다. 확실히 한국과 중국, 한국과 동아시아의 21세기 관계망은 자본 논리가 철저하게 관철하며 작동하고 있다. 거기서 한류란 거대 문화자본들과 국가주의가 기획·조직하는 21세기형 문화산업버전에 다름아닌 것이다.

그러나 한류에는 제3세계의 오랜 '변방' 살이에서 비롯된 비판성 강한 문화 해독력이 생동하고 있다. 월드컵과 촛불시위, 〈지하철 1호선〉의 베이징 공연을 진정한 한류로 가름하듯이 식민지·분단·독재의 참혹한 세월을 살아오면서 일구어낸 빛나는 관계지향의 문화, 역동적인 문화생산력 또한 분명히 존재하는 것이다. 따라서 그 진짜 '한류'를 어떻게 동아시아의 부박한 살이 속에 물처럼 스며 흐르게 할 것인가, 상호 반목해온 불행한 역사경험을 진정한 이해와 소통의 통로로 만드는 문화적 온기로 감싸 돌게 할 것인가 하는 것이 문제의 관건이 된다.

돌이켜보면 언제 우리가, 우리 문화가, 국경을 넘어 이처럼 무단횡단, 회통(會通)해본 적이 있던가. 이 회통의 의미는 무엇인가. 한 한류 스타의 팬사이트를 통해 본 한류의 현재진행은 네티즌들의 '말걸기'와 '댓글 달기'라는 발랄한 문화 횡단, 상호소통을 통해 새로운 동아시아의 지역성을 만들어가고 있는 것으로 확인된다. 그 험한 역사의 굴곡 속에서도 경제·정치의 발전, 민간사회의 높은 정치의식과 조직화 정도, 우리 사회의 관계적 활력은 이미 세계에 각인된 바이다. 그리고 월드컵, 촛불시위, 스크린쿼터, 쌍방향적 인터넷관계망 등 우리의 강렬한 문화적 분출력은 한국을 역동적인 문화국가로 자리잡게 하였다. 그리하여 우리의 소통성 강한 민간문화는 지금 동아시아에 조심스럽게 '밀걸기'와 '서로 되비쳐보기'를 시도하는 중이다. 이 민간의 자발적 연계고리를 통한 상호이해와 소통, 그것이 동북아 평화공존을 만드는 가장 단단한 사회지반임은 더 말할 나위가 없다.

따라서 한류는 다시 기획되어야 한다. 동아시아라는 시공간을 거대한 문화시장이나 신자유주의의 하위체제로 재편하기 위해서가 아니다. 동아시아 하늘을 뒤덮은 칙칙한 역사의 장막을 활연히 벗어젖히고 모두가 사는 평화공존의 세상을 만들어가기 위해, 그 발랄한 민간주도의 문화파장을 동반과 상생의 문화기획으로 바꿔내야 하는 것이다. '바이 코리아(Buy Korea)'의 궁색이냐, 만남이 곧 문화가 되는 아름다운 문화국가냐. 남북통일, 동북아 평화공존과 호혜경제, 그리하여 세계평화의 아름다운 미래상은 오늘의 국가적 선택, 그 분명한 지향에 달려 있다.

한류, 동아시아의 문화선택

2001년부터 한류를 진단해왔지만, 가장 많이 받은 질문은 두 가지. '한류의 실재'와 '한류의 지속화 방안'이 그것이다.

우선 한류의 존재 문제. 삼성전자의 한류기획이 적중한 것이건, 대만 문화산업 자본이 대륙을 겨냥해 중역된 문화상품을 제조해낸 결과이건, 최근 동남아와 일본의 한류 열풍에 이르기까지 그것은 엄연한 사실이고, 아직 현재진행형이다.

양상은 물론 다르다. 중국과 베트남의 경우, 사회주의 해체 이후 급속한 자본화 과정 속에서 문화적 정체성을 구성해가는 과도기적 대행을 한류가 수행하고 있는 것이라면, 동남아의 경우, 할리우드의 스타시스템이 한류라는 문화적 근접성에 의해 지분을 양보한 상황. 동아시아의 경제가 성장하고 그에 따라 반주변부 문화가 형성되고, 그러나 21세기 문화산업의 세계 분할구도 속에서 한류가 한 뼘 땅이나마 확보해낸 정황인 것이다. 그러나 이는 결국 신자유주의의 하위체제화 과정 곧 문화의 세계화 시대에 한국 문화산입이 세계 문화시장의 하위 단위로 안착하는 과정에 다름 아니라고 하겠다. 일본의 경우 욘사마, 한류 사천왕 하며 난리법석이지만, 정작 우리 아이들의 일상에 일류 현상은 깊게 뿌리내려 있다. 일본의 문화산업현지화체계인 아이돌시스템이 정확히 작동, 막대한 이익을 거두는 현실은 어떤 불길한 예감을 떨칠 수 없게 한다.

이렇게 가닥을 잡고 보면 결국 한류란 우리가 식민지, 분단, 파행적 자본의 세월을 견뎌, 주변부에서 반주변부로 가까스로 수직이동, 중심부의 배제와 착취의 논리를 피눈물로 익히며 자본의 세계화라는 각축 속에서 겨우 따낸 상가 입주권, 세계 문화시장이라는 쇼핑몰에 어렵사리 연 작은 점포, 혹은 방금 찍은 명함 한 장에 다름 아닌 것을 알 수 있다. 처음 점포를 열었으니 미숙하기 짝이 없는 데다 한 푼이 아쉬워 행상 수준으로 들고 뛸 수밖에 없는 수준, 안타깝지만 그것이 우리 한류의 현주소인 것이다.

두 번째, 한류의 지속화 방안. 그러나 그나마 여기까지 오기가 결코 쉬운 일은 아니었을 터, 한류의 물줄기를 어떻게 하면 강하게 혹은 제대로 흐르게 할 수 있을 것인가. 이 문제는 두 가지의 대응을 요한다. 한류를 문화산업으로 지속 강화하는 문제에 대한 해답과 진정한 한류의 활성화 방안. 전자의 경우 긴급사안이다. 자원의 부재와 우리 경제의 불투명한 미래로 인해 우리 사회 전체가 여기에 혈안이 되어 있기 때문이다. 그러나 이 문제는 중차대할수록 진정한 한류의 방향타를 잡는 것을 통해서만 그 올바른 해결을 볼 수 있다는 것이 나의 주장이다.

최근 한류는 필리핀까지 확산을 이루는 한편으로 중국과 대만에서는 한류스타들이 인기와 돈벌이에만 연연한다는 비판 속에 그 파고가 잦아드는 추세이다. 진정한 문화교류의 중요성을 간과하고 경제논리와 기능적 대처로 문화산업 규모 늘리기에 급급, 한류의 계기성을 오히려 상실하고 있는 형국인 것이다. 따라서 한류의 정면과 반면을 제대로 짚고 이후 행보를 가져가지 않으면 안 되는 시점이다.

21세기 동아시아 지역 내에서의 문화 관계망은 철저히 자본의 논리가 주도하고 있다. 한류란 정확하게 그 회로 속에 있다. 그러나 거기에는 주변부적 비판성이 나름의 문화적 해석력과 창신력(創新力)으로 생동, 그것이 문화의 세계화에 대한 강력한 방어기제로 현상하고 있음을 눈여겨보아야 한다. 우리는 한 세기가 넘도록 식민지와 분단의 아픔을 잇따라 겪었다. 그 억압과 긴장의 세월을 파행적 자본화의 그늘로 겪어내면서, 우리는 어느새 현상타파의 의지를 삶의 진작방식으로 체화하게 되었고 역사의 갈림길을 정면 돌파와 '기우뚱한 균형'의 관계성으로 열어가는 변방적 삶의 방법론을 획득하게 되었다. 그렇다면 작금에 동아시아를 관류하고 있는 한류 또한 그 역동적 삶의 형질을 어떤 형태로든 내재하고 있을 것이다.

록뮤지컬 〈지하철 1호선〉의 베이징과 도쿄 공연. 두 곳 모두에서 사람들은 독일 작품이지만 한국 사회 현실을 녹여 희망의 불씨로 피워낸 그 문화 창신력이야말로 한류의 진수이며 한국문화의 정수라 격찬을 아끼지 않았다. 그처럼 우리에게는 식민지·분단의 참혹한 세월을 살아오면서 침략 문화의 창궐 속에서도 그 알맹이만을 골라 우리의 생산적 문화 형질에 접목한 창조적 중역성, 아름다운 관계지향의 문화동력이 분명히 존재하는 것이다. 월드컵의 문화활력, 촛불시위의 순정, 위기 국면마다 뿜어내는 민중의 저력과 저항 문화, 발랄한 인터넷 쌍방향성 문화 등. 중국과 동아시아가 발견한, 발견하고자 한 또 다른 한류 흐름은 바로 이러한 질곡을 희망으로 전화시켜내는 부단한 창조적 동력에 자극받은 비 그다. 우리 시회의 각성 정도와 문화적 열기, 그 새뚝이 근성과 맘판의 문화는 중국 사회에 한국 배우기의 새로운 한류 기운을 조성해내고 있는 것이다.

한류는 십대가수와 TV드라마 등 상업적 대중문화가 주종을 이루며 동아시아인들의 삶의 구석구석에 스며들었다. 미디어와 교통의 발달, 그리고 반주변부의 경제력, 무엇보다도 문화의 세계화 논리는 국경이라는 공간 장벽과 장구한 세월을 간단하게 뛰어넘고 거기서 한류의 흐름은 가속화될 수 있었다. 상업적 트렌디드라마지만 그 속에서 한국적 삶의 자락들을 볼 수 있었다던 대만 학자의 말처럼 그 누추하고 비루한 삶의 체현들은 어떻게 동아시아로 흘러들 수 있었을까. 이는 각국이 처한 조건에서 선택했다는 말로 설명이 가능하다. 각국의 역사적 현실과 문화조건 속에서 문화적 근접성이든, 문화적 패권이든, 한류는 지금 동아시아가 행한 문화적 선택인 것이다.

그런데 이 선택, 한류의 동아시아적 회통이라는 현재적 광경이 중요하다. 눈물을 쥐어짜는 애정극이라도 주변국 사람들이 거기에 자신의 오늘을 비추고, 괜찮은 영화 한편 속에서 동아시아적 과거와 오늘의 삶이 갖는 문제의 보편성에 공감하기도 한다. 그러다가 어느새 문제의 심연에 이르러 같은 곳을 바라보는 그 새로운 관계의 정향(定向)으로 함께 길 위에 서게 한다. 한류는 그렇게 다종다양하고 중층적으로 표출되어, 곶감씨처럼 단단한 희망의 씨앗으로 여물고 있는지도 모르는 것이다.

또 있다. 한류의 진정한 힘. 그것은 다름 아닌 네티즌들의 발랄한 소통이 새로운 정감적 진지를 만들어내고 있는 그 지점에 있다. 부단한 퍼나르기와 답글 달기, 한류스타들의 팬페이지를 중심으로 이루어지는

트렌디드라마(trendy drama)
깊은 사색이나 심각한 정치적 내용보다는 감각적이고 즉흥적인 행동이나 내용을 담은 TV드라마를 지칭한다. 대체로 극중 주인공들이 경제적 풍요를 누리면서 세련된 치장을 하는 등 소비와 유행심리를 자극하는 경향이 있다. 전문직을 위주로 한 특정 직업세계를 보여주며 흥미를 끌기도 한다. 일본에서는 91년 후지TV에서 제작한 〈도쿄러브스토리〉를 트렌디드라마의 원조로 본다. 한국의 경우는 92년 MBC에서 방영한 〈질투〉가 트렌디드라마라는 이름을 처음 얻었다. TV매체의 특성과 한계로 인해 자극적이고 말초적인 트렌디드라마가 번성하게 마련이라는 평가를 받곤 한다.

정서적 교감과 문화적 체감들. 그것은 소비적 분비물의 성격이 아직은 강하다. 그러나 그 무정형의 문화 횡단 속에 상업주의와 국가주의의 작위와 음모와 조작의 간극을 갈라쳐 흐르는 어떤 기운이 만들어지고 있다면, 국가간의 의도적 경계를 타고 넘는 문화적 경락이라고 할, 틈새를 흐르는 물의 기운. 그것이 어쩌면 동아시아의 새로운 지역성을 만들어가고 있는 것인지도 모르는 것이다.

대중문화의 발랄한 문화 횡단에서 세계사의 전진을 이끄는 아름다운 결단과 동행에 이르기까지, 우리가 만드는 세계적 관계망은 이제 '진정한 한류'라는 이름으로 다시 서야 할 것이다. 한류가 만들어낸 새로운 관계지향의 고리들, 그 자발적 구조화에 의한 확대재생산 과정은 지역과 세계의 미래를 위한 새로운 계기성을 우리에게 부여하고 있는 것이다. 그러면 그 새로운 관계성의 계기들을 어떻게 일정한 방향으로 이끌어갈 수 있을 것인가. 이는 한류의 장력이 미치고 있는 동아시아에서의 문화파장을 문화적 연대 수준으로 끌어올리는 문제와 그 주체를 민간동력에 두는 문제와 직결되어 있다. 지난해 서울에서 열린 세계문화다양성회의에서도 확인되었지만, 우리의 목표와 지향은 분명하다. '부재에서 실재로', 이제까지 동아시아 사회에 부재했던 평등질서와 진정한 문화향수, 동북아와 세계평화, 각국의 문화 다양성의 견지와 그것을 통한 상호 문화 수준의 진작 등을 실재하게 하는 문화기획이다. 미국 문화의 패권적 관철도, 중화문명의 화이관계와 조공-책봉관계가 21세기직으로 진화한 깃도 아닌 다원평등한 문화적 회통과 연대의 경로를 제대로 만들어가는 일이다.

한류, 21세기 동아시아의 문화선택은 이로써 결코 패착이 아니었음을 우리는 과연 입증해갈 수 있을 것인가.

제2부

한류의 동아시아 여정

偶然相見卽相親　우연히 만나 곧바로 서로 친해졌다네

別後匆匆又幾春.　이별 후 세월은 너무도 빨라 또 몇 번의 봄은 가고

倒屣常迎天下士,　신도 거꾸로 신은 채 황망히 천하의 선비들을 맞이했었지

吟詩最憶海東人.　시를 읊으면 가장 그리운 해동의 친구들.

關河兩地無書箚,　멀리 두 곳에 떨어져 서신도 없어,

各姓頻年問使臣.　그대들의 이름 해마다 조선 사신들에게 물어본다네.

可有新篇懷我未,　혹여 나를 그리는 시는 또 없는지

老失雙鬢漸如銀.　내 이미 귀밑머리 허연 늙은이가 되었는데

　　　– 기윤(紀昀)*, 〈박제가를 생각하며 (懷朴齊家)〉

列峯垂落水如簾,　늘어선 산봉우리에 떨어지는 물 주렴발 같이,

隔斷塵氣靜宜恬.　먼지 속세 가로막아 주니 조용하고 평화롭구나.

多有朝鮮人泐句,　바위에는 많은 조선인들의 글귀,

箕疇文化至今慚.　기자의 문화는 지금까지 이어지니 부끄러워라

　　　– 건륭황제(乾隆帝), 〈성수분(聖水盆)〉

* 기윤

　　중국 청대 고증학의 대가. '사고전서'의 총 주편을 맡을 만큼 학문적 경륜과 사회적 위상이 높았다.
　　박제가, 유득공 등 조선에서 온 학자들과도 교분이 깊었다.

〈지하철 1호선〉,
동아시아 문화 형성의 희망열차

김민기라는 사람

김민기 선배(이하 존칭 생략)를 처음 보았던 날이 기억난다. 이제는 거의 애국가가 되어버린 대표곡 '아침이슬', 그리고 '친구' 등으로 젊은이들의 우상이었던 그는 내가 대학교에 막 들어갔을 무렵 〈공장의 불빛〉을 준비하고 있었다. 70년대 우리나라 문화운동의 새 장을 여는 노래굿이었다. 미술대학을 졸업한 서양화가였지만, 굳이 그림에 연연하지 않았던 그는 먹고살 길이 막연하여 공장에 들어갔다. 그리고 열악한 노동현장을 목도하며 야학을 시작했고, 그때의 경험을 바탕으로 노래굿을 시도했다. 김민기가 아현동 어느 무용교습실을 빌려 한창 연습에 열을 올리고 있을 무렵, 선배에게 끌리다시피 찾아간 그곳에서 처음 그를 보았다. 모든 노래가 그의 손에서 만들어졌고, 한국 마당굿의 골간을 유지하면서 공장에서의 노동 작업을 형상화한 기계춤 또한 그가 직접 안무 지도를 했다. 작업에 필요한 순간 이외에 말이 거의 없는 그

노래굿과 〈공장의 불빛〉

한국 고유의 공연 양식에 마당굿이라는 것이 있고, 이를 현대화한 것이 노래굿이다. 노래극은 노래굿의 다른 이름이다. 김민기의 〈공장의 불빛〉(1978)은 최초의 노래굿인데, 70년대의 대표적인 노동탄압 사건이었던 동일방직 사건을 소재로 하여 당시의 노동계의 현실을 다루었다. 대중음악 평론가 강헌은 "최초의 언더그라운드 불법 인디 앨범, '3분 짜리 유행가'라는 대중음악에 대한 질서를 서사를 통해 분쇄한 최초의 실험"이라고 평가했다.

는 끊임없이 담배를 피대면서 열중하고 있었고, 나는 어떻게 그 판에 끼어들어야 할지 몰라 망설이고 있었다. 그리고 한 달 후, 1979년 초봄 무렵이었다. 나는 경찰이 겹겹이 둘러선 건물에 들어가야 했다. 대학생을 비롯한 젊은 청년들은 얼씬도 못하게 막아선 5층짜리 건물 앞에서 망연자실해 있는데 누군가 나를 잡아챘고, 나는 잠시 후 그 건물 안에 들어서 있었다. 〈공장의 불빛〉 공연장이었다. 박정희 정권이 모든 민주 세력을 탄압하던 엄혹한 시절, 〈공장의 불빛〉은 노동문제를 부각시켰다는 이유로 공연장이 원천봉쇄 되었고, 안에 들어간 사람들은 그 전날 공연 준비를 위해 들어온 이들과, 출연배우들뿐이었다. 몇 안 되는 관객을 놓고 공연이 시작되었으나, 공연이 다 끝나도록 연출자 김민기는 보이지 않았다. 경찰의 봉쇄로 들어올 수가 없어 건물 밖 먼발치에서 서성이고 있었던 것이다. 물론 경찰의 눈에 띄면 그대로가 감옥행이었으니, 무자비한 폭압의 시절, 김민기는 자신의 첫 노래굿을 끝내 볼 수 없었던 것이다. 불안하기 짝이 없던 공연장이었지만, 그날 아름답고도 슬프게 울려 퍼지던 그의 노래를 나는 결코 잊을 수 없다.

예쁘게 빛나던 불빛, 공장의 불빛
온데간데도 없고 희뿌연 작업등만
이제는 못 돌아가리 그리운 고향 마을
춥고 지친 밤 여기는 또 다른 고향

두 번째 그를 만났던 날, 80kg이나 되는 쌀가마니를 어깨에 진 김민기가 우리 집 계단을 올라오고 있었다. 마루에 쌀가마니를 내려놓은 그는 횡하니 나가더니 이번에는 붉은 호박 세 개를 안고 들어왔다. 호박이 어찌나 크던지, 호박을 안은 그의 윗몸부터 얼굴까지가 보이지 않았다. 다시 마루에 내려놓고, 아버님께 인사를 한다.

"선생님, 제가 농사지은 겁니다. 안심하시고 드십시오."

농사일에 구릿빛으로 그을린 그의 얼굴은 예의 담배를 물고 작업에 열중하던 굳은 모습과는 달랐다. 얼굴 전체에 평안함과 기운이 넘쳐흐르고 있었던 것이다. 그것이 흙에서 사는 사람만이 가질 수 있는 건강한 생명력임을 나는 나중에 시골에 가서 농사짓는 흉내나마 내던 시절 깨달을 수 있었다. 농사꾼 김민기, 민통선에서 어머니와 단둘이 살며 농사를 짓던 그는, 그러나 집에 불이 나는 바람에 그곳을 떠나게 된다. 농사꾼의 삶은 그 후 그의 노래와 노래굿의 형식과 내용을 결정한다. 민중적 삶에서 배태된 가락과 전통의 민요조를 끊임없이 추구하는 한편, 농촌의 서정적이면서도 절절한 삶의 내력들을 그의 노래는 담아냈다. 〈연이의 일기〉, 〈사랑의 빛〉 등이 그렇게 만들어졌는데, 그러나 그 노래굿들 또한 온전히 공연될 수 없었다. 한국 문화당국의 보수성은 여전히 그를 허용하지 않았던 것이다.

농사꾼 김민기. 일거리 없는 겨울 농한기면, 다시 먹고 살기가 막막해져 김민기는 광산으로 갔다. 그리고 〈아빠 얼굴 예쁘네요〉라는 어린이 노래굿이 탄생했다. 광산촌의 한 어린이가 쓴 일기를 바탕으로 만들어진 노래굿을 나는 보지 못했다. '빨래의 노래' 등의 노래를 노란 표지의 LP음반으로 들었을 뿐이다.

〈지하철 1호선〉의 중국 공연이 추진된 지 1년여, 드디어 중국에서 공연이 확정된 날, 김민기 부부와 나는 그들의 집에서 술잔을 나누었다. 〈지하철 1호선〉은 원작이 독일 것이다. 김민기는 짧은 노래로는 그의 이야기를 다 담아낼 수 없었고, 그래서 본격적인 뮤지컬 공부를 위해 〈지하철 1호선〉을 가져와 시도한 것이라고 했다. 1994년에 시작된 공연이 벌써 1,350회를 넘어섰고, 7년여 동안 그는 끊임없이 작품을 개작해나갔다. 해마다 달라지는 사회양상에 따라 그는 새로운 삶의 문제들로 그의 음악극을 재편해갔다.

그런 그였으니, 중국에서의 공연을 준비하는 과정 또한 허술할 리가 없었다. 수차례 상연할 극장을 직접 다녀왔고, 원래 소극장 음악극이니 중국에서의 무대가 큰 점을 고려할 때, 그대로 들고 갈 수는 없었을 터, 그는 한국에서 중국 극장의 크기와 같은 곳을 골라 한 달 동안 적응 공연을 올린 것이다. 큰 무대를 위해 빔프로젝터 등 몇 개의 새로운 장치가 시도되기도 했다. 물론 그 이전에 김민기는 이미 중국의 연출가, 음악 및 문화잡지 편집자, 영화감독, 해외공연 연출 관련 책임자 등을 자비로 서울에 초청하여 〈지하철 1호선〉은 물론 자신이 연출한 다른 음악극을 보여주고 사전평가와 가능성을 타진하는 용의주도함을 잊지 않았다. 사회주의 중국의 특성상 공연비준과 합작 상태가 중요하다는 점을 알았던 것이다. 이 작업은 당시 참관했던 사람들의 호평과 격찬을 이끌어 냈다. 또한 이후 중국에서 입소문은 물론 중국내 공연에 여러 가지 좋은 작용을 했다.

베이징 공연을 본 중국 친구들이 물었다. 김민기와는 언제부터 어떻게 알게 되었느냐고. 아주 어렸을 때부터라고 나는 대답하곤 했다. 그러나 사실 그와 전적으로 가까이 지내기 시작한 것은 3년 전, 거주지 때문이었다. 그의 집과 우리집은 공교롭게도 한 아파트의 5층과 12층에 있었다. 새벽 2시 이전에는 거의 귀가해본 적이 없는 그는 일요일이면 어김없이 작은 밭으로 간다. 우리 동네에 사는 몇몇 친구들이 공동으로 꾸려가는 밭이다. 봄이면 땅을 갈고 돌을 고르고, 싹이 나면 솎아주고, 잡초를 뽑아주고, 푸성귀를 뜯어다가 함께 저녁을 먹고는 한다.

대개는 여름 장마 때 고추가 녹아 알량한 고추농사가 망하고 나면 절망스러워서 집어치우기 일쑤인데, 그러나 가을걷이가 끝나기까지 그는 쉬는 일요일이면 어김없이 밭으로 간다. 다른 사람들이 겨를 없어 해도 혼자 자전거를 타고 캔맥주 하나 들고 풍성하게 자라나는 배추들을 돌보는 일을 쉬지 않는 것이다.

2000년 5월 중국 작가 위화(余華)를 초청하여 세계작가와의 만남을 주재하던 중, 그에게 진짜 한국적인 것으로 무엇을 보여줄까 고민하다가 김민기의 〈지하철 1호선〉을 관람하게 했다. 극찬을 서슴지 않던 위화가 중국에 돌아와 많은 친구들에게 김민기와 〈지하철 1호선〉을 이야기했다. 동네사람들끼리 내몽고 여행을 마치고 돌아오는 길에 김민기와 위화는 다시 만났고, 김민기가 귀국한 뒤 위화는 중국 관계자들을 내게 소개해 주었다. 그리고 1년이 좀 지나 〈지하철 1호선〉은 중국까지 연장운행을 하게 된 것이다.

중국으로 떠나기 전날 만난 그는 중국 공연에서 기술적인 문제들로 많은 고민을 하고 있었다. 중국 조건을 어떻게든 맞추어보려는 생각 때문이었다. 이미 사전 극장 점검을 두어 번 했음에도 불구하고, 그는 열악한 환경과 예기치 못한 사태의 발발 등을 우려, 신경을 곤두세우고 있었다. 그저 가져가서 공연하고 오는 것이 아니라 우리와 중국이 내용적으로도 기술적으로도 함께 한다는 것을 어떻게 실현할 수 있을까 하는 것이 그의 고민의 핵심이었다.

"어떻게 되겠지요?"라는 나의 말에 그는 몹시 화를 냈다. 세상에 그렇게 되는 일은 없다고. 새벽 4시가 넘은 시간, 그의 집을 나오는 내게 그는 말했다. "한국과 중국이 만나서 동아시아 문화의 새 장을 여는 일, 그것은 너와 내가 모두 바라는 일이다. 그것이 얼마나 중요한 일인

위화(余華)

1960년 중국 저장성 항저우에서 태어났다. 원래 치과의사였던 위화는 1983년 단편소설 '첫번째 기숙사'를 발표하면서 소설가로 등장했다. 곧바로 〈18세에 집을 나서 먼길을 하다〉, 〈세상사는 연기와 같다〉 등 실험성이 강한 중단편을 내놓으며 중국 제3세대 문학을 대표하는 작가로 떠올랐다. 장편소설 〈가랑비 속의 외침〉(1991)에 이어 발표된 〈살아간다는 것(活着)〉(1992)은 중국의 역사성과 본토성이 체현된 작품으로 호평받았다. 간난의 연속인 중국 현대사를 배경으로, 한 인간이 걸어가는 삶의 역정을 그려낸 이 작품은 장이머우 감독에 의해 영화화(국내에서는 '인생'이라는 제목으로 상영되어 칸영화제 황금종려상을 수상하기도 했다. 또한 1996년 출간된 장편 〈허삼관 매혈기〉는 위화가 명실상부한 중국 대표작가로 자리를 굳힐 수 있도록 만든 작품이다. 국내에도 많은 독자를 확보하여 주요 작품이 번역되어 있다.

▲ 2001년 가을 〈지하철 1호선〉 중국 공연은 동아시아 문화교류로서의 한류의 새로운 가능성을 제시했다. (사진=극단 학전 제공)

지 알기에 너도 그렇겠지만 그 첫단추를 푸는 내 입장은 몹시 긴장되어 있다. 베이징 첫 공연에는 꼭 와서 서로를 점검해보자."

김민기와 나는 2001년 가을 그렇게 베이징에서 다시 만났다. 〈지하철 1호선〉, 그것은 서양 것이다. 그러나 김민기는 그것을 가져와 우리의 삶의 문제를 그 속에 녹여내었다. 그리고 다시 원산지인 서양에 싸서 되돌려 보냈다. 베를린 사람들은 한국에서 보내온 〈지하철 1호선〉이 이미 한국의 그것으로 완벽하게 재편되어 있는 것을 목도하고, 그 문화적 생산의 힘과 교류 융합 관계의 지평이 새로이 열린 것에 환호했다. 〈지하철 1호선〉에는 오늘을 사는 한국, 그리고 서양이 아닌 동양의 고민이 절절하게 배어있기 때문이다. 그 〈지하철 1호선〉이 중국까지 연장운행을 했다. 그것은 중국과 우리의 새로운 관계의 장을 여는 의미를 안고 있다.

한중수교 10년이 지나도록 우리는 서로의 속내를 볼 수 없었다. 한국에서 중국은 늘 경제교역의 차원에서만 대상화되어 왔다. 한류가 중국을 강타하고 있다지만, 문화산업 자본이 조작해낸 한류열풍 속에서 중국은 결코 한국의 속살을 만져볼 수가 없다. 한국과 중국, 같은 동아시아의 오늘을 사는 우리는 서로 다른 역사의 궤적을 가지고 있다. 그러나 신자유주의적 세계화가 우리의 삶을 규정하는 지금, 우리의 삶의 문제는 결코 다른 것일 수 없다. 자본이 주도하는 세상은 우리들의 삶의 내용을 철저하게 파편화시켰지만, 그러나 그 문제의 보편성은 우리를 새롭게 관계 맺게 하였다. 〈지하철 1호선〉의 등장인물들과 그들의 삶의 애환, 분노, 기쁨과 슬픔은 우리 한국 하층민의 그것이지만, 그러나 그것은 또 오늘의 중국민의 고단한 삶, 그 속에서의 희로애락을 그대로 반영하고 있다.

희망의 인생열차 〈지하철 1호선〉

〈지하철 1호선〉은 사랑을 찾아온 연변처녀의 이루어질 수 없는 사랑과, 걸레라는 창녀의 이루어질 수 없는 사랑 등 두 개의 사랑이야기를 뼈대로 한다. 손수 작곡하고 가사를 붙인 노래 중 연가가 하나도 없는 것으로 유명한 김민기가 사랑타령을 무대에 올린 것은 자못 의아스런 일일 수 있다. 〈지하철 1호선〉의 이 예기치 않은 통속적 사랑, 그러나 그 통속성은 자본주의가 인간관계의 지극(至極)을 늘 애정관계로 돌려놓곤 했다. 이는 우리 사회의 엄연한 현실이다. 한국 상업주의 대중문화의 본산 대학로에서 십년을 버텨온 김민기로서는 이러한 상업주의 문화의 어법을 깨뜨려 보고자 스스로 호랑이굴로 걸어 들어간 것은 아닐까.

혹자는 그의 음악극에서 80년대식 정치성이 거세되었다고 말한다. 90년대 중반 무렵부터 무대에 올려진 〈지하철 1호선〉은 엄격히 말하면 일종의 기억의 환기이다. 동구권 사회주의의 몰락으로 인간적 진보지향이 방향타를 잃은 뒤, 우리 사회는 극도의 정치적 허무주의가 팽배하였고, 그 좌절과 절망의 벼랑 끝을 도저한 상업주의의 물결이 휩쓸고 갔

▲ 한국에서는 물론 중국·일본 공연에서도 호평받은 록뮤지컬 〈지하철 1호선〉의 주요 장면.
(사진=극단 학전 제공)

다. 이른바 운동적 교착인데, 그 와중에 애초에 정치지향적이던 부류들은 제도정치권으로 날아갔고, 민중의 조직적 역량과 민중지향성 운동만이 엄혹한 현실을 버티고 있었다. 김민기는 그 치우침을 직시하고 있었다. 극도의 허무주의와 망각, 철저한 상업화. 불과 몇십 년 전 과거의 열정과 헌신, 그것과 냉엄한 현재 사이의 간극을 김민기는 어떻게든 이어내고 싶었을 것이다. 〈지하철 1호선〉의 그 통속적 멜로는 오히려 지순한 사랑, 인간의 원초적 사랑으로부터 몰관계로 치닫지 않는 평형성을 형성해내고자 하는 의도적 기획의 산물이라고 해야 할 것이다.

예컨대 '안경'이라는 캐릭터에는 70~80년대 학생운동권에 대한 김민기의 비판적 시각이 그대로 반영되어 있다. 그의 관념적 문제인식은 다른 등장인물들의 생동하는 언어와 달리 문어체와 개념으로 표출된다. 먹고살 길이 없어 농민이 되고, 농한기 때 일거리가 없어 광산촌을 찾아나서지 않으면 안 되었던 김민기로서는 지식인 학생들의 목적의식적인 현장 하방운동이 가소롭기 짝이 없었을 것이다. 그러나 생계가 진실이었던 만큼 당시의 하방운동이나 변혁지향의 흐름도 진실이었고, 역사적이고 현실적인 필연성이 있는 것이다. 그런 점에서 김민기의 인식적 한계 또한 이 지점에서 여실히 드러난다. 스스로 늘 정치나 운동과 무관한 사람임을 강조하는 김민기는 먹고사는 문제의 엄준함이라는 잣대로 모든 진보지향을 재단해왔던 것이 사실이다. 〈지하철 1호선〉의 주인공들이 도시빈민, 룸펜들인 점 또한 김민기가 한국의 노동운동, 농민운동, 80년대 조직적 민중운동 등의 발전과정 및 현재상태와는 일정한 거리가 있음을 드러낸다.

그러나 김민기는 안경을 해고된 노동자로 재설정한 바와 같이 박탈당한 삶 일반에 대한 문제를 끈질기게 붙들고 놓지 않는다. 그리고 그것은 과거회귀적이거나 표피적 현실에만 집착하는 것이 아닌 시간적 연속성 속에서 일관되고 구체적으로 제기된다. 그것이 김민기와 그의 음악극 〈지하철 1호선〉의 가장 큰 미덕이며 일관된 미학일 것이다.

김민기의 〈지하철 1호선〉은 관계성의 회복을 실어나르는 희망의 인생열차이다. 일정한 노선을 달리는 지하철의 문이 열리고 닫힐 때마다 새로운 관계형성에 대한 희망을 놓지 않기 때문이다. 음악극에서 펼쳐지는 사회적이고 역사적인 현실의 시공간은 그 어디에서도 재편될 수 있을 것이다.

중국인에게 주는 김민기의 작은 선물

베이징에서의 시사회(試演會)가 끝나고, 김민기는 공연 준비 관계자에게 〈지하철 1호선〉 공연과 관련하여 중국 측의 준비 정도에 대해 문제를 제기하고 정식 사과를 요구했다. 올바른 문화교류의 의미를 동아시아의 지평 속에서 찾고자 했던 그로서는 중국 측과 함께 준비하는 데에 중국 공연의 가장 큰 의미가 있음을 역설해왔다. 그러나 중국 공연까지의 과정은 물질적으로나 정신적으로나 너무도 힘겨웠다. 한류와 같은 상업적 대중문화, 문화자본 식의 침투가 아니라 현실문화를 매개로 한 문화적 소통의 문제를 고민하며 진정한 문화교류의 새로운 차원을 열고자 했다. 그래서 중국의 대외문화교류공사와 대등한 계약관계를 맺고 상호협력을 통해 중국 공연을 마련하고자 했다. 그러나 모든 준비를 한국 측, 정확하게 말하면 김민기와 극단 학전이 도맡아야 했던 것이다. 중국 측은 김민기의 요구에 정식으로 사과를 했지만, 문화대국 중국은 희망과 절망의 빛으로 명멸했다.

그럼에도 불구하고 김민기는 이번 공연을 중국민에게 드리는 작은 선물이라고 의미 지었다. 자신이 십년동안 쌓아온 음악극의 경험들, 내용과 형식면에서 그는 중국의 공연문화 현실 속에서 보여줄 수 있는 것은 다 보여주었다. 기술적인 측면은 공연무대를 준비하는 과정에서 중국측 관계자들에게 차근차근 전수했고, 내용면에 있어서 중국적 현실에 다가가려고 최대한 노력했다. 중국의 문맥 속에 〈지하철 1호선〉을 자리매김하는 과정에 필요한 중국어 자막을 전심전력으로 개편하여 준 중국 친구의 노력에 깊은 감사의 뜻을 전했다.[1] 그것이 바로 김민기가 말하는 함께 만들어가는 과정이다. 함께 만들어가는 과정을 중시하였기에 자신의 노하우를 미련 없이 다 드러냈고, 그것이 이후 중국 음악극, 현실 문화의 발전에 작은 디딤돌이 되기를 간절히 바랐다.

만남이란 그런 것이다. 자본주의 현실을 살아온 한국의 한 예술인이 인간관계가 극도로 황폐화되는 현실을 목도하면서 가장 절실하게 바란 것은 올바른 인간관계, 상생적 관계망을 형성해내는 일일 것이다. 자국의 이해, 자본의 이해관계가 우리 삶을 규정하는 시점에서 우리 모두가 함께 사는 상생의 고리는 현실을 미적으로 재창조해내는 문화적 경로를 통해서만 가능할 것이다.

문화는 바람이다. 때로는 회오리일 수 있지만, 그러나 지금 우리에게 절박하게 요구되는 것은 서로 역사의 기억을 비추어 보고, 오늘의 삶의 지평을 마주볼 수 있는 화쟁회통의 샛바람일 것이다. 김민기의 〈지하철 1호선〉, 그것이 오늘의 중국에서 과연 그러한 바람의 단초였기를 바라는 마음 간절하다.

2001년 중국은 중국공산당 창당 80주년과 WTO 가입이라는 아이러니 속에 있었다. 전 세계는 중국의 귀환에 온 눈길이 쏠려 있다. 중국의 귀환, 그것은 중국의 세계사 무대로의 전면복귀라는 의미다. 그러나

1_ 〈지하철 1호선〉 중국어 자막은 중국사회과학원 황지쒸(黃紀蘇) 교수가 번역·교열했다. 황지쒸 교수는 음악극 〈체게바라〉를 연출했던 연출가이기도 하다. 베이징 공연의 중국어 자막은 매우 시적이어서 한국 〈지하철 1호선〉의 내용을 충실하면서도 이름답게 반영해냈다는 평가를 받았다.

중국은 과연 어떻게 돌아올 것인가. 중국의 귀환은 곧 동아시아의 귀환을 함의할진대, 그것은 과연 문명사의 전환을 예고하는 것일까. 상생을 지향하는 관계성의 원리를 어떻게 실현해 내느냐가 관건이라면, 오늘의 중국은 김민기의 선물을 어떻게 받아들이고 있을까.

2001 도쿄, 〈지하철 1호선〉과 보아

도쿄의 문화지리와 〈지하철 1호선〉

HOT의 강타가 중국 십대의 일상을 그야말로 강타하고 있는 시점에, 일본은 보아의 노래와 춤으로 흔들거리고 있었다. 일본에서의 한류 징조라고 각종 언론들은 떠들썩했다. 그즈음 동아시아 문화공동체를 만들어가기 위해 나는 동아시아의 학자와 문화예술인이 함께 하는 논의와 문화교류의 자리를 위해 동분서주 뛰어다니고 있었다. 그러던 중 일본 쪽을 조직하기 위해 중국 친구의 도움을 받아 일본의 지식인들을 만나고자 도쿄에 가게 되었다. 물론 그 시점에 김민기의 〈지하철 1호선〉의 도쿄 공연이 있었고, 중국보다 한달여 늦은 시간에 이루어지는 일본에서의 공연에 대한 반응 또한 관심이 컸던 디리 극단 학전의 행로를 따라 들어간 측면도 컸다.

일본 젊은이들이 제일 많이 모여 노는 곳이라는 시부야는 과연 북적였다. 머리를 대여섯 가지 색으로 물들이고 찢어진 바지를 입은 채

다리를 흔들며 가는 청년의 무리들, 입술은 새까맣고 너리는 빨간 것이 꽁지끝처럼 하늘로 치솟았는데 원색의 가방을 메고 총총히 카페로 들어서는 젊은 여성들, 라멘집에 무표정하게 그 흔한 '다꾸앙' 한 조각 없이 돼지고기를 덥석 얹은 기름진 국숫발을 입에 넣는데 열중할 뿐 다른 곳에는 시선을 두지 않는 사람들, 슈퍼마켓에서 스시 한 줄과 야채가 든 도시락을 사들고 거대한 건물 속으로 소리 없이 사라지는 직장인들. 밤이면 젊은이들의 천국이 된다더니, 분카무라극장은 거기 그들 속에 있었다. 이름하여 문화극장. 거기서 〈지하철 1호선〉이 3일 동안 공연을 하는 것이다. 학전이 젊은이들의 문화 일번지 대학로에 있듯이 일본에서도 그러려니 했는데, 정작 그 젊은이들의 행색을 보니 은근히 걱정이 되었다. 과연 저들이 얼마나 관심을 가지고 스스로 찾아와서 볼 것인가. 하릴없는 우려 속에서도 그 극장 한 구석의 찻집에서 아침부터 중국 친구가 소개한 일본의 동아시아 관련 학자들을 연이어 만나고 저녁이면 그중에서 괜찮은 친구들에게 〈지하철 1호선〉 공연을 보여주는 식으로 3박4일 여정의 시간은 촉박하게 흘러갔다.

〈지하철 1호선〉은 재팬파운데이션의 초청에 의한 공연으로 무료초대권은 아예 없었다. 있는 표도 없다 해놓고 암표로 일관하던 중국과 달리, 철저한 공연 준비와 관리, 일본에서도 아시아 문화 흐름을 가장 잘 포착하고 있다는 재팬파운데이션다웠다. 6만 원에 달하는 비싼 표값에도 불구하고 공연이 내리 만석이었으니, 홍보에도 만전을 기했음에 틀림없을 것이다. 그러나 포스터는 무슨 60년의 눈물 쥐어짜는 〈미워도 다시 한 번〉 극장 광고를 연상시켰으니, 홍보의 힘보다는 비평가들이나 와서 본 사람들의 입소문이 더 강하게 작용했을 것이라는 추측도 가능했다.

일본에서의 공연은 과연 어떨까. 서울에서 중국 친구들이 올 때마다 봤고, 베이징 공연에서 중국 친구들을 초청하여 본 것까지 합하면 열 번도 넘게 본 〈지하철 1호선〉. 정말 지겨울 만도 한데, 그러나 공연 현장에서의 반응도 실감해보고 싶고, 추상적인 동아시아 토론보다는 문화경험을 통한 일본 지식인들의 문제인식을 가늠해보고자 일본 친구들과 세 번 연속 공연을 함께 보게 됐다. 나라마다 반응이 다르고, 언어 감각의 차이 때문일까, 볼수록 그전에는 못 보았던 구석이 새롭게 눈에 들어오는 것이었다.

과연 마이니치, 아사히 등 주요 신문에 가라 주로(唐十郎) 등 일본 최고의 연출가가 호평을 실은 것을 비롯, 일본 언론과 문화비평계가 이 공연 하나에 들썩이고 있었다. 〈지하철 1호선〉에는 한국사회의 이면이 최하층 사람들의 일상 속에 날카롭게 포착되어 있다, 거기에는 삶의 비탄, 눈물과 한숨이 있지만, 그러나 희망이 내장되어 있다, 무엇보다도 치열한 사회비판의식이 빛난다, 그런 평들이 이어졌다. 일본에서의 평가는, 이제까지 보지 못한 한국적 삶의 실상에 대한 김민기 특유의 날카로운 비판적 포착과, 간난 속에서도 스스로 꿈이라는 것을 안고 가는 한국인들의 아름다운 형상이 교직되어 있다는 점에 집중되었다. 물론 이러한 평가를 받기까지 중국에서와는 다른 차원의 치밀한 사전준비, 예컨대 일본어판 자막에 대한 철저한 준비가 있었다. 독일어 원작이 있음에도 불구하고 한국버전을 가지고 번역한 일본어판 대본집도 사전 출간되었다. 공연을 그저 무대에 올려놓는 것이 아니라 작품세계를 충분히 이해할 수 있는 경로를 제대로 조직해낸 과정의 소산이었던 것이다.

그러나 일본은 역시 만만찮았다. 도쿄에서의 마지막 공연을 보고

가라 주로(唐十郎)
일본 전위연극의 기수이며 실험극의 대부라는 평가를 받는다.

일본에서 가장 권위 있는 잡지로 알려진 《세카이(世界)》지 한중전문기자와 다음 날 있을 김민기와의 인터뷰를 위한 사전 논의를 가졌다. 기자는 내일의 인터뷰를 위해 김민기가 아닌 내게 이 작품의 한국에서의 공연과정과 베이징에서의 반응, 김민기의 연출 및 제반 문화작업, 김민기의 개인적 취향에 이르기까지 세세한 문의를 두 시간여 넘게 던졌다. 그의 집요함과 철저함, 나와의 토론 이전 이미 김민기의 CD를 구해서 들었다는 두꺼운 안경 너머 그의 눈빛에 나는 몸서리를 쳤다. 감격과 감탄에 그치지 않고 정확한 정보 전달을 위해 최선을 다하려 한 그의 노력 때문만은 아니다. 〈지하철 1호선〉 혹은 그것에 비친 오늘의 한국을

▲ 2001년 11월 〈지하철 1호선〉은 도쿄, 오사카 등 일본의 주요 도시에서 만원사례 속에 '연장운행' 됐다. (사진=극단 학전 제공)

어떻게 바라볼 것인가, 그는 그 문제에 집착해있었고, 〈지하철 1호선〉의 공연을 계기로 그 문제의 한 자락을 잡고 싶어했다.

나는 말했다. 김민기, 혹은 〈지하철 1호선〉, 혹은 한국의 눈물, 일본 연극계의 아버지라고 하는 가라 주로 선생을 비롯해 당신들은 그 눈물과 치열한 현실주의 정신을 말했지만 그것은 그냥 한갓 눈물이 아니라 피눈물이고, 그 리얼리즘은 어떤 주의주의가 아니라 현실 전투정신의 소산이다. 록뮤지컬이라 희극적 요소가 가미되었지만, 그것은 사회에 뿌리내리지 못한 계층의 이야기이다. 한국은 타율적 근대, 당신네

일본에 의한 식민침략의 아픔으로 근대의 시작을 겪고, 그 식민지배의 문제가 제대로 해결되기도 전에 미소 강대국에 의한 분단, 냉전의 전초기지를 살아오면서 민족적 삶 자체가 갈기갈기 찢기다 못해 가루로 분쇄되었지만, 그러나 그 모든 과정을 저항의 계기로 삼아온 피어린 삶의 역정으로 오늘에 이르렀다. 김민기는 그것을 한편의 노래굿으로 남의 형식을 빌어 만든 것이다. 당신네 일본이 우리에게 강요한 타율의 지배와 우리가 스스로 선택에 의해 가져온 남의 것은 이렇게 다르다. 그러나 이제 그 철저한 굴욕의 세월을 분개만 하지는 않는다.

우리 중 어떤 이는 식민지근대화론을 운운하며 당신네의 침탈이 무의미한 것만은 아니었다고 역설하기도 하고, 당신네 일본 역시 인도네시아까지 침공한 현대사의 저편을 다시 이편으로 가져오기 위해 동남아의 역사학자들에게 일본의 침략이 오히려 해당국의 근대화를 촉진했다고 하는 식민지근대화론을 유포하고 연구성과를 내게 하고 있다고 들었다. 다케우치 요시미(竹內好)는 중국의 문호 루쉰(魯迅)의 '가져오기주의'로부터 새로운 동아시아적 근대의 문제를 사고하고자 하였다. 그리고 70년대의 안보투쟁의 치열한 과정 등 일본의 새로운 미래지향 또한 잘 알고 있다. 그러나 당장 야스쿠니신사 참배, 그리고 재무장의 기획 등 일본의 동아시아 혹은 아시아에 대한 지배의 야욕 또한 철저한 것으로 파악된다. 일본의 국가주의, 아시아 지배의 환상에 대해서 나는 우려한다. 김민기의 〈지하철 1호선〉은 우리의 피눈물의 한 부분을 보여주었다. 그 삶들의 진정을 안다면 일본에서의 〈지하철 1호선〉 공연의 의미는 다른 것이 아니다. 괜찮은 뮤지컬이 그저 한 번 와서 심심하던 당신네 공연계에 신선한 충격을 주고 만 것이 아닌 것이다. 기억해야 할 것이다. 그 어디에도 삶의 뿌리를 내리지 못하고 일상이 떠도는

루쉰(魯迅)

1881년 저장성 소흥에서 태어났다. 성장기부터 계몽적 신학문의 영향을 크게 받았다. 1902년 일본에 유학하였으나, 문학의 중요성을 통감하고 의학을 단념, 국민성 개조를 위한 문학을 지향하였다. 1918년 문학혁명을 계기로 〈광인일기(狂人日記)〉를 발표하여 가족제도와 예교의 폐해를 폭로하였다. 이어 〈공을기(孔乙己)〉 〈고향〉 〈축복〉 등을 발표하여 중국 현대문학을 확립하였다. 특히 대표작 〈아큐정전(阿Q正傳)〉은 세계적으로 널리 읽혔다. 외국 작가의 작품을 번역하여 중국 인민의 계몽에도 힘을 쏟았다. 1920년대 중국 문단에서 혁명적 문학을 주도하였으며, 날카로운 사회비평으로 특히 유명했다. 1930년대 들어 좌익작가연맹의 지도자로서 활약했고 문단의 통일전선을 추구하다가 1936년 사망했다.

가져오기주의(拿來主義)

루쉰은 서구의 근대가 일방적이고 폭력적으로 중국을 지배해가는 것에 대해 서구의 발전된 문물을 주체적으로 가져오기 해서 중국화하는 것의 문제를 제기했고, 일본의 루쉰학의 대가 다케우치 요시미는 루쉰의 이러한 창조적 근대정신을 바탕으로 감아서 되돌려주기, 곧 권반(卷返)이라는 개념으로 일국적이 아닌 동아시아적 새로운 근대의 문제를 모색하고자 했다.

안보투쟁

미일 안전보장조약은 1952년 체결됐다. 미군의 무제한·무기한 주둔을 인정하는 반면, 미국은 일본의 안전보장에 대해 의무를 지지 않는 일종의 불평등조약이었다. 그러나 일본의 재군비가 진행되고 전략적 역할이 증대됨에 따라 1958년부터 개정 교섭이 시작됐다. 이에 사회당, 일본노동조합총평의회 및 혁신단체들이 개정안은 '반공 군사동맹의 결성' '일본의 핵무장화'로 이어질 염려가 있다 하여 안보조약 개정 저지 국민회의를 결성하고, 1959년 봄부터 23차례에 걸쳐 반대운동을 전개했다. 전국일본학생자치회총연합(전학련)이 국회에 난입하는 사태에도 불구하고 결국 조약은 국회에서 가결됐다. 그러나, 반대 여론에 의해 기시 내각은 총사퇴하고 이케다 내각이 들어서 자민당의 정책이 전환되는 계기를 맞았다.

〈지하철 1호선〉, 어두운 공간에서 흘려야 했던 부박한 삶들의 피눈물을. 한국은 그런 점에서 아직도 세계사 속에서 자기 뿌리를 내리지 못하고 자기 정처를 정박시키지 못한 분단된 세계사의 가장 아픈 고리인 것이다.

11월의 찬 기운 속에서 재일동포들이 마련한 김민기와 〈지하철 1호선〉 일본 공연 환영의 자리를 찾아가기 위해 두리번거리며 지하철역으로 올라가던 순간, 눈안에 가득 들어오는 시부야의 현란한 불빛들. 저 완벽한 서구적 동화(同化)의 파고 속에 동아시아 혹은 한국의 자리가 있을까. 이게 그를 위한 시작이라면 길은 아직 너무도 멀구나. 다케우치 요시미는 거울을 이야기했었지. 우선은 서로를 비추는 작업부터 인식의 전환까지, 차근차근 서두르지 말자. 화려하거나 어둡거나 그 어디에도 별 하나 눈에 띄지 않는 도쿄의 밤, 뒷골목 그 하늘을 바라보며 나는 그렇게 중얼거렸었다.

정치성이 사라진 일본의 문화풍토, 극도의 개인주의만이 난무하고, 촘촘하게 짜여진 일상의 그물 속에서 조직을 살아가는 폐쇄회로 속의 일본인들, 지하철에서 만난 그들의 얼굴에 웃음기라곤 없었다. 조심스러움, 남에게 폐를 끼치지 않으려고 잔뜩 긴장한 그들의 어두운 이면에는 어떤 욕망이 도사리고 있을까. "도시의 삭막함과 일상의 소외를 극복하기 위해 자연과 함께하세요. 분재를 키우면 당신의 하루가 생동할 것입니다." 지하철 밖 정부의 홍보문구는 그렇게 권하고 있었다. 철사에 칭칭 감긴 기형을 미학으로 강제당한 소나무 묘목, 맹춘(孟春)의 눈 속에서 아리하게 피어나는 한매(寒梅), 그 일지매의 절조가 아니라, 주홍의 자기 빛깔조차 감당하기 힘든 듯 어느 집 마루에 안타깝게 꽃을 피어올린 매화분을 떠올렸다. 일본 친구집 베란다에 죽 늘어섰던 벤자민의 그 작고 푸른 이파리들. 그들에게 자연은 분재일까. 인공의 미학들이 흐트러짐 없는 일본식 정원하며 문화유산들.

"도아가 열리고 닫힐 때 조심하세요." 지하철의 출입문 한가운데에 그렇게 쓰여 있다. 문이라는 글자를 '도아'로 공식 표기하는 그들과 한자의 문(門)을 가져다 자기것화 해버린 우리, 그것을 서화(西化)와 동화(東化)의 차이로 말할 수 있을까. 서구적 근대를 식민의 경험으로 강제한 일본, 우리는 그 지배의 세월 동안 말과 글, 삶 전체를 잃었다. 그러고도 반세기를 넘어 분단의 아픔까지 그 굴욕과 파편화의 세월은 계속되고 있다. 그 각기 다른 서화와 동화, 동화와 서화.

그러나 우리만 당한 것이 아니다. 일본에도 자기는 없었다. 서구화된 일본의 탈아(脫亞)와 입구(入歐). 일본 친구는 말했다. 전후 미국의 군정 경험은 일본의 패전 심리가 철저히 서구를 좇도록 만들었다고. 그래서 많은 한국인들이 일본에 오면 식민침략을 반성하라고 강요하고 있지만, 대다수 일본인에게 8.15는 곧 패전의 아픔으로 기억된다. 일본 정부가 지속적으로 그 패전의 기억을 환기시키며 일본 역시 피해자라고 각인시켜왔으므로, 대다수 일본인은 한국에 사과해야 한다는 참회의식이 없다는 것이다. 미야자키 하야오(宮崎駿)조차 전쟁의 장본으로서의 일본보다는 전쟁으로 인한 보통 일본인들의 피해양상과 피해의식에 더 무게를 두고 있다. 하지만 그뿐인가. 70년대 안보투쟁을 비롯하여 일본에서 일어난 변혁의 물결들은 왜 실패했을까. 재무장의 움직임과 야스쿠니신사 참배로 표현되는 황국 곧 제국에의 경의, 그것은 신대동아공영권을 꿈꾸는 일본의 숨겨진 욕망에 다름 아닐 터이다. 조심스럽게 부대낌이 아니라 남의 삶에 비켜가며 살아가는 저 표정 없는 사람들의 내일은 무엇인가.

탈아입구(脫亞入歐)
아시아에서 벗어나 유럽으로 들어간다는 것인데, 19세기 후반 이래 일본에 자리잡은 세계관을 표현하는 말이다. 메이지 시대 대표적인 계몽사상가 후쿠자와 유키치가 1885년 〈탈아론〉을 발표하며 이러한 입장을 주도했다. 이는 현재도 아시아 공동체와 같은 지역기구를 형성하고자 할 때 문제가 되곤 한다. 또한 일본 문화의 특성을 이해하는 데 필요한 키워드의 하나이기도 하다.

우에노공원의 노숙자와 근대의 그늘

다음날 아침 분카무라극장에서 김민기와 《세카이》지의 대담이 끝나고 한두 장의 필요를 위해 김민기는 200장도 넘는 사진에 찍히고 〈지하철 1호선〉은 오키나와로 공연을 떠났고, 나는 홀로 귀국길에 올랐다. 그저 분카무라극장 주위를 뱅뱅 돌았던 사흘 밤낮이었지만, 돌아오는 길엔 기필코 가볼 곳이 있었다. 이와나미서점(岩波書店)과 고서점이 즐비한 간다 거리와 우에노공원이다. 서둘러 고서점을 둘러보는데 언뜻 나쓰메 소세키(夏目漱石)의 전집이 눈에 들어왔다. 얼른 서점에 들어서서 가격을 물으니 6천 엔, 그야말로 횡재에 다름 아니라 단박에 사서 들었다. 일본 근대문학의 아버지라 일컬어지는 그를 일본인들은 중국의 루쉰에 비견한다. 〈지정거림(道草)〉이라는 그의 작품은 예기치 못한 과거의 인연과 그것에 의해 규정되는 오늘의 삶에서 한치도 빠져나오지 못한 채 그야말로 어정거리던 답답한 미로 속의 인물을 그린 소설이다. 그것이 서구의 근대를 저항 없이 받아들인 일본의 형상이라고 어느 일본 평론가는 지적했다. 일본은 과연 그렇게 그 관계의 끈에 매여 이러지도 저러지도 못하고 어정거렸던가. 20세기 초 동아시아를 파란의 도가니로 만들던 그 시절에.

루쉰이 일본 유학시절 매일 산책하곤 했다던 우에노공원으로 향하는 지하철을 탔다. 지브리스튜디오 다카하타 이사오(高畑勳)의 〈반딧불의 무덤〉 속에 나온 전쟁 통에 굶어죽은 아이의 얼굴과 소설 속 주인공의 얼굴이, 기골이 장대하던 내 증조할아버지를 피투성이로 만들어 돌아가시게 했던 일본 형사의 잔악한 표정과 겹쳐지고, 오늘의 저 일상에 옮쳐뛰지 못하는 일본인의 잔상까지 뒤섞이니, 이전에는 일본의 형상이 분명했으되, 이제는 그 어느 것 하나 떨치지 못한 채 동아시아의 평화적

나쓰메 소세키(夏目漱石)

일본 근대의 대표적인 작가. 1867년 도쿄의 명문가에서 태어났다. 어려서부터 학문에 흥미를 보인 나쓰메 소세키는 1890년 도쿄제국대학 영문과에 장학생으로 입학하였고, 졸업 후에는 도쿄고등사범학교에서 교편을 잡았다. 1900년에는 일본 문부성이 임명한 최초의 유학생 자격으로 영국 런던에 머물며 영문학을 연구했다. 귀국 후 도쿄제국대학 강사를 역임하며 《나는 고양이로소이다》 등의 대표작을 쓰기 시작했다. 구마모토대학 교수를 역임했으나 1907년 사임하고, 전업작가의 길에 들어서서 《산시로》《문》《그후》《마음》《행인》 등의 작품을 발표했다. 1916년 사망했다.

공존이라는 허상만 붙들고 나 역시 지정거리고 있는 것은 아닌지.

우에노공원, 루쉰의 체취를 따라 짧은 시간이지만 찾아 나선 곳. 하늘은 맑고 봄에는 화사했을 벚꽃나무들이 마지막 낙엽을 떨구고 있는 오후, 거기 곳곳을 점거한 까마귀들의 검은 시위와 괴성은 사흘 내내 그 궁색한 호텔방 창문에 와서도 아침마다 울어댔으니 익숙할 만도 한데, 도무지 그 괴기스러움을 어떻게 표현할 길이 없었다. 그리고 공원 한쪽 깊숙이 들어앉은 신사. 야스쿠니신사가 아니라 일반인들이 복을 기원하는 곳이라 하니 들어섰는데, 여우의 형상이 참배하는 제단의 앞에 자리한 것을 보고는 또 다시 섬뜩.

신사를 뒤로 하고 돌아 나오는 길, 공원 긴 의자와 화단가에 길게 누운 사람들은 또 다른 공원의 점거자였다. 집없는 사람들, 아니 집으로 갈 수 없는 사람들, 노숙자들의 천국이라는 우에노공원의 명성은 과연 무색하지 않았다. 하나같이 남루한 행색으로 서울역이나 베이징 거리 어디서나 만날 수 있는 그 뿌리 뽑힌 삶들은 일본에도 어김없이 있었다. 노동의 거부라고, 어떤 이는 자본주의가 강요하는 노동에 대한 주체적 저항이라고 이들의 입장을 대변하려 하였다. 그들은 과연 자신의 오늘의 행색을 그렇게 스스로 자위하고 있을까. 초점을 잃은 검은 눈, 헝클어진 머리, 〈지하철 1호선〉의 거지들은 그 거지가 되는 과정의 곡절이 있었고, 어쩔 수 없는 지경에 대한 한탄을 삶의 한 자락으로 깔고 그 어두운 삶 속에 어떻게든 개입해 들어가고 있었다. 그렇다면 그 햇빛 아래 노숙자들은, 왜 이들은 세계의 경제를 한편으로 다시 장악하고도 이 모양인가.

루쉰은 그 근대 초기, 머리를 자르고 찍은 사진 뒷장에 검은 너럭바위가 조국의 하늘을 뒤덮었다고 '자제소상(自題小像)'이라는 싯구를

〈반딧불의 무덤〉과
다카하타 이사오(高畑勳)
〈반딧불의 무덤(火垂るの墓)〉은 나오키(直樹)상을 수상한 노사카 아키유키(野坂昭如)의 소설을 1988년 다카하타 이사오(高畑勳) 감독이 극장용 장편 애니메이션 영화로 제작한 것이다. 스튜디오 지브리의 세 번째 작품이다. 태평양전쟁 패전 전후의 일본을 무대로 폭격 속에 부모를 잃은 어린 남매가 아무 도움도 받지 못하고 비참하게 죽어가는 상황을 세세한 필치로 묘사했다. 반전의 메시지를 담은 이 작품은 전쟁의 비극을 그리는 데 그치지 않고 물질문명에 의해 소외된 현대인의 군상까지 묘사해냈다는 평을 얻었다. 특히 사실적인 묘사와 사진을 촬영한 듯한 치밀한 배경 묘사로 전쟁의 참상을 그려냈다. 전쟁의 가해자가 아닌 피해자로서의 일본을 그리고 있다는 점은, 일본제국주의의 전쟁 책임을 회피하는 효과를 낳는다는 비판을 받기도 했다. 다카하타 이사오 감독은 미야자키 하야오와 함께 일본 애니메이션의 산실인 지브리스튜디오를 이끄는 주역이다. 〈알프스 소녀 하이디〉(1974) 〈엄마 찾아 삼만리〉(1976) 〈추억은 방울방울〉(1991) 〈헤이세이 너구리전쟁 폼포코〉(1994) 등의 작품이 있다.

써내려가던 그때, 그날의 산책길 혹은 ㅗ 시절 내내, ㅗ 일본을 어떻게 접수했을까. 근대의 그늘, 혹은 빛.

하늘은 푸르렀지만, 생기 없는 사람들 틈새로 온라인에서 만난 재일동포 친구가 어렵게 시간을 내어 동행해주었다. 아무것도 묻지는 않았다. 그 또한 조국과 일본의 어디에도 굳건한 정처를 마련하지 못하고 틈을 살아가는 조심스러운 삶에 또 다른 문제를 제기하면 서로가 어려운 처지가 될 터이라 그저 반가움에 어깨를 얼싸안았다. 저 짙푸른 하늘, 부드러운 가을 햇빛의 선무에도 소스라치며 여기 일본에서 모든 것은 이제 새롭게 다시 알아가야 할 관계의 형상만이 어른거릴 뿐이라고 사흘간 행로의 소감을 잠시 들려주었을 뿐.

J-Pop, 보아, K-Pop

한류의 초기 행적, 동아시아의 여정을 따라간다고 하고 일본에 상륙했는데, 새로운 서툰 감상이 두서없이 토로되더니 원래의 행로를 잃어버린 듯 서성이다가 하마터면 귀로조차 잃을 위기에 처했다. JR선에서 내려 에스컬레이터를 타고 올라서자 눈에 가득 들어오는 것, 공항면세점의 화려한 조명. 아들 녀석이 그토록 가지고 싶어 했던 일본게임기, 여기라고 쌀 턱이 없어 만지작거리다 놓아두고 비행기를 타러 가는데, 음반 상점 앞에 발길이 저절로 멈춰진다. 긴 한쪽 벽이 온통 보아였다. 벽면 전체로 휘날리는 노란 갈색의 긴 머리. 왜 이 시점 보아인가.

1990년대, 미디어의 발달과 아시아 경제성장의 물적 토대가 마련되면서 일본은 아시아의 미디어산업에 뛰어들었다. 내향적이었던 일본 문화시장이 세계적인 미디어산업의 부상과 함께 아시아로 문화시스템을 확대하기 시작한 것이다. 물론 그 즈음 현실사회주의의 몰락과 함께

▲ 가수 보아의 등장은 한국식 스타시스템을 실현하며 'K-Pop'의 가능성을 불러일으켰다.

◀ 세계 문화시장의 선두주자인 일본 한복판에서 보아가 통하는 현상을 한류의 성공신화로만 볼 것인가. 시장의 확대인가, 포섭인가.

아시아 나라들의 경제성장에 자극을 받은 일본 내에 아시아로의 시각과 힘의 전환 움직임에 대한 논의가 활발하게 전개되고 있었다. 냉전이후 세계질서의 재편성, 아시아의 경제성장과 문화의 세계화 흐름 속에서 일본은 국가 정체성을 재구축할 필요성과 대동아공영권으로 표상되던 이전의 국가 팽창 전략을 재건할 필요가 대두되었던 것이다. 여기서 문화산업의 세계적 우위에 있었던 일본은 기존의 아시아에 팽배한 반일본 정서를 극복할 수 있는 실질적 조건이자 동력이 될 수 있다는 판단이 서자, 그를 즉각 가동하기 시작했다. 물론 그 이전에 일본은 세계적인 문화산업 합병의 선두에 섬으로써 아시아로의 방향전환을 위한 체계를 구축하고 있었다.[2] 미국은 소프트웨어, 일본은 하드웨어라는 룰도 이즈음에는 무색할 정도가 될 만큼 일본 문화산업의 세계적 성장은 괄목할 만한 것이었다. 그리고 이러한 문화의 세계화의 주도체로서

2_ Sony는 하드웨어 제조회사이지만 문화산업에 뛰어들면서 Sony Music를 세우고, 1988년 미국의 CBS Records group을 인수했고, 이후 음악산업만이 아니라 장르간의 통합도 진행, 대형 미국 영화회사인 Columbia Pictures와 Tri-Star pictures의 영화제작 및 유통부문을 소유하고 있으며, 홈비디오 제작 및 유통회사, TV프로 제작회사, 가전제품 부문회사를 동시에 소유하고 지배하고 있다. 음악산업 부문에서는 레코드 부문인 Sony Music은 Columbia, Epic, Epic Associated labels 등의 레이블들을 소유하고 있었다.
게다가 Warner Music과 함께 Columbia House record club 이라는 유통체인을 양분하여 소유하고 있었고 미국 내에 자체로 Sony Distribution과 CD 및 테입을 대량생산할 수 있는 공장들을 가지고 있었다. 이처럼 Sony는 이미 국경을 너머 미국의 음반산업과 세계 음반산업의 주요 사업체로 등장하고 있었던 것이다. 아울러 마쓰시타가 1990년 MCA의 할리우드 스튜디오를 인수하는 등 일본 문화산업의 세계적인 영향력은 가히 가공할 만한 것이었다.

소니와 마쓰시타 자본의 경험과 위세는 일본과 일본 문화산업이 아시아를 새로 기획하고 새로운 문화시장을 기획하는 데 어려움이 없게 하였다. 물론 이후 소니와 마쓰시타가 적자를 내고 할리우드에서 철수하는 등 전지구적인 문화사업에 굴곡이 없었던 것은 아니지만, 그러나 이들의 퇴조에도 불구하고 일본 애니메이션, 비디오게임 시장에서는 발군의 힘을 발휘, 재패니메이션, 미키마우스를 능가하는 마리오의 위세를 떨친 것은 어김없는 사실이었다.

여기서 주목할 것은 전지구적 수준에서의 거대 다국적기업에 의한 시장과 자본의 통합, 미디어기술과 교통의 발달에 따른 지구촌의 공간적 가까움이다. 그리고 이의 재편을 주도한 미국의 지구화 전략의 변모 양상이다. 미국은 스스로 만든 프로그램의 관철보다는 지역화 전략, 다시 말해서 자본의 지역적 · 일국적 하위체계를 만들어가는 과정에 걸맞게 문화산업 역시 지역화 전략으로서 세계시장을 재편해가고 있었던 것이다. 이를 미국의 세계시장에서의 영향력 약화로 말하는 사람도 있지만, 그러나 이것은 미국이 보다 깊숙이 세계와 지역, 각국에 개입하고 있음을 반증하는 측면이 크다. 지역과 국가의 차이를 양산하여 거기에 개입하는 미국의 새로운 문화 지역화 전략. 전지구화의 동질화 전략 속에 로컬이 배치되어 더욱 전지구화를 강화하는 형식이다.

바로 미국의 그러한 새로운 지역화 전략 지점에 일본이 있다. 일본은 아시아의 경제성장으로 문화수요가 낳은 물적 토대의 형성과정과 미디어산업의 발달에 따른 각국의 문화산업 제조 능력을 놓치지 않았다. 이러한 지역화 전략의 이면에는 동아시아 과거의 역사에서 일본이 근본적으로 가지는 한계를 문화적인 우회로 돌파하고자 하는 국가주의 전략도 엄연하게 도사리고 있었다. 일본문화 색채를 거세한 문화상품,

음악산업에서 범아시아 스타를 주조해 아시아에 관철시키려고 했던 기획의 일환으로 중국을 택했지만, 실패하면서 소니는 다시 글로벌 로컬라이제이션, 전지구적 지역화 전략을 채택하고 이로써 아시아 시장을 돌파해가기 시작한 것이다. 이러한 전략이 수립된 것은 일본의 언어와 문화적 특수성 때문에 아시아 시장에서 애니메이션 이외에는 먹혀들 가능성이 없다는 진단에 근거한 것이다. 그것은 일본색을 제거하고 프로그램 포맷을 파는 초기전략으로부터 홍콩과 대만 등지에 일본 번안곡을 유행시키는 과정을 통해 일본색을 내재화하고, 그리고 최종적으로 현지 자본과의 연계에 의한 현지 아이돌스타를 제조해가는 지속적인 변모를 꾀해왔다.

팬과 스타 사이의 관계를 친밀하게 하고, 프로와 아마의 경계를 넘나들게 함으로써 누구나 스타로서의 가능성을 욕망하게 되는 아이돌시스템은 미국의 스타시스템과는 물론 다른 전략이다. 그러나 그 이면에는 일본의 권력과 자본이 아시아에 대해 꿈꾸는 도저한 욕망이 엄연히 존재한다. 소니의 현지 아이돌스타 발굴시스템은 중국과 베트남이라는 사회주의 국가의 문화정책에 적응하지 못하고 실패했다. 지역화를 통해 또 다른 서구적 동질화를 이루고 그 주역에 서려고 했던 일본과 일본 문화자본의 기획은 그러나 아직은 다른 문화적 격차와 일본에 대한 아시아적 경계에 밀려 다음을 기약해야 했다. 그리고 그 다음이 바로 일본 식민지통치 지배를 받아 일본 문화에 대한 기억을 선명하게 가지고 있는 대만이었다. 물론 여기에는 경제성장, 미디어산업의 발전, 정치적 민주화과정이라는 대만의 조건이 있었고, 무엇보다도 문화산업의 지역적 형세에 밝았던 대만 문화산업이 일본을 소비하는 데 앞장섰던 것이 가장 큰 요인이라 하겠다. 이를 문화적 근접성이라는 말로 설명하는 사람들도 있으나, 대만에서의 일본 문화상품의 선전은 어디까지나 대만의 문화적 선택, 문화자본의 그것을 포함하여 문화수용주체들의 선택의 측면이 강하다는 것을 강조하고자 한다. 물론 소니뮤직대만에서의 예처럼 일본 아이돌스타에 대한 주도면밀한 프로모션이 있었고, 스타TV의 모회사인 뉴스코퍼레이션과 일본의 대중음악을 대표하는 고무로 데츠야의 합병, TK NEWS의 설립은 아무로 나미에나 현지 아이돌스타의 제조와 성공에 결정적이었다고 할 수 있다.

그리고 다시 보아. 일본과 홍콩·대만 자본이 펼친 일본 대중음악의 아시아적 소비전략과 일본 문화자본의 결합이라는 도식과 보아의 성공은 어떤 관계에 있는가. 한국의 SM이라는 기획사와 일본 문화자본의 결합이라는 기본 틀에 어긋나지 않는 새로운 지역화전략이 거기에 맞춤처럼 들어맞으니 일본 도식의 한국판이라면 틀림이 없을 것이다. 그러나 다른 것이 있다. 대만과는 달리 일본에 대한 반일의식이 팽배한 한국에서 일본문화의 소비는 이미 음성적으로 광범위하게 이루어지고 있지만, 음악산업의 꽃인 가수의 현지 활동이나 TV프로그램은 규제되어 있다. 그것에 대한 일본의 갈구와 한국 기획사의 기획이 아무로 나미에의 일본판, 보아를 만들어낸 것이라고 할 수 있다.

1998년 TK NEWS가 링이라는 13세 여자 아이를 발굴, 성공한 것은 그 좋은 실례이다. 한국에서 일본문화 개방이 부분적으로 이루어졌고, 그 동안의 규제가 사실상 무의미했음이 드러났다. 그런데도 일본의 한국 진출에 대한 형식적 규제는 오히려 보아를 일본에 데려다 성공시키는 전략에 의해 국경을 뛰어넘는 문화산업을 가능케 만들었다. 이는 일본의 국가주의에 대한 경계가 무너지는 신호탄을 쏘아 올렸다고 해도 과언이 아니다. 아무로 나미에의 인기가 시들해졌다 해도 한국에는 엄

아무로 나미에
1977년 오키나와 출생의 일본 팝 가수이다. 1992년 그룹으로 데뷔했으나 95년부터 솔로로 활동하며 90년대를 대표하는 일본의 여가수가 됐다. 가창력과 춤 실력을 겸비했다는 평가를 받았으며, 10대 마니아들이 스타의 모든 것을 추종하는 현상을 낳기도 했다. 아무로 나미에의 패션은 물론, 19살에 결혼해 아이를 낳은 것까지 하나의 유행으로 번질 정도였다.

연히 그의 팬들이 적잖이 존재하며, 가수 비와 합동으로 한 한국 공연이 성황을 이루었던 것이다.

J-Pop에 이어 K-Pop의 시대가 왔다. 아시아를 무대로 나아가는 한국의 아이돌스타들, 이미 중국에는 일본의 실패와 달리 HOT가 초강세이고, 베이비복스 등 십대 아이돌스타들이 거대한 바람몰이를 하고 있다. 그것이 일본처럼 치밀한 현지 프로모션에 의해서가 아니라 엉겁결에 이루어진 것이고, 그것이 문화적 할인율이 일본보다 낮은 한국이 일본 대신 중국에서 소비되는 것이라 하더라도, 보아와 같은 철저한 프로모션이 이루어진다면 그것은 다른 양상을 띠게 될 것이다.

보아가 일본에서 이룬 성공은 아시아에서 우리 문화산업의 도약을 일러줄 열쇠일 것인가. 음반상점의 반을 차지하는 그의 CD진열을 바라보는 마음이 착잡한 것은 문화의 상품화라는 추상적 안타까움 때문만은 결코 아니다. 자원이 없는 우리나라에서 문화산업의 성장이 전체 국민경제를 활성화시킬 것이라는 환상도 금물이지만, 그보다 더 무서운 것은 일본의 아시아에 대한 지배의 기획이 문화산업의 성장이라는 실질을 통해서 우리 사회에서 합리화되는 일이다.

생산의 문화, 문화 동아시아

김민기의 〈지하철 1호선〉은 생산이고, 보아는 소비이므로 하나는 긍정적이고 부정적이다, 이런 대비와 가치판단이 유효한가. 김민기는 문화의 본원을 교류로 보았고, 보아는 이익상품이기 때문에 하나는 수용되고 하나는 거부되어야 한다, 이 이분법은 또한 유효한가.

〈지하철 1호선〉은 1,000회의 공연이라는 상업적 성공 이후에 베이징에도 갔고, 도쿄에도 연장운행 했다. 그런데 그의 상업적 성공은 보이니 작금의 아이돌스타 시스템 혹은 문화산업 시스템과는 다른 동력과 구조에 의한 것이다. 둘 다 서구의 문맥 속에 있다. 〈지하철 1호선〉의 원작은 독일 것이고, 보아는 국산이지만 일본산 혹은 미국화된 일본산이다. 여기에 갈림길이 있을까. 김민기는 〈지하철 1호선〉의 성공이 개인적으로는 숙제이고, 창피하다고 했다. 자기 작품으로 승부를 걸지 못하고 남의 것을 빌어다 알맹이와 형식을 재편하였다는 점에서 갈 길이 멀다고 했다. 그리고 현지 공연도 자본의 공조가 아니라 문화적 공조의 형태를 고집한다. 그것은 중국에서의 사례처럼 많은 위험부담을 안을 수밖에 없다. 그리고 그 성공과 실패도 모두 그에게 귀결된다. 새로운 창작의 조건도 그 스스로 만들어나가야 하고 국경을 넘는 것 또한 전적으로 그의 작품성과 노력 여하에 좌우된다. 우리 사회는 그로부터 많은 빚을 졌다. 진정한 한류가 왔다고 베이징 언론과 문화비평계가 들썩일 때, 중국 공연에서 정부의 지원을 받지 않은 것은 아니지만, 그 이상의 보답을 우리 사회는 명예롭게 받았다. 이제 그는 어떻게 다음을 준비할 것인가. 예술적 창작력에 근거한 상업적 성공, 그리고 함께 만들어가는 문화적 수준들, 그것이 김민기가 만들어가는 한류의 새로운 기획이라고 한다면 그것에 우리 사회는 어떻게 동행할 것인가.

아이돌시스템은 일본이 만들어낸 아시아 문화시장 전략이다. 그것이 우리 음악산업에도 전적으로 적용되어 전체 음악산업의 대종을 이루고 있다. 그렇지만, 아이돌스타들의 음악이 국적불명이라는 문제는 이 아이돌스타 시스템에 의존하는 우리 음악산업이 옛부터 가지고 있는 기형성, 도매상이라는 전근대적 유통체계, 기획과 제작의 비전문성으로 인해 지상파 홍보에 치중한 상업화전략 등에서도 나타난다. 이는 우리 음악산업의 균형적 발전에 가장 치명적인 걸림돌로 지적되고 있다.

　보아의 성공이 그에 대한 한 해답을 준다면 이러한 음악산업계의 고질적인 관행과 전근대성이 아닌 일본식 지역마케팅이라는 고도의 산업화 전략을 수용하는 것이라고 할 수 있을 것이다. 그러나 아이돌스타 외에는 대중음악계 전체가 침체에 있고, 다른 장르는 아예 소생할 희망이 없어보이는 현재의 불균형한 구도에서 가장 중요한 음원의 생명력이 없는 음악산업의 성공을 바라기는 어렵다. 문화산업은 그 문화적 생산력에 근본적으로 의거하는 특징을 갖는다고 한다면 전 사회의 음악적 기반을 높이는 문화적 공공성 차원의 정책이 정부 차원에서 마련되어야 함은 물론 시장의 불균형성과 전근대성을 혁파할 수 있는 새로운 시스템이 나와야 한다. 음악산업계의 힘이 약해서 이를 이룰 수 없다면 공적 영역에서 이의 재편을 위한 지원대책이 마련되어야 할 것이다.

　문화가 소비가 아니라 생산행위가 될 수 있는 사회적 지반을 만들어가는 것, 그것은 우리의 꿈만이 아니라 동아시아 나아가 세계의 아름다운 바람이다. 그런 지반을 우리가 만들어갈 수만 있다면 공연예술에서 자기창작을 위해 고투하는 김민기가 번안극이 아닌 창작극으로 우리 문화수준을 높일 수 있을 것이다. 나아가 그의 문화적 본원인 음악 속에서 새로운 자기발현을 해나갈 가능성이 열릴 것이다. 비단 김민기뿐만이 아니다. 우리 사회에는 그런 공연예술과 음악 속에서 분투하는 치열한 문화 창조의 주역들이 얼마든지 있는 것이다.

동아시아 문화의 교감 · 소통 · 생산을 위한 한중 문학 · 출판 교류

경제논리에 편승한 한류의 한계와 화류의 역풍

문화산업화의 바람이 거세다. 특히 우리처럼 자원과 시장이 협소한 나라의 경우 문화를 산업화하는 것만이 전 국민이 먹고 살 수 있는 유일한 통로인 듯 이야기 된다. 문화콘텐츠진흥원이라는 국가기관의 설립은 그 집약된 표현이다. TV 연속극과 가요를 중심으로 동아시아에 부는 한류열풍은 우리에게 예기치 못한 환상을 심어주었고, 이를 안정적으로 지속 · 확대시켜야 한다는 목소리들을 갖가지 대중매체마다 쏟아낸다.

특히 IT강국으로 자부하며 중국시장을 향해 쏠리는 눈길은 우리 온라인게임이 중국 게임시장의 80%를 점하는 현상을 목도하면서 거의 사시가 되고 있다. 중국 문화산업 규모의 증가(2001년 전국 문화산업 단위 총수입 110억6000만 위안, 전년대비 9.6%증가)와 WTO 가입 이후 중국 문화시장의 문화산업 규범화 및 정비 강화 등을 문화시장 개방의 차원에서 바라보면, 즐거운 상상은 끝없이 나래를 편다. 그러나 중국과 문화를 경제적 대상으로 놓고 펼치는 그러한 졸부적 몽상은 중국에 진출해본 대다수 기업과 개인이 잇달아 실패해 온 현실 앞에서 처참하게 깨져버릴 터, 문제의 가닥을 잘 헤쳐 볼 필요가 절실하다.

우리의 이른바 문화콘텐츠라는 것이 지극히 빈약하다며, 그것의 개발에 박차를 가하지 않으면 안 된다는 목청이 높다. 그러나 문화를 시장논리로 사고하는 이러한 태도로는 결코 한류의 파고를 유지할 수 없을 것이라는 것이 나의 확고한 입장이다.

극단 학전의 〈지하철 1호선〉 중국 공연은 베이징에서 성황이었으나 상하이에서는 실패했다. 이 상반된 결과를 어떻게 볼 것인가. 상하이에서는 ASEM 회의를 한다고 공연장 문은 열어놓았지만 그 앞을 사람들이 지나다니지 못하도록 원천봉쇄를 해놓았기 때문에 입장 자체가 어려웠다는 점이 실패의 치명적 원인이었다. 그렇지만 중국 측의 사전 홍보나 설비 등 공연지원 준비가 거의 안 된 상태에서 일일이 설명하고 가르쳐야 했고, 임기응변으로 전선줄을 이어가면서까지 공연을 올릴 수밖에 없었던 그 예기치 못한 정황들이 더 큰 문제점으로 지적된다. 누구도 관심이 없는 한국의 록뮤지컬이기에, 공연주체의 입장에서는 악전고투 속에서나마 중국 현지사정에 적응하는 데 의의를 두는 상황이었다고 할 수 있다. 그런데 이 의미부여가 중요하다.

애초 〈지하철 1호선〉의 중국 공연은 시장 마인드가 아니라 민간차원의 문화교류라는 성격을 일관되게 관철해나가고자 하였다. 바로 그런 정신을 초지일관 유지하였다는 점, 그것을 강조하고자 하는 것이다. 중국 현지 제작진들이 인정하고 거듭 감사를 표했듯이 상하이에서는 어려운 형국에서도 전력공급, 기계설비 등 공연 준비과정의 문제들을 하나하나 같이 풀어기고 기술 전수와 내용 공유에 주력했다. 그 결과, 중국의 공연예술 수준을 5년은 앞당겼다는 평가가 나올 정도였다. 철저하게 중국 입장에서 공연의 의미를 확보하고자 했던 것이다. 그런 선행과정의 실패와 학습은 이내 베이징 공연의 빛나는 성공을 이끌어내는 힘으로 전화되었다.

중국 공연 전에 극단 학전은 철저한 사전준비를 기하기 위해 많은 공력을 기울였다. 중국의 주요 문화 창작자와 현장비평가들을 한국에 초청, 학전의 음악극들을 보여주고 토론회를 조직하였고, 〈지하철 1호선〉의 연출자와 공연 제작진들이 상하이와 베이징의 공연장에 직접 가서 현장조사를 마친 상태였다. 그럼에도 불구하고 상하이에서는 예기치 않은 상황이 벌어졌지만, 그러나 그것을 오히려 전화위복의 계기로 만들어갔다. 그 힘은 사전 인지 경로를 제대로 조직해간 과정과 더불어 한국과 중국의 공연예술의 새로운 역사를 함께 써나간 것으로 기록될 수 있었다. 여기서 무엇보다도 중요한 것은 물론 공연내용이다. 록뮤지컬, 그것은 음악이 주된 동력이지만, 이 음악극의 특징은 서사성에 있다.

〈지하철 1호선〉에는 바로 우리가 살아온 삶의 내력이 피눈물로 녹아있다. 그 내력을 제대로 전달해야겠다는 의지로 제대로 된 번역작업을 감행하였다는 점이 중국에서의 성공을 가능하게 한 또다른 요인이었다. 중국의 까다로운 비평가들이 눈여겨본 것은 정작 무엇이었을까. 번안극이었지만 우리 삶의 내용과 형식을 심도 있게 녹여낸 김민기 씨의 창작 정신과 역량이 제대로 전달되었다는 데에 있을 것이다. 그리고 보여주기만 한 것이 아니라 무대에 올리기까지의 과정을 공유하고 기술력을 전수한 열린 자세가 한류의 본연이라는 평가를 가능하게 했던 것이다. 십대 위주의 상업주의 문화는 중국 현실문화의 지평이 본격적으로 열리기 이전의 잠정적 역할에 그칠 것이고 한류의 자기 수명은 거기서 다한다고, 중국의 눈들은 비판적 시각으로 문화대국의 자존심을 유지해왔다. 그런데 그들의 가시권 안에 〈지하철 1호선〉이 들어온 순간, 그들은 감지하였다. 그것이 바로 한국문화의 맷집과 미학의 실체임을. 경극과 혁명가극의 나라 중국에 김민기는 그가 쌓아온 음악극 경력 10년을 고스란히 전수하고자 하였고, 그것을 그는 이웃나라 친구들에게 주는 작은 선물이라 했던 것이다.

전통적 화이관계 속에서 주변나라들을 문명교화, 인문교화시키는 것을 자기임무로 상정하며 동아시아 보편으로서 군림해왔던 문화 중국, 문화와 무화(武化)의 결합으로 특징 지워지는 중국혁명, 문화와 정치의 긴밀한 결합을 통한 중국사의 전개, 광활한 대지를 한눈에 통찰할 수 있는 시적 직관을 갖지 못하면 통치자가 될 수 없는 나라, 중국. 월드컵 당시, 'Pride of Asia'가 그들의 자존심을 얼마나 자극했는가를 우리는 전혀 상상하지 못한다. 그 문화중국을 우리 문화산업의 대상으로 삼는다, 그것이 과연 가소로운 몽환이 아닐 수 있을까.

중국정부는 WTO에 가입 후 5년까지 유보해 두었던 문화시장 개방 대비를 위해 대대적인 시장 정비작업과 콘텐츠 개발 작업에 착수했다. 문화산업 규범화와 정리 업무 강화를 통한 향후 문화산업의 생산 유통 질서 구축, 다오반(盜版, 불법복제된 영상, 음반, 게임 등 CD물과 해적판 도서 등)의 숙정작업과 IT기술력에 기반한 문화상품 개발 등이 관건이다. 그리고 PC방 폐쇄에서 볼 수 있듯이, 1억(2005년 상반기 집계)에 달하는 네티즌 인구의 증가와 온라인게임의 급성장에 따른 게임산업 개발과 정상 유통을 위한 장치가 숙고되고 있다. 인터넷 출판 활동에 대한 관리 강화와 인터넷 출판기구의 합법적 권익수호를 위해 2002년

다오반(盜版)

중국에서 유통되는 불법복제 해적판을 일컫는 말이다. 음악CD, VCD, DVD 등이 대표적이다. 다오반으로 제작된 음악 CD는 한 장에 8위안(한국 돈으로 1100원 정도) 정도, 영화 DVD는 10위안 (한국 돈으로는 1300원 정도) 정도에 판매된다. 저렴한데다 품질도 그다지 나쁘지 않다. 따라서 중국에서는 다오반 매매가 활성화되어, 시내 한복판의 대규모 매장에서도 버젓이 판매될 정도이다. 중국 당국은 WTO 가입 이후 지적재산권 보호 방침을 강화, 전면적인 다오반 소탕작전을 벌이기도 한다. 2002년에 입수해 태워버린 것만도 600만 달러어치에 해당했다. 그렇지만 단속에 걸리는 분량은 전체 다오반 시장 규모에 비하면 미미한 수준이라는 것이 일반적인 해석이다. 이런 사정으로 중국에서 한류 열풍이 대단하다고 해도 문화상품 수출이라는 면에서는 실질적인 이득이 별로 없다는 관측이 나오곤 한다.

8월 1일부터 실시되는 〈인터넷출판관리 잠성규성〉이 제성됐다. 아울러 3년 이내에 출판물 체인점에 대한 대외개방을 허용한다는 계획을 세우면서도 대만이나 홍콩의 도서상이 관여해온 도서 유통시장을 직접적으로 장악하는 계획 또한 추진하고 있다. 베이징의 중관춘(中關村) 지구를 하이테크산업의 첨단기지화하고, 서구 중심의 세계 지식기반 산업 구도 속에서 한점의 땅(一点之地)이라도 차지한다는 중기 목표도 세웠다. 마이크로소프트 체계를 리눅스로 대체하는 작업, PC용어를 중국어로 바꾸는 가공할 기획은 이미 시작되었다. 거기에 천혜의 자원, 전통의 보고, 55개 소수민족의 다양한 문화를 바탕으로 한 관광산업과 위락산업, 요식산업 등이 고개를 든다. 베이징 왕푸징(王府井) 거리의 통짜 건물 신동방천지의 점유면적과 상하이 황푸강(黃浦江)에 반짝이며 하늘을 찌르는 둥팡밍주(東方明珠)의 첨탑은, 공간감과 시간감의 재편을 요구하며, 문명사의 부침(浮沈)과 전환을 다시금 사고하게 한다. 개혁개방 20년을 지나온 21세기 중국의 향배 또한, 언제나 그랬듯이 문화가 가름해줄 것임을 의심할 수 없는 대목인 것이다.

따라서 한류든 화류든 다시 사고해야 할 것이다. 경쟁논리가 아니라 근본적인 관계정립의 문제, 새로운 관계지향의 문제로 사유하여야 한다는 것이다. 서로를 경제적으로 대상화할 것이 아니라 올바른 이해와 상생을 위한 샛바람이 불게 해야 한다. 문화의 선도적이고 창조적인 본연을 인식하는 위에 교류의 문제를 새롭게 고민해 나가야 하는 것이다. 서로의 존재를 인정하고 상호진작 속에서 새로운 문화 창조의 과정을 길 잡아가는 인간적 가치생산의 의미를 확보하지 않는다면, 모처럼 조성된 문화적 교융(交融)의 기류는 광풍으로 돌변, 모든 것을 휩쓸어가고 말 것이다.

우리 문화의 올바른 이해를 위한 출판문화 교류

한류 바람에 실려 온 TV 연속극을 보고 한국과 한국사람들을 이해할 수 있었다는 중국 학자의 따뜻한 눈빛에서 섬광처럼 활로가 보인 것은 역설적이다. 진솔한 삶의 내력들이 다가간다면 한류와 거세게 되받아쳐오는 화류의 역풍은 결전의 피바람이 아니라 더불어 사는 공생의 샛바람이 될 수 있는 가능성은 얼마든지 있다는 것이다. 거기에 문학만큼 서로의 지난한 삶의 역정과 오늘의 삶의 고락을 보듬게 해주는 기제가 없다는 사실을 상기할 수 있다.

〈가을동화〉라는 TV 연속극이 대만에서 소설로 개편되어 중국 대륙에서 50만 권이 팔렸다는 소문이다. 1만 권만이 정품이고, 나머지 49만 권은 모두 해적판이란 사실은 별로 놀랄 일이 못된다. 비정상적인 문화상품 유통구조는 5년 안에 정상궤도를 찾을 것이고, 그를 위한 준비가 찬찬히 진행되고 있기 때문이다. 그보다 기막힌 사실은 우리 본격 문학이라면 이문열의 작품 몇 개밖에 소개되지 않았다는 것이고, 문학작품이 아니더라도 현대 정주영의 전기, 대우 김우중의 성공실화 이외에 한국 출판물이 중국에서 제대로 번역되어 출간된 것이 없는 실정이라는 것이다.

▲ 이제까지 중국에서 번역·출판된 책들 속에서 한국 문학의 정수를 찾아보기는 어렵다.

베이징에서 해마다 열리는 국제도서전에 한국출판계관계자들이 수십 명씩 드나들며 에이전시들을 통해 중국책 번역 출판에 혈안이 되어 있는 현실을 감안하면 이러한 역조는 도무지 이해가 되지 않는다. 〈가을동화〉〈국화꽃향기〉 등 TV연속극 몇 편이 대만에서 중국버전으로 개작 출판되어 서점가를 휩쓸고, 대륙에서도 해적판이나마 수십만 권씩 팔리는 현실을 놓고 한류의 열기를 실감한다고 희희낙락한다면 더 이상 할 말이 없다. 우리 삶의 진정이 속속들이 배어있는 훌륭한 문학작품들이 얼마나 많은데, 상업주의가 제멋대로 번안해 놓은 싸구려 문학을 우리 문학 수준으로 알아도 상관없다는 것이니 말이다. 서푼짜리 애정물이 우리 문학이 켠켠이 쌓아놓은 삶의 결들을 대체해버리는데도 남루한 차림으로 서점 한 구석에서 중국 고전을 탐독하는 아름다운 노인들이 즐비한 나라를 문화적으로 '먹을' 수 있다고 장담할 수 있을까. 풍토가 많이 달라졌지만, 사업 당사자의 문화적 수준에 사업상의 계약 성사 여부가 달려있는, '인민을 위해' '사회주의를 위해' 복무하는 중국 관료들의 명분을 빈약하기 짝이 없는 한류의 상혼이 넘어설 수 있을까.

동아시아라는 개념을 그나마 몇몇 학자, 지식인이라도 입에 올리게 되기까지, 살얼음을 밟듯 조심스럽게 중국에 접근하여 우리의 문제 인식을 이야기하고 공존의 문제를 토론해왔던 과정을 상기하면, 가장 먼저 할 일은 상호의 빛나는 문학적 성과들을 제대로 번역해서 각국의 독서계에 조용히 놓아두는 작업이 아닌가 한다. 중국의 중요작가 위화의 〈살아간다는 것(活着)〉을 번역 출판해 좋은 반응을 얻었던 1996년 이전에도 숱한 중국 작품들이 번역·소개되었다. 1989년 중앙일보사에서 나온 〈중국현대문학전집〉은 가장 소중한 성과이다. 인기작가 왕수어(王朔)의 80년대 작품 대부분이 한 연구자의 노고에 의해 번역 출간되었고, 최근 작품들을 제외하고는 중국 문학작품들은 꾸준히 번역 출판되고 있다. 물론 가장 중요한 루쉰(魯迅)의 전집이 아직 나오지 않은

〈살아간다는 것〉
1992년 발표된 위화의 대표작. 1930년대부터 1970년대 말에 이르는 중국 현대사를 배경으로, 주인공 푸구이와 그의 가족이 겪는 비극적 운명을 묘사했다. 역사의 격동 속에서 개인들의 삶이 어떻게 상처받고 파괴되는가를 담담하게, 때로는 희극적으로 묘사했다. 그러면서도 삶을 살아간다는 것 자체가 얼마나 귀중한 것인가를 묻는다. 1994년 장이머우에 의해 영화화되어 큰 성공을 거뒀으며, 한국에는 1997년 백원담 교수의 번역으로 소개됐다.

현실은 우리의 출판사정을 여실히 보여준다. 사회주의시장경제 이후 스스로 생존상태를 더듬어보고 느껴보고 맡아보는 신상태문학으로 특징 지워지는 중국의 세기말문학과 최근 관찰적 시각에서 자기진단의 창을 열며 21세기 문학의 새로운 물꼬를 트고 있는 중국 문학작품들 역시 중요하다. 그러나 한국의 문학 상품시장의 논리와 연구자들의 게으름으로 그리 많이 소개되지는 못하고 있는 현실 또한 안타깝다.

문제는 개별적 선별기준에 의해 파상적으로 번역 출판되는 이런 관행이 아니라 국가 단위나 대규모 지원단위의 적극적인 지원 속에서 중국의 고전과 현대문학을 소개해야 한다는 것이다. 혁명문학, 사회주의문학, 80년대 개혁개방 이후 신시기문학, 90년대 사회주의시장경제 도입 이후 신상태문학, 그리고 최근의 21세기 문학적 도정에 이르기까지 분기별로 중요 작품들을 체계적으로 발굴하여 우리 독서계에 소개해야 한다. 아울러 우리의 주체적인 시각에 의해 중국 문학의 역사적 흐름들을 짚어내야 할 것이다. 또한 우리 문학과의 연관성 및 관계지향들을 밝혀내는 지속적이고 안정적인 연구 환경과, 그 성과들을 객관화하는 작업이 병행돼야 한다. 번역 작업을 통해 중국문학계에 우리의 주체적인 연구시각과 동아시아문학의 미래를 지향하는 우리의 문학론을 제기할 수 있도록 기본적인 조건이 제공되어야 하는 것이다.

우리 작품 및 문학연구는 일정한 수준에 이르고 있다고 자부할 수 있다. 그러나 구미문학에 경도되어 있는 불구적 학문 풍토와 제도교육의 문제로 인해 중국과 동아시아세계에 우리문학을 제대로 소개할 수 있는 기회는 원천적으로 차단되어 있다. 우리문학 번역 지원은 거개가 서구세계를 향하여 있고, 본격 문학작품이 중국에 소개되더라도, 일개 중개회사의 사업 목적에 그치고 마는 현실이다. 게다가 번역 수준이 문

왕수어(王朔)

1958년생. 80년대 후반 중국 최고의 대중작가로 불리곤 한다. 1983년 다니던 직장을 내던지고 중국 문단에 혜성과 같이 등장했다. 소설은 물론 영화로도 커다란 반응을 얻었다. 〈사회주의적 범죄는 즐겁다〉 등 특이한 소재를 다룬 작품을 연달아 발표했는데, 1988년에는 동시에 4편이 영화화될 정도로 호응을 얻어 '왕수어의 해'로 일컬어진다. 이른바 '왕수어 현상'이 나타난 것이다. 왕수어의 소설은 대부분 범법으로 살아가는 도시의 젊은 이들의 삶을 거침없이 그려낸다. 따라서 왕수어의 작품은 '건달소설' 혹은 '범죄소설'이라는 이름을 얻었다. 90년대 이후로도 왕수어는 더욱 활발히 활동하여 작품 상당수가 영화나 드라마로 만들어졌고, 마치 자본주의 사회의 베스트셀러 작가처럼 엄청난 원고료를 받고 있다. 왕수어 현상은 중국문학 혹은 문화가 상업화되는 중대한 표지가 되기도 한다.

제이나. 이를테면 조선족이 쉽게 번역할 수는 있겠지만, 작품의 진가를 제대로 살릴 수 있는 수준 있는 번역진의 조직화 없이는 번역문학의 높은 차원을 가질 수 없을 터이다. 따라서 작품 선정부터 번역 출판에 이르기까지 기획력 있는 지원체계의 구축이 절실하다. 중국 유수 대학의 한국학과 학생들이 우리나라에 전격 유학할 수 있도록 추진, 언어와 문화, 사회 전반에 걸친 충분한 이해를 할 수 있는 경로를 조직해야 한다. 이런 방안은 장기적으로 많은 성과를 가져올 수 있을 것이다. 문화는 체득하는 것이다. 중국의 뛰어난 인재들이 우리 문화에 대해 올바른 이해를 하는 것은 상품 몇 개 팔고 중국 청소년에 대한 십대 가수 및 스타군단의 거품인기를 조성하는 것과는 비교가 안 되게 중요한 작업인 것이다.

출판문화 교류사업과 관련하여, 특히 중점적으로 고민해야 할 것은 담론의 소통과 생산 문제이다. 지금까지 모든 사상과 이론 담론들은 서구로부터 수입되었고, 그 새로운 담론의 흐름들을 신속하게 습득·차용하는 것이 학술 수준을 장악하는 것으로 오도되어 왔다. 수많은 포스트 담론들의 국내적 수용 및 유포 과정과, 지식 담론의 새 조류를 형성해온 지난 10여 년의 과정만 눈여겨보더라도 학문의 사대성, 종속성은 심각한 수준이다. 그것은 비단 우리의 문제만이 아니어서, 중국도 최근 서구담론의 번역 출판이 학술출판의 주류를 이루고 있는 실정이다. 개혁개방과 사회주의시장경제 도입, WTO 가입이라는 새로운 중국의 경로와 관련하여 서구를 차감하는 중국적 특수성이 충분히 감안되어야 할 것이다. 이는 결국 이른바 지식과 정보의 자본화라는 후기산업사회의 특징이 여실히 드러나는 대목이다.

그러나 그러한 담론의 상업주의 현상에 대해 우리 지식계에서 일정

정도 문제인식이 꾸준히 제기되어 왔고, 나름대로 서구의 지식계보학과 담론 생산구조 및 그의 상업화 과정에 대해 비판적 흐름 또한 조성되어 왔다. 최근 동아시아 담론의 급격한 대두 및 논의과정은 그 명확한 반증이다. 중국지식계에도 미국 및 서구에 대한 환상의 타파와 함께 중국 및 동아시아적 시각의 필요성이 초보적이나마 대두되고 있으므로 이에 주목하면서 우리 고민의 성과들을 공유하고 상호 소통할 필요성이 절실한 것이다. 백낙청 교수의 "지구화시대의 민족문학론"이 중국 지식계에 던진 파문이 시사하듯이, 그것은 바로 담론의 소통과 비판적 극복, 새로운 생산과정의 공유라는 장단기 전망을 염두에 둔 출판문화 교류 사업의 기획을 통해서 가능한 일일 것이다. 중국의 학술서적 출판이 지금은 주로 서구 이론의 번역에 의존하고 있지만, 서구 담론에 대한 일련의 점검이 끝나면 중국에서는 중국적 현실에 천착한 자기 작업의 성과를 왕성하게 배출해낼 것이다. 중국 학자들은 연구에 전념할 수 있는 절대적인 시공간이 확보되어 있어 상대적인 조건의 우위를 갖고 있다. 이는 그들의 성과가 우리에게 또 다른 지배 담론으로 군림할 가능성을 내포하는 것이고, 따라서 출판문화 교류는 더욱 절실하게 요구된다. 중국이 2002년 9월 15일부터 새로운 저작권법 실시조례를 시행하여 저작권법 보호대상의 확대, 행정처벌 종류 조정, 불법복제 단속강화 등 일련의 조치로 지적 산물에 대한 권익을 보호하려는 움직임은 이와 관련하여 주목을 요한다.

환상과 환멸 너머

최근 중국은 권력의 교체기를 맞아 대대적인 언론 정비 작업에 들어갔다. 중국의 비판 세력들이 즐겨 찾는 웬만한 사이트들은 폐쇄되어

▲ 한류를 타고 분출되는 '대한민국주의'는 중국 당국에게 경계의 대상이 되곤 한다. '교류'와 '소통'이 먼저 이루어지지 않으면, 한류는 언제든지 '차단'될 수 있다.

외국에서는 신입할 수가 없다.

"보도지침 3회 이상 어기면 폐간 경고, 중 정부 언론 더 옥죈다"

주요 일간지의 중국 관련 기사의 제목이 선정적인 만큼 중국의 최근 언론 통제 상황은 심각해 보인다. 그러나 중국의 언론 통폐합을 WTO 가입 이후 언론 시장 개방에 대비한 언론사 체질 강화 및 성공적인 권력교체 의지의 차원에서 보면 이러한 강권도 정당화 될 수 있다. 언론을 경쟁 논리와 권력 유지의 기제로 사고하는 중국 정부의 기능주의적 사고도 경계되어야 하지만, 경제성장의 와중이라는 중국적 특수성과 아직 사회주의의 깃발을 내리지 않은 중국의 체제 안정 구도의 구축이라는 고민의 현실 속에서 중국을 중국 자체의 내재적 시각에서 이해하려는 우리의 노력이 더욱 필요한 것이다.

오늘날 문화와 자본의 관계는 결코 행복할 수 없다. 문명교화라는 중국 문화의 원개념을 중국이 오히려 철저하게 상업적 이해관계 속으로 내팽개치고 있는 실정이다. 시장개방을 위한 문화산업 규범화 공정이 그렇고, 2002년 7월에 중국 문화부가 주관한 전국문화정보공유프로젝트회의(하나의 국가중심, 30개 성급 분중심, 5000개의 현급 기층중심으로 네트워크를 구성, 전국의 도서관, 박물관, 미술관, 예술연구기구의 문화정보자원 연합목록을 건립해간다)라는 공정 또한 문화보호

차원보다는 산업화 과정의 일환이다.

중국이 동아시아 보편으로 군림해왔던 봉건 시대에 '동국'의 특수성으로 존립해왔던 우리가, 자본주의 근대세계의 야만을 향한 문명교화의 관점을 취할 수도 있다는 환상은 철저히 자본의 이해관계에 복무한다는 점에서 환멸스럽다. 그러나 문명의 본원이 교류에 있음을 망각하지 않는다면, 경쟁에 의한 지배구조의 구축이 아니라 상호이해를 통한 공존의 관점을 취할 수 있다. 다원적이고 평등한 문명세계의 구현을 위해 문학, 문화가 자신의 창조적 가치를 발현해내는 것은 불가능한 일이 아닐 것이다. 문화의 거대한 동선회(東旋回). 지배와 억압으로 일관해 온 서구 문명에 맞서 동아시아 문화가 오늘 떨쳐 일어나려면 문제의 접점을 안고 갈 수밖에 없는 일이다. 그런 점에서 차곡차곡 진정한 이해와 소통의 기반을 다져가는 작업이 문학과 출판문화 교류사업을 축으로 이제는 추진되어야 할 것이다.

2003 한류, 사스 퇴치 위문공연과 '야만여우' 선발대회

사스 만감, 단절과 대화

2003년 4월, 사스 때문에 중국에 갈 수 있는 기회를 놓쳐버렸다. 어떻게라도 가고자 했으나 주변의 만류가 심각한 수준이라 도무지 강행을 하기가 어려운 처지가 된 것이다. 중국 친구들은 잘 있는지, 꽉 차게 도로를 메우던 차량들이 운행을 멈췄다던데 그 거리의 적막은 어떤지, 거리를 떠돌던 민공들은 과연 어디서 어떻게 하루의 시작과 끝을 이어가는지, 갈 수 없는 곳에 대한 그리움이 순식간에 몰아닥쳐 걷잡을 수 없이 휘청이게 했다. 그러다가 일상의 속도전에 밀려 어느새 썰물처럼 저 멀리 물러앉기를 반복하곤 했다.

그러던 8월, 여름의 무더위 속에 마침내 베이징에 당도하게 되었다. 그 물리적 단절을 어떻게 견뎠나싶게 공항바닥을 내려서자 속에서 울컥 무엇인가 솟구치는 걸 참아내며 수속을 위해 늘어선 긴 줄조차 인내심 있게 기다렸다.

예약도 안하고 들어선 베이징대학 외국인 전용 숙소, 차가 통과할
수 있는 작은 서문에서는 그곳에 들어서는 모든 사람을 검문했다. 여기
묵을 것이라고 말했으나, 차를 막아선 공안은 빈틈을 주지 않고 요구했
다. "후자오(護照)!" 여권을 내놓고 기다리는 사이, 열심히 들여다보는
그 젊은이의 목에는 땀이 흥건했다. 무더운 여름, 내내 한자리에 서서
검문하려니 보통 고문이 아닐 터였다. 무사히 통과하여 숙소에 도착했
다. 드나들기가 좋은 7호동을 원했지만, 복무원은 방이 없다고 9호동
제일 끝 방을 배정해주었다. 방학이 되자 갑자기 외국 선생들이 떼로
들이닥쳤다는 것이다. 안면이 있던 복무원은 9호동 내가 묵을 그 방에
사스 내내 한 한국 선생이 두 달여를 머물렀다고 한다. 감탄과 어떤 신
뢰감이 전해진다. 텅 빈 학교에서 김치찌개를 끓여먹으며, 가끔씩 복무
원들에게 사스 예방에 좋다며 김치를 가져다주었다던 그는 누구일까.
베이징대 선생들과 학생들도 오갈 수 없도록 차단했다는 교문 안에서
저녁이면 산책을 하곤 했다는 그의 뒷모습이 창 밖에 어른거리는 듯했
다. 나는 짐도 풀지 않고 창밖 건너편 길가를 한참이나 내다보았다.

그길로 교정으로 내려섰다. 웨이밍후(未名湖), 호수는 바람도 없는
여름 햇살 아래에서 잠잠히 누워있고, 학생들은 여전히 나무 밑에서 책
을 보거나 이야기를 나누고 있었고, 에드가 스노 선생도 거기 그대로 자
리하고 있었다. 찌는 듯한 더위 속에서 옌징(燕京)대학 시절의 고색창연
한 건물들과 붉은 담벽을 보니, 아, 베이징에 정말 왔구나, 실감한다.

9호동 옆에 새로 생긴 차오스(超市, 슈퍼마켓)에 내려가니 그 끝에
고전음악 음반을 파는 상점이 있었다. 물론 대개가 불법복제음반이다.
반가움에 글렌 굴드의 바하 골드베르그 변주곡과 카잘스와 푸르트벵글
러 전집을 사들고 나왔다. 차오스 바로 건너에 사스예방 진찰소가 차려

에드가 스노(Edgar Snow)

미국 미주리주 출신으로 스물두
살에 중국으로 가서 12년간 거주
하며 기자로 활동했다. 베이징의
옌징대학에서 강의를 하며 훗날
사회주의 중국의 지도자가 된 학
생들과 우정을 쌓기도 했다. 특
파원으로서 중국과 미얀마, 인도,
인도차이나를 취재하면서 《시카
고 트리뷴》 《뉴욕 선》 《뉴욕 헤
럴드 트리뷴》 《런던 데일리 헤럴
드》 등에 기고했다. 이어 《새터데
이 이브닝 포스트》의 부편집장으
로서 아시아와 유럽의 전시 및
전후 사건들을 보도했으며 중국,
인도, 소련 전문가로서 명성을
쌓았다. 《중국의 붉은 별》 《아시
아의 전쟁》 《우리측 사람들》 《오
늘날의 중국: 강의 저쪽》 《장구한
혁명》 등 11권의 저서를 발간했
고, 1972년 사망했다. '죽의 장
막' 시절에도 중국 지도부와 각별
한 관계를 유지해 온 스노의 묘
소가 베이징대학 구내 웨이밍후
호반에 마련돼 있다. 최근 우리나
라에서 《에드가 스노 자서전》이
발간되었다. 김산의 《아리랑》으로
유명한 님웨일즈가 부인이었다.

서있고, ㄱ 앞에서 웃통을 벗은 남성네들이 땅을 파고 있다. 하수구를 묻는지 두 사람은 이미 파놓은 구멍 안에 들어가서 흙을 퍼 올리고, 위에 있는 다른 두 사람은 그것을 구루마에 싣기에 분주하다. 등 뒤에 흘러내리는 검은 땀줄기. 중국의 엄청난 인력을 생각해보면 작업은 3교대로 이어질 것이고, 아무리 힘든 공사도 며칠 안이면 끝나고 이들은 또 다른 곳으로 떠날 것이다. 농촌을 떠나 도시로 도시로 밀려온 민공(民工)들. 그들의 부평초 같은 삶이 못내 안타까웠지만 이 거대한 대륙에서 나의 동정심은 하릴없는 것이다. 돌아와 노트북의 CD상자를 열고 카잘스를 얹는다. 바하 무반주 첼로 모음곡. 카잘스의 전설적인 연주가 방안 가득 울린다. 침대 위에 벌렁, 귀만 열어놓은 채 넋 놓고 있다가 다시 창밖을 내다본다. 방안은 에어컨과 카잘스 혹은 바하가 앞서거니 뒷서거니 각자의 소리를 토해내는데, 이 무더위 속에 아직도 땅을 파고 옮기는 사람들의 모습이 개미처럼 조그맣다.

몇 군데 전화를 걸어 내가 왔음을 알리고 약속을 잡고 다시 누웠다 그대로 꿈속. 어디선가 뚝딱거리는 소리, 창밖은 어두운데, 아직도 꿈속인가, 두리번거리다 불을 켜고 창밖을 조심스레 내다보니, 어둠 속에서 불을 켜고 이번엔 옆에 새로 지은 건물에 타일을 붙이는 사람들이 눈에 들어왔다. 새로 1시가 가까운데도 그들의 노동은 끝날 줄을 몰랐다. 서울에서 아직 끝맺지 못하고 온 급한 원고에 발등에는 다시 불이 붙는데, 창밖에는 뚝딱이는 소리와 희미한 불빛이 생생했다. 그 정규적인 소리와 빛의 운무에 베이징의 첫밤은 그렇게 밝아버렸다.

아침, 소스라치게 전화를 든다. 오기 전에 이창동 문화부장관과 베이징에서 만나자고 했으니, 약속을 잡아야 했던 것이다. "금요일 행사에 오시면 그때 뵙는 것은 어떨까요?" 사스 퇴치 위문공연, 우리 문화

민공(民工)
중국에서 농촌 출신의 도시 노동자를 일컫는 말인데, 토목·건설 현장 등에서 날품팔이 생활을 하며 유랑하는 존재들이다. 이들 민공은 약 1억5000만 명에 달하는 것으로 추정되는데, 중국의 급격한 시장경제 전환과정에서 경제적으로 소외된 대표적 사회계층이다. 이들은 사회불안의 요소로 지적되기도 하나, 경제 개발 과정에서 최하층 노동시장을 지탱하는 존재임을 부정할 수 없는 사정이다.

관광부와 중국 문화부가 공동 주최하는 것이니 장관이 그 자리에 올 것은 자명했다. 사스가 중국전역을 휩쓸던 당시 중국은 한국 의료진을 요청했지만, 한국은 어렵사리 거부해야 했다. 미안함으로 10억을 들여 위문공연을 해준다니 사후약방문격에다, 위문공연을 빌미로 한류 선전하러 오는 것이 아니냐는 의혹까지 받게 됐다. 주고도 좋은 소리를 못들을 것이 뻔한 이치였지만, 어찌되었건 국가간 예의 차원에서 성의를 보인 것이니 중국 측에서도 그냥 거절할 수만은 없을 터일 것이다.

그나저나 나의 애초의 계획은 이미 물 건너 가버렸다. 소설가이자 영화감독 출신의 장관에게 중국과 제대로 만날 수 있는 한 경로를 소개하자 했었다. 중국의 괜찮은 작가들 그리고 문화인들과 함께 자리를 가지고 중국문학과 작가가 당면한 어려움과 고민을 같은 작가의 입장에서 토로하고, 실질적인 관계망을 형성해간다면 형식적 대면이 아닌 새로운 관계지향을 만들어갈 수 있을 것이라는 소박한 생각을 했던 것이었다. 그러나 이는 이미 정부 질서 속의 규정된 존재양식에는 터무니없는 소박하거나 순진한 일인 모양이다. 공연이 끝나면 그 다음날이 바로 귀국길이라니 일의 성사고 뭐고 무슨 여지랄 것도 없었던 것이다.

장관회의, 해외사무소 방문, 문화시설 몇 군데 시찰 등, 공식적인 일정에 쫓겨 중국의 실상을 접할 기회를 갖는 것은 애초부터 어려운 것이었으나, 그래도 아쉬움은 남았다. 사스 때문에 한류의 기조가 한풀 꺾였다고는 하지만 한류의 일방통행이 아닌 문화대국 중국의 오늘의 고민 속에 한류 혹은 우리 문화가 다시 건너온다는 의미를 살피는 일도 중요한 대목일 것이다.

그리고 당도한 사스 퇴치 위문공연 날, 베이징박물관 앞은 이미 어린 십대들의 물결로 발 디딜 틈이 없었다. 후배들과 한바오바오(漢堡

匂), 중국식 햄버거를 한입씩 무는 듯 마는 듯 공연장 입구를 들어서는
데, 분명 초대권만 발행했다는 공연장에 암표장수들이 즐비하다. 표 한
장에 700위안(元, 우리 돈으로 9만5000원 정도), 십대들은 동동 구르
고 암표장수는 느긋하게 흥정에 임하고 하는 풍경이 곳곳에서 펼쳐졌
다. 몇 백 장의 중국 측 초대권 대부분이 암표로 전환되는 그 순간을 목
도하면서 2001년 〈지하철 1호선〉 베이징 공연 때 왕푸징 아동극장 앞
광경이 떠올랐다. 그때도 표가 여유 있었지만 매표소 문은 매진이라는
글귀를 내붙인 채 닫아 걸리고 암표장수들이 판을 쳤던 것이다. 마지막
날 입소문에 찾아왔지만 매진이라는 안내문에 암표를 사서 들어오던
베이징희극학원(북경연극대학)과 전영학원(영화대학) 학생들, 그리고
야오군(搖滾)이라 불리는 록커들을 비롯한 음악인들. 그날 그들은 암표
의 내력도 잊고 기립박수로 공연의 막내림을 찬미했었다.

　　북새통을 뚫고 겨우 자리를 찾아 앉았다. 맨 앞쪽에 각국의 장관들
과 이른바 고위간부들의 뒷모습이 보였지만, 장관을 군이 찾아 나서지
않은 것은 인사 정도를 나눌 뿐 더 할 말도 할 일도 없었기 때문이다.
오히려 관심사는 그 뒷줄에 자리한 사람들이었다. 하얀 가운의 의사와
간호사가 이백여 명 될까, 몇 줄을 채우고 있었다. 사스 퇴치 위문공연
이라는 명분이라면 당연히 병원 문을 나서지 않고 목숨을 걸고 사스 환
자들을 치료한 그들을 위한 자리가 되어야 할 것이었다. 그러나 그 뒤
로는 하나같이 십대들이다. 그 비싼 암표를 어떻게들 구해들어왔는지,
하얀 풍선과 사진기를 들고 혹은 응원단처럼 한류스타들의 포스터를
들고 재잘재잘, 이리저리 집단적 움직임이 예사롭지 않았다. 가운데 통
로에 가득한 취재진들 또한 서로 좋은 자리 차지하기에 여념이 없는 정
황이었다.

▲ 2003년 8월, 베이징에서 한국 정부의 지원 아래 사스 퇴치 기념공연이 열렸다.

이윽고 무대가 열리고 꼭대기에서 사스 퇴치위문공연, 중국문화부, 한국문화관광부 플랭카드가 내려왔다. 만리장성을 배경으로 오케스트라가 양국 국가를 연주하고 공연이 시작되는데, 한국과 중국의 각각 남녀 사회자 소개로 가수들이 출연했다. 처음에는 클래식가수들이 무대를 장식하더니, 이윽고 대중가수들이 등장한다. 한국 십대 스타가수가 춤꾼들을 들썩일 때면 괴성을 지르고 발을 동동 구르던 중국의 십대들이 자기나라 가수가 나와 노래를 부르면 꿀먹은 벙어리처럼 조용하다. 의사와 간호사들만 간간히 중국 가수들에게 박수를 치는 그 괴이한 진행이 몇 번 이어지다가 드디어 그 유명한 보아, 문희준, NRG, 강타의 순서가 이어졌다. 중국 측에서는 다른 사람은 잘 모르겠지만 내가 좋아하는 장족(藏族) 가수 한홍(韓紅)도 등장했다. 그런데 이들 각국의 가수들이 번갈아 나오는데 완전히 다른 것이 하나 있었다.

중국 가수들의 무대에서의 태도나 노래는 한국스타들의 집단적 울림과는 확실히 차이가 났다. 그들은 무대에 나선 의미를 전혀 다른 차원으로 부여하고 있었던 것이다. 중국 가수들은 하나같이 나오면서 가장 먼저 하는 말이 "의사와 간호사 여러분, 정말로 고맙습니다. 여러분이 우리를 살렸습니다" 혹은 "여러분이야말로 진정한 우리의 생명의 수호자들입니다. 여러분들 덕에 오늘 우리가 살아있고, 여기 나올 수

한홍(韓紅)

1971년생 중국 여가수. 시짱(西藏·티베트) 출신이다. 칭짱고원, 히말라야 등을 소재로 한 노래를 맑고 독특한 음색으로 불러 인기를 끌었다.

있었습니다. 정밀 고맙습니다"였다. 정중하고도 진실되게 객석에 앉은 의사와 간호사들에게 인사를 드리는 것이었다. 반면 한국의 이른바 스타들은 아무리 들은 것이 없기로소니, "안녕하세요. 중국팬 여러분, 보고 싶으셨죠, 저도 그래요, 반가워요" 혹은 "한동안 뜸했었지만 다시 만나니 반갑네요. 많이 보고 싶으셨지요, 그래서 제가 왔습니다, 니하오!"가 다였다. 하나같이 중국의 십대들에게 자기를 얼마나 보고 싶었냐는 말로 일관하였으니, 이런 무례가 어디 있나 싶었다. 돈을 10억씩이나 들였다면서 문광부에서는 그 자리가 어떤 자리인지 오는 비행기에서라도 좀 알려줄 일이지. 게다가 화려한 조명 속에 집단으로 들썩여대니 그 현란한 춤이야 십대들 취향에 맞는다지만, 그 뻔한 립싱크는 한홍과 같이 초원의 언덕을 넘어가듯 깊은 울림에 대하면 비교할 수 없이 하찮은 수준이었다.

마지막으로 한국 가수 중 중국에서 최고의 인기라는 강타가 등장하자 공연장은 그야말로 난리법석이었다. 이층에 있던 아이들까지 죄다 아래로 뛰쳐나와 풍선과 강타 얼굴이 그려진 포스터를 휘둘러대며 발을 구르고 꽥꽥 괴성을 질러대는 통에 정신이 하나도 없었다. 노래가 끝나고 강타가 무대 뒤로 사라지기 무섭게 십대들은 썰물처럼 자리를 빠져나갔다. 클래식가수들이 다시 만리장성을 무대로 열심히 노래를 불러대고 오케스트라가 수준은 떨어지지만 분주히 연주를 하는데, 가을걷이 끝난 들판처럼 공연장은 썰렁해졌다. 위층 아래층 할 것 없이 텅 빈 자리들. 그런 무색함이 따로 없겠다. 그러다 마지막으로 출연했던 가수들이 다시 등장하자 어디서 나타났는지, 또 다시 들썩이는 십대들. 중국 문화부장관과 이창동 장관이 보아, 강타 등 가수들과 일일이 악수한다. 도대체 이런 자리를 왜, 아니 도대체 이런 자리에 왜 장관들이 나와 그 가수들과 일일이 악수를 나누며 격려하고 흐뭇해하는 것일까. 속내 한쪽이 씁쓸했을 중국문화부장관도 그렇지만 작가 출신의 이창동 장관은 과연 그들에게 악수를 건네며 무슨 생각을 했을까.

십대 스타들이 물러가자 다시 텅 빈 공연장, 장관을 만나 인사라도 건넬 생각조차 없어져버린 나는 어둠 속을 더듬어 나오면서 고개를 저었다. 밖에는 다시 북새통이다. 사인을 받는다고 대형버스마다 둘러선 아이들의 들뜬 목소리와 계속해서 터지는 플래쉬.

사스의 고비를 어렵게 넘어온 중국에서 사스 퇴치 위문공연이라는 미명 아래 한류를 재가동하는 현장을 어떻게 대면해갈 것인가. 저 아이들의 소동도 그저 한때 지나가는 바람이려니, 중국 사람들의 인내하는 품성으로 어서 소리 없이 흔적 없이 빠져나가기만을 지켜보고 있는 것인가. 초대권을 암표로 둔갑시키고 손 안 쓰고 코풀고 작은 이득까지 거둔 그 실익만을 셈하며 아이들의 법석을 팔짱끼고 바라보는 저 중국 정부의 안일한 대응도 결코 간과해서는 안 될 문제이지만, 이런 공연에 10억씩이나 쏟아 붓고 성공이라고 자축하고 있는 우리 정부의 자기기만은 참으로 눈뜨고 봐주기 힘든 지경이 아닐 수 없었다.

미국의 저급 대중문화를 온통 뒤집어쓰더니 이제 그 허접한 살림살이에서 낳은 국적 없는 태생들, 머리에 피도 안 마른 어린 것들에게 양의 탈을 씌워 세상을 함부로 겁탈하게 하고 몰가치로 뒤집어쓰게 하고는 박수를 치고 있는 꼴이라니, 한류고 문화 횡단이고 박물관 앞길을 다 빠져나오도록 어떤 분노에 치를 떨었다. 지금은 스스로 택한 자본화의 파고를 감당하기에 급급하지만 이 혁명으로 이룬 나라의 땅위를 걷기가 오금이 저렸다. 무엇보다 그것이 우리의 오늘의 자화상임을 드러낸 게 창피하기 짝이 없어서 고개도 못 들고 횡하니 돌아오던 그 밤길.

이것은 또 다른 분단, 단절에 다름 아니다. 썩은 오물 같은 한류가 흘러흘러 겨우 물줄기의 맥을 이어냈다고 한다면, 지금의 한류는 흘러 갔으되 어느 시궁창 밑에서 맴돌고 있는 형국인 것이다. 그러니 본류와 의 맥 닿기에는 아직도 요원할 뿐만 아니라 애써 찾은 길을 스스로 저 버리고 마는 꼬락서니다. 대등한 지평에서, 서로 겪어온 역사적 굴절만 큼이나 깊은 속내를 터놓는 삶의 문화로 서로 마주보며 흘러오다가 함 께 흐를 수 있는, 도란도란 이야기하다가 격찬 논쟁에 휘말리기도 하 며, 서로가 말문이 트이는 그런 한류는 정말 불가능한 것인가.

베이징의 '엽기적인 그녀' 선발대회

사스 퇴치 위문공연의 충격이 채 가시기도 전, 문화관광부의 한 해 외지소를 책임지고 있는 지인으로부터 희한한 구경거리를 보러가지 않 겠느냐고 연락이 왔다. 베이징의 제일 유명한 술집에서 한국의 기획사 가 연극공연을 위한 사전몰이를 한다는 것이다. 창청(長城)호텔 옆, 량 마허(亮馬河)호텔에 있는 하드록카페, 들어서자마자 그 규모와 실내장 식의 화려함에 입을 다물지 못하겠는데, 공간 가득 앉고 서고 자리를 메운 젊은이들. 두리번거리다 주최 측의 배려로 자리를 잡고 앉자마자 난타의 요란한 타작소리가 공간을 때리고, 이어서 공중에 걸린 스크린 에 나타나는 장면은 〈엽기적인 그녀〉였다. 중국에서 〈엽기적인 그녀〉 는 '야만여우(野蠻女友, 야만적인 여자친구)'라는 제목을 달고 불법적 으로 유통되었다. 〈엽기적인 그녀〉는 중국에서 최고의 인기를 누렸으 되 비준이 나지 않아 영화관에서 공식 상영할 수 없었고, 불법복제판으 로 보급되어 수익성과는 무관하다. 그런데 그 중국에서의 인기의 여세 를 몰아 돈 되는 사업, 곧 〈야만여우〉를 연극으로 올려보겠다는 야심찬

▲ 베이징 량마허호텔의 하드록카페. 2003년 여름, 영화의 인기를 타고 '엽기적인 그녀' 선발대회가 열린 곳이다.

계획을 세우고, 그날 한국의 기획사가 사전 여론작업을 위해 '야만여우 선발대회'를 벌인 것이었다.

12명의 훤칠한 미녀들이 나와서 인사를 하고 오늘의 경선을 통해 그중 한 명이 야만여우로 선발될 것이었다. 선발방식은 이렇다. 공중의 자막에 〈엽기적인 그녀〉 곧 야만여우 영화장면이 방영되면, 야만여우 후보가 한 명씩 나와 좌석에 앉아 구경하고 있는 젊은 남정네를 임의로 선택, 공중에 주어진 영화의 장면과 똑같은 연기를 하는 것이다. 아울러 2차전에서는 야만여우 후보가 자기의 장기를 있는 그대로 최선을 다해서 보여주어야 하는 것이다.

한 사람 한 사람의 엽기녀 혹은 야만녀가 나와 남자친구들을 포획하고, 그와 함께 벌이는 야만여우의 장면, 참 보고 있자니 웃을 수도 울수도 없이 기가 찰 노릇인데, 중국의 각종 TV방송사와 언론들은 대단한 취재거리인 양 찍어대느라 정신이 없었다.

남자친구의 뺨을 철썩 때리고 우격다짐에 발로 차기까지 장면 장면을 흉내 내자 무대는 야단법석이고 객석은 웃음으로 왁자한데, 미인인지 야만녀들인지가 사이사이 장기자랑을 한다고 모델 흉내를 내고 걷기도 하고, 춤을 춘다고 그야말로 야만적으로 몸을 흔들어댄다. 3차 과정이 더 남았다지만, 주어진 음료 한잔 마실 생각도 못하고 자리에서 일어나 사람들 틈을 비집고 나오는데, 하드록카페의 2층으로 이어지는 계단에는 겨우 달라붙어서 한 장면이라 놓칠 새라 고개가 빠지는 사람들로 가득했다. 평소엔 중국의 돈 많다는 집안 자손들이 고상하게 앉아서 생음악을 들으며 술잔을 부딪치고, 때로는 나와서 춤으로 흐느적거린다는 최고급 카페의 웃지 못할 광경이라니.

이 행사 준비에만 홍보비 포함, 1억 원. 정부는 10억 원을 들여서 사스 퇴치 위문공연 한다고 10대스타들을 대동하고 와서 소동을 벌이고, 민간기획사인지 문화산업 자본인지는 저 모양으로 난장을 치고 있으니 이런 무색한 지경에 그저 말문이 막힐 뿐이다.

한류야 가니? 나도야 간다. 논 팔고 밭 팔고 장롱짝 뒤져서 괴나리봇짐 짊어지고 떼돈 벌어줄 뙤놈 땅, 나도야 간다고.

한류의 장삿속

한류를 둘러싼 소동들을 굳이 지면에 소개한 이유는 다름이 아니다. 정말 이래도 되는 것인가? 우리가 쌓은 문화적 내공이 겨우 이런 수준이었던 것인가? 일본의 식민지에 뒤틀리고, 거기에 미국의 똥 세례를 옴팡 뒤집어쓰고 근 한 세기를 넘어 살아왔으니 어떻게 정도를 가기를 바라겠냐고 체념할지 모르지만, 이것은 체념하거나 용납하고 넘어갈 문제는 분명 아니다.

앞에서도 지적했듯이 보아를 만들고 성공신화를 이룬 일본의 치밀한 문화산업기획은 때로는 그 치밀함 때문에 저항을 받았지만, 여전히 아시아와 세계에서 강력한 힘을 발휘한다. 그 가공할 공세가 당장 언제 왕창 들이닥칠지 모르는데, 정말 이렇게 허접해도 되는 것인가. 사실이 알려진다면 세계가 코웃음을 칠 이 노릇을 왜 우리는 아무런 문제인식도 없이 자행하고 있는 것인지 정말로 알 길이 없다. 한류의 지속가능성, 과연 이런 행태의 연속 속에서 한류가 그 명맥을 유지할 수 있을까. 유지한다 한들 그 수준이야 불 보듯 뻔하지 않겠는가.

누구의 잘못이라고 따질 수도 없는 노릇이다. 잘못을 알 정도 같으면 아예 처음부터 이런 작태를 연출하지도 않았을 터, 참으로 앞 일이 난감한 세월이다. 중국과 대만 그리고 동남아시아에서는 이미 한류드라마에 대한 문제제기가 시작됐다. 하나같이 똑같은 신데렐라 유형과 여주인공의 고질적인 불치병, 해피엔딩 아니면 허망한 죽음이 나열되는, 천편일률적인 청춘물들에 대한 식상함은 이미 비판되고 있다. 거기에 한류의 약진에 기댄 방송사들의 무리한 고가격 책정과 오만한 태도, 한류스타들이 인기몰이에만 급급해 해당국의 문화와 문화수요층의 요구에 부응하지 않거나 하지 못하는 수준 속에서 한류의 파고는 한편에 내부적 저항에 직면해 있는 추세이다.

언제까지 이 기형적이고 불안정한 구도에서 우연의 대박, 한탕주의에 기대어 한류의 소중한 계기를 전복시키고 말 것인가. 중국은 물론 동남아시아의 나라들에서 아직 한류를 대체할 자기문화의 정체성을 찾지 못하고 있는 이 과도적 단계가 언제까지나 지속되지는 않을 것이다. 게다가 그 대체문화가 여전히 한류라는 보장은 그 어디에도 없다. 대중의 문화에 대한 신호는 쉽게 변하고 빠르게 전이된다. 그 대중이 언제까지나 이 뻔한 놀음에 눈속임 당해줄 것이라는 믿음이야말로 순진함이 아니라 멍청하거나 자기기만에 스스로 족쇄를 채우는 일일 뿐이다.

'늑대'와 함께 춤을 -
2004 봄, 언론보도 속의 한류

언론, 졸부의 문화좌판을 치워라

● '우리도 간다.'

　SBS TV 드라마 '올인'의 이병헌(34) 송혜교(22)도 일본 정벌에 나선다. 지난 1일부터 위성 채널을 통해 '올인'을 방송중인 일본 NHK는 최근 '올인'의 남녀 주인공 이병헌과 송혜교에게 일본 방문을 요청한 것으로 알려졌다. 또 NHK는 지난 2월 SBS TV 특별기획 '폭풍 속으로' 촬영차 일본을 방문한 유철용 PD에게도 뜨거운 관심을 표명하며 초청 의사를 내비쳤다. NHK의 이번 결정은 '겨울 연가'의 대박 행진의 영향에 힘입은 바 크다. 위성 채널로 무려 두 차례나 '겨울 연가'를 방송하며 막대한 이익을 챙긴 NHK는 최근 지상파 방송에서도 식지않은 열기를 확인하자 지속적인 한국 드라마 방송에 역점을 두기로 했고, 그 시발점으로 '올인'으로 점찍었다. 게다가 이병헌이 지난 2월 서울 홍은동 그랜드힐튼호텔에서 있었던 일본 팬미팅 투어에 400여명의 팬을 끌어들인 데 이어 지난 7일과 11일에는 오는 5,6월 일본에서 방영되는 한국관광홍보 CF를 촬영했고, '이병헌의 연인' 송혜교도 올 들어 20억원이 넘는 CF 계약을

3_ 2004. 4.12. 〈스포츠조선〉 기사, "NHK, 이병헌 – 송혜교 초청… '올인'도 일본간다"

하는 등 식지 않은 인기를 과시한 점도 큰 영향을 줬다.[3]

● 톱스타 최지우 이병헌이 '바이 코리아, 한국 CF모델'로 재회한다.

'겨울연가'의 주인공 최지우와 '올인'의 주인공 이병헌은 한국관광홍보 CF 일본편의 주인공으로 발탁됐다. 두 사람은 지난 2001년 SBS TV 히트 드라마인 '아름다운 날들'에서 한번 파트너로 호흡을 맞췄던 사이.

한국관광공사는 1일 일본에서 방영되는 한국관광홍보 CF의 모델로 두 사람을 선정, 7일부터 촬영을 하기로 했다. 한류열풍의 두 주역인 최지우 이병헌은 각각 '겨울연가'와 '올인'이 이달부터 일본 NHK 채널을 통해 방송되는 것을 계기로 한국홍보 CF의 중책을 맡게 됐다. '드라마틱한 즐거움이 있는 한국'이라는 컨셉트로 제작되는 이번 CF는 일본에서 선풍적인 인기를 끌고 있는 두 스타가 나와 일본에서 가깝고 친근하고 편안한 여행을 할 수 있는 한국의 이미지를 부각시킬 예정이다. 관광공사는 이달 말까지 촬영을 마치고 오는 5, 6월 일본 현지 TV를 통해 이 CF를 내보낼 계획.

최지우는 드라마 '겨울연가'를 통해서는 배용준과, CF를 통해서는 이병헌과 일본서 더블데이트를 하게 되는 셈. 또한 최지우 이병헌이 함께 출연하는 영화 '누구나 비밀은 있다'가 벌써부터 일본에서 주목을 받고 있어 관광공사는 이들의 드라마와 합작 영화를 포함, 시너지 효과를 기대하게 됐다.[4]

4_ 2004. 4. 1. 〈스포츠조선〉 기사. "열도 유혹 한류스타 '공인'"

● 한편 배용준 최지우 주연의 '겨울연가'는 4월 3일부터 NHK 지상파 TV

◀ 일본에서 '한류 5대천왕'이라 불리며 인기를 끄는 한국 연예인들. 왼쪽부터 이병헌, 배용준, 원빈, 장동건, 최지우.

를 통해 일본 전역에 방영된다. 배용준의 소속사 한신코퍼레이션 측은 "배용준은 이미 CF 등으로 일본 내에서 10억 원 이상의 매출을 올렸다"고 말했다. 소속사측은 "엄청난 파급효과를 가져올 이번 '겨울연가'의 지상파 방송을 계기로 최소 50억원의 매출을 올릴 수 있을 것으로 기대된다"고 밝혔다.[5]

5_ 2004. 2. 7. 〈스포츠투데이〉 기사, "배용준 퇴짜! 최지우 "싫어"…日방영 한국홍보CF 부담감"

위의 기사들에서 확인할 수 있는 바와 같이 이른바 '한류'를 계기로 한국의 문화산업은 21세기 국가 중점사업으로 등극하게 되었다. 한류의 계기성을 최대한 활용하고자 권력과 자본이 합세한 형태로 제기하는 갖가지 경제논리가 횡행하면서 근래에 들어서는 더욱 정치한 형태로 국가주도 문화산업전략이 수립되었다. 이제 한류는 이 경제논리 안에서 명확하게 그 성격을 규정 당하게 된 것이다.

한류는 확실히 세계체제하에서 우리가 피눈물나게 습득한, 미국 등 중심의 배제와 착취의 원리를 그대로 답습하는 모습을 보여준다. 주변부에서 반주변부 국가로서 겨우 서기까지 당한 설움이야 말할 것도 없는데 이제는 오히려 그동안 배운 자본의 논리를 주변부 국가들에 그대로 관철해가는 것이다. 무엇보다도 그것은 한류의 자장 안에 있는 국가와 국민들을 끊임없이 경제적으로 대상화한다는 점에서 심각한 문제를 야기하고, 문화적 이해를 바탕해야 경제활동이 잘 이루어질 수 있다는 논리적 무장으로 인해 문화의 본언을 무색하게 만든다. 특히 IT산업의 비교우위라는 조건을 토대로 투자뱅크를 통한 다국적 합작형태로 문화산업 전략이 구체화되면서 한류의 지평은 철저하게 시장논리에 의해 좌지우지되고 있는 형국이다.

그런데 국가가 나서서 바이코리아 한류홍보대사를 임명하고 문화국가 운운하는 데다 언론들도 욘사마, 한류 사천왕(이병헌, 배용준, 장동건, 원빈), 오천왕(사천왕+최지우) 정신없이 떠들어대는데, 이 북새통을 잘 들여다보면 확실히 중심 국가들의 노회한 문화산업 전략과는 천양지차로 졸부근성 혹은 창부근성이 농후한, 몸부림이 아찔한 유혹을 목도하게 된다.

그리고 이 요지경 속 한컷에 조용히 펜마우스를 쥐고 컴퓨터 앞에 앉아 포토샵으로 일본풍 만화그리기에 푹 빠져있는 섬세한 손끝, 미야자키 하야오 애니메이션 작품의 수준을 가늠할 줄 아는 눈매, 중학교 2학년 딸아이의 저 위험천만한 문화적 줄타기를 그러나 숨죽여 지켜볼 뿐, 식민지 역사나 문화제국주의를 들이대는 것으로는 이미 스며들 대로 스며든 왜색의 농도를 도무지 무화시킬 수 없을 것 같은 이 낭패스러움의 한숨이 있다. 우리 안의 일류(日流)는 이처럼 청소년들의 일상속에(일본문화개방을 기정사실화할 수밖에 없을 만큼) 공기처럼 팽배해 있는데, 십대가수와 트렌디드라마의 우연한 성공을 신화로 만들며 떠들썩하게 좌판을 벌리고 있는 형국이라니. 좌판은 어디까지나 좌판에 불과할 터, 국가고 자본이고 안정된 구멍가게 하나 차릴 주변머리가 못되는 지금, 이것이 과연 우리의 수준인 것인가.

확실히 자본의 세계화에 따른 문화의 세계화, 문화가 상품이 되고, 철저하게 자본의 논리에 의해 유통되는 오늘의 형세는 서구의 글로벌

미디어기업이 일찍이 깨달은 바, "아시아 시장에서 이익을 얻기 위해서는 세계 어디서나 인기 있다는 미국 문화상품을 파는 것만으로는 부족하고 시청자들의 다양한 취향에 대응할 수 있는 '지역적' 미디어 상품의 제작과 배급이 반드시 필요한"[6] 단계이다. 그리고 그것은 더 한 단계 업그레이드되어, 위의 NHK 방송의 막대한 이익의 내력에서도 확인되는 바와 같이, 소니의 '전지구적 지역화'라는 세계 시장전략, 일본적 문화 색채를 띠지 않고 글로벌 기업의 이미지를 심어온 글로컬라이제이션이라는 일본식 마케팅 전략과 더불어 해외 아이돌 현지 스타시스템을 작동시키고 있다.

아시아 현지 스타들을 키우는 프로젝트는 "일본 주도의 문화 혼종화를 위해 아시아를 연결시키는 음악과 대중가수를 탄생시키고 싶다는 범아시아적 환상이 여전히 뿌리 깊게 일본 안에 존재한다는 것을 보여준다"[7]는 비판 속에서도 변신에 변신을 거듭하며 성장하고 있다.

보아에 이어 최근 한국 트렌디드라마의 한류 스타들이 일본에서 약진하는 모습을 보는 시각은 분분하다. 일본 시청자들이 일본 트렌디드라마에 식상했다, 드라마들이 여성 톱스타 위주로 남성 스타가 없다, 한국 드라마가 중장년 시청자들에게 옛 추억을 자극한다,[8] 일본 문화는 역동성이 없었기 때문에 우리가 먹히는 것이다, 등등. 팬과 스타 사이의 친밀한 근접성, 프로와 아마추어 사이의 경계를 모호하게 하는 일본식 아이돌스타시스템 속에 우리 한류스타들이 정확하게 편재되고 있음을 확인하기란 어렵지 않다. 이병헌의 일본 팬사이트 게시판에 올라오는 글들을 보면 우리의 그것과 현저한 차이를 보이고 있는 일본식 아이돌스타시스템의 예증은 명징하다.

다음은 이병헌·최지우 주연의 로망스드라마 〈아름다운 날들〉의

6_ 이와부치 고이치/히라타 유키에·전오경, 《아시아를 잇는 대중문화》, 또 하나의 문화, 2004, 134-135쪽.

**글로컬라이제이션
(glocalization)**
세계화를 추구하면서 동시에 현지 국가의 기업 풍토에 적응하는 경영방식. 세계화(globalization)와 현지화(localization)를 합성한 신조어다. 예를 들어 국내 어느 기업이 독립채산제의 현지법인을 중국에 설립했을 경우 현지법인의 경영책임을 중국인 경영자에게 위임한다든지, 한국식의 노무관리가 아닌 현지 정서에 맞는 노무관리를 적용한다든지 하는 방법으로 현지 고용자들과의 사이에서 발생할 만한 마찰을 완화시킨다. 소니의 창업 멤버이자 회장인 모리타 아키오가 1992년 세계적인 것과 지역적인 것을 혼합하는 기업원리를 주장하면서 만들어낸 신조어로 알려져 있다.

7_ 이와부치 고이치, 앞의 책, 148쪽.

8_ 2003. 8.31 《한국일보》기사, "한국드라마 日안방 잠식".

폭발적 인기 속에서 게시판에 올라온 세세하고 치밀한 근섭성의 예승들이다.

1. 연수와 선재가 집에서 김치볶음밥을 만들 때, 비닐 장갑을 왜 끼는지? 불에서 볶을 텐데 비닐장갑이 위험하지 않은가?

2. 연수가 처음 실장님 집으로 들어가는 날, 선재와 같은 버스를 타고 내리는데 소나기가 와서 선재가 비닐우산을 사는 장면. 비가 그렇게 오는데 그런 비닐우산으로 될까? 비닐우산이 뒤집어지는 것 같은데...... 또 그렇게 비가 억수같이 오는데 집에 막상 도착했을 때는 비가 전혀 오지 않아 이상했다.

3. 민철네 집은 그렇게 부자인데 왜 연수 방이 따로 없을까? 밖에서 보면 집이 크지만 실제 실내는 그렇지 않을 것이다, 민지가 문제아이니 연수를 24시간 붙여놓으려고 일부러 같은 방을 쓰게 했다 등등......

4. 민철네는 부자인데 왜 차고가 없을까? 고급 벤츠를 항상 노상주차하던데 위험하지 않나?

5. 한국드라마에서는 휴대폰을 선물하는 것이 유행인가? 〈로망스〉에서도 휴대폰을 선물하던데 그러면 기본요금 또는 전화요금을 누가 지불하는가? 민철은 부자이니까 당연히 자기가 요금도 내겠지만 〈로망스〉에서는 부자도 아닌데 누가 낼까?

6. 어제 정동진 장면이 나왔는데 민철의 양복 안감이 특이하다.

7. 민철이 바다에 갈 때와 저녁에 입은 와이셔츠가 다른데......아마 차에 옷들을 넣어 두었을 것이다. 또 다음 날 흰 셔츠가 너무 구김이 없는데 폴리에스테르인가? 등등...... [9]

9_ http://byunghunlee.pe.kr/planet/board.htm

이러한 친근감은 물론 각기 국민성의 차이로 말할 수도 있지만, 그러나 문제는 그것을 통한 경계의식의 무화에 있다. 그것은 비단 스타와 팬의 관계에만 있는 것이 아니다. 해당 국가에서 팬들의 일상적 소비양상까지 모방성으로 주도하는가 하면, 그동안 일본이 아시아에서 넘기 어려웠던 산, 즉 상호 불행한 과거역사에 대한 완강한 기억으로 하여금 레떼의 강을 건너게 하고, 민족의식의 모호함을 획책하며, 일본의 '전지구적 지역화'라는 문화산업전략을 아시아적으로 관철해가는 것이다. 그리고 그것은 자

▲ 한류 홍보 CF의 한 장면.

본의 증식논리뿐만 아니라 일본의 아시아적 회귀라는 국가주의 전략과도 정확하게 맞아떨어지고 있다.

이쯤 되면 우리의 한류 법석이 시골 약장수 수준으로 그 많은 우려와 막대한 지원공략에도 불구하고 한바탕 해프닝으로 끝나거나 일본의 전지구적 지역화전략의 따라잡기(물론 선별적으로)의 수순을 정확하게 밟아갈 것은 자명한 일임을 절감할 수 있을 것이다.

작금의 진행으로 보면 확실히 그렇다. 미디어산업을 비롯한 일본의 문화자본과 또 다시 고개를 드는 신대동아공영권의 구축 환상, 그 가공할 국가주의적 기획의 윤곽 또한 뚜렷한 것이다. 타자를 좇아 이미 중심이 된 노회한 나라와 겨우 반주변부를 이룬 나라와의 만남, 그 속에서 빚어질 문화적 차등관계의 우울한 풍경이 최근 한류의 한 축이라면, 그보다 먼저 조성된 반주변부 나라의 문화가 새롭게 반주변부로 발돋움하는 나라(중국)의 자본과 만난 발랄한 중역성(重譯性)의 과도기적 풍경이 한류의 또 다른 축이다.

문제가 이처럼 자명한데, 우리 언론들은 하나같이 '문화침공' '정

벌' 등의 표현으로 자기환각은 물론 같잖은 제국주의적 욕망을 노성하는 데 서슴이 없다. 우리가 그렇게 당했으면, 그 식민지배의 욕망으로 인한 피해양상과 그 귀결에 전율, 경계의식을 가질 만도 한데, 전 국민을 무뇌아로, 혹은 제국적 욕망의 앞잡이로 만들기에 혈안이다. 이처럼 사태의 본질을 파악하지 못하는 것은 물론 최소한의 자기방어기제도 가지지 못한 채, 언론이 조장하는 한류열풍이라는 것은 우리 전체 국민의 삶과 도대체 무슨 관계가 있는 것인가.

진정한 한류를 만들어 갈 문화적 힘을 포착해야

그렇게 한바탕도 아니고 재탕 삼탕 한통속으로 한류바람을 떠벌여대는 것만이 문제가 아니다. 곧바로 한류의 지속가능성을 놓고 걱정이 태산이다. 그러나 그 또한 경제논리로 일관, 도무지 우리 대중문화의 오늘이 국경을 넘어 지역으로 횡단하는 이 예기치 못한 현상이 무엇을 의미하며, 우리에게 무엇을 가져다줄 것인지에 대한 언론으로서의 사실적 진단의 본연조차 수행하지 않는다. 바이 코리아, 한국을 사가라. 재벌기업 현대가, 정부가 외쳐대며 나라의 근간 사업을 몽땅 외국의 단기성 투기자본에 헐값에 팔아넘기고 국민경제를 파탄지경으로 몰아넣었다. 그러더니 이제는 아이돌 스타들, 대중문화 스타들을 앞세워 또 뭔가를 팔아먹겠다고 바이 코리아를 외치니, 이런 매국행위가 따로 없다.

백번 양보해서 음악 산업을 비롯한 우리 문화산업의 기형적 구조, 스타에 의존한 문제의 양상들을 상업적 언론답게 상업적인 이해관계 속에서 냉정하게 수지타산을 맞추어보기를 기다려보아도 아무 대응이 없으니 참으로 어처구니가 없다. 언론도 정부도 일개 기업의 프로모션 수준조차 못 따라가는 형국이니, 상업적 대중문화이긴 해도 한류라는 이 중요한 문화적 계기를 통해 열린 동아시아를 논하는 것이 허망해질 뿐이다.

이참에 우리 사회 전체를 들뜨게 하기 보다는 냉엄하게 우리의 문화적 역정을 되짚어보고, 한류가 일부 스타의 것이 아니라 우리 사회가 내재한 문화적 동력의 소산으로 파악하고, 그 진정한 소재들을 찾아 나서고, 후미지고 내팽개쳐진 문화적 실상들을 찾아 고르게 메우고 기울 방안을 국가와 사회에 제안할 계획을 세워봄이 어떤지. 중국과 베트남과 대만과 일본, 홍콩, 태국, 필리핀에 한류가 흐르는 그 진정한 내막들을 파악하기 위한 프로그램들을 차분하게 가시화할 수 있는 계획을 가져가는 것은 어떠한지. 문화는 그것이 아무리 저급한 것이라도 우리 삶의 내력에 다름 아닌 바이므로.

김대중 정부가 21세기 우리 산업의 근간으로서 문화산업을 설정하고 그에 대한 기획을 가져왔다면, 문화산업의 올바른 육성을 위한 조건들은 어떻게 마련해왔는가? 현 정부는 문화국가, 동북아시대 운운하는데, 그 타당성을 위한 기획과 정책들을 어떻게 가지고 있는가? 문화관광부에서 1년여의 각고 끝에 '창의한국'의 기치를 들고 그 기획과 형성 경로를 가시화해냈는데, 그것의 실질적 가능성은 있는가? 문화산업의 육성을 위해 영화산업진흥원, 게임산업진흥원, 문화콘텐츠진흥원 등 정부기구들이 새로 편제되고 가동되고 있는데, 그 성과와 한계는 무엇인가? 한류의 흐름들을 연예기사 보도 수준으로 책임감 없이, 그야말로 표피적인 가십거리로만 다루지 말고 제발 차분하게, 구석구석 근간을 파헤치면서 접근하기 바란다. 사실의 확인과 제대로 된 진단, 새로운 가능성을 찾아내기 위해 전문가들의 의견은 물론 국민적 여론을 제대로 반영해내는 가장 기본에 속하는 일에 충실하기를 간절히 고언하는 바이다.

한류의 파고는 비단 우리 십내스나들이 춤을 잘 추고 살 생겨서가 아니라, 우리 연기자들이 질질 짜든 잘 웃든 예쁘고 멋있기 때문이 아니라, 우리 사회가 가진 역동성에 대한 세계적 관심에서 비롯된 것임을, 우리 인터넷 쌍방향성 문화가 보여주는 게릴라적 문화 창신력(創新力)과 소통성이 한류의 지속을 이루어왔음을 잊지 말아야 할 것이다. 그리고 자본주의의 꽃이라고 하는 영화 혹은 한국 영화산업의 부상이 정부의 영화산업 진흥 의지도 얼마간 작용한 것은 사실이지만, 스크린쿼터나 부산영화제, 독립영화제, 노동영화제, 인권영화제 등 우리 영화의 오늘을 지키고 미래를 열어가려는 영화계와 문화 활동가들의 피눈물 나는 인내와 현상타파 의지와 자구적 창신 노력에 힘입은 것임을 아름답게 소개하는 일도 잊지 말 일이다.

부산국제영화제에 세계적으로 유명한 어느 감독과 배우들이 왔다

▲ 한국영화의 도약은 스크린쿼터를 지키려는 영화인들과 문화활동가들의 노력 위에서 가능했다.

▲ 2005년 10주년을 맞은 부산국제영화제는 아시아의 주요한 영화 교류의 장으로 자리잡았다.

는 사실보다 중요한 것은 부산영화제의 참신한 기획력과 다양한 프로그램들이다. '아시아 영화의 창', '크리틱스 초이스', '새로운 물결' 등 영화제의 프로그래머들이 직접 발로 세계를 뛰며, 그러면서도 지역 영화의 대등한 발전을 위해 각고의 노력을 한 결과들을 제대로 소개하는 일이 정말로 중요함을 언론들은 각성해야 할 것이다. 현장에서는 이렇게 발로 뛰며, 점령과 침공이 아니라, 소중하게 보아내고 찾아냄으로써 다른 세계가 문화적으로 가능하다는 역설을 엄연하게 실증해가고 있는데, 언론의 구태는 그러한 현실의 동력을 못 따라가고 있는 안타까운 현실인 것이다.

한류를 말하는 혀끝과 한류를 써대는 붓끝의 힘이 그 말초신경에서 나와서는 결코 안 될 것이다. 문화를 창조적으로 생산해내는 붉은 심장의 뜨거운 피와, 세계사의 왜곡된 실상을 제대로 파악하고 그 지배와 피지배의 역사를 바로잡아 다원적이고 평등한 세계사의 내일을 문화적으로 실현해가고자 하는 냉철한 이지와 판단력에서 나와야 할 것이다. 그리고 관계지향을 형성해가는 치열한 의지가 우리 문화의 오늘과 내일, 동아시아 지역문화와 세계문화를 추동해가는 진정한 한류를 이루어갈, 부드럽지만 가장 강한, 물과 같이 흘러가는 힘임을 포착해내야 할 것이다. 뜨거운 피와 냉철한 이성에 의한, 칼보다 강한 붓의 힘이 절실함을 거듭 강조하는 바이다.

변죽만 울린 '2004 한중 우호의 밤'과 길을 잃은 한류

사회주의 중국의 상징 인민대회당에 선 한류

2004년 7월 중순, 베이징. 무더위가 본격적으로 시작되던 그때, 천안문광장의 오른쪽에 위엄 있게 서있는 인민대회당, 우리로 치면 국회의사당에서는 놀라운 광경이 벌어졌다. 중국의 최고 의결기관인 그곳은 89년 천안문사태 때 시위 군중들이 자신들의 요구를 호소문에 담아 무릎을 꿇고 바쳤던 장소이다. 저녁 무렵 밀려드는 인파와 차량, 공안(중국경찰)들이 북새통을 정렬하느라 분주한 사이, 암표장수들은 사람들 틈을 오가며 표를 구하고 팔기에 여념이 없었다. 표는 모두 초대권으로 매매가 불가능한데도 한국 문화관광부와 중국 문화부가 주관했던 베이징박물관에서의 '사스 퇴치 기념 위문공연' 때와 마찬가지로 연도에 선 청소년들과 부모들, 그 사이를 비집고 다니는 암표장수들은 여전히 건재했다. '한중 우호의 밤'에는 앙드레 김 패션쇼와 리틀엔젤스 공연 그리고 이정현, 보아, 강타, NRG 등 십대스타가수들이 총출동. 어

▲ 베이징 한복판의 인민대회당에서 2004년 7월 한국 스타들이 총출동한 '한중 우호의 밤'이 열렸다.

둠이 깔리는 인민대회당 앞에는 빨리 들어가고 싶어 안달을 하는 중국의 십대들과 좀 더 싸게 표를 구하려는 부모들, 표값이 만만찮으니 한 장만 사서 아이에게 들려주고 주의를 주는 이, 돌아서 뛰어 들어가는 딸을 바라보는 눈길, 풍선을 들고 친구를 기다리는 마음 등 인민대회당 앞의 풍경은 여느 때의 경건함과 달리 낯설기 짝이 없는 그것이다.

그리고 초대권을 쥐고 공연장으로 걸어 올라가는 내 마음은 걷잡을 수 없는 흥분감, 그것은 비단 그 공연 때문만은 아니었을 것이다. 언제 한번 들어가 볼 수 있을까 싶었던 중국혁명의 한 체제적 귀결, 인민대회당. 그곳에 발을 들여놓는 계기가 '한중 우호의 밤'인 것은 놀랍다. 한중간의 우호를 다지는 내용에 있어서 오염된 자본주의 문화의 상징 격인 십대스타 대중가수들에게 자신들의 가장 근엄한 공간을 내어준다, 강타 등이 중국에서 한류의 주역이고 앙드레 김이 세계적인 패션디

자이너라고 하지만, 아직도 사회주의의 깃발을 내리지 않은 중국, 거기 그 역사를 만드는 중요한 현장에서 상업적 대중가수들이 말초적 몸짓으로 한중간의 우호를 책임진다, 그것이 엄연한 현실이라니. 물도 못 가지고 들어가게 하는 인민대회당의 넓은 회랑을 들어서며 제발 작년 '사스 퇴치 위문공연'의 악몽만은 되풀이하지 않기를 간절히 바라는 마음 한켠에 중국정부에 대한 유감 또한 접을 수가 없었다. 아무리 자본화가 심화되어간다고 해도 이건 아니다. 권위가 바닥이지만 그래도 우리 국회의사당에 상업가수들을 불러들여 국가간 우호를 다지지는 않는다. 우리 정부가 요구했을까, 한중 문화사업에 종사하는 후배는 이것이 중국정부의 무서운 열림이라고 설명했지만, 납득하기란 쉽지 않다.

자금성에서의 투란도트 공연(총감독 장이머우·張藝謀)은 그럴 수 있다. 그러나 이것은 아무리 한중간의 우호라는 명분이 있다지만, 그 우호를 위해 십대스타들을 대동해오는 우리도 그렇거니와 그걸 허락해주는 중국은 또 무엇인가. 중국 문화산업의 총아로 떠오른 가화집단(歌華集團)이 지원을 했다고 하지만 대부분 비용은 우리가 대었을 것이고, 중국정부는 공연장 제공과 장내 경비 이외에는 어떤 책임도 부담하지 않았을 것이다. 21세기판 문화조공이라면 이것이 막판인가, 시작인가.

앙드레 김의 의상 무대는 '환상중국', '한국과 동방의 광상곡' 등 자금성의 웅장함과 화려함을 옷의 미학으로 표출해냈다. 마지막 하얀 웨딩드레스의 연출이 중국의 부유층 예비신부들을 겨냥한 혐의가 강했지만, 중국에서 보여주기의 의미를 나름대로 획득하고 있었다. 그리고 이어진 리틀엔젤스의 북춤과 부채춤, 꼭두각시놀이 등의 의례적인 무대는 그렇지만, 뒤이어 중국노래들을 중국어로 불러주는 감각은 일종의 성의로서 많은 박수를 받았다. 마지막으로 십대스타들의 무대. 풍선

투란도트 자금성 공연

푸치니의 오페라 '투란도트'가 1998년 9월 자금성에서 공연됐다. 장이머우가 총감독을 맡았으며, 주빈 메타가 지휘했다. 서구의 작품이 자금성에서 공연된다고 하여 세계적으로 화제가 됐다. 3만명이 관람했으며, 특히 고대 중국을 부활시켜 놓은 듯한 소품과 무대배치가 독특한 시각적 효과를 낳았다고 평가받았다.

가화집단(歌華集團)

중국내 초대형 종합 문화예술 기업으로 케이블TV 방송망 사업과 예술 공연, 연예 오락, 영화 및 음반 제작 등의 분야에서 독보적인 지위를 차지하고 있다. 가화문화유한공사, 가화전파중심유한공사, 가화과학기술중심유한공사 등을 계열사로 두고 있다.

을 든 청소년들은 앞으로 진격, 소리를 지르고 발을 구르고, 쉴 새 없이 사진기를 들이댔다. 압권은 강타 차례였는데, 2층에 있던 청소년들까지 모두 내려와 복도를 다 막아서는, 그야말로 야단법석이었다. 강타 역시 중국어 가사를 자막으로 내보내는 성의를 보였다. 한 해 전 사스공연 때 강타를 비롯한 우리 십대스타들이 '얼마나 보고

▲ 한중 우호의 밤' 행사 장면. 십대 스타들의 현란한 무대와 중국 청소년들의 열광 속에 공연 의도는 파묻히고 말았다.

싶었느냐'고 말하며 일방적인 태도를 보여주었던 것에 비하면, 이번 공연은 대단한 진전인 셈이다. 그러나 십대스타들의 공연이 끝나자 청소년들은 썰물처럼 빠져갔다. 밖에서 스타들이 나오길 기다리기 위해 얼른 자리를 뜨는 것이지만, 그들의 부재로 공연장은 그야말로 된서리를 맞고 하얗게 얼어붙은 빈 논배미짝이었다. 후배는 말한다. "아직까지 보고 자기 문화로 즐길 줄은 모르는 것 같아요. 그저 소리 지르고 사진 찍는 정도지, 함께 흥을 내서 빠져들지는 못하지요."

이런 것인가. 한류의 현주소. 우호의 초대권을 암표로 둔갑시키고, 풍선의 열광이 인민대회당조차 상업주의 문화로 들썩여놓는. 사회주의 집체문화의 해체와 급속한 자본화 과정 속에서 아직까지 자기 정체성을 만들어가지 못하는 중국 문화의 전환기, 그 과도적 대행을 한류가 일부분 맡고 있는 것은 부정할 수 없는 사실이다. 그러나 55개의 소수민족을 포괄한 다원의 중국, 그 복잡한 사회 문화가 안고 있는 빛과 그림자를 우리는 얼마나 이해하며 그 거대한 문화적 자궁 속으로 돌진하고 있는가. 그리고 오늘의 중국은 한류라는 정자를 과연 자신의 문화적

117

난소와 결합시킬 것인가.

고구려 문제, 한류, 한중관계

동북공정

동북공정은 '東北邊疆史與現狀系列研究工程'의 줄임말로 동북 변경지역의 역사와 각종 사항에 대한 연구프로젝트라 할 수 있다. 중국 정부의 승인 하에 중국 사회과학원과 랴오닝성(遼寧省)·지린성(吉林省)·헤이룽장성(黑龍江省) 등 동북 3성이 연합해 추진하는 국책사업으로 2002년 2월28일 시작됐으며 연구기간 5년에 총 24억원이 투입될 예정이다.

구체적인 연구과제는 동북 지방사 연구, 동북 민족사 연구, 중조(中朝) 관계사 연구, 중국 동북 변강과 러시아 극동지구 정치·경제 관계사 연구 등이다. 중국의 전략지역인 동북지역, 특히 고구려·발해 등 한반도와 관련된 역사를 중국의 역사로 만들어 한반도가 통일됐을 경우 일어날지도 모르는 영토분쟁을 사전에 방지하려는 의도가 있다하여 한국 등 주변국에서 크게 논란이 되고 있다.

이는 고구려 문제, 곧 동북공정(東北工程) 문제로 우리 사회가 들끓고 있는 정황과 함께, 더 중요한 문제를 제기한다. 한국과 중국은 전근대 시기 조공관계 해체 이후 단 한 번도 서로를 올바로 바라볼 기회를 갖지 못했다는 문제이다. 2003년 8.15 때 노무현 대통령이 중국 청화대에 가서 동북아 중심국가 건설을 운운했을 때, 중국친구들의 반응은 의아함 바로 그것이었다. 어떻게 한국이 동북아의 중심이 될 수 있느냐는 문제는 말할 것도 없고, 국제관계를 새롭게 형성해간다는 시각을 표명할 때, 발언자의 위상이 낳을 파장을 한 번이라도 고려해 보았는가 하는 문제가 이야기됐다. 국가 지도력에 대한 의구심이 더 강한 문제로 제기된 셈이다.

한국과 중국은 일본의 식민지 지배에 저항한 역사 경험을 함께 가지고 있지만, 그것이 냉전 이후 오늘의 한중관계에 있어서 새로운 힘으로 작동할 여지는 많지 않다. 중국 내 대부분의 인민들은 일본에 대해 적대감을 갖는 반면, 한국에 대해서는 우호적 감정을 가지고 있다. 그러나 그것은 일본과의 식민지전쟁의 경험이라는 대비축 속에서 형성된 것으로 어제와 오늘의 한국에 대한 올바른 이해에 기초한 데서 비롯한 연대의식이라고는 볼 수 없다.

예컨대 한국인은 극렬한 반일감정을 가지고 있는 데 비해 중국인은 그렇지 않다는 식의 인식이 그렇다. 이 점은 중국인들이 축구시합을 볼 때 극명하게 드러난다. 중국 언론이나 중국 사람들은 한일전과 중일전을 비교하여 다음과 같이 말한다. 축구 하는 것 하나만 보아도 한국 축구선수들은 일본과 축구가 벌어지면 목숨을 건다. 일본에게 축구를 지는 것은 마치 다시 식민지 지배를 받는 것 같은 굴욕으로 생각하고 축구선수와 전 국민이 하나가 되어 전력을 다한다. 그러나 중국 축구선수들은 중일전이 벌어져도 "그저 운동에 불과한 것에 목숨까지 걸 필요가 뭐 있나. 내 몸만 다치고 힘들지"라는 태도로 최선을 다하지 않는다.

물론 우리의 중국에 대한 이해도 일천하기 그지없다. 중국 사람들은 더럽다, 게으르다, 후진국, 비단장수 왕서방, 뙤놈, 속내를 알 수 없는 무서운 존재, 중공군, 뜨는 나라, 중국에 가면 떼돈을 벌 수 있다, 중국은 종교의 자유가 없으므로 가서 선교를 해야 한다, 무궁무진한 가능성의 나라 등. 그리고 최근에는 한류와 고구려사 문제로 인해 한편으로는 문화적 낙후함이, 다른 한편으로는 패권의 꿈, 중화주의 등이 지적되곤 한다. 그야말로 극에서 극을 치닫는 감성적 인상과 일그러진 역사상, 경제적 대상화 등으로 인해 최소한 중국에 대해 올바로 인식해보고자 하는 과정이 없는 실정이다. 더구나 식민지 시대에는 일본 제국주의에 의해 끊임없이 열등국가로 각인되었고, 냉전시대에는 적대국가, 특히 미국에 의한 편향적 시각에 의해 정작 중국이 어떻게 제국주의 근대의 어둠을 찢고 그 파란의 현대사를 건너왔는지, 그리고 현재 그 긴 현대화의 다리를 어떻게 건너고 있는지에 대해서는 거의 무지에 가깝다고 해도 과언이 아니다.

한국에서 동북공정의 실상에 대한 이해가 일천한 가운데 국민적 감정이 분출한 것도 문제이지만, 중국 역시 한국에서 대두되는 중국에 대한 반감이 무엇을 의미하는지에 대한 논의는 부족하다. 더욱이 이 문제를 함께 풀어가고자 하는 사회적 움직임은 거의 없다고 해도 과언이 아니다. 이처럼 상호이해의 부재 속에서 벌어진 역사충돌 사태와 그 하나의 해결 과정에 해당할 '한중 우호의 밤'과 같은 문화적 교류는 어떤 의미를 가져야 하는가. 정부간 의례적 공식행사라며 크게 의미를 두지 않을 수도 있지만, 그러나 우리와 같은 조건에서 이런 자리를 만드는 것은 분명히 정치적 함의를 가지며, 문화행사라 해서 탈정치적 맥락 속에 그것을 위치 지울 수만은 없을 것이다.

냉전 시기의 반목을 거쳐, 탈냉전시기 중국과 한국은 다시 만났다. 이것은 새로운 국제관계 특히 동북아의 정세 속에서 한중관계의 새로운 정립이 이루어지는 과정이라고 할진대, 여기에는 서로가 관계의 상상에 의해 의존하는 측면이 클 수밖에 없다. 그러나 더 큰 문제는 자본의 세계화라는 거스를 수 없는 추세 속에서 한국과 중국이 경제적 이해관계로 대면할 수밖에 없다고 하는 현실이다. 아무리 벗어나고자 해도 한국은 미국 혹은 한미일의 긴밀한 관계 속에서 중국과 만날 수밖에 없는 국제정치의 역학 속에 깊이 자리하고 있고, 중국 역시 세계사의 무대에 다시 대두하는 자기현존적 과정에 미국과의 관계역학 속에서 한국을 대면할 수밖에 없는 처지이다. 전 과정이 곧바로 미국을 매개로 한다고 할 수는 없지만, 적어도 이보다 큰 관계의 역학을 거스르기에는 역부족인 것이 사실이다. 이것은 역으로 중국과 한국이 새로운 관계 형성에 의해 이러한 미국중심의 세계질서에 균열을 내고 새로이 대등한 다원평등의 관계질서를 만들어내야 한다는 관건적 문제를 제기하기도 한다.

그러나 우리 사회에는 이미 중국의 패권화를 크게 우려하는 사회적 분위기가 있다. 이는 미국과 일본의 시각이 역사적으로 작동한 결과이지만, 그러나 우리 역시 그로부터 벗어나 객관적 시각을 확보하고자 하는 사회적 노력이 지극히 미미한 실정이다. 중국 또한 아직 이러한 패권화 구도를 가져갈 만한 현실적인 힘이 없는 처지이지만, 그렇다고 이러한 혐의를 벗어던질 만큼 사회적 문제의식이 성숙해있지도 않은 형편이다. 부강한 중국이라는 욕망이 주변국에 미칠 영향에 대해서 균형 있게 사고할 수 있는 내부적 여유가 없을 뿐더러, 내부의 긴장을 조성하는 계층적, 민족적, 지역적 균열을 어떻게든 무마하고 국가 현대화의 계획을 실현하기에 여념이 없는 것이다. 따라서 일국 내에서 벌어지는 일이 주변국가에 미치는 영향 등을 고려할 여지 또한 없는 상황이라고 할 수 있다.

고구려 문제의 파급은 확실히 중국과 한국의 상승적 우호관계에 균열을 낸 것이 사실이다. 한중관계의 중요성 정도에서 볼 때 중국 외교부의 몰의식 정도는 능히 비판의 대상이 되지만, 그러나 그것이 바로 중국이 한국 혹은 세계를 바라보고 관계하는 오늘의 수준이라는 판단도 어렵지 않다. 중국 외교부가 즉각적으로 대응, 문제의 불길을 진화함으로써 양국간의 불편한 관계가 다소 완화되기는 했다. 그리고 한국 국민의 반중감정이 고조되는 기운이 다소 수그러들자, 한국과 중국 정부는 상호 국민적 이해에 바탕한 새로운 관계전화의 의미로서 '한중 우호의 밤'을 마련한 것으로 파악할 수 있다. 한국 측이 중국에 화해의 손을 내미는 태도는 행사 프로그램 곳곳에서 포착할 수 있었다. 그러나 중국 인민들의 일상에서 보았을 때 고구려사 문제는 전혀 수면에 떠오르지 않았다. 오히려 세계문화유산 등재가 무리 없이 이루어진 것에 대한 축제 분위기와 고구려 유적지에 대한 대대적인 관광여행상품 개발에 박차를 가했을 뿐이다. 그리고 그것은 고구려사 유적 관람 입장료가 340위안(우리 돈으로 4만 5000원 정도)으로 치솟는 결과로 귀결되었다. 아울러 비판적 지식인들조차 한국 국민들이 좀 시끄러운가보다 하는 정도이지, 이 문제에 대한 깊은 통찰을 미처 하지 못하고 있는 형편이다. 더구나 그들은 동북공정의 문제를 그저 변강사(邊疆史) 정리 문제, 지방정부와 사회과학원 등이 주관하는 소형 역사프로젝트 정도로 인식, 관심권 밖에 두고 있었다. 한국에서 그처럼 엄청난 분노의 불길이 일어나리라고는 상상도 하지 못한 것이다. 오히려 지식인들의 관심은 그보다는 중국정부가 진행하는 하은주(夏殷周) 삼대, 곧 중국고대 왕조의 역사화 작업과 청대사(淸代史)를 재편하는 문제 등에 집중되어 보다 큰 역사 왜곡 사태에 지식사회가 강력하게 반발하고 있는 것이다.

그런 점에서 우여곡절 끝에 나온 중국 정부의 공식 사과를 계기로 보다 구체적인 상호이해와 협력을 도모하기 위해 우리 정부가 먼저 손을 내미는 외교적 문화적 노력은 중요하다 하겠다. 그러나 앞에 그려낸 그날의 광경과 내용이라면 문제가 다르지 않은가. 행사가 진행되면 될수록 극명하게 드는 생각은 그렇게 많은 돈과 공력을 들여서 과연 달라지는 것이 무엇인가 하는 것이다. 무엇보다 우리가 손을 내미는 방식이 문제이다. 결국은 겨우 십대스타 가수들, 이른바 한류스타들을 앞세워 들썩이는 것이었으니, 여기에 초대된 중국인들은 과연 누구인가. 대부분의 초대권이 암표로 둔갑하고, 중국의 하한족(哈韓族), 곧 어린 한류스타와 그들의 어린 팬들의 아우성으로 공연장이 채워진 것은 무엇을 의미하는가.

대다수 중국인에게 한류는 무엇인가

탈냉전 이후 한국과 중국의 만남은 미국이 만들어놓은 패권적 세계질서, 그리고 자본의 전지구화 형세 속에서 각기의 이해관계라는 그 두

하한족(哈韓族)

중국과 대만에서 한국문화 마니아들을 일컫는 말이다. 특히 대중문화 스타들에 열광하여 이들은 한국 드라마에 나오는 패션이나 헤어스타일을 그대로 모방하는 모습을 보인다. 이들은 '한류'에 적극적으로 반응하는 부류를 지칭하는 대명사로 쓰이게 됐는데, 머리를 노란색으로 물들이고 초대형 힙합바지에 원색 티셔츠를 받쳐입은 모습을 하한족의 전형으로 묘사하기도 한다. 2002년에 실시된 청소년 '유행어' 현상에 관한 앙케이트 결과에 따르면 '하한족'이 최근 2년간 최대의 유행어로 손꼽히기도 했다. 대만에서는 하한족 이전에 일본문화에 열광하는 '하르족(哈日族)'이라 불리는 현상이 있었다.

▲ 고구려연구재단의 학술회의 장면. '동북공정'으로 빚어진 중국과 주변 국간의 갈등은 동아시아 문화 교류의 중요성을 일깨워준다.

개의 논리로부터 결코 자유로울 수 없음을 지적한 바 있다. 그런데 그것은 추상적 과정이 아니라 지극히 구체적인 현실로서 나타나고 있다. 예컨대 한류는 미국화된 문화상품의 동아시아적 유통이라는 평가로부터 결코 자유롭지 못하다. 자본의 전지구적 지역화 추세 속에 한국의 문화상품이 미국을 대신해 일종의 동화, 즉 문화상품을 소비하게 하고, 그것을 통해 이른바 선진문화, 미국화를 추동해가고 있다는 사실을 간과해서는 안 될 것이다. 물론 일방적인 동화과정으로 설명하기에는 중국 인민들의 과도기적인 문화 선택의 주체적 측면을 간과할 우려가 있고, 거기서 미국화의 의미를 다시 설명할 필요 또한 존재할 것이다. 그러나 한류, 탈정치화된 그리고 지극히 상업화된 아이돌스타와 트렌디드라마의 문맥 속에 놓인 혹은 불가피한 선택 속의 대다수 중국 인민에게 한국은 과연 무엇인가.

고구려역사 문제는 식민지와 분단의 굴욕과 파탄을 살아온 대다수 한국민이 반드시 되찾아야할 평등하고 평화로운 세계의 염원이라는 보편적 희구의 차원에서 바라봐야 한다. 대다수 중국민들에게 한반도의 역정을 살아온 우리의 부박한 살림살이의 통한과 그것의 극복의지, 아름다운 미래지향을 이 고구려 문제의 분출을 계기 삼아 제대로 전달하는 노력이 가장 절실한 때가 아닌가 한다. 그것은 다르지만 어려운 근현대사의 굴곡을 넘어온 중국민의 오늘날 삶의 곤혹을 우리가 마주대하는 문제와도 직접적 관련이 있다.

그런데 한중 우호의 밤, 한국과 중국의 누가 무엇을 위한 우호의 밤에서 저리 요란하게 변죽만 울리고 있는 것인가.

동남아의 한복판, 태국 한류
– 문화패권주의의 본색을 드러내고 있는 '천 원 한류'

방콕의 하늘 밑

8월 태국, 방콕의 하늘은 맑고 높았다. 우기인데도 민주기념탑의 날개깃과 가운데 금빛 조형이 푸른 하늘과 이루어내는 빛나는 조화. 1992년 5월 18일, 우리의 광주 5.18민중항쟁과 같은 날, 이들 태국민중들은 쿠데타로 성립된 군부독재정권을 무너뜨리는 가열찬 투쟁을 이곳에서 시작하였다.[10]

아직 왕조가 건재하고 대다수 국민의 지지를 받고 있지만, 그 영원한 제국의 허상과의 동침 속에서도 끊임없이 사회 민주화를 위한 도정을 가고 있는 태국은 동남아의 다른 나라와는 달리 단 한 번도 서구제국주의의 침탈을 받아본 적이 없다. 그러나 강대국의 이해관계의 상충에 기반한 위태로운 줄타기에 의해 독립 국가를 유지해왔기에, 필리핀과는 또 다른 의미에서, 베트남전쟁 당시부터 미국의 동남아 지배에 중요한 거점이 돼버린 나라이다. 이러한 현대사의 굴곡에 대한 최소한의

10_ 1992년 수친다 크라프라윤 정부를 몰아낸 "5월 사건 May Events."
투표를 거치지 않고 군부쿠데타의 힘으로 수상자리에 오른 수친다 장군에 대한 태국민중의 방콕 거리 항의 시위. 수만명의 비무장 데모대가 군부대와 대치, 군부는 시위대에 공격, 발포를 하였고, 50여명의 사망자와 50여명의 실종자가 발생했다.

정보도 없이 우리에게 태국은 70~80년대에 시암(Siam)제국, 〈왕과 나〉에 나오는 금발의 이국 여자 가정교사(데보라 카 분)와 그를 사랑하는 빡빡머리 왕(율 브린너 분)으로 표상되었다. 그리고 혹은 발차기의 정채(精彩)로운 격투기와 손놀림이 아름다운 춤으로, 90년대 경제성장 이후에는 섹스여행과 싸구려 관광여행의 대명사로, 에이즈의 천국으로 알려진 미지의 나라. 그 빡빡머리 왕은 태국, 타이, 시암제국에서 서구 제국주의 세력의 이해관계를 교묘히 이용하여 시암을 식민지 지배로터 구원한 자끄리 왕조의 라마 4세, 몽꿋(MongKut)을 모델로 한 것이다. 이 라마 4세와 그의 뒤를 이은 라마 5세 쭐라롱꼰(Chulalonkorn)이 바로 프랑스와 영국에게 거듭 영토의 일부를 떼어주면서 강대국의 힘겨루기 틈새를 타고넘어 독립국가를 유지한 역사적 인물로 태국에서 가장 존경과 추앙을 받고 있다.

그런데 미국 영화 〈왕과 나〉[11] 는 철저하게 서구중심적 시각에서 시암을 그려갔다. 시간적으로 낙후한 공간 속에서 영국 여자에 의해 근대화되어가는 왕과 그 제국의 사람들. 영어와 서구식 합리주의에 의해 변모

▶ 율브린너가 주연한 1950년대의 〈왕과 나〉(왼쪽)는 1999년 새로 만들어졌다. 홍콩스타 주윤발을 앞세운 신작은 아시아 시장에 대한 할리우드 문화산업의 변화를 고스란히 담고 있다.

11_ 1956년 20세기 폭스사가 제작한 영화. 브로드웨이 뮤지컬을 영화로 만든 것이다. 마거릿 랜든(Margaret Landon)의 소설이 원작이고 월터 랭(Walter Lang)이 감독을 맡았다.

해가는 시암의 왕과 봉건통치구조, 그 비폭력의 이식에 의한 서구적 근대화. 〈왕과 나〉는 이른바 서구식 근대화를 통한 야만의 탈피를 '쉘 위 댄스(Shall we dance)'라는 음악에 실어 아름다운 사랑의 멜로로 그려 낸 것이다.

이 영화는 최근에 다시 20세기 폭스사에 의해 〈안나와 왕(Anna and King)〉(1999)이라는 영화로 개작되었다.[12] 남자주인공이 동양인으로 바뀐 것은 동아시아의 세계사적 귀환에 대한 표지일까. 홍콩스타 주윤발이 다시 〈왕과 나〉의 주역을 맡아 율 브린너의 명성에 뒤를 이었으나, 이 역시 서구인에서 동양인으로 인종만 바뀌었을 뿐 할리우드 영화자본에 의해 만들어진 것으로 서구적 타자 인식이 더욱 상업화된 형태로 내재해있음은 두말할 나위가 없다. 이는 할리우드의 전지구적 지역화 전략의 명백한 예증이기도 하다. 차이를 양산하여 그 특수성을 소비하게 하는 양식이 그것이다. 그 지점에서 영화의 소비는 서구인들의 동양적 취향에 한정되지 않는다. 동아시아인에 의한 동아시아의 또 다른 문화소비의 양식을 만들고 있는 것이다. 그 지점에서 영국 식민지의 토양에서 자라난 홍콩인 주윤발은 서구의 대리인격이고, 동아시아인들의 문화수요를 창출하는 서구의 대역에 다름아니다.

1956년 당시 〈왕과 나〉는 태국왕실을 모욕했다는 이유로 태국에서는 상영이 금지되었다. 그러나 주윤발과 조디 포스터가 나온 새로운 영화를 본 태국인들, 시암의 후손들은 감개가 어떠했을까.

그러나 라마 5세(재위 1868~1910)의 화려한 명성은 동북부지방의 이산인들, 라오족 요소가 지배적인 이들에게는 시암제국의 내부 식민지 침투를 기획한 장본인으로 기억된다. 시암제국이 이들 이산인들의 문화적 정체성을 인정하지 않고, 끊임없이 경제적 주변으로 몰고가는

12_ 재미있는 것은 1999년의 영화를 20Th Century Fox A News Corporation Company, Fox 2000 Pictures Presents, A Lawrence Bender Production, An Andy Tennant Film이 공동 제작함으로써 1956년의 영화제작에 관여한 자본의 형태와 다른 양상을 보여주었다는 점이다. 이것은 끊임없이 흡수 통합 등 병합과정을 통해 세계 영화시장을 지배해온 미국의 거대 영화산업 자본의 확연한 예증이라고 할 수 있다.

태국 이산인
이산은 태국 동북부 지역으로 라오스와 접경을 이룬다. 태국 국토의 3분의 1을 점유한다. 신석기시대 이래로 고대문명의 중심지였으며 수많은 기념탑이 남아 고대의 영화를 보여준다. 라오어를 사용하는 등 독자적인 문화를 형성해 왔으며 정부가 고유의 문자 사용을 금지한 이후로도 언어전통을 줄곧 전승해왔다. 이렇게 태국 중앙정부는 이산족을 중앙타이 문화에 속하게 하기 위해 오랫동안 무력정책을 취해왔지만, 이산족은 항거와 투쟁으로 맞섰고 자신들의 문화적 정체성을 끈질기게 유지해오고 있다.

착취와 지배의 대상으로 삼았다는 점에서 라마 5세는 문화적 제국주의의 화신으로 거부되고 있는 것이다. 그것은 남부의 말레이-이슬람의 시암-태국으로 이어지는, 왕조(입헌군주제)와 국교인 불교에 대한 거부, 곧 태국화에 대한 거부[13]와 짝을 이루며 내부의 갈등을 조성하고 있다. 태국이 제국주의에 의한 식민화의 과정은 피할 수 있었지만, 내부 식민화의 과정 속에서 끊임없이 민족적 동화와 경제적 불평등의 문제를 품고 오늘에 이르렀음을 가시화해주는 것이다.

13_ 태국 내의 내부식민화과정과 문제에 대한 자세한 내용은 오명석, 《동남아의 지역주의와 종족갈등》, 오름, 2004. 이 책에서 조흥국, 〈태국 내부 식민주의와 이산(Isan) 정체성에 관한 연구〉 195~234쪽, 김영애, 〈태국의 산업화와 교육을 통한 말레이 무슬림 통합정책〉 235~280쪽 참조.

천 원짜리 속 한국과 태국의 21세기 문화코드

제국주의 시대의 줄타기, 군부정권, 미국의 반공산주의 요새, 민주화투쟁, 왕조의 현존, 소승불교, 동북부 이산인들과 말레이-이슬람에 의한 분리주의운동, 아열대 풍미의 최대 관광지, 부지런하고 성실한 사람들. 그 다양하지만 하나인 태국을 그 어느 하나의 시각에 규정되어서 그것의 어제와 오늘을 가늠해서는 안 될 것이라는 문제의식을 가지고서 동남아지역에 첫발을 들인 감격으로 만감이 교차하던 여름날. 현실을 있는 그대로 직시하라는 계시처럼 민주화기념탑 바로 옆에 거대한 왕궁이 강렬한 태양 아래 금빛으로 번쩍인다. 본격적인 태국기행의 첫 기착지, 방콕.

버스에서 내리자마자 가무잡잡하고 동그란 눈의 사람들이 떼로 몰려들며, "천 원, 삼천 원, 천 원, 삼천 원". 왕궁에 들어갈 때 뒷끈 없는 슬리퍼는 안 되니 신발 빌려주는데 천 원, 나무에 종이를 대서 만든 양산 하나에 삼천 원, 천 원과 삼천 원을 번갈아 소리치는 사람들. 사람들은 강렬한 태양빛 때문에 주섬주섬 양산을 사들고 신발을 갈아 신고 안내자를 따라 삼삼오오 금빛 찬란한 왕국에 대한 기대감으로 왁자지껄

들어선다. 우리와는 물론 중국과도 확실히 다른 태국의 지배문화. 왓 프라께우, 짜끄리 왕조의 시조 라마 1세가 세운 궁전 (1783)의 화려한 원색의 향연 앞에 순간 당혹.

사원 입구에 들어서자마자 세 개의 탑이 나란히 섰는데, 금빛 찬란한 탑 (소승불교 양식)과 금빛을

▲ 거대한 왕궁과 공존하는 방콕의 민주화기념탑.

위주로 하면서도 형형색색 유리조각(에메랄드)으로 지어진 뾰족탑(타이식), 옥수수 모양의 유리조각 탑(크메르 양식)이 쪽빛 하늘과 절묘한 조화를 이루고 있다. 그것은 런던이나 파리의 중세 사원들의 하늘을 향한 무색의 날선 희구, 그 그로테스크한 권위적 숭고와는 전혀 다른 느낌이다. 서구 성당들의 스테인드글라스의 불투명한 투사와는 달리 하늘의 공간에 그저 들어앉은 그림 같은. 어떻게 저런 미학이 가능한가. 그것도 서로 다른 양식의 탑들이 나란히 서서, 전혀 이물감을 주지 않으며 조화를 이루고 있는 것은 타이 역사 구성의 고된 역정의 결과일까. 금빛과 에메랄드는 지배자만의 것이지만, 그 화려한 색감이 제국주의의 포화 사이를 뚫고 나온 어떤 자부심의 희열 같은 반짝임. 그것은 태국인들이 입헌군주제 속에서 왕실의 권위에 대해 복종하는 유일한 이유일지도 모른다. 군부와 왕실이 불온하게 동침해온 근현대사, 그 동조관계에 의한 지속적인 이데올로기적 동의프로그램에 의한 것

일지리도 말이다.

새의 신들이 똑같은 모양으로 부조된 왓 프라께우(옥으로 만든 불상이 있는 사원이라는 뜻). 수학여행을 왔는지 사원 바닥에 학생들이 앉아 사원과 옥불상, 그리고 시암 왕조사와 왕족들이 살아온 궁전의 기원에 대한 선생님의 설명을 열심히 경청하고 있다. 불교와 왕조사에 대한 각인이 한편으로는 다른 나라의 지배를 받지 않은 불굴의 강인한 태국인을 부조해가겠지만, 다른 한편으로는 왕비의 탄신일을 국경일로 삼고 사회 전체가 축제분위기에 흠뻑 빠질 만큼 제국의 음영이 굳건하게 드리워져 있는 현실에 대한 환상적 동화 혹은 마비적 불감증을 조장해가는 과정이기도 하겠다. 그 수학여행의 일정에 민주화운동 기념탑도 포함되어 있을까. 그들의 부모세대들이 얼마나 새로운 세상을 꿈꿔왔는지, 단지 꿈만 꾼 것이 아니라 그것을 현실화시키기 위해 얼마나 어렵게 싸워왔는지, 그것은 무엇보다도 아름다운 역사로 자라나는 세대의 가슴과 머리에 진하게 새겨져야 할 것이다. 새벽이면 주황색 법복을 입은 승려들이 동네를 들어서기 전 먼저 동네 앞 작은 불전에 하루를 기원하고, 승려들이 오기를 기다려 가장 소박한 정성을 준비해놓을 줄 아는 이들에게 왕조와 불교는 삶의 모든 것이지만 그러나 그것이 모든 것을 가져다주지 않는다는 사실도 엄연할 것이다. 그 조용하게 일상화된 규범을 결코 거스르지 않으면서도 새로운 태국을 일으켜갈 줄 아는 작지만 단단한 사람들.

그 태국인들 앞에 우리가 서있다. 그런데 바로 그때 그들은 말한다. "한 개 천 원, 빨리빨리, 기다려", "만 원 바꿔줘." 버스가 내리고 서는 곳마다 작은 태국인들은 몰려들었고, 모든 것은 천 원짜리로 가능한 그야말로 천 원 세상. 파타야의 산호섬에서 태국식 국수 파는 할머니, 가

방행상, 선상 시장, 과일가게, 호텔 베개 밑에 놓는 팁까지. 한국 관광객이 많다고는 하지만, 어떻게 이런 일이 가능한가. 들어가는 식당마다 한국 직통전화가 마련되어 있다고 적혀 있고, 천 원이 모든 물건을 파고 사는 기준이 되어 있는 이 희한한 행로, 천 원짜리로 만나고 헤어지는 사람들. 21세기 한국과 태국의 만남의 코드, 천 원. 안내원의 말로는 자신

▲ 한국 관광객들이 천 원 한 장으로 만사를 해결하는 태국의 상점.

들이 가르쳐서 그렇다고 하는데, 그렇다면 싸구려관광이 만들어낸 질서, '천 원=무사통과'는 한국과 태국, 우리와 태국 사람들에게 어떻게 관계적으로 작용할 것인가. 혹자는 1달러에서 100엔, 그리고 천 원, 우리 경제력의 발달만큼 우리 돈이 세계화되는 추세이니 너무도 자연스런 과정이 아니겠냐고 반문할 수도 있겠다. 그러나 미군들이 뿌리는 깡통초콜릿과 옥수수빵을 받아먹고 자란 우리, 1달러에 날으는 슈샤인보이(구두닦이)와 택시잡이, 60년대 서울거리 어디에서나 벌어지던 그 1달러에 목숨 건 사연들, 그 비대칭성이 얼마나 무서운 것인지를 몸으로 겪은 우리로서는 그렇게 내뱉듯 무책임하게 말해서는 결코 안 될 것이다. 천 원=한국, 그것이 만들어내는 착위(錯位)의 폭력.

그렇다면 그 천 원을 꺼내드는 우리의 경우는 어떤가. 뱀탕집, 생약연구소, 라텍스공장, 진주공장, 보석빌딩, 교민회관까지, 싸구려 관광 온 죄로 하루에도 서너 번씩 이리저리 끌려다니며 구매를 강요당하고, 물건을 안 사면 괴상한 관광객 취급. 이런 손님 받아보아야 마이너스라

고 툴툴거리는 안내원의 강떼와 협박에 기죽고, 어디를 들어서도 나서도 득달같이 들이대는 천 원짜리들. 좁은 땅덩어리의 겨우 살만한 사람들은 다시 삶을 심호흡하는 방법을 배우지 못했다. 그것을 아는 신용카드회사는 친절하게 말한다. 열심히 일한 당신 떠나라. 나중에 덜렁 빚더미에 앉든가 말든가, '일본 밤도깨비 여행 299,000원', '베이징 3박4일 399,000원', '방콕 파타야 569,000원부터'. 기십만 원 국제여행과 천 원의 이 기이한 동행의 시작은 분명했으되, 그 끝은 어떨 것인가.

천 원 한류의 진실

방콕의 길거리 한복판에 우리 영화 광고판이 내걸렸다. 중국에서도 가장 인기 있다는 '엽기적인 그녀'의 새 영화, 〈내 여자친구를 소개합니다〉가 여기에도 등장한 것이다. 한국 드라마가 동남아에 열풍을 불러일으키고 있다더니 과연, 하고 감탄해보지만, 그러나 그것은 과연 우리의 높은 문화수준, 혹은 발달된 문화산업의 예증인가, 무더기 천 원 관광의 우수리인가. 우리 드라마에 푹 빠져있다는 태국인들, 그들에게 한류와 천 원은 동일선상에 있을 것이다. 천 원짜리 몇 장을 위해 들고뛰었던 하루의 피로를 한국드라마로 푼다, 태국인의 고단한 일상은

▶ 태국에서도 한국 영화의 인기는 거리 곳곳에서 확인할 수 있다. 그런데 태국에서 한국 문화는 '천 원 관광'의 우수리로만 유행할 것인가.

그 천 원짜리의 알량한 미래에 있는지 모른다. 천 원 한류.

　태국 방콕의 하늘은 높고 푸르렀으며, 태국사람들은 땅에서도 살지만 물에서도 살고 있었다. 그래서 모든 것을 싣고 기운 생동, 모든 만물이 싹터 자라는 땅의 이치도, 아무리 더러운 오물이라도 함께 흐른다는 지혜 또한 알고 있다. 그 사람들이 만들어낸 정교하고 탄탄한 바구니 하나, 유리와 자기 조각을 하나하나 모아 붙인 빛나는 탑과 성곽, 금빛 찬란한 왕궁과 그 옆의 민주화기념탑. 동네 어귀의 새벽마다 조심스럽게 이루어지는 삶의 작은 바람들, 불전에 바치는 작은 정성과 경배. 그 종교적 행위가 현실에 대한 자기순화과정으로 강요된 것이라고 해도, 결코 굴종만 한 것이 아니라 가녀린 손끝의 유연함으로 세계사의 모순에 비껴서기도 하고, 저 날랜 격투기로 모진 세상, 발차기로 날려버리기도 하면서 여기까지 이른 것, 그 문화적 역사의 엄연한 실증들을 천 원짜리로 바꿔치기할 수는 없는 일이다.

　동북부 지역의 이산인들이 끊임없이 내부의 식민화과정에 대한 거부 속에서 분리주의 운동을 시도하고, 거기에 많은 시민사회단체들이, 초기에는 태국 정부의 동화정책 차원에서 시작했지만 그러나 사태의 본질상 나름의 운동 방식을 찾아가면서 태국 사회의 부패와 정치적 굴절에 끊임없이 긴장관계를 조성하며 새로운 지향으로 이끄는 것 또한 근대의 산물인 민족국가, 국민의 문제를 다시 사고하게 한다. 남부의 말레이-이슬람들이 가난과 수난을 인내하면서 자기문화의 정체성들을 사수해나가는 과정은 동남아시아 사회 문화에 내재한 복잡다기하면서도 다양한 문화적 현존의 양상을 펼쳐보여주고 있다.[14]

　거기서 한류의 확산일로 속에 도사린 우리의 문화 패권 곧 문화적 동화와 지배의 욕망은 여지없이 본색을 드러낸다. 미국과 일본이 지나

14_ 1995년 5월 태국 사회는 또 한번의 풍파를 겪는다. 수친다군부에 이어 들어선 럭파이(Chuan Leekpai)정부(1992~95) 또한 야당 정치가와 결합한 타이 라스(Thai Rath) 등 언론의 강력한 힘과 저항에 의해 실각한 것이다. 이는 학계, NGO활동가들의 반정부운동이 언론을 추동한 측면이 크다. Duncan McCargo, *Media and Deomcratic Transitions in Southeast Asia* 참조.

한편 방콕은 세계적인 빚탕감 운동인 '주빌리 사우스(Jubilee South, 가톨릭에서는 50년 마다 노예해방·부채탕감을 시행하는데, 그런 연원에서 이름과 정신을 빌린 세계적 빚탕감 운동)'의 본거지이기도 하다.

간 자리, 혹은 절대적인 아메리카나이즘과 저패나이즘의 뒷꽁무니에서 그 세계적인 지배문화의 내재화 대열에 얹혀가는 우리가 꿈꾸는 패권의 내일에 대한 강력한 경고 메시지 명멸.

확실히 천 원의 관계망, 천 원 한류 속에 싸우는 태국은 없다. 그러나 그 천 원에 목을 매는 사람들 또한 태국이라면, 천 원이 만들어가는 파장, 그 쌍방의 진실을 어떻게 안을 것인가. 싸구려관광과 천 원 한류의 최대 과제는 바로 그 물음에 해결의 열쇠가 주어져 있을 것이다.

전장의 기억과 베트남 한류
– 자본주의화 과정에 칩입한 주변부 문화

하노이 가는 길

자유통일 위해서 조국을 지키시는
그 이름 맹호부대 맹호부대 용사들아
가시는 곳 월남땅 하늘은 멀더라도
한결같은 겨레 마음 그대 뒤를 따르리라
한결같은 겨레 마음 그대 뒤를 따르리라

일천구백육십오륙년 남산초등학교, 그 녹음 푸른 산자락에 앉은 교실의 1학년 시절, 아침저녁 조회와 종례, 수업시간까지 불러댔던 노래, '가시는 곳 월나암 땅 하늘은 멀더라도.' 그리고 일주일이 멀다고 써야 했던 위문편지, 어쩌다 답장을 받은 아이들이 맹호부대용사들이 보내준 초콜릿이 든 깡통을 하늘높이 쳐들고 의기양양할 때, 다음엔 더 잘써서 나도 꼭 답장과 선물을 받고야 말리라는 작은 다짐들. 대학에 와서 《전환시대의 논리》《우상과 이성》 등 리영희 선생의 중국과 베트남에 대한 증언들을 접하고서야 비로소 나는 어릴 때의 간절한 초콜릿과 이국에의 갈망, 무엇보다 그 목젖이 떨리게 불러댔던 군가들이 얼마나 죄악이었는가를 알고 경악하게 되었다. 담임선생님은 우리들이 노래를 부를 때마다 호통을 치셨다. 너희들이 더 큰 소리로 하늘과 땅이 울리듯 불러야 월남에 간 맹호부대 용사들이 너희들 소리에 힘을 얻어 베트콩들을 용감하게 무찌를 것이라고.

1975년 월맹은 드디어 미국과의 기나긴 전쟁에 종지부를 찍었다. 그리고 1975년에서 78년까지 캄보디아와의 전쟁, 중국과의 공방이 이어졌다. 미국의 동남아시아 전략은 1958년부터 전쟁에서 승리할 가능성을 확신할 수 없다는 점에서 동남아지역기구(ASEAN, 1967년 결성)와 남베트남에 책임선을 둔 군사지원의 형태로 바뀌게 된다. 그 후 미국의 후퇴로 인해 남베트남 궤멸은 시간문제였고, 1975년은 그 최후의 승리의 시각이었다. 그런데 미국과의 전쟁에서의 승리가 곧 동남아시아에서 베트남의 안전을 보장하는 것은 아니었다. 오히려 주변국들이 베트남의 위세에 부담감을 가져 견제가 이루어졌고, 그것은 캄보디아 및 중국과의 전쟁을 야기했다.

미국과의 전쟁 과정을 베트남 사람들은 차분하게 두 얼굴의 삶으로 대응했다고 한다. 낮에는 미국의 지원을 받는 남베트남 사이공 정부가 주둔하는데 그러면 그에 순응하며 살고, 그들이 밤에 철수하면 북베트남 월맹의 편에 서서 외세와 부패정권에 대적해간 것이다. 그리고 그 시절 예술가들의 삶 또한 그 베트남 사람들의 삶에서 단 한 발자국도 떨어져있지 않았다.

폭격 아래에서, 정글 속에서, 그리고 지하 참호 속에선 어떤 그림도 불가능하다고 생각할지도 모른다. 그러나 배낭을 짊어진 화가들은 진군하는 병사들로부터 떨어지지 않고, 민중과 전사들이 일하고 싸우는 곳이면 어디나 이젤을 설치한다. 다른 전사들은 그들의 용품을 나르는 것을 도와주고, 그들이 그림을 그릴 수 있는 편안한 참호를 파는 것을 도와준다. 휴식시간이면 화가들은 자신들의 작품을 전사들이 보고 관찰할 수 있도록 나무 위에 걸어 놓는다. 전사들과 단위부대는 흔히 제가끔 좋아하는 화가를 갖고 있다. 전사들 또한 화가들의 도움을 받아 그림 그리는 법을 배운다.…… 최근 몇몇 화가들의 복제작품이 출간되었다. 그 작품들은 각각 스케치, 수채화, 크레용화, 유화 등 각 예술가들의 개성을 반영하는 동시에 민중의 전투성과 낙관주의를 반영한다. 싸움에 참가한 전사, 게릴라, 여성과 어린아이들의 얼굴은 놀라울 정도로 감동적이며, 경치는 정감있게 그려져 있다. 사람들은 생명에 충만된 조국과 민중을 느낀다.[15]

15_ 김정환·백원담 편역, 《민중문화운동의 실천론》, 도서출판 화다, 1984에 실린 트랜 딘 반, 〈베트남전선의 해방문화운동〉, 155쪽.

프랑스 식민지에 이어 일본의 침략, 1945년 일본의 패배로 해방이 되자마자 프랑스의 말도 안 되는 소유권 주장, 그로 인해 또 다시 프랑스와 10년 전쟁, 그 후 미국이 베트남에 대한 지배력을 강화하고자 벌인 전쟁 10년, 주변국과의 갈등 속에서 3년 동안 캄보디아와 중국과의 전쟁. 베트남의 근현대사는 그야말로 전쟁을 떠나서는 설명이 불가능할 만큼 전쟁의 역사이다. 전쟁이 삶의 내용과 형식을 규정했던 사람들, 그들은 지금 어떤 모습으로 살아가고 있을까. 1986년 시작된 도이모이 개혁으로, 중국보다는 완만하지만, 베트남 역시 자본화 과정에 들어선 지 오래다. 그 새로운 원리, 자본의 원리가 관철되는 속에서 전쟁의 긴 터널로부터 막 빠져나온 베트남 사람들은 또 다른 삶의 전장을 겪어야 했다. 초등학교 1학년으로부터는 40년이 흐른, 쉰을 바라보는 나이에 이르러서야 나는 그처럼 갈망하던 베트남 땅에 첫발을 내디뎠다. 과거 중국의 지배 1,000년까지 포함하여 외세라면 지긋지긋할 그

도이모이

1986년 구엔 반 린이 호치민에 이어 서기장에 취임하면서부터 시작된 베트남의 개혁개방정책을 이른다. 그러나 초기에는 여전히 미국의 경제봉쇄정책으로 고전하다가 1994년 미국의 금수조치 해제로 베트남 경제는 회복세로 돌아선다. 그러나 베트남 경제는 도이모이로부터 전환되어 급격히 성장하는 계기를 맞았다고 볼 수

있다. 90년대 이후부터 연평균 8~9%내의 경제성장을 이뤘다. 90년대 말 동남아 외환위기 이후에도 연간 7%의 성장률을 유지했다. 외국인 직접투자 규모는 1988년 3억7000만 달러에서 2004년 457억7000만 달러로 껑충 뛰었고, 빈곤율도 현저히 떨어졌다. 도이모이 정책에는 과거사에 얽매이지 않고 실리를 찾겠다는 의도도 포함되어 있다. "과거를 용서하되 잊지는 말자"는 입장이 여기서 나오기 시작했다. 이는 베트남전쟁 종전 이후 미국이 단행한 금수조치에서 벗어나고자 하는 의도가 배경이 됐는데, 이는 1995년 미국과의 수교로 결실을 맺었다. 한국과는 1992년 수교를 맺어 아시아의 주요 교역국으로 급부상했다.

호치민

1890년 중부 베트남 농촌의 유학자 집안에서 태어났다. 1차대전 후 열린 베르사이유회의에 베트남 대표로 출석하여 '베트남 인민의 8항목의 요구'를 제출하여 국제적 명성을 얻었다. 1920년 프랑스공산당이 창립되자 당원이 됐으며, 프랑스식민지인민연맹을 결성하기도 했다. 1941년 베트남에 잠입하여 인도차이나공산당을 중심으로 베트민(베트남독립동맹회)을 결성, 독립을 위해 세력을 키웠다. 1945년 8월 태평양전쟁 종전과 동시에 총봉기를

땅에서 나는 그들을 어떻게 만날 것인가. 내 머릿속에 형상된 베트남, 그리고 《새로 쓴 베트남 역사》(유인선 지음, 이산, 2002)와 두꺼운 《호치민 평전》(윌리엄 J. 듀이커 지음, 정영목 옮김, 푸른숲, 2003), 그리고 소설가 방현석이 베트남 곳곳을 다니며 적은 고뇌의 기록 《하노이에 별이 뜨다》(방현석 지음, 해냄, 2002)를 통해 접한 베트남과 실제의 베트남은 얼마나 같고 다를까.

호치민, 여성, 시

한밤중에 비행기에서 내려 공항택시에 실려 호텔로 향하는 길. 말로만 듣던 오토바이의 행렬이 택시를 앞서거니 뒤서거니, 어둠 속에 지루하게 연속되는 좁은 골목길과 인적 없는 큰 길을 몇 개 지나도록 하노이는 끝내 이렇다할 자신의 모습을 내보이지 않았다. 기다려, 조바심 낼 필요 없다고, 날이 밝으면 훤히 속살이 보일 텐데 초조해할 것 없어, 무언의 도시는 그렇게 속삭여댔다.

다음 날 아침부터 혼자 나섰다. 새벽에 가고 싶은 곳을 종이에 적어 가는 곳마다 내미는 방법이다. 우선 호치민 아저씨에게 신고부터. 호치민 묘와 기념관을 보러 나섰는데 길 저편에 이미 사람들이 몇 겹으로 길게 줄을 늘어섰다. 호 아저씨는 나폴레옹이 누운 파리 앵발리드 같은 대리석 위에 자는 듯 누웠다. 베트남을 지배한 프랑스 제국주의의 나폴레옹은 대리석관 안에 누웠지만, 호치민의 사람들은 그를 밝은 세상에 내어놓았다. 무덤을 쓰지 말고 베트남 사람들이 살아가는 동서남북 사방천지에 자신의 뼛가루를 뿌려달라던 호치민, 나라를 구한 영웅, 위대한 지도자가 아니라 베트남 사람들의 친근한 이웃 아저씨이기를 바랐던 그는 혼백이라도 다시는 외세가 이 나라 이 땅을 넘보지 않도록 스

▲ 호치민 고택 앞의 호숫가. 건너편 건물이 집무실이다

스로 장성(長城)이 되고자 했던 것일까. 그러나 그가 그토록 사랑했던 그의 백성들은 자신들을 위해 거대한 분묘를 만들고 기념관을 만들었다. 산 자들의 오늘을 위해 죽은 사람을 결코 보낼 수 없는 마음, 나는 그것을 꾸밈 없는 마음으로 읽었다. 마오쩌둥기념당과 같은 지독한 포르말린 냄새도 없는 그곳에, 오직 호치민 아저씨를 보기 위해 멀리서 찾아왔을 마르고 키 작은 사람들의 맑고 선한 눈빛, 햇빛 속으로 끊임없이 줄지어 가는 까만 눈빛들이 그렇게 이야기해주었으므로.

베이징의 마오쩌둥기념당 앞에 늘어선 사람들의 그 긴 줄과 거기서 반짝이는 눈빛들도 그랬었다. 외국인 전용 관람줄이 옆에 있었지만 따로 서지 않았다. 그대로 줄지어 말은 못 알아듣지만 그들 속에서 그 사람을 만나는 것이 무슨 예의라도 되는 것처럼 나는 긴 줄 끝에서 순행(巡行)처럼 서서히 발걸음을 옮겼다. 그러나 다시 와야 하리라. 호 아저씨께 여쭐 말씀이 많으니, 이 인파들에게 일일이 인사하는 것만으로도 눈빛이 바쁠 그 양반을 붙들고 이 나라와 동아시아와 세계의 나아갈 길

지도하여 구엔(阮)왕조로부터 정권을 탈취했다(8월혁명). 이후 베트남민주공화국의 독립을 선언하고 정부 주석에 취임했으며, 대프랑스 항전을 지휘, 1954년 디엔비엔푸 전투를 승리로 이끌며 독립을 쟁취할 수 있었다. 그 뒤 미국이 베트남에 개입하여 1955년 북위 17도선 이남에 반공정권을 수립하자 조국 재통일을 위한 투쟁을 전개했다. 미국과의 치열한 전투가 계속되던 1969년 호치민은 심장병으로 사망했다. 그러나 미국과의 전쟁에서 베트남의 승리는 민족해방운동의 정점을 보여주는 것으로 제3계에 많은 영향을 주었다. 호치민은 사회주의자인가 민족주의자인가 라는 논쟁은 아직도 끊이지 않는데, 이는 그의 저항운동이 프랑스 식민지 시대로부터 시작되어 코민테른에서 끊임없이 식민지 종속국에 대한 문제를 제기하며 사회주의 베트남 이후에도 프랑스·미국과의 전쟁으로 문제를 놓치지 않았기 때문이다. 그에게는 위대한 사상은 없으나 실천논리가 강하다는 점에서 상식적 사회주의자라는 별명이 붙어있기도 하다. 소박하고 사심 없는 이미지 또한 호치민의 특징이다. 따라서 중국 혁명을 이끌며 신화화된 마오쩌둥에 비해 이웃집 아저씨같은 친근한 지도자로서 널리 사랑 받았다. 그것이 사후 40년이 가까운 지금까지도 호치민이 베트남 인민들에게 '호 아저씨'라고 불리는 이유이다.

139
제2부 한류의 동아시아 여정

을 묻는 것이 오늘은 가당치 않으리라. 홀로 찾아와 마오쩌둥 주석에게 그랬듯이 이 길 없는 세상의 출구를 묻고 싶은 간절한 심정.

우리는 이런 지도자를 가지지 못했다. 마오쩌둥, 호치민, 이런 지도자를 가진 나라의 인민들은 얼마나 행복한가. 평생 보고 흠모하며 그 삶을 따라갈 인간적 전범이 있다는 것, 지도자는 물론 스승조차 없는 우리의 이 부박한 살이에 비하면 정말 그들은 얼마나 큰 행운인가. 아이들을 위해 회의실을 1층에 두고 돌아가며 낮은 그루터기 마루를 준비해둔 호 아저씨의 호숫가의 하루해는 길었을까. 작은 호수를 둘러싼 나무들의 뿌리가 새싹처럼 움터나온다. 하나같이 굵은 등걸 크기의 막대모양으로 솟아있다. 호치민의 단단한 뿌리와 씨앗이 만들어낸 베트남의 미래를 형상하는 것일까. 베트남의 창조주, 여와(女媧) 호치민. 마오쩌둥처럼 그도 베트남인들을 다시 새롭게 빚어냈다. 그러나 호치민은 마오쩌둥처럼 노동에 지쳐서 그가 만든 신인류들의 비난을 받으며 죽어가지는 않았다. 그는 영원히 살아있는 창조주이자, 그들의 가장 믿음직한 친구로 거기 그렇게 건재한 것이다.

베트남 사회 연구를 위해 와있는 여성 연구자를 만나기 위해 하노이가든식당에 들어섰다. 전통적인 베트남 음식으로 유명한 이곳에 신 선생은 아들을 데리고 먼저 와 있었다. 온 지 두어 달 되었지만, 이런 고급 식당은 처음이란다. 그녀는 원래 중국 여성문제를 연구했지만, 최근 베트남 여성의 지위와 역할에 대한 문제인식으로 여섯 살짜리 아들을 데리고 하노이에 둥지를 튼 맷집 단단한 여성연구자이다. 한 달에 300달러짜리 작은 아파트에서 베트남인들 속에 섞여 사회주의혁명 이후에도 여전히 성별문제, 여성에 대한 사회적 차별의 문제가 있을 수 있다는 것이 기가 막혀서 본격적인 조사 연구 작업을 시작했다는 그는,

어떻게 베트남 사회로 한발자국 더 깊숙이 들어갈 것인가에 몰두해있었다. 신 선생은 남편이 대학교수이고 연구비도 받아왔으니 굳이 어려운 생활을 하지 않을 수도 있다. 그러나 베트남 여성의 삶의 여건과 처지 속에서 그들의 절망의 소재를 확인하고 새로운 희망을 함께 찾아가는 것에 목적을 두고 있으므로 그녀는 주저함 없이 지금의 생활방식을 택했고, 그것에 성실하며 충실한 것이다. 먹거리조차 그렇다. 밥은 어떻게 해결하냐고 물으니 베트남식 찹쌀죽을 소개하는데, 베트남 사람들이 그리하듯이 아침마다 길거리에 파는 죽들을 종류별로 하루씩 사다가 먹는단다. 그 맛이 기막히다고 감탄하는 그녀의 모습은 마치 베트남에 갓 시집온 신부가 각종 곡물을 가지고 처음 아침상을 차리는 양 진지했다.

그런 그녀가 정작 분노하는 것이 있었다. 베트남에 들어와 살고 있는 주재원 부인들의 사는 방식에 대해서다. 그들은 베트남 사회를 이해하려는 마음은 털끝만큼도 없이 하나같이 고급아파트에서 베트남 여인들을 하녀처럼 부리며 베트남 말이라고는 하나에서 열까지 세는 것 밖에 할 줄 모른다고 한다. 한국이 베트남에서 저지른 죄악이 무엇인지도 모르고, 그들이 선망하는 그 대단한 미국을 이 가난하고 낙후해보이는 나라의 사람들이 어떻게 물리쳤는지도 모르고, 손에 물 하나 안 묻히고 무슨 귀부인이 된 양 고상을 떤다는 것이다. 부인네들이 그렇다면 그 남편들의 태도 또한 안하무인일 것은 말할 나위도 없을 것이다. 신 선생은 사회주의를 거쳐도 여자가 충분히 불평등할 수 있다는 것을 보여주는 이 사회에도 문제를 제기하지만, 아무것도 모르는 척 베트남 여성들 위에 군림하며 프랑스 귀족놀음을 하는 저 한국산 가짜 귀부인들에 대해서 분개했다. 어쩌면 그리 무지몽매하고 안하무인일 수 있는 것일

▶ 가인을 어깨에 맨 베트남 여성. 자본의 세계화 시대에 베트남 민중이 짊어진 삶의 무게를 표상하는 듯하다.

까. 베트남 중남부지방의 한 국군 참전지역에는 아직도 따이한들에 의한 무도한 학살의 상흔이 사람들의 가슴 깊이, 그리고 꼼꼼한 전쟁의 기록으로 낱낱이 새겨져있다. 그런데 현실사회주의의 몰락과 함께 미국＝세계가 만들어낸 이 가짜 위계질서 앞에서 베트남 사람들이 한 푼 돈에 목말라 잠시 침묵한

다고, 근성이 된 인내심으로 우리를 받아들이기까지 속으로 치뤄야했던 많은 내면의 전투가 얼마나 눈물겨운 줄도 모르고.

남편들이 일을 해도 그것에 대해 기대도 의존도 하지 않고 억척같이 일을 하고 돈을 번다는 베트남 여성들. 스스로 집안을 책임져야 한다는 의식에 그들이 그처럼 투철한 것은 전쟁의 상처가 너무도 깊이 패어 있는 탓이리라. 남자들은 모두 전장에 나가고 홀로 집안을 건사하며 잔혹한 전쟁의 폐쇄회로를 빠져나가야 했던 그들의 삶은 프랑스-일본-다시 프랑스-미국의 지배가 이어져온, 근 1세기가 가깝도록 지속되어온 것이다. 겨우 빠져나왔는가 하면 다시 콱 막히고, 덮쳐오는 홍수와 자연재해까지. 전쟁과 홍수와 더불어 거기에 빠져서 함께 살고 지고까지 숱한 세월은 그들의 작고 마른 어깨에 오늘도 가인(ganh 긴 대나무 막대 양끝에 바구니같은 것을 매달아 물건을 운반하는 도구, 주로 여자들이 진다)을 균형있게 지게 하였다. 그 가인은 베트남의 길쭉한

땅 모양새와 닮아서 베트남 여인들이 나라를 짊어진 형상으로 설명할 수도 있겠다. 베트남의 여인들은 강인하고 기세등등하지만, 양쪽에 쌓아올린 바나나 등 과일의 무게를 지탱하며 어두운 밤길을 가는 그네들의 여린 등뒤에 내린 기이한 형태의 그림자는 과연 언제나 온전한 사람의 모습을 되비출 수 있을 것인가. 그것은 자본의 세계화 시대에 어느 나라고 예외 없이 사람들이 짊어진 삶의 무게와는 또 다른 문제를 표상하고 있는 것으로 보인다. 사회주의와 여성. 전쟁의 포화를 온몸으로 뚫고 나온 그네들에게 세상은 또 어떻게 닥쳐왔길래 저리 무거운 짐을 아직 내리지 못하고 있는 것일까.

공동체문화 혹은 씨족문화라고 할 만큼 하노이 사람들은 서로가 아주 친밀한 관계성 속에서 살아간다고 한다. 하노이 혹은 베트남 여성들이 그리 악착같이 돈벌이 나서는 것도 잘 살게 되면 언젠가 남을 도와줄 수 있다는 희망이 있기 때문이라고 신 선생은 전했다. 물론 아이들 교육은 가장 큰 문제이다. 아이들은 대개 5년 정도의 터울을 두고 둘을 낳는데, 교육열이 높기 때문에 아이들을 위해 퇴근 후에도 계속 다른 일에 종사할 만큼 열심이지만, 그러나 그 아이들에게 바라는 것은 오히려 소박하다고 한다. 올바로 잘 커서 나라와 가족과 이웃을 위해 성실하고 착하게 살아가라는 것. 공동체사회를 유지해나가는 정신적 기반이 나름대로 튼실하다는 것이 신 선생의 판단이다. 물론 그 정신적 기반에는 가부장질서라는 면이 또한 엄연히 존재하고 있다. 바지런한 베트남 여성들, 그 무거운 들것을 홀로 지고 가는 그네들의 어깨가 너무 가냘퍼서 슬프고 그래서 분개하지만, 그러나 자신이 일을 해서 그 힘으로 집안과 사회를 일으키고 있다는 자부심에 오늘도 달빛을 벗 삼아 춤추듯 집으로 돌아간다. 이 아이러니를 달리 설명할 길은 없어 보이는데, 그 모성의 어제와 오늘을 열일곱 살 나이에 전쟁에 뛰어들어 전쟁이 끝나기까지 전사로 싸웠던 시인 반레는 이렇게 설명한다.

나의 삶을 지탱해온 것은 거창한 이념이 아니라 어머니가 우리 형제들을 기르면서 가르쳐준 사소한 것들이었어요. 내가 군대에 지원해서 전쟁터로 떠나던 날 어머니는 말했어요. '아들아, 그 모든 사람들로부터 좋은 말을 들을 수는 없다. 사람들이 너를 미워하고 욕할 수는 있다. 그것은 어쩔 수 없다. 그러나 누구한테서도 경멸받을 삶을 살아서는 안 된다.' 어머니의 그 말이 지금도 내 머릿속에 남아있지요.[16]

16_ 방현석, 〈존재의 형식〉, 《랍스터를 먹는 시간》, 창비, 2003, 69쪽.

다른 사회주의국가에 비해 개혁은 더디게 왔다. 전쟁이 끝나고 한편으로는 미국의 경제봉쇄조치, 다른 한편으로는 소련경제의 침체와 사회주의체제의 붕괴, 중국과의 불편한 관계와 중국의 자본화과정 등으로 인해 경제원조가 없어지면서 베트남의 경제는 지극히 어려운 지경에 놓였다. 그것은 1986년 도이모이 개혁 이후에도 크게 개선되지 못하다가 1994년 미국의 금수조치가 풀리고 미국 자본을 수용하게 되면서 경제가 조금 활성화되게 된다. 미국을 물리치고 다시 미국을 받아들이기까지의 과정이 결코 쉽지만은 않았을 터, 이 힘들고 어려운 행로를 겪어오면서 이 나라의 사람들은 그러나 급속한 개혁을 선택하지는 않은 것으로 보인다. 오히려 더디고 완만한 개혁 과정에서 자신들의 공동체사회를 유지하며 여러 모순들에 부딪치면서도 서서히 해결해가며 새로이 나아갈 길을 찾아가고 있는지도 모르겠다.

신 선생은 말했다. "여기 사람들은 참 이상해요. 모든 것을 함께하지요. 함께 만나서 이야기하는 것을 좋아하고, 어디에서든 만나면 함께 시를 낭송하고, 노래를 부르고 꽃을 나누지요.” 시를 좋아하는 베트남 사람들은 즉흥적으로 노래를 지어 부르는 민중적 전통의 뿌리가 깊었다. 그리고 그러한 전통의 바탕은 민중적 미의식의 생동하는 정신으로 살아 전쟁 중에도 해방전쟁에 참여한 베트남인의 혁명적 삶의 정서를 더욱 전투화했다. 해방의 정서와 의지가 모든 투쟁전선의 구체적인 상황에 확대재생산된 것이다.[17] 그런데 그것이 전쟁 이후의 어려운 경제 상황에서도 계속되었고, 지금도 여전히 사람들이 만나면 자연스레 시를 지어 낭송하고, 함께 노래를 부르고, 꽃을 준비해서 주고받는다는 것이다.

텔레비전 프로그램 역시 가장 인기 있는 것이 노래 맞추기, 노래 부르기, 대사 맞추기, 악사 맞추기 등이라고 한다. 러시아의 영향을 많이 받아서, 문학과 노래가 생활 속에 뿌리 깊게 내려있는 베트남사회는 예술이 생활을 지배한다고 할 정도로 강한 문화적 정체성을 유지하고 있는 것이다. 그런 점에서 보면 사회주의가 이들에게 미친 영향은 공동체 문화를 강고하게 유지하게 하는 기제를 제공한 것 이외에는 별로 없다고 할 수도 있겠다. 사회주의 개혁은 실패했으며 농촌합작사도 성공하지 못했다. 어찌 보면 이전의 봉건문화가 사회주의개혁으로도 해체되지 못했고, 신문화 역시 만들어지지 못한 상태에서 강한 사회적 유대감과 공동체문화가 이들의 문화적 정체로 지속되고 있다고 보아야 할 것이다. 그러나 문학평론가 응웬타인썬은 이 촌락공동체를 문제 삼으며 그로부터 다른 문화적 진로를 모색해가고자 한다.

2000년이 되자, 베트남 문화는 다소 이르게 이른바 후기 도이모이(doi moi)위기에 직면했다. 가장 존경받던 작가들이 절필하거나(바오 닌Bao Ninh

17_ 김정환·백원담, 앞의 책 157쪽.

등) 국외로 나갔다. 신세대 작가들은 자신들의 책을 출판하는 것이 매우 어려운 일임을 깨달았다. 소비자중심주의는 새로 발견된 예술을 파괴하였나. 우리는 문화적 삶의 거의 모든 측면에서 좌절을 겪고 있다 …… 그런 위기를 불러온 원인으로 많은 사람들이 우리의 촌락이라는 형태를 비난하였다. 보다 아방가르드적인 웹사이트, 티엔비(Tienve)에서 여러 베트남 문인과 예술가는 '베트남 예술 공화국의 설립'을 선포하였다. 이 공화국 안에서 모든 사람은 지리적 혹은 정치적 차이에 관계없이 탐구와 실험에 참여해서 자신의 노력으로 예술적 창의성을 그 본래의 의미, 즉 새로운 것의 창조와 합일시킬 수 있도록 한다는 것이다. 단편작가 홍훙(Hong Hung)은 '시인의 공화국'에서 우리가 시인을 위해 사야 하는 것이 연발권총인지 농담조로 질문하였다.

　…… 파괴된 베트남의 촌락이라는 토대 위에 우리는 예술가의 공화국을 세울 수 있을까? 우리가 우리의 과거와 단절할 수만 있다면, 이에 대한 답변은 "예"이다. 그러나 문화적 유산을 그렇게 쉽게 단절할 수 있는 사람은 없다. 개혁을 위해서는 자신의 진정한 정체성을 찾아야 한다. 베트남 예술과 문화의 진정한 정체성은 촌락의 형태이며 우리는 이를 인정해야 한다. 일단 이것을 인정하면, 우리는 우리의 단단하게 달라붙은(着根) 문제와 전망으로부터 현대세계를 이해할 수 있고 다른 관점을 받아들일 수 있다. 용인함으로써 사람들은 남이 아닌 자신을 볼 수 있게 되고 자기 개혁의 과정을 시작하게 될 것이다. 자기 개혁은 또한 과거와 우리의 문화적 유산을 보다 잘 이해하도록 동기부여를 할 것이다. 그 이유는 간단하다. 자신의 문화적 뿌리를 모르고는 자신을 개혁할 수 없기 때문이다.[18]

18_ 한국문화예술진흥원 2004 아시아문화학술제, 《아시아문화의 같음과 다름》 발표논문자료집 속의 응웬 타인 썬(Nguyen Thanh Son)의 발표문 〈베트남의 전통문화와 그 현대화〉, 2004. 10. 9.

시와 노래와 꽃이 만난 자본주의. 그들의 시와 노래와 꽃은 과연 이 자본주의를 관통하고 있는 것일까?

'베트남 국민들은 시를 좋아하지요'

시집이 잘 팔리는지는 몰라도
10만부를 찍는 Van Nghe 신문사

편집장의 말은 내게 불길하다

'김소월 시대군, 아직 멀었어.'
그렇게 남한에서 시를 쓰는 내 마음이
70년 넘게 패배주의적이다
다 보인다, 곧 영화와 TV 대중문화, 그리고
멀티미디어의 시대가 온다, 아니 벌써 왔다 시는
베트남에서 더 전근대적인
시대를 맞고 있다.
'정초에 작품이 실리면 대략 6개월치 월급에 해당되는 고료가 지급됩니다.'

시는, 자본주의를 관통할 수 있을까?
관통하는 시는 대중을 잃고 잃지
않으려면 전근대에 필사적으로 목을 매달밖에 없는
비애를 극복할 수 있을까?

오 비애. 그렇다. 베트남 하노이에서는
일본풍과 중국풍 그리고 한국풍이 모두 천박할 망정
비애보다는 덜 천박하다

슬픔의 키가 슬픔의 참혹을 다스리는
시의 길은 있는가
그렇게 유통이 생산을 착취하고
형식이 내용을 억압하는 포스트모던의 시대를
벗는, 교정하는
시의 길은 있는가

문학과 출판이 희망이었던 6.25 전후
50년대 정음사 편집부 분위기와

사회주의적 문학의 권위를 오랜 자개장으로 뒤섞은

Van Nghe 신문사

창문 밖으로 어지럽게 펼쳐지는

번잡하게 흥청대는, 가난하게 서울을 닮은

하노이 야경의 표정이 그렇게 물었다

그렇게 나의 패배주의가 떠내려갔다

(김정환, 〈Van Nghe 신문사 · 하노이—서울 시편 10〉 전문) [19]

19_ 김정환, 《하노이 서울 시편》,
문학동네, 2003.

문학의 길에서 만난 다른 한류

소설가 방현석이 그의 소설 〈랍스터를 먹는 시간〉의 베트남 출간으로 몇몇 관련인사들과 하노이에 왔다가, 베트남 여류작가의 초대로 하이정문학예술가협회를 방문하게 되었는데, 방 작가의 배려로 나도 그 일정에 따라나서게 되었다. 하이정은 하노이에서 한 시간 거리로 작은 시골읍내를 연상시키는 거리에 문학예술가협회가 자리하고 있었다. 문을 열고 들어서자 호치민 동상과 말로 만 듣던 온통 꽃. 비록 조야한 빛깔의 가짜 꽃이긴 하지만 지역사회의 유대감과 결속력이 강하다는 베트남, 그곳 하이정의 작가들은 꽃처럼 차분하지만 순정과 열정이 교차한 진지한 눈빛으로 한국의 소설가 일행을 맞아주었다. 허균, 박지원의 작품들을 읽었다는 하이정의 작가들. 한국문학에 대한 궁금증은, 한국문학은 효의 전통이 강하다고 하는데 오늘의 한국 현대문학은 어떤 방향으로 나아가고 있는가, 하는 문제제기로 시작되었다. 작가들은 한국문학은 잘 모르지만 최근 한류로 인해 영화와 드라마는 많이 접했고,

그것들을 통해 한국문화를 어느 정도 알게 되었으며, 한국 경제와 사회의 발전상도 볼 수 있었고, 그런 점에서 한국을 배워야 한다는 생각을 하고 있다고 말했다. 중부지역에서 한국군을 만났다는 한 나이든 시인은 아픈 과거는 덮겠다며 이런 만남을 통해 교류를 시작하게 된 것을 감사하는 의미에서 시를 낭송하겠다고 나섰다. 방금 환영의 의미로 자작시를 썼다며 일어서서 시를 읽어주는 그의 진실한 용서. 그는 우리에게 참회라는 말을 결코 던지지 않았다. 시에 대한 화답으로 시를 낭송하든지 노래를 부르라, 그는 그저 그들 식의 주문으로 우리를 진정 참회하는 법으로 이끌어내고 있었을 뿐이다. 젊은 시인 김근이 김소월의 '진달래꽃'을 읊자, 사랑과 가족에 관한 시라며 여류 시인의 화답시가 돌아온다. 과연 이것이로구나. 모든 모임은 크든 작든 시와 노래와 꽃으로 이루어진다더니, 문학모임이라서 그럴 수도 있다지만, 아침부터 시와 노래, 그 많은 다른 세계와의 만남 중 어디에서 이런 광경을 또 맞닥뜨릴 수 있을까.

젊은 여성 시인들이 〈랍스터를 먹는 시간〉에 투영된 작가의 생각과 제언을 물었다. 방현석 작가는 말했다. 문학은 인생과 시대에 대해 반영하는 것이라고 생각하며, 20세기와 21세기의 경계, 두 세계가 마주치고 있는 곤혹과 딜레마가 자기 소설의 문제인식이라고. 비애와 곤혹을 그린 이 소설의 무대는 베트남이지만, 베트남이라는 거울을 통해 21세기 한국인의 곤혹과 딜레마를 비추어보기 위한 성찰의 여정이기도 하며, 자기 시대에 직면한 문제를 해결하고자 하는 문학은 다른 나라 영혼들과 얼마든지 연결될 수 있는 법, 진정으로 우리들의 생이 지닌 왜곡과 비애에 도달한 문학은 국경과 시대를 넘어설 수 있다는 점에서 자신의 소설이 여기 놓인 것이라고 그는 말했다. 작가의 힘, 베트남을

방현석

1961년 생으로 중앙대 문예창작과를 졸업하였다. 대학시절에는 학생회장으로 활동하였으며, 1986년에는 인천의 공장에 다니기도 하였다. 1987년 진진양행 노조 교육선전부장을 지냈으며, 다음해 인천지역 노동조합협의회에서 상근간사로 활동하였다. 1988년 《실천문학》에 단편소설 〈내딛는 첫발은〉이 실리면서 문단에 등단한 뒤, 〈새벽출정〉〈내일을 여는 집〉〈또 하나의 선택〉〈겨울 미포만〉 등의 문제작을 잇따라 발표했다. 1995년 민족문학작가회의 청년문학인위원회 부위원장을 지냈다. '베트남을 이해하려는 젊은 작가들의 모임'의 대표를 지냈으며, 2005년 현재 중앙대학교 교수로 있다.

중편소설 〈랍스터를 먹는 시간〉(2003)은 베트남에서 살아가는 한국인을 주인공으로 베트남인들의 아픈 기억과 속마음을 이해하고 어루만지게 되는 과정을 그린 작품이다. 2004년 베트남 유학생 하민탄(Ha Minh Thanh)이 베트남어로 번역하여 출판되었다. 〈존재의 형식〉 역시 베트남어로 번역·출판되었다. 베트남 여행기인 산문집 《하노이에 별이 뜨다》를 출간하기도 했다. 1991년 제9회 신동엽창작기금을 받았으며, 2003년 〈존재의 형식〉으로 제11회 오영수문학상과 제3회 황순원문학상을 받았다.

드나든 10년 세월, 베트남을 이해하고자 하는 젊은 작가모임을 이끌어온 그는 베트남에게 진정으로 인사하는 법을 알고 있는 몇 안 되는 한국인 중 하

▲ 하이정 문학예술가협회에서 한 시인이 시를 낭독하고 있다.

나일 것이다. 그의 소설 〈존재와 형식〉〈랍스터를 먹는 시간〉은 우리들에게 오늘의 베트남과 만나는 법, 베트남 사람들과 말하는 법을 베트남 시인 반레의 맑고 깊은 눈빛에 실어 보여주고 있다.

하이정의 젊은 작가는 말했다. "한국의 한(韓)이라는 말은 베트남에서는 차갑다는 뜻이다. 그러나 이처럼 따뜻한 만남으로 한국과 베트남, 두 곳의 작가들과 사람들이 서로 오가기를 진심으로 희망한다." 작가들은 또한 현재 우리 문학비평의 방향에 대해서도 알고 싶어 했다. 갑자기 닥쳐온 질문에 준비 없는 나의 대답. "한국은 베트남과 불행한 전쟁을 치루는 과오의 역사를 가졌지만, 아직도 분단시대를 살고 있으므로, 한국문학은 기본적으로 민족문학의 올바른 정립이라는 문제를 안을 수밖에 없다. 물론 그 문학의 핵심 동력은 절대 다수 민중들의 삶과 그것이 배태한 민중문학일 것이다. 좋은 작가들의 힘겨운 노력으로 훌륭한 작품들이 많이 나왔음에도 불구하고 한국문학은 아직 어려움에 처해있다. 이러한 한국문학의 민중적 민족적 방향성은 오늘의 동아시아적 삶의 문제, 신자유주의, 자본의 세계화 시대에 동아시아 인민

의 삶에 드리운 그늘이 갖는 보편성으로 인해 단지 민족적 경계 안에 갇히는 것이 아니라 동아시아적 세계적 지향 또한 가질 수밖에 없는 것이다. 따라서 이러한 문학의 방향성과 새로운 경계 넘기와 함께 비추고 함께 문제 해결을 위해 나아가는 길을 밝히는 데 문학비평의 역할이 있는 것으로 생각한다. 오늘 이 자리에서처럼 우리가 만나 서로의 상태와 고민을 이야기할 수 있는 것, 그것을 우리 서로 문학과 삶의 문제로 함께 안고 나아가는 것, 그것이 동아시아문학의 지평 속에서 새롭게 자기 문학을 일구어나가는 바른 경로임을 믿어 의심치 않는다. 이미 그 다리는 방현석과 반레 등 한국과 베트남의 작가들이 튼실하게 놓아두었으므로 그 길을 더욱 잘 오갈 수 있는 문제를 고민해나가야 할 것이다."

　텔레비전 드라마나 영화가 일방적으로 보여주기만 하던 한국, 그것을 바라보는 무형의 얼굴로 대상화되기만 한 베트남, 그 어설픈 동행이 작가들의 작품 번역 출판과 만남에 의해 새로운 관계를 만들어간다. "베트남 문인들은 한국과 베트남이 좋은 관계를 유지하는 데 누를 끼칠까 봐 아픈 과거에 대해 쓰지 않고 있는 것"이라고 말하는 베트남 작가들. 그들은 방현석의 소설에 어린 베트남의 역사와 현실에 대한 깊은 이해에 경탄해 마지않는다. 한군국의 베트남전 참전과 최근 한국 기업의 베트남 진출과정의 문제들을 보면서, 아픈 상처와 또 다른 아픔의 고통에도 베트남 작가들은 정작 그것을 자신의 작품으로 쓸 수 없었다. 그들은 그러한 문제에 대해 정면으로 문제제기하고 성찰해가는 소설가 방현석과 그의 작품을 통해 또 다른 한국을 만나고, 그 속에서 새로운 관계 형성의 문제를 고민해가고 있는 것이다.

　함께 점심을 먹으러 간 식당 앞 신도시의 드넓은 신작로에 붉은 깃발들이 나부끼고, 깃발을 휘날리는 바람을 타고 작가들은 일터로 돌아갔다. 어렵게 만남은 시작되었지만, 개발의 바람이 만들어낸 도시화 추세, 질주하는 자동차의 표상이 보여주듯이 이후의 행로가 결코 쉽지만은 않을 것이다.

아무것도, 자신의 이전의 죄상의 그 아무것도 도려내지 않은 채 버젓이 경제협력이라는 미명하에 베트남을 무주공산의 개발 대상으로만 생각하는 한국과 한국의 기업들. 그 맞은편에 경제의 활성화를 위해 그 아픈 상처를 감추고 손을 내밀며 다시 더 큰 상처에 속으로 곪는 베트남과 그곳의 사람들. 그것은 파행적 자리에서 맺은 어쩔 수 없는 결탁으로서 어쩌면 더 돌이킬 수 없는 치명적인 병마로 깊어갈 수도 있다. 서로를 직시할 수 있는 대등한 관계의 지평을 만들어가는 것은 오직 이 문학적 만남 속에서만 가능한 일인가. 그러나 그렇다 하더라도 다른 방법은 없다. 지금은 그것만이 유일하게 가능한 길이라면, 그 길이 있음으로 인해 새로운 길이 열리지 않는다고는 아무도 장담할 수 없을 것이다. 방현석과 베트남 작가들은 이미 그 길뿐임을 잘 알고, 벌써 그리로 함께 길을 따라 걸어가고 있는 것이리라.

"우린 왜 랍스터처럼 자신의 일부를 스스로 잘라내버릴 수 없을까?"

건석은 혼잣말처럼 중얼거렸다. 랍스터의 크고 날카로운 집게발에 걸려든 것은 무엇이든 무사할 수 없다. 랍스터는 바닷속에서 게와 조개, 홍합과 같은 가장 단단한 것들을 잡아 큰 집게발로 껍데기를 부수고 작은 집게발과 이를 이용해서 잘게 잘라먹고 살아간다. 그러나 랍스터의 진정한 무서움은 먹이를 잡아 산 채로 부숴버리는, 외부를 향한 공격성이 아니라 자신의 사지를 잘라내는 비정함에 있다. 해저의 전투에서 상처를 입은 랍스터는 사지를 자발적으로 절단해버린다. 건석은 고추가 듬뿍 들어간 국물을 떠서 입안에 솟구쳤다.

"정말 맵네."

건석은 그러면서 남아있는 저민 고추를 한숟갈 더 떠넣었다. 흐려진 눈앞에 어른거리는 얼굴이 있었다. 생애의 어느 부분도 잘라낼 수 없을 뿐만 아니라 눈앞에 어른거리고 있는 희미한 얼굴 하나도 지워버릴 수 없으리라는 예감이 그의 온몸을 엄습했다.

고개를 숙이고 매운 국물을 퍼먹는 그의 귓가에 리엔의 농담이 환청처럼 들려왔다. 아인 최, 괜찮아. 우린 모계사회니까.[20]

20_ 방현석, 《랍스터를 먹는 시간》, 창비, 2003, 178–179쪽.

과거와 미래를 잇는다는 것

다음날 방현석은 하노이대학 한국학과에서 강연을 했다. 그는 소설가로서 자신의 작품을 소개하는 한편 베트남작가모임을 10년 동안 이끌어오는 동안 자신에게 각인된 베트남을 한마디로 정의하면서 이야기를 풀어나갔다. "자부심이 있는 나라, 많은 시련 속에 자부심을 지킨 나라." 그는 말했다. "학생들은 한국의 드라마와 영화를 보면서 한국과

▲ 방현석 작가의 강연을 듣고 질문하는 하노이대 한국학과 학생

정서가 비슷하다고 생각하는데, 대중문화, 대중적 흥미 중심으로는 깊이 있는 인생의 문제를 못 다룬다. 대중문화는 딱 초등학교 5학년 수준에 맞춘다고 하는데, 그 정도의 사고 속에서 나온 문화를 진실로 생각하면 오해일 것이다. 인생의 넓이와 깊이 관계를, 그 수준에서 고민하면 사회에 대한 깊은 이해를 할 수가 없다. 그런 점에서 문학과 역사는 진정으로 그러한 문제들을 고민할 수 있게 한다고 나는 확신한다."

한국학과 학생들인 만큼 한국에 대한 관심이 지대한 그들이 한국을 접할 수 있는 기회는 우선 한류를 통해서일 것이다. 〈대장금〉이 한창인 베트남, 한국학과 교수는 방현석의 강연이 끝나자 역사나 노래를 청했고, 그에 시인 김근이 〈대장금〉 주제가로 답했다. 좋아하는 학생들. 드라마 속의 한국은 화려하고, 사랑타령 이외에는 고민이 없고, 혹은 대장금처럼 착하고 아름다운 심성과 지혜를 가진 여인들이 문화전통을 강고하게 지키고 있는 나라로 각인될 수 있을 것이다. 방현석은 이들 드라마로 한국을 보는 환상 속의 그대들을 향해 분명한 각성과 경고의 메시지를 보냈다. 그리고 그 빈 자리에 문학과 역사를 놓아두고자 했다. 바오닌의 소설 《전쟁의 슬픔》(박찬규 옮김, 예담 · 1999), 후틴(베트남문학가동맹 서기장)의 시집 《겨울편지》(김정환 옮김, 문학동네 · 2003), 반레의 시집 《그대 아직 살아있다면》(하재홍 옮김, 실천문학사 · 2002), 한국에 소개된 베트남문학은 모두 이 세 편이다. 그리고 이제 방현석의 소설집 《랍스터를 먹는 시간》의 베트남판이 출간되었다.

방현석은 서로가 터놓지 못한 이야기들을 그 작품 속에서 만날 수 있기를 바란다고 말했다. 그리고 한국문학과 역사, 사회문화 관련 서적들을 한국학과 학생들의 수업자료로 기증했다. 그 속에서 다시 한국을 들여다 볼 수 있기를 바란다는 그의 마지막 말과 함께, 학생들은 아마 오래도록 그 거울의 의미를 기억하고 있을 것이다. 그러나 우리도 기억해야 할 것이 있다.

백마부대 참전기념비가 있는 '반잇'과 인근 주둔지를 둘러본다. 우리 같으면 벌써 부숴 버렸을 백마참전기념비가 지금도 멀쩡히 버티고 서 있다. 떨어져 나가고 없는 동판은 이 지역 전통박물관에 보관되어 있다. 조선총독부 건물을 철거하며 과거를 청산하는 우리와 달리 그들은 불란서총독부도 미국대사관도 한국군의 기념비도 없애지 않는다. 그러나 '과거를 덮고 미래로 가자'는 말을 되풀이한다고 해서 그들이 잊었을까.

한국과 베트남의 고통스러운 과거를 덮고 대충 지나갈 수 있다고 믿고 싶은 이들이 있다면 이 나라의 역사책이 아니라 지역의 역사책을 보아야 할 것이다. 아마 얼굴이 하얗게 변하지 않을 수 없을 것이다. 지방자치제가 발달한 베트남은 각 성(도)과 현(군)마다 자기 고장의 역사를 빈틈없이 기록하고 있다. 누가 어디서 어떻게 왜 죽었으며, 누가 누구와 어디에서 어떻게 싸웠는지 증언과 증거들이 무서우리만큼 채록되어 있다. 그들은 말한다. 오늘의 우리와 우리 마을이 어떻게 해서 존재하고 있는지 우리는 알아야 할 의무가 있다고.[21]

21_ 방현석, 《월간 말》 2001년 179호.

한 성실한 작가의 베트남에 대한 사랑과 그 현재적 귀결, 〈랍스터를 먹는 시간〉 속에서 작가는 한국의 월남전 참전에 대한 참회의식을 바탕으로 베트남 시인 반레로 형상된 베트남과의 운명적 만남을 존재형식의 문제로 소박하게 그려내어 우리 사회에서 많은 반향을 일으켰다.

레지투이가 전선에서 만난 친구 중에서 시인을 꿈꾸던 이가 있었다. 전쟁터에서도 그 친구는 틈만 나면 시집을 읽고, 시를 썼다. 그러나 그 친구는 수많은 동료들이 그랬듯이 전선에서 열아홉의 나이로 죽었다. 시인이 되고 싶었지만 시인이 되지 못하고 죽었던 그 친구의 이름이 반레였다. 1975년, 전쟁이 끝날 때

▲ 호치민과 대중스타의 사진이 함께 내걸린 하노이 서점가의 상점.

까지 레지투이는 전선에서 씨웠고 최후의 사이공 함락작전에 참여했다. 전쟁이 끝난 이듬해 그는 군복을 벗었고, 자신의 첫 시를 '반레'라는 이름으로 세상에 내놓았다.[22]

소설 속의 한국인 '재우'와 '반레'는 국경과 언어의 장벽과 무엇보다도 불행한 과거의 관계의 역사를 넘어 새로운 인간적 관계지향을 황홀한 진경으로 펼쳐낸다. 두 사람은 만남을 통해 한국과 베트남의 현대사에 깊게 패인 상처에 대한 직시와 고뇌, 깊

22_ 방현석, 《랍스터를 먹는 시간》 수록작품, 〈존재의 형식〉.

은 성찰과 아름다운 화해 과정을 진술하게 보여주었다. 그러나 작가는 두 사람이 마주한 역사적 현실은 그렇게 쉽사리 극복될 수 있는 것이 아니라는 문제 또한 예리하게 포착해낸다. 두 작가가 어렵사리 공유하게 된 문제인식은 그야말로 소중한 것이다. 그러나 역사와 현실이라는 문제의 심연을 과연 어떻게 넘어설 수 있을 것인가. 미래는 열려있다는 말로 과거를 덮을 수는 없을 터이다. 더구나 그것이 냉엄한 자본의 논리가 관철하는 한국과 베트남의 관계의 오늘을 비껴갈 수도 없는 형국이다. 한류의 파고는 과연 여기서 어떤 의미로 안을 수 있는 것인가. 인기리에 방영되고 있다는 드라마 〈천국의 계단〉의 여주인공(최지우 분)

보다 높이, 그리고 많이 걸려 있는 호치민의 초상이 그 한 해답이 될 수 있을 것인가.

"과거를 닫고 미래로 가자? 정치인의 언술로는 훌륭한 것이다. 그러나 나는 시인이다. 어떻게 그렇게 쉽게 과거가 닫히겠는가? 일본 교과서 왜곡문제에 대해 가장 강력하게 반발하고 있는 사람이 한국 국민들 아닌가. 그것이 바로 과거가 저절로 닫혀지지 않는다는 것을 말하고 있다. 과거가 닫혀야 새로운 미래가 열리는 것도 아니다. 과거가 계속 논의되고 있는 동안에도 미래는 또 열리고 있는 것 아닌가?"[23]

23_ 방현석, 《방현석의 베트남에서 띄우는 편지(4)》, 《월간 말》, 2002년 192호 기사 속에 나오는 베트남 시인 탄타오의 말.

베트남식 공부길

하노이에서 마지막 날 아침 다시 하노이대학에 갔다. 베트남에서의 한류 문제를 연구하는 나의 조사 작업을 위해 한국학과 4학년 꼬마 장을 만나야 했던 것이다. 한글 인쇄가 힘들어서 설문 내용을 주관식 위주로 필사한 것을 들고 동방학부 건물 맞은 편 건물 1층에 꼬마 장과 그의 동기생을 마주 하고 앉았는데, 대뜸 한국으로 유학 오는 문제를 묻는다. 영화기획사의 배려로 이미 한국에 와서 3개월 동안 한국어를 배운 바 있는 꼬마 장의 한국어는 통역이 가능할 정도로 꽤 유창한데, 다시 한국에 와서 대학원 공부를 하고 싶은 모양이었다. 그 이유를 물으니, 좀더 한국어를 잘하고 한국 역사와 사회 문화, 그리고 정치 경제에 이르기까지 제반 인식을 더 높여서 한국 기업에 취직하거나 한국 관련 일을 해보고 싶다고 한다. 옆에 있는 친구는 마찬가지 바람을 가지고 있으나 여건이 안 되어서 하노이에서 일할 수 있는 한국 기업을 찾아볼 수밖에 없다고 말했다. 꼬마 장에게 한국에서 계속 일하고 싶은 생각은 없느냐고 물으니 나는 베트남 사람인데 아무래도 베트남으로

▲ 국립 하노이 인문대학

돌아와 일을 해야 하지 않겠느냐고 진지하게 되묻는다. 한국에서 공부하는 것이 베트남에서 대학원에 진학하는 것보다 낫다고 생각하는 이유가 무엇인지 궁금하다고 하니 베트남에서 교수진은 거의 연구할 시간이 없다는 대답이다. 공동체 사회의 긴밀한 관계 속에서 교수와 학생이 가족처럼 지내기 때문에 교수들은 학생들의 모든 행사와 학교 행사 및 지역사회의 일들에 일일이 함께한다는 것이다. 그러다보니 관계는 좋은데 정작 연구의 질은 담보할 수 없는 것이 문제가 되고 있다고 한다.

첫날 신 선생도 그런 지적을 한 바 있었다. 대학교수들이 감당해야 할 수많은 학교 행사와 지역 행사들은 그들을 전적으로 연구사의 위치에 있지 못하게 한다는 것이다. 한편 서구 중심의 대부분의 동남아 연구자 혹은 베트남 연구자들은 영어자료에 의존해서 연구를 하는데, 이 또한 근본적인 한계를 가질 수밖에 없다. 외국 연구자들이 영어로 쓴

연구서들은 시각 자체에 기본적으로 문제가 많고, 베트남 사람들의 연구를 번역한 영어본은 오역과 자기 본위의 해석의 문제가 적지 않으므로 외국 학자가 영어로 된 번역본이나 저서를 가지고 베트남 문제를 연구할 경우, 치명적인 우를 범할 수 있다는 것이다. 그것은 바로 베트남 사회 연구에 있어서 보다 철저한 내재화의 필요성을 제기하는 것이다. 베트남의 역사와 현실에 대한 올바른 이해를 위해 베트남의 언어문화를 기본 바탕으로 베트남 사회의 역사와 현실에 입각해서 파고들어갈 필요가 있다는 것이다. 아울러 베트남에서 연구자나 공부하는 학생들의 경우, 서구식의 학문 연구방법론이 갖는 기본적인 문제를 인식하면서도 이른바 과학적인 학문체계 정립의 필요성 및 연구의 심도를 갖는 문제에 대한 희구(希求)를 안고 있다.

그러나 따지고 보면 우리식 학문이란 것만큼 비주체적이고 사대주의적인 것도 없다 싶다. 외국 특히 서구에서 무슨 새로운 논의나 개념이 나왔다 싶으면 얼른 가져오지 못해 아우성이고, 무슨 논문이요 책이랍시고 사방에 도배를 해놓는다. 물론 지나친 학문의 식민성이 우리 잘못만은 아니다. 그러나 주체적 학문의 정립문제는 오늘 우리 학계나 지식계의 관건적 문제이다. 동아시아 사회가 각기 놓인 문제의 구체성은 다르지만, 지역적 차원에서 동아시아 혹은 아시아라는 시간축과 공간축을 다시 세우고, 서양 학문의 지배구도를 성찰하고, 사람과 사회를 위한 온전한 학문체계를 구축해갈 지혜를 모을 필요가 절실하다. 하노이대 학생들의 문제제기도, 큰 틀에서 보면 베트남 사회가 자신의 역사적 경험과 현실의 요구를 바탕으로 어떻게 새로운 학문체계, 보다 본질적으로는 학문의 지향과 방법론, 구조를 만들어갈 것인가 하는 문제에 대한 총체적인 고민을 담고 있다고 하겠다. 그리고 그것은 비단 베트남

만의 문제가 아니다. 동아시아 전체가 그처럼 하나하나 동아시아적인 학문의 지향과 방법론, 체계를 세워나가야 하는 문제의 와중에 있음을 반증하는 것이다.

베트남 최고의 대학이 학생들의 연구 열정을 취약한 학문풍토로 인해 수용할 수 없는 현실은 안타깝다. 그러나 호치민사상이라는 것이 어떤 복잡한 내용과 체계가 있는 것이 아니라 현실문제에 터해서 아주 간명하고 지극히 상식적인 내용으로 구성되어 있으며 그것이 베트남의 반제국주의 전쟁을 승리로 이끌었다는 점을 상기해보면, 복잡다단한 사상과 학문이라는 것이 과연 인류에게 무엇을 가져다주었는가 하는 점에 대해서도 근본적인 성찰이 필요하다는 생각이다. 그러나 호치민은 그 엄혹한 전장의 세월 속에서도 베트남의 미래를 위해 그의 젊은이들을 외국에 유학 보내며, 그들에게는 공부가 곧 전투임을 당부한 바 있다. 프랑스 식민정부에 쫓겨 맨손으로 베트남 땅을 떠나고 조국의 독립을 위하여 수십 년을 해외에서 떠돌아야 했던 호 아저씨의 자기 경험에 비롯된 혜안일까, 그의 말 한마디 한마디가 뼛속 깊이 스며든다.

우리 정부가 어려워서 너희들을 빈손으로 떠나보내지만, 너희들은 지금 전쟁으로 고통 받으면서 죽어가는 인민들에게 크나큰 빚을 지는 것이다. 반드시 그 빚을 갚아야 한다. 이 전쟁에서 우리가 이길 것은 분명하다. 그러나 시간이 좀 많이 걸릴 것이다. 그 과정에서 조국의 많은 인재들이 많이 희생될 것이고 너희들의 부모형제들도 죽어갈 것이나. 소국을 대신해서 이 아저씨가 너희들에게 반드시 받아두어야 할 약속이 꼭 하나 있다. 무슨 일이 있더라도, 너희들은 학업을 마치기 전에 돌아와선 안 된다는 것이다. 우리가 승리한 다음, 너희들은 전쟁으로 파괴된 조국의 강산을 과거보다, 세계의 어느 나라보다 아름답게 재건

해야 한다. 너희들은 공부하는 것이 전투다.[24]

24_ 방현석, 《랍스터를 먹는 시간》. 174쪽.

한국으로 유학을 오고 싶다는 꼬마 장을 비롯한 하노이대학의 학생들, 베트남의 젊은이들은 호 아저씨의 이 당부를 아직 기억하고 있는 것일까. 굳이 그렇게 묻지는 않았지만 초롱한 눈빛의 꼬마 장은 말했다.

"우리 부모님들은 전쟁을 치르느라 너무 고생을 많이하셨고, 또 우리들을 키우시느라 온갖 어려운 일을 마다하지 않고 하셨어요. 저는 한국에서 열심히 공부해서 돈을 많이 벌어가지고 부모님께 좋은 집을 마련해드리고 싶어요. 편히 쉬시라고요."

한류 드라마의 공동체 문화와 동남아시아 한류의 물길

학생들이 잘 간다는 하노이대학 앞의 식당에서 구운 돼지고기가 듬뿍 얹어진 분짜(Bun Cha, 베트남 북부에서 즐겨먹는 서민적인 쌀국수 요리)를 먹으며 꼬마 장은 말했다. 한국학과 학생들은 취직이 잘 되고 임금이 꽤 센 편이지만, 중국학과나 일본학과의 경우는 전공을 살리지 못하고 취직률도 그리 높지 못하다는 것이다. 그래서 모두들 한국학과에 오고 싶어 하고 부러워한다는 것이다. 한류라는 것이 결국은 이 맥락에 있었구나. 한국 기업들이 많이 들어와 있고, 취직률이 높고 월급수준도 높으니 그만큼 한국에 대한 관심이 높을 수밖에 없을 터이다. 그들 역시 〈대장금〉을 잘보고 이영애를 좋아한다고 했다. 한국학과 학생들이니만큼 한국문화를 이해하는 데도 도움이 되고 어학공부에도 많은 효과가 있으며, 한류의 파장으로 인해 괜스레 자기도 어깨가 으쓱해진다는 것이다. 대학가 앞의 허술한 PC방에 학생들이 빼곡한데, 가판대 앞에서 여학생들이 잘 보는 잡지를 골라보라 했더니 우리나라 여성잡지들 같은 패션과 미용관련 정보들이 빼곡한 신세대 여

▲ 하노이대학 앞 가판대의 잡지들. 이곳에서도 한국 드라마 〈대장금〉의 인기는 대단했다.

성지들을 집어들었다. 연예잡지들에는 역시나 배용준, 김남주, 이영애의 표지사진.

중국도 그렇지만, 동남아에서도 최근 유행잡지들의 문예란은 대부분 한국 드라마 스타들과 십대 댄스가수들로 채워진다. 그런데 흥미로운 것은 할리우드 스타들이나 서구의 유명한 스타동정란 혹은 문화소식란과 한국관련 영화나 드라마 가수들의 소식란이 동일한 양의 지면을 갖는다는 사실이다. 한국 쪽에 많이 할애되는 경우도 두드러진다. 그것은 이미 중국에서도 확인한 바이지만, 베트남에서는 좀 더 특별한 의미를 갖는다. 프랑스에 이은 미국과의 오랜 전쟁에서의 승리는 자신감을 가져다 주었다. 그러나 경제의 침체 속에서 결국은 미국의 금수조치해제에 의해 베트남 경제가 자본주의적으로 활성화되는 역정을 겪는다.

그렇다고 하여도 그 반감이나 폭력적 본질에 대한 인식은 분명한 것이다. 베트남 문화는 아직 촌락과 전쟁의 자장 속에 있다. 따라서 자본화의 정도에 따른 새로운 베트남 문화의 전환은 아직 이루어지지 못하고 있다. 전근대 문화의 유지 속에서 자본주익 문화가 수입되고 소비되는 정황에 있지만, 무엇보다 강고한 문화적 정체성으로 인해 반사와 굴절을 이루고 있는 와중이라고 하겠다. 거기서 한류란 정확하게 이러한 과도기적 대체물로서의 역할을 톡톡히 하고 있는 셈이다. 물론 그것은 한국의 경제성장, 그것이 반주변부로서 자본주의 세계체제의 하위체제로서 안주하는 과정의 공간축, 한국자본의 국경넘기, 지역적 확산과 정확하게 조응한다.

이러한 한류의 과도기적 안착에 대해, 문화적 할인율이 낮다는 이유를 들어 문화적 근접성론으로 설명하는 것이 전혀 설득력이 없는 것은 아니다. 그러나 더 중요한 것은 그것이 일방적으로 쏟아져 들어오는 상업적 대중문화의 홍수에 휩쓸려 허우적거리고 있는 상태가 아니라는 점에서 주체적 수용, 문화적 선택의 측면을 정확하게 포착해야 한다는 점이다. 계층별, 세대별, 성별로 자기의 문화지형 속에서 취사선택적으로 이루어지는 베트남에서의 한국문화 소비가 일정정도 새로운 융합과정을 추동하고 있다는 점 또한 이 문화적 선택이라는 설명으로 가능할 수 있겠다. 이를테면 베트남에서 중국 무협영화의 경우 그야말로 오락물로서 시간 때우기 용으로만 소비되고 있다. 그러나 일부 한류드라마의 경우, 즉 〈대장금〉 같은 드라마는 공동체문화가 강한 베트남사회에서 가족들이 함께 모여 볼 수 있다는 점, 베트남 여성들의 강인한 모성과 여성적 자아의식과 상응하면서 베트남식 윤리도덕의식을 환기시킨다는 점 등에서 의미를 만들어내고 있다.

아직은 경제적인 어려움으로 자체 방송극 제작에 많은 돈을 쏟아붓기 어렵지만, 자기 문화의 정체성을 새롭게 구성하고자 하는 의도가 현대사극이라는 드라마 갈래와 내용성에 대한 고민들로 이어지면서, 한류드라마가 하나의 참고자료로 활용된다. 그러나 그 반면에 역사적 사실에 대한 현대적 상상의 왜곡문제, 역사적 환상극의 가상의 역사서술 문제가 등장하기도 한다.

최근 베트남 역사학계와 사회 내부에는 비판적 논의들이 활성화되

반 랑 어우 락

반 랑은 베트남 최초의 국가로 알려져 있다. 중국 신농씨(神農氏)의 3대 후손인 데 민 (De Minh, 帝明)의 후손 락 롱 꾸언 (Lac Long Quan,貉龍君)이 산으로 데리고 간 50명 중 가장 강한 훙브엉(Hung Vuong, 雄王)이 왕위를 계승, 나라 이름을 반 랑(Van Lang, 文郞)이라 했다. 반랑족은 신화상의 국가로 알려졌다. 청동기와 철기 문화를 중심으로 한 농경문화를 이루고 있었으며, 중국과는 다른 독자적인 베트남 문화를 이루어 온 것으로 전해진다.

어우 락(Au Lac, 歐貉) 왕국은 기원전 257년 반 랑을 정복한 후 안 즈엉 브엉(An Duong Vuong, 安陽王)이 세운 나라이다. 북방계로 남방, 반 랑과 결합된 문화를 보여준다. 그러나 베트남 역사학계는 전설 속의 고대국가를 역사화하는 문제에 대해 쟁점을 이루어왔다.

163
제2부 한류의 동아시아 여정

는 국면이 전개되고 있다. 곧 반 랑 어우 락(Van Lang Au Lac) 문화를 역사적으로 공인함으로써 베트남의 역사기원을 3000년으로 거슬러 올라가 잡는 등 베트남 공식통사의 역사서술 방식에 이의를 제기하는 논쟁국면이 그것이다. 그것은 베트남 사회 내부에서 매우 전향적인 의미를 갖는데, 그러나 대중문화에서의 역사 환상극들이 새로운 민간 차원의 자발적 역사 다시쓰기를 왜곡시킬 수 있는 위험성 또한 내재되어 있음을 우려하는 것이다.

● 왜 베트남에서 한류 열풍이 부는가

한국과 베트남 간에 닮은 점이 너무 많다. 또 〈대장금〉처럼 한국드라마는 가족 전체가 다 볼 수 있는 것도 좋다. 11시가 넘어서 방송해도 어린 아이들과 노인들까지 〈대장금〉을 보려고 안 자고 기다릴 정도이다. 베트남 여자들은 끝까지 한 사람만 생각해주는 드라마 속 한국 주인공들의 이미지를 좋아한다. 애인 사진을 지갑 속에 넣고 다니는 모습에 반한다.[25]

25_ 연합신문 〈연합인터뷰〉, 베트남 한류전문기자 티우 응언 기자, 2004.11.19.

아울러 신세대층을 겨냥한 애정물 편중, 천편일률적인 드라마 내용과 전개방식 등에 대한 문제가 베트남 비평계와 언론에서 자주 지적되는 점[26]에 대해서도 근원적인 자성과 전환이 요구된다. 무엇보다 위험 부담을 줄이기 위해 사랑타령에 날 새는 줄 모르는 삼류 애정물의 뻔한 결말, 그것의 재탕삼탕 같은 드라마 제작과 편성은 이제 극복되어야 할 것이다. 그리고 K-Pop이란 명명이 무색하게 중국을 비롯하여 동남아를 석권하고 있는 댄스그룹 위주의 대중음악 생산에도 근본적인 전환이 있지 않으면 안 될 것이다. 몇몇 기획사와 도매상들에 의한 전근대적 생산과 유통구조, 그것의 지배구도가 만들어내는 십대 신화의 재판들은 심각한 문제다. 고만고만한 십대들로 구성된 댄스가수들의 춤에 의

26_ 티우 응언기자의 앞의 인터뷰 내용.
"드라마도 내용적으로 너무 획일적이다. 신데렐라 스토리나 주인공이 죽는다는 설정 등이 빠지지 않고 등장한다. 지금의 한류 열풍을 유지하고 싶으면 바꿔야 한다."

존한 립씽크에다 미국과 일본의 아류 팝을 무슨 대단한 대중음악이라고 이제까지의 성공신화를 재현해가려는 알량한 국화빵기획으로 일관해서는 곤란한 것이다. 함께 노래 부르는 것을 일상의 문화로 가진 이 나라에서, 아직은 호기심에 화려한 춤과 의상과 포장기술에 매혹될 수 있을지 몰라도, 그 빠른 몰락은 자명한 것이라 하겠다.

대만과 홍콩, 싱가포르 등 인터넷이 발달한 곳을 제외한 동남아시아 지역에서 한류라는 흐름은 지금 대부분 TV매체를 통해서 이루어지고 있다. 그것은 무엇을 의미하는가. 우리는 한류를 계기로 문화산업의 활성화, 문화산업을 국가의 기간산업의 지위로 등극시키고자 하지만, 그것은 동남아를 문화적으로 주변화해가는 문화적 패권의 관철대상으로만 상정하고 있다는 점에서 많은 문제를 안고 있다. 그리고 호치민시의 일부 중산층을 제외한 대부분의 베트남 사람들의 문화생활은 혈연과 지연에 의한 가족적 공동체의 틀 속에서 직접 시를 지어 낭송하고 함께 노래를 부르는 것이 지배적인 양상이고, TV매체가 방영하는 것에 대한 수신을 통해서 유행문화를 소비하고 있으므로 문화산업적 측면에서 보았을 때 한류의 수익을 논하기에는 힘든 상황이다. 더구나 이 지역들의 경우 대만이나 홍콩에서 이미 방영된 지난 TV드라마 프로들을 싸게 들여다가 재방영하는 경우가 많으므로 문화산업적 차원의 한류란 그저 볼거리를 제공하는 차원을 넘지 않는다고 할 수 있겠다. 양적으로 따지면 한류드라마가 재미는 있다고 하지만 저렴한 중국 무협영화 방영율이 더욱 높은 실정이다.

호치민시는 사이공시절 프랑스문화의 영향 하에 상업주의 대중문화가 화려하게 꽃핀 문화적 수요의 지반이 있고, 상업이 발달하여 하노이나 다른 도시들보다 빠르게 한류가 확산되고 소비되고 있으며, 한국

영화 전용 상영관까지 있다. 방콕의 중산층에게서도 한류의 소비양상은 호치민시의 그것과 크게 다르지 않다고 하겠다. 그러나 방콕의 경우는 방콕시 중산층의 50%, 필리핀까지 건너가면 세부시의 경우 20%를 웃도는 중산층 혹은 부유층들이 화교라는 점에서 이들을 중심으로 한 한류의 소비와 대다수 동남아 국민들의 한류 소비에는 많은 차이점이 존재한다는 사실이 드러난다. 따라서 한류를 동아시아의 문화선택으로 설명하고자 하는 내 입장에서 보면 이 점에 대한 현실문화 연구 차원의 치밀한 분석 작업이 시급하다고 하겠다.

그것은 물론 문화산업으로서의 한류의 그나마의 성공을 위해서가 아니다. 동남아 국가들은 우리와 마찬가지로 타율에 의한 근대역정이라는 불행한 과거를 가졌다. 태국의 경우는 다르지만, 그 역시 강대국들의 틈새에서 때로는 땅덩어리를 떼어주고 때로는 거점으로 규정당하며 군부독재의 파행 속에서 오늘의 현실에 이르고 있다. 따라서 그러한 민족 전체가 식민지로 전락되어, 제2,제3의 인종으로 인종적 차별을 강행당한 아픈 상처들을 부여잡던 시절은 물론, 독립 국가를 이룬 오늘날까지도 이들은 세계 자본의 수탈과 착취의 대상이다. 세계적인 분업체계의 하위지위에서 주변화의 삶을 강요당하고 있는 실정인 것이다. 여기서 문제는 프랑스–미국–일본으로 이어지는 선진 문화산업의 문화상품들이 휩쓸고 간 자리에 한류가 최고의 문화상품으로 급부상한 가운데 그것이 다른 여타의 선발 문화산업 국가들의 문화상품들처럼 그렇게 전횡적으로 소비되고 마는 것이 아니라, 상품이지만 한류가 새로운 브랜드로 떠오르게 된 중요한 이유, 사람들끼리의 관계를 보듬고 도덕적 가치기준을 새롭게 제기하고 있음으로 해서 나름의 사회적 의미를 갖는다고 하는 한류의 미덕을 어떻게 이 약육강식의 문화시장에 뿌리

내리게 하느냐에 있다고 하겠다.

일각에서는 그러자면 우선 한류라는 용어, 개념부터 사용해서는 안 된다고 역설한다. 한류의 국가주의와 패권주의에 대한 우려일 것이다. 그러나 이 주장은 일본의 '일본색 지우기, 일본 탈색'을 통해 동남아로 갔던 그 문화 지배와 문화상품의 광범위한 유통방식의 의도성을 담지한 논의임을 비판하지 않을 수 없다.

40여 개의 베트남 방송국에서 40%의 점유율을 자랑하는 한국 방송드라마의 유행을 유지시키는 한국 드라마의 강점은 그것이 베트남의 문화 전통과 맥락을 같이한다는 점에 있다. 기본적으로 권선징악적인 윤리도덕성의 강조, 가족과 사회의 관계적 위치에서 등장인물들의 삶이 맺고 풀리는 사회적 관계성 등이 그것이다. 여기서 사회적 관계성의 문제는 보다 폭넓고 깊이 있는 기조를 유지하는 것이 중요하다. 그것은 베트남과 베트남 사람들을 영원한 관객의 위치, 시장의 위치에 놓는 것이 아니라 그들이 한국 대중문화로부터 보아내고 획득하고자 하는 바를 스스로 가져가게 하는 가장 중요한 기제로서 작용할 수 있기 때문이다. 그리고 그것이 다름아닌 진정한 현지화를 실현하는 과정이기도 하다.

그런 점에서 최근 한국의 연예기획사인 에프앤씨미디어(대표 김의성)가 베트남 호치민방송국(H-TV)과 합작으로 일일 가족 시트콤 〈사랑의 꽃바구니〉 촬영에 들어간 것은 바람직한 현상이라고 하겠다. 에프앤씨미디어 측은 이 드라마의 현지화를 성공시키기 위해 2년여 동안 현지 방송 기술 수준과 시청자들의 기호도 조사 등에 대한 철저한 조사작업을 진행하였다고 한다.[27]

이 결과 ▲베트남에는 드라마 전용 스튜디오가 없고 ▲겉으로는 동

27_ 연합뉴스, 〈해외한류, '베'에 첫 시트콤 드라마 방영〉, 2004. 9.22.

질성을 갖고 있지만 실제로는 문화적인 차이가 존재하고 ▲방송시스템 등 하드웨어적으로 큰 차이가 있다는 사실을 확인했다. 이에 베트남 측을 끈질기게 설득, 호치민시 외곽에 가장 경제적인 형태의 간이 스튜디오 시스템을 구축하고, 한국의 전문작가→한국어와 문화에 능통한 현지 전문가에 의한 전문번역→현지 최고 드라마 작가진을 통한 각색 등 3단계에 걸쳐 작품의 완성도를 높여갔다. 이는 현지의 문화 상태와 제작여건 등에 대한 사전조사를 통해 현지의 조건에 맞는 드라마 내용과 형식을 찾아가는 방식으로 좋은 시도라고 할 수 있다.

다른 각도에서 보면 현지화 전략이라는 것이 초국적 지역주의에 입각, 현지 아이돌스타 시스템을 가동해가는 일본의 문화사업 지배논리와 무엇이 다르냐는 비판이 가능하다. 그런데 일본과 다른 점은, 〈지하철 1호선〉 중국 공연과 마찬가지로, 현지의 미비한 제작여건을 새롭게 구축해가는 가운데 우리 것을 가져가서 일방적으로 보여주는 것이 아니라 현지인의 문화수요에 걸맞는 베트남 작품을 만드는 것에 초점을 맞춘 점이다. 한국과 베트남이 공유한 보편성과 각기의 특수성을 인정하는 가운데 베트남 제작기술의 향상과 콘텐츠 개발이라는 의미를 확보함으로써 자체 기술력의 발전과 대중문화 제작에 활기를 불어넣는다는 점에서 바람직한 일이라고 할 수 있다.

특히 베트남은 최근 100년 동안의 전쟁까지 그 많은 외세로부터 어려움을 겪었으면서도 아름다운 문화를 일궈간 문화 창조의 나라이다. 그리고 베트남 사람들은 누구나 미적 가치 생산자로서의 자기 역량을 가지고 있다고 해도 과언이 아니다. 사회 전반에서 흔히 말하는 문화자원이 풍부하다는 말이다. 물론 베트남 영화산업의 경우에서처럼 베트남에서 문화사업은 사회주의국가의 특성상 산업 영역이라기보다는 정부사업, 정부의 중요한 선전사업에 속한다는 점에서 어려움이 없는 것은 아니다. 베트남에 영화가 도입된 것은 1910년 프랑스 식민주의자에 의해서였고, 베트남에 의한 초기 제작은 1945년에 이루어졌다. 그처럼 베트남 영화는 오랜 전통을 가지고 있는 데다 80년대 말까지의 자체 필름 제작 경험이 다양하기 때문에 간단하게 규정될 수 없는 면이 있다. 그러나 서구에서의 평가[28]처럼 정부의 영향력이 크지만, 그것이 영화 제작에 억압적이거나 지체시키는 역할을 하는 것은 아니다. 그것은 유관 정부기관에 있는 모든 감독들 자신이 예술인이었기 때문인 것으로 이해된다.[29]

베트남 검열위원회 의장인 딘 추앙Dinh Quang은 (검열에 걸린 작품에 대해) "인생의 철학적(metaphysical) 측면을 보여주는 작가의 스타일은 베트남에서 합법적이다"라고 인정성 발언을 한다. 그럼에도 불구하고 영화에는 사회주의 영화산업적 색채가 농후하다. (여기서) 메타피지컬이라고 하는 것은 "종교적이"거나 "정신적(spiritual)"이란 말의 대용물이다. 즉 (검열에 걸린 작가인) '당 낫민'의 동료를 이 '당'의 작품이 이데올로기적으로 유해하지 않다는 점을 부각시키기 위해 그토록 노력을 기울였던 이유는, 그 작품이 성공적이고 의미가 풍부하였기 때문이다. 그러나 그들의 변호 동기는 미학적인 것을 넘어 좀 더 깊은 데 있는 것 같다. 베트남의 민속 종교는 내셔널리즘을 표현하는 중요한 방법이고, 베트남인들에 있어서 아무리 그들이 특정 이데올로기를 신봉한다고 고백한다 해도 그들에게는 타고난 종교적인 측면이 있다. 내용상 위 영화의 장면들은 진정한 베트남인다운 것이었고 그래서 내셔널 시네마의 발전에 있어서 중요한 것이었다.[30]

작가들을 미학적 수준에 따라 평가하는 베트남 영화국, 베트남 정부 문화당국의 관리들은 곧 예술가들이다.[31] 거기서 영화는 미적 수준

28_ John Charlot, 〈Vietnamese Cinema, First Views〉, 성공회대학교 동아시아연구소 학술진흥재단 기초인문학프로젝트〈동아시아에서 대중문화교류에 관한 성찰적 연구〉연구사업수행을 위한 〈동남아시아문화연구〉워킹페이퍼자료집

29_ John Charlot, 앞의 글. 방현석, 〈존재의 형식〉 앞의 소설, 참조.

30_ John Charlot, 앞의 글. 참조.

31_ 예를 들면, Nguyen Thu 감독의 경우, 1934년 하노이 출생, 1952년 카메라 기사로 입문, 10여 편의 다큐멘타리 제작에 기여, 1954년 '디엔 비엔 푸' 제 1판 제작에 참여, 카메라 각도를 더 잘 잡기 위해 촬영하다 사고로 다리를 잃기도 했다.
1960~64년 소련 유학, 1978년 총감독 대변인, 1984년 총감독. John Charlot, 앞의 글. 참조.

에 따라 파이브포인트(FIVE POINT) 시스템으로 평가된다. 베트남 영화인들은 '이런 정책이 금전적인 성공 혹은 인기도에 대한 부담으로부터 자신들의 영혼을 자유롭게 해준다는 사실', 그리고 '미적 수준에 대한 강조는 청중들과 공유되는 것'이라는 인식을 하고 있다. 정부당국의 높은 점수를 받은 영화들이 종종 상업적 성공도 거두곤 한다. 장 닥(Tran Dac)의 말처럼 "우리의 영화는 더 훌륭할 뿐만 아니라 더 대중적이다"라는 점에서 베트남 영화의 발전 가능성은 풍부히 잠재해 있다고 하겠다. 그러나 경제적 어려움으로 자본투입이 여의치 않은 측면들이 베트남 영화의 발전을 가로막는 면이 있다. 게다가 해외자본의 유입에 따라 제작의도에서 이탈할 것을 강요받는 등의 문제는 심각한 것이 사실이다.

"기획과 제작은 우리가 하지만 제작비는 일본의 NHJ TV가 대기로 한 것이거든. 그들이 내용을 또 고쳐달라고 요구해왔다네. 이미 두 차례나 그들이 요구한 방향으로 고쳤고, 좋다고 서로 협정서에 서명까지 해서 작업을 시작했는데 말이야."

레지투이는 자세하게 설명하지 않았지만 NHJ측은 호치민루트 주변의 소수민족 마을을 비롯해서 일본인이 갈 만한 관광상품 소개를 대폭 늘려달라고 주문한 모양이었다.

"너희 자본주의에서 좋아하는 말이 있지. 고객은 왕이라고."

······ "난 그렇겐 안 해. 그렇게 증선을 찍을 수는 없어. 병사들의 삼분의 이가 증선에서 죽었지. 총 한번 쏘아보지 못하고."

······ "꾕형이 그러데. 나라가 가난하고 영화사가 가난한데, 해야지 어떻게 하느냐고."

"그래서요?"

재우가 다시 묻자 레지투이는 어깨를 으쓱하며 약간 모자라는 사람처럼 히

죽 웃었다.

　"나라가 가난하고 영화사가 가난한데 어떻게 해?"[32]

32_ 방현석, 〈존재의 형식〉 앞의 소설, 50쪽, 59쪽.

　위의 인용문은 소설 속 장면이지만, 베트남 영화 제작의 현실을 잘 묘사해주고 있다. 이것은 영화 등 문화산업의 공동제작, 무역투자 활성화, 인재육성, 국제유통 및 콘텐츠의 디지털화라는 최근 부상되고 있는 아시아에서의 문화산업의 공조시스템의 문제를 떠올리게 한다. 공조체계는 물론 필요하다. 그러나 이런 논의가 현재 한·중·일 동북아 삼국 중심으로만 이루어지고 있다는 점에서 그것은 동남아시아 국가들을 이러한 공조체계에 의한 문화산업 육성의 주변으로 내모는 결과를 낳았다는 비판을 안게 된다. 동남아가 시장과 관객으로 대상화한다는 점에서 근본적인 문제를 안고 있는 것으로 지적되는 것이다.

자본의 세계화에 앞장선 한류

　문화라는 것은 산업이 아니라 교류를 그 본원으로 한다. 그러나 국가간 문화교류는 상호 우호주의, 곧 아시아 우호증진론과 같은 몰가치적인 상호 우호증진의 차원에 있거나, 각국의 정치 경제 사회적 이해관계의 도모를 위한 기능적 역할로서 문화의 의미를 전락시키고 있는 현실이다. 최근 세계적인 자본의 블록화 추세 속에서 EU를 전범으로 한 아시아라는 지역범주가 단위화되고 있다. 아시아라는 시공간은 타율적 근대 이래로 세계사의 주변에 처해 있으나, 경제발전과 더불어 세계체제의 하위 지역 구도를 강고하게 구축해가고 있다. 그런데 이 지점에서 등장한 아시아의 새로운 문화적 정체성을 논하는 문화 다양성의 주장은 사실은 다양한 민족의 다양한 문화를 상업적 가치로만 이해하려는 경향이 있다. 이는 '다양성', '차이'의 상업화 논리를 조장하는 미국의

171

세계 문화산업 전략의 하위단위로서 체계를 구체화하고자 하는 추세와 정확하게 조응하는 것이다. 따라서 이에 대한 비판적 인식이 제고되어야 하는 것이다.

그런 점에서 아시아 각 민족과 국가를 경계로 한 그 지역사회의 이해의 폭과 깊이를 상호 견인해가지 않으면 안 될 것이다. 그리고 그런 가운데, 문화의 세계화가 갖는 분명한 한계와 그 안에 들어있는 반전의 가능성을 동시에 보아내면서 상호 문화의 발전을 위한 진정한 공생의 프로그램을 마련해가야 할 것이다.

베트남에는 거의 모든 한국 드라마가 다 방송되는데, 지금까지는 대부분 중국이나 홍콩을 통해 불법으로 들어온 것들이었다. 이를 바로잡는다면 한국 측에서도 제 값을 받고 판매할 수 있을 것이다. 베트남에서 한국 드라마를 구매해 방송하고 싶은 곳도 많은데, 한국과 제대로 접촉이 되지 않는 부분도 있다. 드라마 외에 각종 이벤트도 충분히 시장성이 있는데, 한국 스타들은 베트남에 와도 홍보활동 없이 조용히 다녀가는 경우가 대부분이다. 이런 모습에 베트남 사람들이 큰 실망을 하고 한국 스타들에 대한 인상도 안 좋아진다.[33]

33_ 연합신문, 앞의 티우 응언 기자와의 인터뷰.

한국 대중문화 스타들에게 많은 것을 기대할 수는 없지만, 베트남에서 한류는 자기의 체계적인 유통구조조차 갖지 못하고 있다. 베트남에서도 그에 대한 요구가 있지만, 상호 정보와 이해의 부족 속에서 상호 발전을 꾀하지 못하는 실정이다. 그리고 베트남에서 한류 성황의 원인분석을 위해 하노이대 한국학과 학생을 대상으로 한 설문조사[34] 에서 나타났듯이, 한류 드라마가 가지고 있는 비슷하면서도 독특한 다른 무엇에 대한 흥미(전체 20명 중 20명, 100%)와 호기심이 작용하고 있다. 그것이 한국에 보다 가까이 다가가고 싶고, 한국학과를 택한 이유가 되

34_ 하노이대 한국학과 3, 4학년 대상 한류 및 한국에 대한 이해 관련 설문조사(2004.12.23).

기도 하고, 한국 기업에서 일하고 싶고, 다른 아시아 국가에 비해 특별한 관심으로 표시되고 있다. 무엇보다 한국이 베트남 참전에도 불구하고 아름답고 부자나라라는 인상 속에서 민족성이나 문화가 비슷하다는 인식을 가지고 한국과 베트남이 함께 발전해갔으면 하는 바람(전체 20명중 20명, 100%)을 가지고 있다는 것은 매우 고무적인 사실이다.

그런데 이들 설문에 응한 학생들이 가장 존경하는 인물로 베트남에서는 국부인 호치민(100%)을, 외국인 중에서는 레닌(20명중 8명, 40%)을 꼽고 있다. 그것은 이들과 우리 젊은이들의 인식구조의 차이를 가장 극명하게 드러내주는 부분이라고 하겠다. 초기에는 서로의 호기심과 대중문화의 영향에 의한 관심사의 공유라는 측면이 상호이해와 소통에 많은 작용을 할 수 있을 것이다. 그러나 쌍방향적인 교류문제에 있어서 베트남 학생들의 경우 한국을 이해할 수 있는 기제가 대부분 대중문화 수준에 의존하고 있고, 우리 젊은이들은 한류의 소비대상일 뿐인 가난한 나라 베트남에 대한 관심이 결여되어 있어, 상호진작의 가능성은 그리 크지 않다고 하겠다. 그런 점에서 경제적 측면의 상호공조와 2003년 한 해 베트남 투자실적 654만 달러, 베트남 외국투자부문 2위의 기록에 걸맞는 상호이해 프로그램을 만들어가는 것이 급선무라고 하겠다.[35] 설문에 응한 학생들과 하노이대학 한국학과 교수들은 한국을 심층적으로 이해할 수 있는 기초 자료가 너무 부족하다고 지적한다. 그래서 TV드라마에 의존하여 한국의 실상을 가늠해가는 것이 과연 올바른 길인가 하는 물음에 대해 우리는 어떤 식으로든 답변을 마련해야 할 것이다. 아울러 베트남의 역사와 사회문화에 대한 우리 사회의 천박한 이해 수준 또한 과제를 남긴다. 베트남에서 한국기업 주재원들의 많은 문제가 거기서 야기되고 있으므로, 이에 대한 구체적인 대안 마련 또한

35_ 주베트남대사관, 〈한-베 경제협력현황 자료〉, 2004.3.26 2003년말 현재 30억7100만 달러의 교역실적. 수출 25억6100만 달러(14.3% 증가), 수입 5억1000만 달러(8.6% 증가). 위의 경제지표를 통해서 알 수 있듯이 베트남과의 무역역조는 자그마치 20억 6100만 달러에 이른다.

시급하다 하겠다.

한류와 관련하여 나는 애초에 대기업의 기획에 의한 측면이 두드러진, 21세기 동아시아 문화산업버전이라고 지적한 바 있다. 이 지점에서 꼭 짚고 넘어가지 않으면 안 될 문제가 있다. 베트남에 한류 열풍을 일으키면서 화장품 시장을 일궈낸 LG생활건강 현지법인의 성공 스토리가 바로 그것이다. 이 사례는 경제 전문지 아시안 월스트리트 저널에 대서특필된 바 있다. 베트남에서 화장품 수출을 기획한 LG는 낮은 소득수준과 사회주의 이념으로 인해 시장 자체가 형성되지 않은 현실 속에서 개별 제품 광고보다는 시장의 외형확장에 주력했다. 한류 흐름을 베트남에 활용하는 전략을 채택한 것이다.

베트남인이 따분한 국영방송에 식상해 있는 점에 착안, '내 마음을 뺏어봐' '도시남녀' '의가형제' 등 한국 드라마의 판권을 현지방송에 사주고 드라마의 주인공인 김남주. 장동건 씨를 전속 모델로 기용했다. 그러자 거센 한류 열풍에 묻힌 베트남 신세대는 미모의 한국 탤런트를 닮기 위해 드라마 앞에다 광고가 붙은 LG화장품을 사들이기 시작했다. 시장조사기관 테일러 넬슨의 랠프 매티스 영업소장은 "베트남인이 화장품에 대한 시각을 바꾼 것은 전적으로 LG 덕분" 이라고 말했다. 하지만 넘쳐나는 밀수품과 모조품, 높은 관세장벽 때문에 LG는 지난 7년간 2천만 달러를 쏟아 붓고도 겨우 올해 손익분기점을 통과, 1백만 달러의 순익을 기대하고 있다. 게다가 수익의 40%를 현지 합작법인과 나눠야 한다. LG가 일으킨 한류 열풍은 베트남에 깊이 뿌리를 내려 에이본, 오리플레임 등 세계적 화장품업체의 잇단 진출에도 LG를 비롯한 한국 화장품업체의 아성은 쉽게 흔들리지 않을 것 같다고 신문은 내다봤다.[36]

결국 베트남에서의 한류란 LG화장품회사가 시장형성과 확장을 위해 목적의식적으로 기획하여 만들어낸 것이고, 거기서 베트남 여인들

36_ 경향신문, 〈베트남人 LG로 화장한다〉, 2004.04.22.

이 LG의 상업 전략에 휘말려든 것임을 알 수 있다. 이는 중국에서 삼성이 MP3와 핸드폰시장 확보의 일환으로 한국 댄스가수들을 총동원해낸 과정과 흡사하다. 한류란 더도 덜도 아닌 바로 그 지점에서 발원하고 그 궤도를 따라 확산되고 부침하는 것임이 확인되는 것이다.

화장을 거의 하지 않던 베트남 여인들이 LG화장품을 비롯 한국 화장품으로 자신을 꾸미기 시작한 것이 한류 때문인 셈이다. 이러한 문화변동, 거대기업의 미용 산업이 이끈 문화변질을 베트남 현대화의 표징으로 삼는다면, 이는 베트남 사회를 발전적으로 이끌고 있는 것일까. 기업은 이윤을 남기는 것이 목적이므로, 그러한 문화변동을 일으킨 것을 수훈갑, 성공사례로 말하는 것은 당연한 이치일 것이다. 그러나 과연 그런가. 한류의 문화산업, 그것을 동아시아의 문화산업이라는 분석 틀로 보면 한류는 철저하게 자본의 세계화, 그것의 지역적 전개맥락 속에 있다. 세계 문화시장, 세계 자본시장 속에 베트남 여인들의 상품 선택이 지역적으로 이루어지고 있음이 명명백백한 것이다. 우리는 미국과 일본이 주도하는 세계 문화시장에서 특유의 틈새전략으로 한 귀퉁이에 점포를 마련하고 이제 막 신상품을 출시하여 식상해진 세계 문화시장에 오히려 활력을 불어넣고 있는 와중이다. 그것은 동남아와 같이 자본의 세계화 추세 속에 주변화되는 지역을 시장의 체제 안에 재편제하는 역할까지 톡톡히 담당하고 있다. 우리의 재래시장들이 거대하고 화려한 쇼핑몰들에 의해 몰락일로에 있다가, 주변적 지위를 벗어나고자 재래시장 현대화를 추구하는 것과 이것은 무엇이 같고 다른가. 지방정부들이 서울과 수도권의 거대화와 시장 잠식에 따라 지방문화의 발굴을 통한 관광상품화로서 자구책을 마련해가느라 지역개발 열풍을 조장하고 문화도시의 횡행 속에서 곳곳의 문화유산들을 마구잡이로 복원하고 무형문화재들을 상품화하는 이 무도한 문화의 상품화 추세와 베트남에서 한류로 인한 문화변질과 시장화 과정은 무엇이 같고 다른가.

그동안 나는 한류에 내재한 새로운 동아시아 지역성 형성의 가능성, 상호 문화발전을 통한 진정한 동아시아의 평화와 공존의 계기성들을 강조해 왔다. 그러나 이러한 문제인식은 문화의 세계화 추세, 자본논리에 의한 동아시아 지역 재편의 속도를 과연 따라잡을 수 있을 것인가.

다시 호치민기념공간, 오후 햇살 속에 평온하게 하늘을 비추는 그의 집 앞 호숫가에 서서 나는 묻는다. 호 아저씨, 당신이 그토록 사랑한 베트남과 당신의 백성들에게, 그리고 당신이 그토록 염원했던 아시아와 세계의 평화공존, 다시는 침략과 지배와 수탈이 없는 세상을 위해 지금 이것이 최선입니까? '우리가 승리한 다음, 너희들은 전쟁으로 파괴된 조국의 강산을 과거보다, 세계의 어느 나라보다 아름답게 재건해야 한다.' 그 아름다운 재건을 위해 당신의 나라는 지금 제대로 길을 가고 있는 것입니까?

> ......
> "적은 뒤다!" 그대는 마지막으로 소리쳤네.
> 그대의 눈 앞에서 하늘이 무너졌네!
> 그대는 들었지. 물레의 스르렁 부드럽게 떨리는 소리
> 그대의 고향마을 강변에서 아이를 달래는 어머니 소리 같은 그 소리
> 지금은 밤, 우리 마을사람들은 물레의 낯익은 부드러운 스르렁 소리가
> 들릴 때면 잠을 자지 않는다네.
> 적은 우리 민중의 의지를 절대로 부술 수 없지.
> 아궁이 옆에 끊임없는 물레소리 부드럽게 일고 있었지.[37]

37_ 김정환·백원담 편, 《민중문화운동의 실천론》. 트란 딘 반의 앞의 글에 인용된 시 〈물레소리〉 일부. 161쪽.

제3부

돈 되는 한류, 돈 안되는 한류

도는 없어도 물은 있으며

만물을 옷처럼 덮어 기르면서도

주인 노릇을 하지 않으니

큰 나라를 다스리는 일은

작은 생선 굽듯이 해야 하는 것이며,

최고의 선은 물과 같은 것이라

천하에 물보다 약한 것이 없지만

강한 것을 공격하기에 이보다 나은 것은 없으니

큰 나라는 자신을 낮춤으로써 천하가 만나는 곳이 되며,

모든 가능성의 중심이 된다

道無水有, 衣養萬物而不爲主, 治大國若烹小鮮,

上善若水, 天下莫柔弱於水而攻堅强者莫之能勝以其無以易之

大國者下流 天下之交 天下之牝.

− 노자(老子), 《도덕경(道德經)》

한류산업을 보는 문화적 시각

한류라는 문화현상의 문명사적 발원

한류란 개념은 처음 문화관광부에서 제작한 한국 알리기 홍보용 비매품 음반에 붙인 이름에서 비롯되었다고 한다. 이후 그것은 21세기 동아시아에 흐르는 한국 대중문화의 주류적 흐름을 일컫는 개념이자 일종의 문화코드가 되었다.

그러나 그것을 바라보는 시각은 전통적인 문화제국주의, 가치중립적인 아시아우호증진론, 경제논리 등에 의해 규정되는 측면이 강하고, 따라서 진정한 문화의 교류라는 본령을 획득해내고 있지는 못하다. 문화란 상호 교류되는 것이며, 하나의 문화적 동질성이 아니라 서로 다른 문화의 공존을 통해서 새로운 단계로 함께 나아가는 것이다. 그러나 이러한 관점에서 동아시아 대중문화 교류의 역사적 과정과 현실적 전개로서의 한류의 성격과 위상을 실증적으로 규명해내지는 못하고 있다.

1_ 이는 저패니즘의 내재화나 혼
종이냐하는 문제로도 전이될 수
있다.
아메리카나이제이션에 대해서는
한류와 연관하여 설명한 것은 아
니지만,
Shunya, Yoshimi, "'America'
as Desire and Violence:
Americanization in Postwar
Japan and Asia during the
Cold War", Inter-Asia Cultural
Studies 4:3, December, 2003,
439p, 참조.
한류와 저패니즘의 연관문제에
대해서는,
김현미, 〈일본대중문화의 소비와
팬덤(fandom)의 형성〉, 《한국문
화인류학》 36-1 참조.

21세기에 접어들면서 동아시아에 부는 바람, 한류를 동아시아에서 대중문화 교류의 현재적 표현이라고 한다면, 이 한류로 표상되는 것이 의미하는 바는 다음과 같다. 우선 근대적 민족국가의 성립 과정에서 한국문화가 구성되는 과정의 특수성을 반영한다. 해방 이후 한반도는 탈식민을 통한 통일된 독립국가 형성을 추구하였으나 패권적 세계주의의 강제 속에 민족이 분단되는 아픔을 겪었고 자주적인 민족국가를 형성해가는 주체적인 경로를 밟아갈 수가 없었다. 냉전체제는 정치, 경제, 군사적으로 한반도적 삶을 굴곡지게 했고, 파행적 발전을 주도했을 뿐만 아니라 문화적으로 그에 상응한 서구(특히 미국) 지배문화의 의도적 개입 혹은 진압 속에서 해체와 재구성을 겪게 하였다. 문화적 파편화 역정에 다름 아니었다고 할 만큼 식민문화를 청산하지 못한 채 미국문화의 욕망과 폭력이 한국적 삶의 내력들을 대체해간 것이다. 그러한 과정에서 나타난 모방과 중역(重譯), 그리고 변종과 창신(創新)을 통한 혼종교배의 대중문화가 오늘의 한류의 총체라면, 그 실질은 관류(貫流)라고 할 수 있을까. 문화적 관통력이란 서구라는 터널을 빠져나온 한국적 살이의 덜도 더도 아닌 모양새를 말한다. 그것이 미디어의 발달에 따라 국경을 넘어 인접국에 불면서 돌연한 문화적 반향을 일으켜 일종의 조응상태를 이룬 것, 그것이 한류에 대한 간명한 해명이라고 할 수 있다.

여기서 아메리카니즘의 내재화냐 혼종화냐 하는 논란이 있을 수 있다.[1] 모방-중역-변종-창신이라는 것은 어느 나라나 지역에서도 가능한 것이다. 중요한 것은 독특한 자기 내함을 가지고 일종의 문화적 대체 과정을 수행하고 있다는 점에서 한류의 돌연함은 어떤 설명을 요한다는 사실이다. 문화적 관류라고 한다면 관류의 동력은 과연 무엇인가 하는 문제이다. 더구나 그 돌연함이라는 것이 중국의 경우, 긍정적이든 부정적이든 초기의 한류가 90년대 중국사회의 거대한 전변과정의 문화적 공백을 메우는 역할을 일부 담당했다는 사정도 있다. 지리적 근접성과 문화적 선택의 문제에서는 한류가 불고 있는 나라마다 다른 해명을 필요로 한다. 초기 한류는 중국 사회의 필요성과 한국 기업들의 중국마케팅 전략이 엉겁결에 들어맞은 우연적이고 돌연한 측면이 있었다. 그런데 그 뒤로 한류가 점차 중국을 거대한 문화시장으로 촉성(促成)해가는 상업화 담론이자 문화산업 전략으로 조직되어 왔다. 그것은 전통적인 문화제국주의, 가치중립적인 아시아우호증진론, 경제논리, 그 어느 것으로 한류를 재단한다고 해도 마찬가지이다.

슈펭글러는 《서구의 몰락》에서 모든 인간사회를 공정하게 다룰 수 있는 '세계사의 형태학'을 수립하고자 하였다. 그는 유럽중심주의라 하여, 세계의 위대한 문화들이 유럽인 주위의 궤도를 따라 선회하게 만들어지는 그 도저한 문화적 패권을 역사의 천동설이라 명명했다. 그러나 그로 인해 다양한 문명이 한때는 살아 있었지만 다 죽어가는 증후가 도처에 널려 있는 문명파괴의 현실을 개탄하였고, 그 파멸의 문명을 이끄는 제국주의를 저주하였다. 그로부터 80년 가까이 시간이 흐른 지금 우리는 슈펭글러가 살았던 시대보다 더 황당한 자본과 그 파괴적 문명의 파고 위에 놓여 있다.

그러나 21세기에 접어든 지금 비슷한 사정들이 나타나기 시작했는데, '역사의 종언' 선언과 '문명의 충돌'이라는 문화적 독트린을 비롯하여, 포스트모더니즘, 그리고 문화의 세계화라는 새로운 상황에 돌입해있는 것이다. 문화는 새로운 단계의 자본주의, 즉 인류역사상 진정으로 전지구적인 체계를 이룬 자본주의가 현상적으로 자신을 외화하는 형태가 된다. 그런 점에서 경제와 문화가 그 외연을 같이한다고 볼 수 있다면, 문화의 세계화란 '문화적'인 것이 '지구적'인 것의 가장 극적인 표현이 되는 현실에 놓여 있다. 반면에 경제적인 것은 생산단계에서 여러 문화적 동기가 개입하는 것이 아니라 기술혁신의 최전방과 소비의 전영역에 걸쳐 균일한 문화적 원형질이 배어 있다. 이른바 포스트모더니즘이라는 것이 그것이다. 문화가 지배대상이 아니라 산업으로서 기획되어 인간적 가치창조라는 삶의 지평이 철저하게 자본의 논리에 의해 조직되는 것이다.

그런데 포스트모더니즘은 총체적인 체계가 아니라 문화적으로 '지배적인 양식'이고, 따라서 아직 남아 있는 양식과 새로 부상하는 양식이 혼재하는 것을 허용한다(프레드릭 제임슨). 과거 그 어느 때보다도 자본주의는 광범위하고 포괄적이다. 그러나 현존하는 자본주의 세계는 그 구성요소 간에 현격한 차이를 노정하고 있다. 특히 지역별로, 또 지역 내에서 현저한 발전단계의 차이를 보이고 있는 시점에서 그것은 당연한 것이다. 그 지역 간 편차 및 지역 내 편차, 그러한 차이의 현장에서 새로운 문화적 혁신과 정치적 저항의 유형들이 등장한다. 이러한 점은 전근대-근대-탈근대의 문제들이 착종되는 가운데 중심부가 아닌 주변부에서 지속적으로 분출되고 있는 것이다. 여기서 "주변화되는 불균등을 겪고 있고 불균등한 발전을 이룬 지역에서 자본주의를 막 경험하면서 뿜어내는 직감적인 표현들이, 노쇠한 중심이 이제껏 말한 그 어떤 내용보다 훨씬 더 강렬하고 역동적이고, 징후적이고 의미심장하게 드러나는데, 그것은, 후기자본주의에서는 중심조차도 주변화되기 때문이다(프레드릭 제임슨)".

이것은 한류가 가지는 적극적 측면을 설명해주는 논리가 된다. 우선 그것은 우리가 자본주의 세계체제 하에서 중심의 배제와 착취의 원리를 관철당하며 역설적으로 혹독하게 학습하고 이제 겨우 반(半)주변부 국가로서 발돋움하며 또다른 중심을 욕망하기에 이른 시점에서, 이제는 주변부 국가들에게 중심부로부터 배운 도둑질대로 혼신의 힘으로 자본의 논리를 관철해가고 있는 과정의 엄연한 표징이기도 하다는 것이다. 우리는 이렇게 자본의 세계화, 그 계서적 질서(hierarchy)에 편재되어 있다. 그러나 한세기를 넘게 주변화된 조건을 살아오는 가운데 한편으로는 중심부의 하부단위로 편제되었지만, 다른 한편으로는 제3세계적 혹은 주변부적 저항성 혹은 비판성을 체득, 나름의 문제 극복 과정을 체현해내었다. 그리고 그것이 이제 일정한 문화적 해석력과 창신력으로 집적되어 한반도적 살이의 깊은 상처와 자기극복태를 상업주의 대중문화 속에서도 생동적으로 포착해내기에 이른 것이다. 그것이 창조적 대중의 역동성에 힘입은 것이라고 한다면, 타율적 근대 이후 세계의 주변이었던 동아시아에서 대중문화 교류, 대중문화상품들의 이러한 월경(越境)의 현주소는 다름 아닌 한류인 것이다. 그렇다면 동아시아 지역 내 문화적 교류의 부재를 실재로 구성해가는 과정에서 일종의 과도적 지점에 한류가 놓여 있다고 해도 무리한 해석이 아닐 것이다.

한류는 적극적으로 보면 한국 사회의 반주변부적 역동성이 만들어낸 발랄한 문화 장력(張力)이라고 할 수 있다. 중국에서의 한류는, 이전에 자본주의와는 다른 반자본주의적 근대극복의 과정을 기획하고 구체화해가는 과정 속에서 반주변부 한국과는 다른 반주변부로서의 사회주의문화의 형질을 가지고 있었다는 중국적 특수성과 관련이 있다. 곧 중국은 자본주의에 스스로 편입된 이래 방향 전환의 경로에 서서 아직 자기 문화정체성을 형성하지 못한 단계에 있다. 따라서 '모방하기' 식 대체문화가 미국식 대중문화의 중역을 거친 한국문화의 대만 혹은 홍콩식 정화(그 또 하나이 중역과정)를 기쳐 중국 사회에 무리 없이 소화되었다고 볼 수 있는데, 결국 중국에서의 한류는 사회주의 이후의 문화적 공백을 잠정적으로 대체하는 효과로서 작용하고 있는 것이라고 하겠다.

돌이켜보면 중국·북한·몽골·베트남 등 사회주의권과 일본·남한·타이완·홍콩 등 자본주의권 사이의 문화적 교류는 1945년 이후 30년 이상 부재했다고 해도 과언이 아니다. 이후 1970년대 후반에 접어들면서 조심스럽게 시작된 문화교류는 겨우 초보적 단계를 넘어서기에 이르렀는데, 그러나 이런 문화교류의 주축이 순수예술이 아니라 대중문화, 이른바 '미국화된' 대중문화였다는 것은 문제다. 대중음악과 드라마, 영화 등 상업주의 문화가 그 주류를 이루었다는 것인데, 그럼 점에서 한류를 아메리카니즘의 내재화와 혼종화의 경계에서 부유하는 구성체로 파악한다고 해도 크게 틀렸다고는 할 수 없겠다. 부유함, 그 자체가 새로운 구성의 가능성을 열어놓는다는 적극적 측면을 놓치지 않는다면 말이다.

그리고 21세기에 접어든 지금은 한류로 표상되는 바와 같이 중역된 민족국가의 대중문화가 인접국가 국경을 무차별하게 넘나들면서 일으키는 돌풍 또한 대중음악과 드라마, 영화를 그 중심으로 하고 있다. 그것은 특히 사회주의 중국과 베트남의 경우, 새로운 문화적 정체성을 찾아가기 이전, 가치중심이 해체되면서 가중된 정신적 혼돈상태를 무마시켜주는 일종의 과도적 형질을 담보해주고 있음은 수지한 바와 같다. 그리고 이제 그것은 역으로 그 모방하기를 통해 자기 속의 내재된 문화적 형질들을 가동시키면서 역풍을 만들어가고자 함으로써 첨예한 대응양상을 예정해놓고 있다. 이것은 일종의 문화적 혼종화 현상이자, 자기정체성을 찾아 내달리는 전변의 과정으로 이해되는데, 그것은 민족국가, 지역, 세계라는 시공간적 중층구조 속에서 자본의 논리로 주도되지만, 그 나름의 대안적 지향을 향한 정향성(定向性)을 갖고 작동된다.

그렇다면 이것은 몇 가지 문제를 제기한다.

우선, 한류를 통해서 하나의 문화권 형성을 가늠해보는 것이 가능한가 하는 것이다. 중심-반주변-주변이라는 세계체제의 서열화로부터 다시 강제된 것이라 하더라도 동아시아라는 시공간의 타율적 근대화 과정에서 가라앉아 있던 것들이 떠오르는 것, 그것이 일정한 문화적 정체성을 형성해낼 것인가의 문제이다. 동일한 문화적 형질 혹은 반자본주의의 근대극복과정에서 체득한 제3세계적 비판성 형질이 무의식적 욕망까지도 상업화하는, 문화적인 것이 지구적인 것을 의미하는 신자유주의의 세계체제를 넘어설 정감 어린 진지를 구축해갈 수 있을 것인가. 이 문제를 따지기 위해서는 홍콩, 대만에 이어 일본 그리고 작금의 한류에 이르기까지 지역 내에서 자체 문화생산력을 통해 만들어지는 문화상품들의 지역 내 소비 메카니즘과 그 문화적 횡단에 대한 실체적 규명이 전제되어야 할 것이다.

두 번째, 일정한 문화적 우위에 서 있든, 아니면 미국 및 일본의 주도에 의해 포섭된 아시아 대중문화의 한 구성요소로 존재하든, 한류의 긍정적 측면에 눈길을 모아 보자. 한류는 과연 그 독특한 관계성과 현상타파의 저항성을 힘으로, 문화적 동질성이 아닌 차이의 드러남[2], 다원적이고 평등한 문명 혹은 문화의 공존을 상상할 수 있는 동력이 될 수 있을까. 이는 한국 내에서의 문화적 민족주의 혹은 대한민국주의의 흐름과 관련이 된다. 특히 월드컵 이후 한국 영화와 TV드라마의 두드

2_ 이 문제와 관련하여 후쿠야마의 주장을 비판적으로 볼 필요가 있는데, 이에 대해서는 이 책 196~197쪽에서 자세히 설명.

러진 주류로서이 상업주의적 '애국'이라는 주제의 존재형태와 그것의 파장, 그 문화적 생산과 소비의 과정에 대한 냉철한 분석과 판단을 요하는 것이다. 강한 한국의 건설이라는 사회적 열망과 관련하여 그 속에 내재된 국가주의적 욕망의 거처와 이후의 표출방향에 대해서도 냉정하게 문제 삼아야 할 것이다.

세 번째로, 이러한 문화적 월경의 파장을 '문화적 되감아 돌려보내기', 문화적 근대극복의 기획이라고 이름할 수 있을까. 문화의 세계화, 문화의 산업화시대에 문화로 여는 세계사의 격동과 전환을 그것으로부터 일말이라도 기대할 수 있느냐 하는 것이다. 한류는 과연 상업적 대중문화의 이해관계를 넘어 동아시아의 새로운 지역화를 이끌 수 있을까. 신자유주의의 세계화와는 달리 다원적이고 평등한 문명세계의 상과 경로를 제시하는 동력이 될 수 있을까. 혹은 문화산업과 경제효과의 측면에서 철저하게 문화상품의 새로운 생산과 유통시스템을 만들어감으로써 국가의 산업구조를 재편, 21세기 문화산업강국으로 등극, 미국과 일본이 주도하는 세계적인 문화지배구도와 다른 새로운 산업질서를 열어낼 수 있을까.

기존 '한류 담론'들의 문제점과 새로운 분석틀

문화적 동질성 운운했지만, 단적으로 말해서 20세기 중반 이후 동아시아 문화에는 명백한 대립상이 존재한다. 그것은 각기 다른 근대의 역정을 반영히는데, 이를 서양문화 즉 자본주의 주류문화와의 관계적 측면에서 대별해본다면 그 양상은 '배척과 동일시'로 설명할 수 있을 것이다. 중국은 소련과 함께 서양의 자본주의 문화를 배척해온 '사회주의' 혹은 사회주의적 반주변부의 표상이었고, 일본은 자본주의 문화 곧 미국문화에 전적으로 동화되면서 아시아에서 아시아와는 다른 제1세계 자본주의를 표상했다고 할 수 있다. 북한·몽골·베트남 등 사회주의국가들은 중국 혹은 소련적 유형을, 홍콩·타이완·싱가포르·남한 등은 일본을 모델로 삼아 미국을 환상하면서 모방적 문화, 문화 베끼기를 진행해왔다면, 문화냉전으로부터 냉전문화의 대치로 미국과 일본, 소련과 중국이 자아낸 냉전적 긴장의 한기는 1980년대 중엽까지 실로 40년의 세월 동안 동아시아를 일정한 폐쇄회로로 동결되게 하였다.

예를 들면, 70년대 홍콩영화가 동아시아, 특히 한국에서 풍미했고, 일본풍은 식민시대부터 대만에 영향력을 형성하며 장개석 정부의 허구적 반일정책에 힘입으면서 독특한 대만풍을 형성해내었고, 그러한 중역된 대만풍이 80년대 동아시아 대중문화의 한 흐름을 형성해온 것 등은 그것이 미국—일본—동아시아의 수직적 자본주의 문화회로 안에서 어떤 동일시를 이루어왔음을 잘 보여주고 있다. 80~90년대는 중국의 개혁개방과 시장화에 따라 사회주의 문화가 자본주의 문화에 압도되면서 학습되고 모방되는 차원에 있었다. 80년대 중반 이후 서구문화의 급물살을 받은 중국은 정부의 자본주의 문화 오염 척결의 구호에도 불구하고 '배척'이라는 전선 자체가 소멸되어버린 양상이다. 1990년 아시안게임을 계기로 중국은 자본주의 문화 세례 속에서 극심한 혼돈과 정신적 황폐화가 보편화되는 가운데, 90년대 중반 이후에는 일류(日流)에 그리고 21세기에 접어들어서는, 한류에 강타당한다.

일류와 한류는 홍콩과 대만, 특히 대만이라는 문화적 파이프를 거쳐 중국에 유입되게 됨으로써 일종의 중국화를 거치게 된다. 그중에서도 한류가 대중적으로 보편화되는 양상을 드러내게 되는데, 문제는 이

것이 중국에 직접 현상한 것이 아니라 대만과 홍콩을 에돌아가는 방식이라는 점을 눈여겨볼 필요가 있다. 한국이 미국문화의 이질성을 탈색하는 거름망 역할을 하였다면, 대만은 한국화된 문화적 변종을 중국버전으로 만드는 문화적 여과작용과 재코드화를 담당해낸 것이다. 이로써 한국의 대중문화가 거부감 없이 흐름을 형성해낼 수 있었다. 물론 중국대륙에서 한류의 대중화는 일본에 대한 역사적 거부감이 작용한 측면이 크다. 일류와 한류는 시차를 두고 대륙에 상륙했으나, 공간적으로는 한 짝을 이루며 파장을 일으켰다. 그러나 중국정부의 일본에 대한 경계가 상대적으로 한류에 긍정적으로 작용한 측면을 간과할 수 없다. 물론 그럼에도 불구하고 일류의 경우 한류보다 격조 높은 소비주체들을 여전히 강고하게 구축하고 있는 것은 부정할 수 없는 사실이다. 이러한 문화의 3종 변질과정을 통해 한류현상이 도래할 수 있었다고 한다면, 이것은 단지 문화의 교류에서 아메리카니즘의 내재화 혹은 혼종화만으로 설명할 수 없는 이론적 분석틀을 요구받게 되는데 우선 지난 수년 동안 한류를 바라본 시각들을 가늠해보면 다음과 같다.

먼저 이른바 문화제국주의론의 시각. 그것은 동아시아에 돌연한 한류현상을 파악함에 있어서 문화적 낙후성을 강조하며 지배의 기획을 가시화하고 있다는 점에서 많은 문제를 내포한다. 신식민지주의는 문화제국주의론으로 특징지워지는 바, 미국의 '평화부대(Peace Corps)'와 같이 이전의 군사력을 앞세운 강권적 지배와는 양상이 다르다. 경제적, 정치적 식민지 지배를 강화하기 위한 수단으로써 문화적 농화전략(예, 70년대 중고등학교와 기독교회를 중심으로 평화봉사단에 의해 광범위하게 전개된 영어교육을 이러한 문화제국주의적인 관점에서 보면 문화의 이행과 교류란 지배와 종속을 심화시키는 불평등한 관계를 형성한다)을 통해 지배를 관철해간다. 한류현상은 패션, 미용, 성형수술, 관광, 요식업, 전자상품 등 소비적인 대중문화를 선도한다는 점에서 이전의 문화제국주의 논리가 추구한 동화기획과는 다른 측면을 드러내지만, 한류의 자장 속에 들어있는 상대국의 문화적 낙후성을 강조한다

▲ 70년대 중고등학교와 기독교회를 중심으로 평화봉사단에 의해 광범위하게 전개된 영어 교육은 문화제국주의적인 관점에서 해석될 필요가 있다.

는 점에서는 본질을 같이한다. 한류의 영향권 안에 있는 국가의 청소년들의 경우 이러한 문화적 낙후성의 체감은 곧바로 소비심리로 작동되고, 무차별적 모방을 위한 소비패턴을 만들어낸다.

　한편 "아시아우호증진론"은 한류를 분석하는 데 가장 교묘하게 작용하는 논리이다. 이는 과거 불행했던 관계의 청산을 위해 중요한 수단으로 '문화교류'를 양산했다. 한 · 중, 한 · 베트남 수교 이후 이러한 문화적 접근방식은 동아시아 냉전 시기의 긴장상태를 넘어서기 위한 일종의 화해적 제스처라고 할 수 있는데, 이것은 '아시아적 가치론'과 맞물리면서 반주변부 국가로 성장한 한국이 주변부 국가에 대한 배제와 착취의 구조를 강화해가는 경제논리의 외화된 형태이거나(문화적 교류가 경제협력, 경제활동에 직접적인 영향을 미친다는 논리), 동아시아에서 국제적 이해관계를 은폐하는 선린외교의 수단으로 기능한 측면이 강하다.

아울러 위의 두 논리와 불가분한 관계 속에서 한류현상을 철저한 경제논리로 파악하는 시각이 있다. 이는 문화산업과 여타산업의 활성화 계기로 한류의 지속을 강조하는 경우가 대부분이다. 한류에 대한 경제적 관점에서의 이해는 많은 문제점을 안고 있다. 한류를 계기로 문화산업은 21세기 국가중점사업으로 등극했다. 한류의 계기성을 최대한 활용하고자 권력과 자본이 합세한 형태로 제기하는 갖가지 경제논리가 횡행하면서 더욱 정치한 형태로 문화산업전략이 수립되는 등 이제 한류는 이 경제논리 안에서 명확하게 그 성격을 규정당하게 되었다. 무엇보다도 그것은 한류의 자장 안에 있는 국가와 국민들을 끊임없이 경제적으로 대상화한다는 점에서 심각한 문제를 야기하고, 문화적 이해를 바탕해야 경제활동이 잘 이루어질 수 있다는 논리적 무장으로 인해 진정한 문화교류를 더욱 요원하게 만든다. 특히 IT산업의 비교우위라는 조건을 토대로 투자뱅크를 통한 다국적 합작형태로 문화산업전략이 구체화되면서(게임산업의 경우 중국 점유율 92%를 넘어서면서 광범한 합자투자가 이루어지고 있고, 이에 양국 정부가 각자의 이해관계 속에서 깊숙이 개입해있는 현실은 문제의 심도를 말해준다) 한류의 지평은 시장논리에 의해 좌지우지될 수밖에 없게 되었다.

반주변부를 이룬 나라와 새로운 반주변부로 발돋움하는 나라, 그것이 자본의 논리로 만났을 때, 문화산업 역시 다른 산업과 마찬가지로 배제되지 않기 위한 투쟁으로 모순될 것이다. 이른바 문화산업의 세계배분에서 상대적으로 안전한 지위를 얻기 위한 투쟁 밀이다. 우선 이미 반주변을 이룬 경우, 문화산업 차원에서 경쟁우위에 있는 것, 가능한 부문에 대한 전문화를 심화시키려 할 것이고, 배제되지 않기 위하여 반주변적 지위에서 고임금 노동이 체현한 상품들을 대가로 중심에게 저

임금노동으로 만들어진 상품을 공급하는 불평등 교환관계에 적극적으로 참여해갈 것이다. 전문화의 심화를 추구하는 활동들에서는 주변부의 개입을 더욱 철저하게 배제해나갈 것이다. 개별적 성공사례들은 중심의 배제 및 착취의 경향을 강화시키고 그리하여 뒤에 남겨진 나라들의 경우에는 격차가 더욱 심화되고 확대될 수밖에 없다.[3] 이를테면 동남아시아가 동북아시아의 주변으로 더욱 간극이 벌어져가는 현실 속에서 문화의 수평적 교류란 허구이며, 결국 착취의 기제에 불과할 것이다. 더욱이 중국의 경우는 일국 내 반주변과 주변의 공존구조를 확산시켜 계급갈등이 강화되는 문제를 안고 있다. 문화적 격차는 이러한 불평등하고 비대칭적인 구조를 더욱 고착화시키는데 기여할 것이다.

그러나 그에 대한 비판을 혹독하게 진행하기에는 문제를 복잡하게 만드는 측면이 있다. 겨우 문화상품의 생산력을 가지게 된 우리의 경우 이렇다 할 자원이 부재한 현실에서 반주변부로서의 행로를 그저 매도만 할 수 없는 실정인 것이다. 따라서 천박한 경제논리가 아니라 동아시아에서의 산업적 컨텍스트(context)의 특수성을 이해해야 한다. 동아시아 지역에서의 문화와 산업의 관계규명과 함께 그것이 일국단위 산업시스템 속에 존재하는 방식에 대한 이해 위에 우리 문화산업과의 관계지향을 찾아갈 필요가 있는 것이다. 그러나 이른바 win-win전략이라고 하는 것이 무엇에 대한 win인가를 따져보아야 한다. 그것은 자본의 논리가 아닌 문화의 논리로 극복해가야 한다는 것을 강조하는 의미이다.

잡종화와 지역화

2002년 한중일 인문학자와 문화계 인물들을 중심으로 추동된 동아

3_ 조반니 아리기/권현정, 〈발전주의의 환상:반주변의 재개념화〉, 《발전주의 비판에서 신자유주의 비판으로》, 공감, 1998, 103–104쪽.

시아문화공동체포럼 1차 국제회의가 끝나고, 여러 사람으로부터 다양한 반향이 있었다. 가장 많은 문제제기는 형식적으로 공통 언어의 부재 문제와 내용적으로 각기 다른 역사경험에 대한 피상적 이해로 인해 진정한 소통은 아직도 요원하다는 것이었고, 그런 점에서 상생을 말하는 것은 거의 환상이라는 것이다. 그중에서도 가장 인상 깊었던 것은 어느 문화평론가의 '동아시아 문화공동체의 소통불가능성' 라는 제목으로 제기된 지적이었다. 다분히 개인적 경험에 의존한 측면이 강하지만 문화평론가라는 존재방식에서 비롯된 '서양화를 통한 잡종화의 각기 다른 형상' 에 대한 우선적 규명 요구는 자못 흥미롭다.

지난 두 달의 경험을 통해 나는 중국 열풍을 넘어 동아시아 문화공동체를 구상하는 일이 그렇게 간단하지 않음을 깨닫게 되었다. '과거에 같은 문화권에 속해 있었다' 는 이유만으로 만남의 조건이 자동적으로 만들어지지는 않는다는 이야기다. 그 구상이 미국 헤게모니 하에 진행되는 신자유주의적 세계화에 맞서는 흐름을 형성하는 것에 반대할 이유는 없지만, 그걸 또 하나의 지역주의가 아닌 진정한 국제주의로 만들 필요가 있다는 뜻이다. 그러기 위해서는 한국인의 '잡종적' 정체성부터 있는 그대로 인정하는 것이 급선무라는 결론을 내리게 된다. '동아시아' 도, '동양' 도, 글로벌 시대에는 단지 비(非)서양이 아니라 서양과의 문화적 교환을 통해 만들어지는 실체가 되었기 때문이다. 따라서 동아시아 3국 사이의 문화적 교류를 위해서는 '서양화를 통한 잡종화를 각자 어떻게 이루었는가' 의 문제부터 짚어볼 필요가 있다.[4]

4_ 신현준, 〈동아시아 문화공동체의 소통불가능성〉, 《말》 2002. 3.

그런데 가까운 종 사이에서는 교잡에 의하여 생식능력이 있는 잡종이 생기는 것이 보통이지만, 분류학상으로 혈연관계가 먼 종(種)이나 속(屬) 또는 과(科) 사이에서는 교잡이 불능하거나, 자손이 생겨도 생식능력이 없는 것이 일반적이다. 이러한 과학적 상식을 떠올리다보면 다음과 같은 추론도 가능해진다. 가까운 종 사이에서 만들어진 잡종이 갖는 생명력이 그것이다. 종 사이나 품종 사이의 잡종이 양친보다 강건성(强健性)이나 수확량, 크기 등에서 뛰어난 경우를 잡종강세(heterosis)라고 한다. 예컨대 몽골말 암컷과 당나귀 수컷과의 교잡에 의한 노새는 강건하고, 조식(粗食)에 견디며 힘도 강하다는 것이다. 들풀 역시 그렇다. 잡초만큼 강한 생존력을 형상하는 것이 있을까. 그런데 노새처럼 생식능력이 없다는 대목에 이르면 잡종이 가지는 생식능력과 강세의 경향을 인간사회의 문화 형성과정에 그대로 적용할 수는 없겠지만, 적어도 그 변용은 예상해볼 수 있겠다. 인간사회에서의 문화교류란 동등한 지위에서 이루어지는 것이 아니라 영향력이 큰 것이 미미한 것에 대해 일방향적으로 진행되는 경우가 절대적이다. 그렇다면 타율적 근대화 과정에서 강제된 잡종화의 과정은 어떻게 이루어졌고, 오늘의 존재방식은 어떠할까, 궁금해지는 대목이다. 특히 동아시아는 우성의 문화를 역사적으로 구축해온 정체성이 분명한 세계인데 외부의 충격을 어떻게 내화해갔을까?

스튜어트 홀(Stuart Hall)의 말처럼 문화적 정체성이란 동종 간의 유사성과 연속성이라는 한 축과 이종 간의 차이와 균열이라는 다른 한 축이 각축하고 교융하면서 이루어지는(becoming) 것이다. 거기서 문화적 정체성이란 하나로 고정된 것이 아니라 교잡과정에서의 변형을 통해 부단히 새로운 자기정체성을 이루어가는 것이라 할 수 있다. 그리고 각 나라의 문화가 각기 가지는 두 축의 차이를 기저로 한 변증법적 전화과정이 제 각각 다르게 전개됨으로 인해 서로 다른 문화적 정체성을 변별할 수 있는 것이다. 우리의 경우 우리 문화의 원형에 해당하는 것에, 중화의 보편질서 속에서 획득된 것, 일본에 의해 중역된 서구적 형질, 해방 이후 이식된 서구문화의 형질이 역사적으로 성충화 되어 있다. 분리될 수 있지만, 그러한 종 다양성의 혼종화로 이룬 새로운 정체성, 그것은 아마도 숱한 변형과 차이를 통해 스스로를 늘 새롭게 변화시키면서 생산하고 재생산해 온 형상쯤으로 생각해볼 수 있을 것이다. 그런데 동등한 지위에서 이루어지지 못하다 보니, 호미 바바(Homi Bhabha)의 말대로 영향력이 큰 것을 모방하고 흉내내는 형태가 나타난다. 그러나 완전한 복제가 아니라 차이를 만들어내는 모방은 때로 창조적 변형의 계기가 되어 고정된 것 혹은 고정된 구조에 대응하게 된다. 문화적 식민화의 양면성을 갖는 것인데, 그 양면성이 만들어내는 역동적 전화의 계기들이 때로는 추잡하고 저급한 문화의 형태로 존재하기도 하고, 중역과정 속에서 나름의 생명력을 견지한 창조성을 이루기도 한다. 그것들의 총체가 서로 긴장하며 잡종의 문화적 정체성을 이루고 있다고 할 것이다.

결국 각기 다른 잡종화를 규명하는 일로부터 시작한다는 것은 비슷하지만 전혀 다른 역사를 겪어오면서 만들어진 차이를 인정하고 그 차이성을 인식하는 일이 바로 소통의 시작, 동아시아적 경로의 출발이라는 것이겠다. 그러고 보니 그동안 동아시아담론, 혹은 동아시아라는 범주설정을 통한 탈근대의 고민들이 실은 동아시아공동체의 구상을 섣불리 가시화하고자 했던 것이 사실이다. 그것은 물론 분단과 신자유주의 세계체제 하에 반주변부로서의 종속적 존재양식으로 인한 위기감의 소산이라는 점에서 의미가 없는 것은 아니다. 그러나 그것은 동일한 문화적 역사적 지반, 특히 전근대시기의 동일한 문화권과 타율적 근대의 경험에 근거를 두고 각기의 문화 경험을 섣불리 동일시하면서 상호유대감 속에서 그러한 문화적 정서와 문제극복의 경험을 서둘러

동력화할 수 있으리라는 막연한 희망을 강하게 내포해온 것이다. 그런 점에서 일종의 강박적 추구형태가 나타났고, 그러다보니 동아시아 각국이 가지는 '잡종적' 정체성보다는 순수한 혈통과 폭력적 겁탈에 의한 피해양상만이 두드러지게 된다. 따라서 순수성의 복원이 보다 강조되었고, 과거로부터 가져오기를 통해 그러한 순종적 형질로 공동체를 이룬다는 생각이 문화주의적으로 그려진 것이다.

비근한 예로 그것은 화이관계(華夷關係)가 관철되던, 중국의 문명교화의 문화주의가 이루어낸 전근대 세계체제에 대한 강고한 환상을 불러일으켰다. 화이관계라면 적어도 자본주의 지배와 패권의 논리와는 달리 철저히 문화적이며, 그래서 결코 패권적이지 않을 것이라는 주장이 그것이다. 그러나 문명으로써 야만을 교화한다(文明敎化)는 문화주의가 제국주의적인 군사적 강제나 정치적 억압, 경제적 착취의 배제를 의미할 수는 있지만, 그것이 곧 다른 문화나 가치, 다른 삶의 방식에 대한 관용과 공존을 존중하고 담보해주지는 않는다. 그것은 장구한 세월 속에 강고한 중화의 세계적 보편을 이루어왔던 이 동아시아라는 시공간에서의 화이관계의 역사적 전개, 그리고 중화인민공화국 성립 이후 중국의 소수민족정책이 안는 문제로부터 얼마든지 확인할 수 있다.

이것은 일종의 동일시로서 무엇보다 이러한 동일시의 문제는 차이의 현상과 그 차이의 재생산구조를 인정하지 않음으로써 현실적인 관계 설정 자체를 불가능하게 하고, 그 동일시의 추상성으로 인해 동화(同化)를 강제하며, 그로써 언제든지 지배논리로 화할 수 있는 반동성을 내재한다는 데 있다. 역설적이게도 대안담론으로 제기된 동아시아론이 끊임없이 자본과 권력의 책략적 동아시아 공조체제의 구상에 이데올로기로 제공되는 역정(歷程)은 그 여실한 예증이다.

한편 동아시아를 하나의 문화권으로 규정하는 것 또한 다분히 책략적이라는 점을 간과해서는 안 된다. 여기서 유교와 프로테스탄티즘의 허구적 대립을 설정하는 헌팅턴식의 동서문명충돌론의 의도성을 얼른 떠올려볼 수 있다. 프란시스 후쿠야마의 자본주의의 승리를 확인하는 역사의 종언이라는 논리적 귀결 또한 명백한 비판의 대상이 된다. 유교문화권, 혹은 한자문화권이라는 서구적 규정의 의도성이 바로 문화적 지배논리에 있는 만큼 중화문명, 혹은 이슬람문명의 강조와 대두에 대한 위기의식의 표현은 가상적 충돌을 상상하게 한다. 신자유주의와 미국의 패권주의가 주도하는 세계사적인 모순을 은폐하고 문명 충돌의 소산으로 문제의 본질을 왜곡하고자 하는 중심부의 세계지배전략인 것이다. 그런 점에서 동아시아를 하나의 문화권, 중화문화권으로 동일시하며 가상의 전선을 설치하려는 의도들에 대해 경계하지 않을 수 없다.

　　그러나 문제는 여기서 그치지 않는다. 앞서 차이의 인정으로부터 시작해야 한다는 점을 강조했는데, 그 차이 또한 문제적이라는 것이다. 후쿠야마의 "문화적 차이가 오늘날의 사회를 의미있게 차별화하는 요인으로 남아 부상하게 되는 것 자체가 제도적 틀로서의 자유주의-민주주의적 자본주의가 전면적인 승리를 거둔 덕이라는 주장"을 가만 살펴보자. 동아시아를 하나의 문명 혹은 문화권으로 하여 서구(혹은 서양), 정확히 말하면 미국의 새로운 패권구도에 대치시키는 문화제국주의의 문제를 넘어 문화적 차이를 강조하는 다원주의 문화담론 또한 허구성이 있다는 것을 알 수 있게 해 준다. 그것은 동아시아 문화의 현재가 개인주의를 특징으로 하는 "서구 사회의 척도가 되는 사회적 풍토"가 아니고 대신 "본래부터 보수적이고 집단적이고 전통적인 문화들"에 토대를 두고 있다는 문화적 낙후함을 시인하게 되는, 다시 말해서 완전히 한바퀴를 돌아서 헌팅턴의 우려로 돌아오게 되는 난맥상에 봉착하게 되는 것이다. 따라서 서구의 승리에 대한 제도적인 설명인 것처럼 출발한 것이 결국에는 서구의 우월성을 최종적으로 확인시켜주는 요소로서의 문화 쪽으로 다시 빠져드는 논리이다. 문화적 차이를 근간으로 한 문화다원주의의 주장까지도 새로운 지배논리가 되는 그 본질과 작동원리, 그것이 동아시아에 미치는 영향관계, 이러한 지점들이 총체적으로 성찰되지 않으면 안될 것이다.

서구 혹은 유럽과는 다른 차이의 강조, 나아가 동아시아 내부에서의 '차이의 강조'가 일으키는 파문에 집중해보면, 이 점은 보다 분명해진다. 요컨대 동아시아를 하나의 문화권으로 설정하고 서구와 대치시키는 논의는 물론, 동아시아가 하나의 문화권이 아니라 다원적인 문화의 공존이라는 차이의 강조, 그리하여 그러한 다양한 문화의 공존이 동아시아를 다시 하나의 문화권으로 상정할 수 있는 실질적 근거임을 들어 그 차이의 문화가 존재하는 동아시아문화권을 설정하는 일 또한 '개성'을 존중하는 서구적 자본주의의 우월성의 확인과 '닮기', '모방하기'의 수준을 넘지 못한다. 그 차이의 강조는 오히려 문화적 패권의 관철 여지, 문화산업의 침투 여지를 가늠하는 전략적 의미를 가진다는 점에서 여전히 문제적이다. 그런 점에서 차이의 인식과 더불어 중요한 것은 그것이 배태하는 곤경의 본질을 통찰하는 눈이고, 나아가 그러한 문제의 보편성에 터를 잡아 상호 극복의 계기를 만들어가려는 노력이다.

오늘날의 세계는 문화의 세계화 시대이고, '문화적'인 것이 '전지구적'인 시대이고, 그것의 가장 극적인 표현으로서의 문화의 산업화시대이다. 문화가 지배 대상이 아니라 산업으로 기획되어 인간적 가치창조라는 삶의 지평, 무의식과 욕망까지도 철저하게 자본의 논리에 의해 조직되고 있는 것이다.

　이러한 문화의 세계화는 역사상 그 어느 시기보다 더 광활하게 형성된 자본의 세상을 말해주는 극적인 표현이다. 그러나 우리가 눈여겨보는 것은 새로운 형태의 문화적 혁신과 정치적 저항이다. 탈근대적–근대적–전통적인 주제들이 그 문화의 세계화의 한편에 문화적으로 '지배적인 양식'과 함께 병치·착종되며, '새로 부상하는 양식'이 중심부를 벗어난 지역에서 계속적으로 증가하고 있는 추세인 것이다. 세계의 불균등구조, 그 불균등한 발전 속에서 주변부로 전락한 지역이 자본화의 초기과정을 파행적으로 겪으면서 한편으로는 모든 것을 해체해가지만, 다른 한편으로는 그 해체에 대응하는 보편화의 폭력을 내재하면서 그에 대한 어떤 응전력을 보여주는 양상이다. '노쇠한 중심이 이제껏 말한 그 어떤 내용보다 훨씬 더 강렬하고 역동적이고, 징후적이고 의미심장한', 중심조차도 주변화하는 긴장 속에서의 저항이 그것이다. 그런 점에서 중심과는 다른 비판적 정치성을 담지하게 되는, 바로 그 지점을 잘 포착할 필요가 있다. 물론 그것이 중국에서 90년대 초반 풍미했던 포스트모더니즘–후현대주의 논의에서의 '본토화' 주장처럼, 문화민족주의 혹은 문화보수주의로 책략화하는 경우도 더러는 있다.[5]

　그러나 프레드릭 제임슨이 제기한 바와 같이, 제3세계의 민족우언(民族寓言)과 같은 그런 주변부적 비판성을 필연적으로 내재할 수밖에 없는 그 중층적 모순의 집적에는 그것을 안으로부터 풀어내는 내재적 동력화의 실례들 또한 얼마든지 있는 것이다.

　이것은 동아시아에서 문화교류, 그 진정한 '화(和)'의 진경을 여는 가능성을 예감하게 한다. 이를테면 이제까지의 상업주의 문화 중심의 한류가 아닌 동아시아적 삶의 지층을 적시며 아래로 흐르는 새로운 한

5_ 백원담, 《중국 신시기 후현대주의(포스트모더니즘) 문학비평론 연구》, 연세대 박사논문, 1996.

민족우언
프레드릭 제임슨은 제3세계에서 모든 문학은 정치적 우언(寓言)의 문학이라고 했다.

류의 가능성을 생각하게 한다는 것이다. 주변에서 중심으로 향하는 반주변부적 자기전환의 지향 속에서 뜻밖에 이루어지는 주변문화의 종속성과 창신성, 그 명백한 동력학의 변주에 눈길을 주어야 할 것이다. 그것은 비단 차이의 확인이라는 현상이해에만 그치는 문제가 아니다. 우리는 확실히 완전히 상품화된 문화적 세계에서 중심이 기획한 상업주의 문화의 포화 속에 살고 있다. 그러나 주변화된 삶 속에서도 사람들이 그려내는 가장 깊은 삶의 체험, 중심문화가 만들어낸 '그늘', 혹은 문화가 그 창조적 역동성으로 생산해내는 주변문화의 '향기' 또한 선연하다. 그것이 동아시아를 규정된 문화권에서 새로운 문화권으로 전환하고 소통의 부재를 실재로 구성해내는 중요한 기획이 될 수 있음을 포착해내야 할 것이다. 대중문화가 가장 저급한 수준에서 소통되고 소비되고 소모되는 가운데서도, 흉내내기의 방식이지만, 바로 그 지점에 틈입하는 공감의 열망, 무의식적 욕망까지도 상품으로 조직되는 그러한 소비문화의 극점에서 만나는 포로화 된 일상의 닮은꼴, 거기 동시대를 공유하면서 회통의 소용돌이로 열리는 문화적 반란의 계기들, 그것을 대상화하기보다 그속에서 서로의 실상을 발견해가는 열린 만남. 나는 그것을 '한류'의 잡종적 실천, 그러나 그것을 넘어서는 새로운 지역화의 가능성이라고 말하고 싶다.

그러나 이러한 주변부적 창신성이 곧 지역화의 동력이 되는 것은 아니다. 그 창신성은 진정한 지역화의 주체적 조건이 될 수 있지만, 자본의 세계화가 지역블럭화라는 하위체계를 요구한다는 점에서 이러한 지역화의 가능성들은 오히려 역작용을 부를 수 있다. 곧 세계자본의 작동원리에 부응하는 지역주의를 구현할 가능성이 높다는 것인데, EU나 ASEAN 역시 자본의 세계질서를 보완하면서 길항(拮抗)하는 관계에 있는 것이다. 물론 문화의 세계화 구도에서도 이러한 지역화의 흐름들, 예컨대 역내 문화교통의 활성화 정도는 내부에서의 새로운 지배질서를 재생산하고, 세계구도 속의 수직적 분할구조를 보완하고 강화하는 과정이 된다. 그러나 그러한 과정이 자본의 일방적 관철로만 이루어지는 것은 아니다. 그 과정 안에는 문화라는 의미에서 주체적 선택과 수용이 있고, 문화적 소비를 통한 생산의 주체화과정이 작용하는데, 이 점에서 새로운 지역화의 가능성, 새로운 지역주의에 대한 비판적 상상이 가능하게 된다.

이를테면, 아시아에서 경제발전에 따른 문화적 수용의 창출과 문화적 생산력의 담지라는 조건을 최대한 활용하는 것, 세계적인 자본화 과정에의 편입이 만드는 비대칭성 속의 대칭성을 새로운 지역화의 조건으로 가져가는 목적의식적 작업이 가능할 수도 있다는 것이다. 물론 새로운 지역화라는 것이 동아시아적인 것, 동아시아적 정체성이라는 것을 새롭게 포착하고 구성해가는 것이라고 했을 때, 그 아시아적인 것이 내포하는 함의에 대한 동의가 필요한 것이 사실이다. 그리고 아직은 서로에 대한 상상이 보다 크게 작용한다. 우선은 전근대세계의 조공-책봉관계에 의한 정치 경제 문화적 교류에서 빌어올 만한 것을 찾아봐야 할 것이다. 아울러 서로의 역사경험에 대한 이해와 소통으로 동아시아의 타율적 근대의 아픔과 그것을 넘어서는 과정에서의 굴절과정에 대한 보편성을 확보하고, 그러나 그 넘어서는 경로의 차이들을 각기의 '골' 들로 인식하고, 그 선색(線色)을 이어내는 작업이 필요할 것이다.

더욱 중요한 것은 현재의 동아시아라는 것이 어떤 미래지향성을 공유할 수 있는가, 그 지향을 향한 경로를 찾아가는 내부적 합의와 동력을 형성해갈 수 있는가 하는 것이다. 거기서 한류가 서로에 대한 상상,

이해와 소통의 단초가 될 수 있다면, 동아시아 지역화의 정면과 반면에 한류를 놓고 바라볼 이유는 충분히 있지 않은가 한다. 물론 이 경우 동아시아에는 한류보다 훨씬 창조적인 문화적 내함들이 얼마든지 있다는 사실을 간과하지 말아야 할 것이다. 그것을 어떤 의미에서 늘어놓아보는 것, 그 수평적 나열 자체가 지금의 역내 문화교통의 초기단계를 넘어서는 과정에서는 매우 중요할 수 있겠다. 그것은 역사와 현재에 대한 상호 비추기와 나란히 서는 과정과 다를 바 없기 때문이다.

한류산업을 보는 전략적 사고

미·일과는 다른 '문화산업 대국'으로의 경로 모색

한류를 놓고 우리가 벌이는 상상의 스펙트럼은 다기하다. 그것은 문화산업 대국에서 동아시아 평화공존에까지 이른다. 따라서 여기서는 문화산업 대국의 문제를 다루어본다. 한국정부가 문화산업을 국가경제의 신동력으로 육성하고자 총력전 태세를 갖추고 있고, 계속되는 경제위기 속에서 한국사회가 갖는 그에 대한 기대의 측면에 대해 집중해볼 필요가 있는 것이다.

여기서는 주로 정부의 산업구조조정과 문화산업에 대한 전망과 전략에 집중해 보기로 한다. 정부가 근거하고 있는 지점은 다음과 같다. 무엇보다 창의적 문화콘텐츠는 세계 경제성장의 새로운 동력이 되고 있다는 인식이다. 세계는 지식기반 사회에서 문화, 창의력, 상상력이 부가가치의 중심이 되는 창의적 문화산업 사회로 급속히 전환되고 있으며, 이제 세계 경제성장의 동력원은 섬유, 철강, 화학, 전자를 거쳐 문화콘텐츠로 패러다임이 이동하고 있다(The Economist, 2001년)는 것이고, 그런 점에서 우리 산업구조의 혁신 혹은 전환의 필요성이 제기된다는 것이다.

세계 문화산업은 연평균 5% 내외의 높은 성장률을 보여주고 있으며, 2005년 세계 문화산업 시장규모는 약 1조 4,000억 달러로 IT 하드웨어 시장(약 1조 1,600억 달러)을 추월하리라는 전망(Dataquest, 2002년)이 나와있다. 문화산업은 새로운 산업구조 변화의 양상으로서 경제발전 모델의 변용을 촉구하고 있는 것으로 보인다. 한편 세계 각국이 문화산업을 차세대 성장 동력으로 집중 육성하고 있다는 점도 주목되고 있다. 미국은 문화산업을 2대 주력산업으로 육성 추진하고 있으며, 영국은 문화산업을 전략산업으로 규정하고 국무총리 직속으로 '창작 산업 추진반(Creative Industry Task Force)'을 구성하였다.[6] 또한 일본은 세계 2위의 문화강국의 위상을 유지하기 위해 총리 산하에 '지적 재산 전략본부'를 신설하고, 콘텐츠산업의 비약적 확대방안을 수립, 추진하고 있다.[7] 우리나라에서도 2001년에 CT(Culture Technology)가 차세대 성장 동력(6T)의 하나로 선정되었으며, 국민의 정부에 이어 참여정부에서 10대 차세대 성장 동력의 하나로 포함시킬 만큼 중요한 미래 성장산업으로 인식하고 이에 대한 전략을 마련하는 데 부심하고 있다.[8]

이렇게 21세기 세계 경제의 중심이 창의적 문화콘텐츠로 패러다임이 대전환되는 상황에서, 세계 선진국들과의 경쟁에 적극 대처하기 위해서는 국가적 차원에서 문화산업 육성을 위한 체계적이고 종합적인 전략수립이 시급하다. 문화산업은 기술과 문화예술적 감성이 집약된 산업이다. 우리 민족의 창의력을 극대화할 수 있는 사회적 여건과 문화산업 인프라가 마련될 경우, 21세기 국가 핵심전략산업으로 IT와 반도

6_ 양종회 등, 《미국의 문화산업 체계》, 지식마당, 2003 참조

7_ 한국문화콘텐츠진흥원 정책개발팀, 〈일본의 문화콘텐츠산업 동향과 지원 제도〉(2003) 참조

8_문화관광부, 《창의한국》 2004. 6. 350~351쪽. 21세기 새로운 문화의 비전이라는 부제의 이 총체적 문화기획서는 제2부 〈문화비전 27대 추진과제〉 중 14대 과제로 '문화산업의 고도화'를 설정하고 그 배경을 설명하고 있다.

9_ 《창의한국》, 351쪽.

10_ 영진위는 2000년 3월, '한국영화진흥 종합계획'을 발표, 본격적인 진흥사업을 전개해나갔다. 당시의 진흥계획이나 2000-2001년 실제 집행내역을 살펴보면, 영진위의 사업방향은 다음 두 가지로 집약된다. 1) 문화에 대한 비중보다 산업비중을 중시하는 것, 2) 제작영역에서부터 배급, 상영, 관객 등의 영역으로 영화산업의 발전을 추동해간다는 것. 이 시기 영진위의 사업특징은 '제작부문에 대한 융자사업 중심의 산업적 지원'에서 2001년 투자조합에 대한 투자로 옮겨간 바와 같이 영화제작자본의 안정화를 꾀하는 데 역점을 둔 것으로 파악된다.

11_ 문화산업진흥기본법을 법적 근거로 하여 영화진흥기금과 중소기업청 기금을 시드머니로 창투사 금융자본의 투자액과 더불어 1999년 말부터 '영상전문투자조합'이 만들어지기 시작한다. 조성된 금액은 2000년 말까지 17개 투자 조합의 1,380억 원, 2001년 8개 투자 조합의 635억 원이었다. 2003년 9월까지 43개 투자조합에 결성 총액은 3,710억 원에 이르고 있다
이에 대해서는 강한섭, 《한국의 영화학을 만들어라》, 심우반, 2004 참조.

체 뒤를 이을 차세대 성장산업으로 국가 발전에 크게 기여힐 깃[9]이라는 전망이 국가적 기대의 핵심을 이루고 있다. 요컨대 문화산업이 고부가가치 산업으로서 차세대 경제발전과 국가발전의 동력이 될 수 있다는 것이고, 따라서 기존의 자동차·조선 등 중공업산업, IT산업 위주의 산업구조에 문화산업을 편제하겠다는 것, 한류의 경제효과와 IT산업과 문화산업의 결합지점들을 찾아나감으로써, 세계적인 산업구조조정의 추세에 부응해야 한다는 것이다. 말하자면 국가가 총력투여를 하여 문화산업을 국가기간산업으로 육성해가야 한다는 것이 기조를 이루고 있다 하겠다.

이는 파행적으로 자본주의 성장가도를 달려온 한국경제의 불안요소들이 폭발한 IMF 이후, 경제회생을 관건으로 하는 한국사회에 구세주의 메시지처럼 등장한다. 김대중 정부는 21세기를 문화의 세기로 선언하였고, 문화산업의 발전이 곧 국가발전의 척도인 것으로 인식하고 문화산업 육성 의지를 천명했다. 그 구체적 표현은 1999년 2월 8일 발표된 '문화산업진흥기본법'과 2000년 3월 30일 박지원 당시 문화관광부 장관이 영화진흥위원회 위원장과 함께 발표한 '한국영화산업진흥 5개년 계획'[10]에 집약되어 있다. 국가적 차원의 문화산업 전략은 이른바 진흥책으로 특징 지을 수 있다. 대부분은 국고지원을 통한 문화산업 분야의 장려와 진흥이 내용을 이룬다. 그 첫 시도가 바로 영화진흥기금의 조성, 그것은 2004년까지 국고에서 1700억 원의 영화진흥기금을 조성, 이를 재원으로 한국 영화산업이 아시아 영화산업을 주도하도록 만든다는 것이었다.[11] 이것은 이후 실제 한국 영화 붐이 도래하면서 국가차원의 적극적인 영화 정책의 전범으로 평가되고, '벤처 자본의 유입, 수준 높은 영화 인력, 한국영화의 수준 향상, 그리고 멀티플렉스 극장의 도

입' 등과 더불어 한국 영화의 급속한 성장요인으로 거론된다.

그리고 2000년 후반부터 동아시아에 중화권을 중심으로 서서히 한류가 흐르기 시작하고, 댄스가수들과 TV드라마를 중심으로 중화권에 폭발적으로 등장한 한류의 흐름에 국내외가 떠들썩한 가운데 정부는 문화콘텐츠산업에 관심을 집중한다. 한국 문화콘텐츠 산업의 최대 약점으로 문화콘텐츠산업의 전반적인 영세성, 열악한 제작환경과 유통구조, 전문적인 국내외 마케팅 경험 부족, 국제수준의 기획 및 창작인력 부족, 유관 산업과의 연계 부족 등을 꼽고, 이에 대한 대응과 지원책 마련에 부심하는 가운데 2001년 문화콘텐츠진흥원을 설립, 문화산업 전략과 콘텐츠 개발에 주력하게 되는 것이다.

여기서 관건은 두 가지이다. 하나는 문화의 세계화, 세계적인 문화산업 구조에의 편재 문제이고, 다른 하나는 문화의 근본문제로서 문화산업과 문화예술의 관계를 어떻게 설정할 것인가 하는 문제이다. 우선 두 번째 문제, 이는 앞서 국민의 정부에 이어 참여정부가 문화산업 대국을 꿈꾸며 진흥책을 써오는 한편 그 과정에서 가장 핵심적인 문제의 하나로 문화콘텐츠산업의 육성과제 속에서 문화산업과 문화예술의 관계를 문화산업화라는 거대한 틀 속에서 재규정함으로써 문화산업을 위한 문화예술발전의 촉성을 당면목표로 하는 것으로 이해할 수 있겠다.

글로벌화와 미디어 융합 같은 새로운 환경 변화에 따라 21세기에는 예술과 문화산업의 긴밀한 내적 연관관계에 대한 요구가 증대되고 있다. 과거에는 고급예술과 대중문화산업이 분리되어 있었으나, 대중의 문화적 수준 향상과 매체통합의 가속화로 예술과 문화산업의 유기적 연계에 대한 필요성이 증대되고 있다. 또한 문화의 글로벌화가 가속화되고, 한류열풍으로 한국 문화산업의 세계시장 진출기회가 확대됨에 따라 기존의 제한된 콘텐츠 수준을 넘어서는 창의적이고,

복합적이며, 다양하고, 질 높은 콘텐츠 제작의 필요성이 급증하고 있다. 또한 복합적 성격을 지닌 문화콘텐츠산업 제작 세부공정(시나리오, 프로덕션디자인, 영상음악, 연기 등)의 질적 제고를 위해서는 각 공정별 문학, 미술, 음악, 연극 등 예술의 창의적이고 심화된 성과를 적극적으로 수용하고 리소싱해나갈 필요가 있다.

이를 통해 대중과 괴리되어 있던 예술은 문화산업과의 유기적 연계를 통해 대중과의 접촉면적을 넓히고, 첨단매체의 적극적 활용 경험을 통해 새로운 예술 창조의 동력을 획득하는 등 창작활성화의 기반을 조성할 수 있다. 이와 같이 예술과 문화산업은 서로 분리되어 있는 것이 아니라 문화의 산업화라는 커다란 틀 속에서 역동적이고 유기적인 순환관계를 통해 상생해나갈 수 있다.[12]

12_ 《창의한국》, 351쪽.

문화산업이 경제와 국가발전의 성장 동력이자 국가 기간산업으로 자리잡히면서, 초기 전략방안은 문화산업을 여타 산업과 같은 차원에 놓고 국고지원을 내용으로 규모 키우기 등에 주력하는 진흥책이었다. 그런데 이것이 한류의 파고와 함께 문화콘텐츠의 중요성에 대한 인식 속에서 예술과 문화산업의 긴밀한 내적 연관관계를 사회적 요구로 정리하고 문화의 산업화라는 틀 속에서 그 성장 동력으로서의 예술창조의 능력을 배양하는 내용의 진흥책으로 전화하고 있는 것을 알 수 있다. 우선 규모 키우기의 문제에 있어서는 영화산업의 경우 외형적 성장에 비해 한미간 FTA를 앞두고 스크린쿼터 축소가 기정사실화되는 가운데 한국영화의 실상이라는 문제로서 많이 비판되는 바이다. 투자규모가 커졌다는 것이 곧 한국영화의 질적 수준의 제고라는 내용성을 보장한다기보다는 스타급 배우들의 캐스팅비용 등 제작비 규모의 양산으로 귀결되었다. 따라서 저예산 영화나 예술영화들의 지반은 더욱 좁아지게 되었고, 이는 결국 정부차원의 영화진흥책, 국고의 전격적 지원이

▲ 스크린쿼터 축소 요구는 미국의 거대한 문화산업 자본이 한국 영화산업을 세계 시장질서에 재편, 관장하고자 하는 의도에서 나왔다.

영화산업 규모 부풀리기, 거품 만들기에 불과한 졸속행정의 소산이었음을 입증했다.

물론 한국 영화의 해외 수출 증가, 2003년 현재 1천5백만 달러 규모에 전년대비 43%의 증가율이라는 실적을 기록했다. 이는 전적으로 규모의 경제 덕이라고 판단할 수도 있다. 그러나 한국영화의 수준과 완성도 및 관객의 지지는 한편으로 우수한 영화 인재들의 활약과 자국 영화 사수라는 스크린쿼터에 대한 세계적 관심으로부터 비롯된 사실을 간과해서는 안 될 것이다. 영화계에서는 한국 영화 자본구조의 취약성에 대한 문제인식 속에서 투자조합의 연장을 요구하고 있는 만큼, 투자조합이나 국고지원 자체는 영화를 국가의 기간산업으로 삼는 한 지속될 것이다.

이는 문화산업 대국인 미국이나 일본이 문화산업을 철저하게 자본의 논리 하에 시장경제의 상품과 같이 생산·유통·소비하는 구조를 가지고 있는 것과는 다른 차원이다. 정부나 공공기관의 간섭이 없다는 것은 자율적인 조정을 뜻하지만, 그러나 그것은 이윤추구의 원리에 따라 진행되는 이해관계가 문화산업의 내용과 조직, 구조를 결정한다는 것을 의미한다. 이러한 20세기 미국 문화산업이 주도해온 시장과 산업의 속성은 21세기에도 계속 지속되고 강화되고 있는데, 여기서 관건은 문화산업체들이 몇 개의 거대한 미디어그룹으로 통폐합하는 모습이다. 그들은 흡수와 합병을 통해 전 세계 문화시장을 지배하고 그 유통 및 배급망을 장악하고 관장하는 형태로 전화되어 왔다는 것이다. 영화의 제작 과정에서 기술적 여건과 자원 사용 가능성은 늘어난 반면 영화의 배급과 유통을 담당하는 업체들은 전지구적 규모에서 활동하는 소수의 몇 개 영상미디어산업체로 통합되어 있는 것이다.[13]

13_ 양종회 외, 《미국의 문화산업 체계》, 지식마당, 2004, 170-171쪽 참조.

그렇다면 우리나라가 문화산업 대국이 된다는 것은 이러한 전지구적 차원의 거대 문화산업 기업이 만든 세계적인 문화시장질서에 편입되거나, 그것과 어떤 식으로든 대응하지 않을 수 없음을 의미하는데, 정부가 문화산업의 육성을 주도하고 있다면 필연적으로 앞서 제기한 두 번째 문제에 이어 첫 번째 문제에 봉착한다고 할 수 있다. 자본이 주도하는 세계 문화시장 질서 속에서 한국의 문화산업은 정부의 강력한 지원 하에 육성되었다. 물론 문화산업 자본의 영세한 조건 속에서 정부의 지원은 필요하지만, 그러나 그것은 어디까지나 지원 차원이고 주도는 문화산업체들의 몫이어야 한다. 그런데 이제까지 정황으로 보면 국가 경제의 구조전환의 차원에서 문화산업을 육성해가고자 하기 때문에 세계적인 자본의 통폐합과는 달리 한국에서의 문화산업의 발전은 정부와 민간기업의 공조체제로 나아가고 있다. 이 점은 스크린쿼터의 문제에서처럼 자국 시장 보호정책으로 규정되어 국가간 갈등 형태로 압박을 받을 수밖에 없다. 스크린쿼터 축소 혹은 폐지 문제는 미국의 거대 문화산업 자본이 한국 영화산업을 세계적인 질서 속에 재편, 관장하겠다는 입장의 표현이며, 세계체제의 바깥을 꿈꾸는 것 자체를 용납하지 않겠다는 강력한 의지의 표현이다. 이는 한국 영화산업, 분야를 넓히면 영상산업의 취약한 구조로 보면 매우 위기적인 상황이라 할 수 있겠다.

영화산업은 크게 박스오피스와 비디오시장으로 나뉘어져 있다. 그 밖에 영화 부산품들이 있으나 전체규모에서 보면 아직 미미한 정도이다. 비디오시장은 급격한 쇠퇴일로에 있으며, DVD시장이 대체시장으로 발달된 것도 아니다. 이것은 미국이나 일본, 유럽에서 영화박스오피스는 물론 비디오 및 영상 부산물로 영상산업 시대를 구가하고 있는 것과는 확실히 다른 양상이다. 비디오시장의 축소가 인터넷 매체의 발달에 따른 무분별한 내려받기와 복제에 인한 것이라는 지적도 있지만, 보다 큰 문제는 한국영화의 기형적인 성장구조에서 기인한다고 보아야 할 것이다. 기이한 활황이랄까, 신용카드사와 이동통신업체가 대불하는 방식에 의한 극장 박스오피스의 천문학적인 숫자가 한국영화의 발전을 담보해주는 것은 아니기 때문이다.

김대중 정부의 영화 진흥 정책은 1999년 당시의 한국 영화 산업의 상황을 거꾸로 읽고 과잉 투자를 조장했다는 비판을 받아야 한다. 즉 진흥 정책이 집행되기 시작한 1999년 하반기는 한국 영화계가 IMF 위기를 창의성 높은 작품으로 슬기롭게 극복한 다음 〈쉬리〉라는 빅 히트작을 내놓아 '제작자보다 투자자 수가 더 많다'라는 농담 아닌 농담이 회자될 정도로 시장이 과열 조짐을 보이던 시절이기 때문이다. 즉 당시에 한국 영화계에 필요한 것은 거대한 돈이 아니라 정보 통신 기술의 발달과 새로운 영상 미디어의 등장이라는 미디어 환경의 급속한 재편성 과정에서 영화라는 올드 미디어를 어떻게 위치시켜야 하는가를 효과적으로 구상하는 전략적 마인드였다. 즉 돈이 아니라 머리가 필요했던 것이다. 그러나 정부는 돈이 너무 많아 문제인 산업에 국민 세금으로 돈벼락을 내린 것이다.[14]

14_ 강한섭, 앞의 글.

　　영상기기의 발전과 인터넷 매체의 고기능화에 따른 영상시장의 세계적인 변화추세에 주목하면서 물량공세가 아니라 인력 양성과 투자환경은 물론 보다 중요하게는 세계 영화의 전망을 일정한 가치지향 속에서 이끌어내는 전략적 사고가 필요했던 것이다. 이는 미국이 주도하는 세계 문화시장 특히 영상산업의 세계적 지배구도, 할리우드 스타시스템과 유통배급망의 장악에 의한 일방적 관철양식이 요구하는 불균형성 혹은 비대칭성에 대한 문제제기와 그에 대한 적극적 대응의 통로를 만드는 과정에 다름 아니다. 그러나 적어도 이러한 문제인식이나 전망을 가지고 영화산업 진흥을 유도해갔는가에 대해서는 근본적인 의문이 들 수밖에 없다.

　　일본의 문화콘텐츠산업은 세계 2위권으로 320억 달러의 시장규모이고 세계시장의 약 13%를 점유하고 있다. 이 중에서 음악(133억7000만 달러), 게임(128억 달러), 만화(34억9000만 달러), 애니메이션 및 캐릭터 (34억9000만 달러) 산업이 세계적으로 강세를 유지하고 있으며, 향후 지속적으로 문화콘텐츠의 주요 생산국으로 위상을 유지할 것으로 전망된다. 2002년 우리나라 문화산업의 시장규모(39조 원)는 전년 대비 21.8% 성장하여 세계 문화산업 시장규모(약 1200조 원) 성장률 (3.3%)을 훨씬 상회하고 있지만, 세계 시장점유율에서 보면 1.5% 수준이다. 따라서 정부는 문화산업 경쟁력 강화 방안을 내놓고 있는데, 세계 문화산업 5대 강국의 실현을 위해 2008년까지 해외 수출액 100억 달러, 세계시장 점유율 4%를 목표로 설정하고, 사업을 추동하고 있는 것이다.

문제는 일본의 경우 이미 영상산업과 음원사업 등에서 세계적인 변화추세를 선도하고 있을 정도로 내부의 산업적 체계가 잘 정비되어 있으며, 미국과 함께 문화산업의 세계적인 지배구도를 형성하고 있다는 점이다. 이에 비하여 우리의 경우는 이제 겨우 문화 생산력을 담지하는 수준인데, 노회한 중심이 내뿜는 산업적 장력을 어떻게 헤치며 나아갈 수 있는가 하는 문제에 봉착할 수밖에 없다. 최근 일본에서 한류바람으로 인해 일본을 점령했다는 식의 언론 표현이 난무한다. 그러나 정작 일본은 한류를 문화산업의 전환적 계기로 삼고 자기 상품화하는, 일종의 한류의 내재적 수렴과정을 차근하게 이루어가고 있다. 이로 보면, 우리가 얼마나 장돌뱅이 수준에서 재주를 넘고 있는지를 실감하게 할 수 있다.

음향기기 산업으로 이룩한 테크놀로지 대국에서 문화산업 대국으

<한국 문화산업 2008년 달성목표>

	2003년도	2008년도
국내시장규모	204억 $	690억 $
GDP 대비	5%내외	10%내외
세계시장 점유율	1.5%	4%
해외수출규모	5.5억 $	100억 $
고용수준	46만 명	100만 명

■ 〈문화경쟁력강화방안〉, 문화관광부 · 재정경제부 · 방송위원회, 2004. 7.

로 변모하기 위해 일본은 세계 각지에 자기 형상을 재각인시켜왔다. 그리고 마침내 미국의 품안으로 들어가 미국 굴지의 문화산업 단위들을 인수, 합병하면서 문화산업의 ABC를 익혔고, 이 과정에서 자본의 소유는 일본 것이지만, 미국의 지배질서 밖에서는 한치도 움직일 수 없다는 업계의 냉혹한 논리를 체득하기에 이른다. 그러면서도 일본은 애니메이션의 세계화와 TV드라마 및 J-Pop의 아시아 지역화라는 두개의 경로를 만들어냈다. 따라서 이러한 과정에 대한 철저한 연구과정이 없이 한류에 자아도취해서는 어림도 없음을 분명하게 인식해야 할 것이다.

물론 우리가 미국이나 일본식의 경로를 좇아야 한다는 의미는 아니다. 세계 지배질서의 엄연함을 철저하게 파악해나가되, 이것과는 다른 활로를 모색해가야 한다는 것이다. 그러기 위해 우리가 문화적 생산력을 가지게 된 내력과 경로, 문화산업의 성격을 규명하고, 그에 따르는 방향성을 세계적인 판도 속에서 고민해나가야 할 것이다.

한국적 문화산업 모델을 창출하지 못한 '문화산업 5대 강국' 프로젝트의 한계

현재 정부가 파악하고 있는 한국 문화산업의 문제점은 창의적인 전문인력이 부족하다는 것, 높은 투자위험 등으로 인해 투자환경이 열악하다는 것, 불법복제 등으로 문화산업의 근간인 문화콘텐츠의 유통구조가 취약한 것 등이다. 따라서 정부는 2004년 5월 문화산업의 고속성장을 목표로 문화산업 정책구조를 수립, 제시하고 그에 따른 프로세스를 가시화해두고 있다. 문화산업정책의 VSA(비전-전략-실천방안)구도를 구체화하고 실질적인 사업추진을 서두르고 있는 것이다.

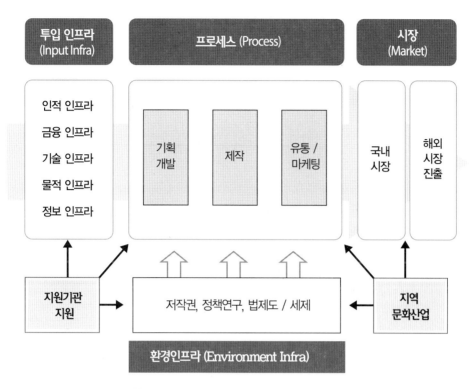

문화산업정책구조 (CPS, Culture industry Policy Structure) 모델
〈참여정부 문화산업 정책비전 실천계획—세계 5대 문화산업 강국실현〉, 문화관광부, 2004. 5.

　　위의 그림에서 보는 바와 같이 정부의 전략은 인적·물적·금융·
기술·정보인프라 등 투입인프라의 확고한 구축, 기획개발·제작·유
통/마케팅 등 프로세스의 창출, 국내 및 해외시장 진출을 겨냥한 시장
개척, 저작권·정책연구·법과 제도/세제 등 환경인프라의 개선, 지원
기관의 지원체계 확립과 지역 문화산업의 육성 등을 골자로 하고 있다.
그런데 이러한 문화산업 정책구조 모델은 미국이나 일본이 선도하는
세계 문화산업의 추세를 추격하고자 하는 명백한 의도성을 갖고 있다.

산업적 가치 창출의 목적 속에서 문화보다는 산업적 의미를 확고히 하는 구도라고 할 수 있다. 그런 점에서 문화산업의 세계 경쟁구도에 끼어들기 위한 산업 구조조정 방안이라고 할 수 있겠다. 특히 그것은 기존의 우리 문화산업이 해외로부터의 OEM방식에 의존하던 것에서 나아가 자체 생산력의 구축이라는 조건 속에서 나왔다. 자체 창작방식으로 구조전환을 해내는 것의 핵심은 문화 생산력을 제고하고, 그것을 곧바로 산업적 가치로 전환하는 작업이다. 이는 초기의 기획단계부터 문화의 산업적 활용도를 높이는 것을 지향하며, 한발 더 나아가 산업적 차원에서 문화생산을 기획하고 제작-보급하는 구도인 셈이다. 이것은 지금의 우리 문화산업의 발전적 전화를 위해서는 어쩔 수 없는 과정으로 이해된다. 그러나 이러한 산업적 측면에 과도하게 역점을 둔다면 오히려 문화의 본연을 상실하게 될 수 있다. 이를테면 콘텐츠의 시급한 확보 요구가 가치 없는 콘텐츠를 양산할 수 있는 것이고, 수급구조를 조급하게 구축하다보면 함량 미달이라는 사태를 야기할 여지가 얼마든지 있다는 것이다.

이 문제는 어떤 근본적 해결책을 필요로 하는데, 이와 관련하여 문화관광부가 2004년 6월 발표한 '창의한국'이라는 구상을 이와 마주 세워놓고 볼 필요가 있다. '창의 한국'은 문화의 공공성 실현, 문화예술의 창작력 제고 및 대다수 국민의 문화수준 향상을 위해 제시되었다. 그러나 위의 문제와 대응시켜보면 문화산업 경쟁력과 기반 강화를 위한 투입인프라는 사실은 하드웨어 구축에 집중되는 문제를 낳기도 하고, 문화산업 분야 내에서 기반-중심-주변의 구도를 수립하기보다는 무분별한 중복투자에 빠질 위험 속에서 오히려 출판, 음악, 만화 등 기반 산업들의 체계적인 발전을 오히려 저해할 여지는 얼마든지 있는 것이다.

　다음 페이지의 표에서 보는 바와 같이 기본적인 구도 자체에는 큰 문제가 없어 보인다. 그런데 우선 우리 문화산업의 경쟁력 강화방안이 가장 중요하다면, 기반구축 과정이라든가, 중점육성 분야라든가 하는 단계 설정이 필요할 터인데, 일단은 초기구도 구축 위주로 되어 있다. 기반강화가 필요하다는 인식이 감안된 것으로 보인다. 그런데 그렇다 하더라도 위의 구도 속에서 어떤 바람직한 모형 창출을 통한 점진적인 개선방향은 간과되고 있다. 검증과 지속적인 개선과 전화 작업 속에 한국적인 문화산업의 모델을 창출하는 과정을 상정하지 못하고 있다는 것이다. 한꺼번에 모든 것을 이루겠다는 전방위적 욕망은 우리와 같은 후발주자의 경우 피치 못한 것일 수 있다.

　그렇지만 그러면 그럴수록 당장의 성과를 꾀하는 관료주의적 시각보다는 하나하나 단계를 밟아나갈 수 있는 검증구도를 만들 필요가 있다는 지적을 하고자 한다. 한류의 파고로 인해 외국이 오히려 우리를 벤치마킹하는 경우를 보고 우리 사회가 착시현상 같은 것을 겪고 있는 상황에서, 이는 더욱 어려운 작업이다. 우리가 세계의 문화산업 지배구도와 어떻게 관계 맺기 할 것인가 차분히 고민해볼 여유도 없이 정부와 민간사회가 휘몰아치듯 밀고 나가는 것은 지극히 위태로워 보인다.

　특히 이것이 지방정부에 의해 주도되는 지역 문화산업 육성책으로 가게 되면 문제가 간단하지가 않다. 개발독재 모델에 의한 지역문화의 난개발과 졸속 문화상품들이 전 국토를 황폐화시키는 현실은 가히 목불인견의 지경인 것이다. 그렇다고 이렇다할 지역경제 활성화 방안도 딱히 없는 경우에는 더욱이 그러한 문제제기가 가당치 않게 여겨질 것이니, 이러한 개발과 발전주의 논리를 어떻게 극복할 것인가를 이제 근

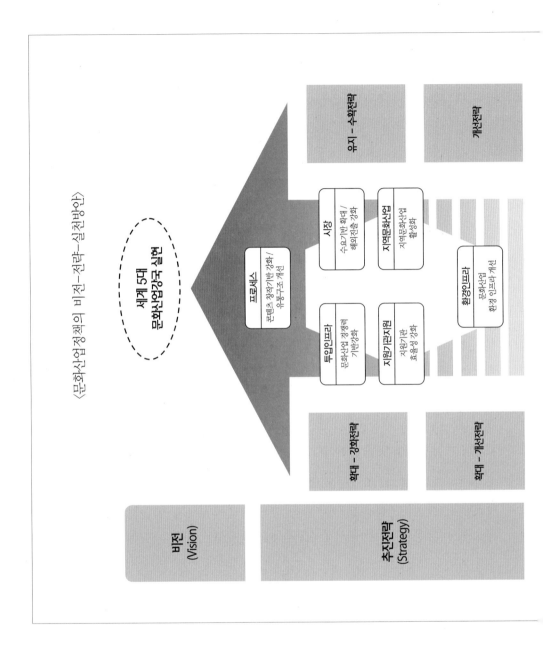

〈문화산업정책의 비전-전략-실천방안〉

세계 5대
문화산업강국 실현

프로세스
콘텐츠 창작기반 강화/
유통구조 개선

시장
수요기반 확대/
해외진출 강화

지역문화산업
지역문화산업
활성화

환경인프라
문화산업
환경 인프라 개선

투입인프라
문화산업 경쟁력
기반강화

지원기관지원
지원기관
효율성 강화

유지 - 수확전략

개선전략

확대 - 강화전략

확대 - 개선전략

비전
(Vision)

추진전략
(Strategy)

실천방안 (Action Plan)				
투입 인프라	인적 인프라	창의적 인력양성 시스템 구축	• 문화산업대학원 설립 지원을 통한 핵심 전문가 양성 • 문화산업 인력개발센터 설립 운영 • 문화산업 아카데미 연계강화 및 통합추진	
	기술 인프라	문화콘텐츠 기술 및 컨텐츠디자인 인프라 구축	• CTI (Content Technology Institute)설립 • CDC (Content Design Center) 설립 운영	
	금융 인프라	금융지원 및 투자인프라 개선	• 완성보증보험 도입, 네트컨텐트 별적 근거 마련 및 투자사 보증방안 강구 • 문화산업진흥기금 지원제도 개선	
프로세스		콘텐츠 창작기반 강화	• CRC (Culture Research Center) 중심 콘텐츠 창작기반 구축 (기획/창작/역량 증진 및 다원성 제고	
		유통구조 개선	• 유통시스템 현대화 및 물류센터 구축 • 유통채널 확대	
시 장		문화콘텐츠 수요기반 확대	• 문화산업 소비 및 제작 기반 확대 • 문화산업에 대한 인식전환	
		문화콘텐츠 해외진출 역량강화	• 해외진출 역량강화 • 해외진출 네트워크 구축	
환경 인프라		문화산업 환경인프라 개선	• 문화콘텐츠 저작권 관리시스템 구축 및 저작권 보호체계 강화 • 법제도 및 세제 개선	
지원기관 지원		지원기관 효율성 강화	• 문화산업 지원기관 기능조정 • 문화산업 지원기관 협력시스템 구축	
지역문화산업		지역문화산업 활성화	• 지역문화산업육성 전달을 위한 네트워크 구축 • 지역문화산업클러스터 친밀로 전환 • 지역 영상미디어센터 건립	

〈문화산업 정책의 VSA(비전-전략-실천방안), 문화관광부, 2004. 5.

본적으로 사고하지 않으면 안 되게 되었다.

해외네트워크 구축이라는 것도 그렇다. 각 민족국가나 지역에 조심스럽게 접근하여 그 역사적 과정과 사회가 갖는 특성에 대한 이해를 충분히 거친 상태에서 어떤 관계선들을 집적해 이룰 수 있는 것이 해외연계망일 것이다. 그런데 그것이 마치 무슨 국제회의나 이벤트 한번으로 당장 이루어질 것 같이 엄청난 돈을 들여 대대적으로 불러 모으는 식의 국제회의가 한해에도 수십 번 열린다. 지역마다 해외의 도시와 교류협정을 맺느라 혈안이 되어 있고, 대학은 대학대로 너나없이 이중삼중으로 겹쳐든다. 그런 교류바람 속에 기회를 잡아 한몫 잡아볼 심산인 것이니, 이 뒤엉킨 사태를 어디서부터 어떻게 풀어나가야 할지 난감한 실정이다.

문화산업의 조기출산이 낳을 이후의 사태를 생각해 보건대, 지금이라도 정부의 입지에서 검증과 피드백을 근본적으로 고려해야 할 것이다. 문화를 산업화한다는 것이 도대체 어떠한 의미인가를 정부와 업계 모두가 심도 있게 고민해보는 계기를 가졌으면 하는 바람이 간절하다.

문화산업 진흥전략이 놓치고 있는 것들

위에서 지적한 바와 같이 문화산업에 대한 정부의 전략기조는 산업자본의 규모 확장과 경쟁력 강화에 중점을 두고 있다. 문화산업은 담론, 소리, 영상, 예술, 그리고 사회구성원인 인간에 의해 획득된 모든 다양한 능력과 습관을 생산하고 상품화하는 산업 활동이면서도 문화의 특성을 여러 가지 측면에서 가지고 있는 산업 활동이다. 문화산업이란 우리가 문화라고 부르는 것에 속하는 재화들을 대량으로 재생산해낼 수 있게 하는 기술을 포함한다. 영상, 음악과 언어는 전통적인

재화에 속하지만, 영화나 녹음된 음악매체의 생산, 책과 잡지, 사진, 광고, 공연, 관광 등은 문화산업에 포함되는 것이다. 이러한 문화산업은 하부구조와 매체, 내용(콘텐츠)을 포함한다. 새로운 커뮤니케이션 기술의 발달은 매체의 급속한 변화를 가져왔다. 콘텐츠는 인간의 종교·교육·음식·예술·놀이 등의 행위와 믿음들 같은 문화의 요소들, 그리고 혈족·가족·정치집단의 규칙과 같은 사회적 연관들까지도 대상으로 삼는다. 특정한 지역과 역사 속에 뿌리내린 고유한 문화 정체성은 그 속에서 지속적으로 일정한 글로벌스탠다드의 형태로 갱신되며 신상품으로 개발된다. 따라서 문화산업은 문화와 산업, 지역과 세계, 과거와의 연계와 산업적인 혁신 사이의 열린 공간에 위치한다고 할 수 있다.[15]

참여정부가 내걸고 있는 문화국가의 상과 문화산업 세계 5대 강국의 목표는 어떻게 같고 다른가. 문화관광부는 '창의한국'이라는 새로운 문화입국의 상을 제시하고, 그 한 부분으로서 문화산업을 편제했다. 그러나 위의 전략기획에 따르면 '창의한국'이라는 문화혁신의 기치는 문화산업의 활성화에 필요한 콘텐츠의 확보를 위해 문화예술 창작력을 제고하고자 하는 방법론적 의미가 더 강한 것으로 파악된다.

최근의 경제위기와 자원의 부재라는 조건 속에서 보면 문화산업 강국의 국가기획은 타당할 수 있다. 그러나 그 전에 확인하고 넘어가야 할 것들이 있다. 문화의 산업화라는 점에서 문화의 현실이 부수적인 차원에서 처리되고 있는 실정이 문제인 것이다. 우선 가장 중요하게 지적되어야 할 것은 문화예술은 문화산업의 콘텐츠를 다량으로 확보하기 위해 육성되어야 하는 산업적 재화가 아니라는 것이다. 그럼에도 우리 사회는 순수 문화예술의 기술적 재생산, 대량의 문화상품화를 위해 혈

15_ 장 피에르 바르니에/주형일, 《문화의 세계화》, 한울, 2000, 31쪽.

안인 된 듯 오나가나 콘텐츠 타령이다. 이런 지경에서 세계시장으로의 진출이라는 소용돌이에 휘말린 수많은 문화적 재화들 가운데, 새롭게 이루어진 문화예술의 성과는 물론, 전통문화의 운명 같은 것은 거론할 계제가 되지 못할 정도이다.

전통문화를 바로 세우는 것은 우리가 문화적 정체성을 이루어온 과정에 대한 이해와 그것의 올바른 계승이라는 점에서 중요하다. 거기에는 사회적 관계에 따른 갈등과 극복의 역사적 양상들, 창조적 문화전통과 지배문화의 남상(濫觴)들이 혼재되어 있다. 따라서 그 맥락을 잘 헤쳐내고, 전근대시기에 이루어진 문화의 박제화 과정을 잘 갈라쳐내야 새로운 문화구성에 이를 수 있다. 특히 우리처럼 외세에 의해 불운한 과거를 가진 민족국가의 경우 세계사적으로 소외되어 왔기 때문에, 이러한 민족적 특성들을 바로세우는 작업은 민족사의 정통을 만들어가는 작업에 다름 아니다. 그러나 작금의 우리 사회는 한국적인 것이라면, 그래서 상품화될 수 있는 것이라면 어떤 성격을 갖는 것이든 끄집어내어 새롭게 제작하느라 정신이 없다.

첫 번째 난맥상은 고장의 문화판촉에서 두드러진다. 지방경제의 불균형발전에 따라 지방정부들은 자체의 사회적 생산력을 갖지 못하는 어려움을 극복하고자 관광산업과 요식업, 이른바 공간의 문화판촉에 눈을 돌린다. 이를 위해 지방마다 유형무형의 문화재를 되살리느라 이런 법석이 따로없다. 무분별한 도시화와 난개발에 마구잡이 문화재 개발, 문화공간의 복원과 증축으로 지방은 몸살을 앓고 있는 것이다. 거기서 지배문화, 민중문화 할 것 없이 돈 될 만한 것은 전부 문화 특색 상품으로 개발되고 포장된다. 이 지경에서 민족문화 발전의 주된 맥락이나 진정한 문화적 정체성은 거론하기 조차 힘들게 되었다. 21세기에 접어들어 한국이 어떻게 문화생산력과 문화생산성을 갖게 되었느냐를 놓고 내재적 동력을 규명한다거나 그 문화의 역사적 특성을 논하는 것은 더더욱 어려워졌다. 그런 논의는 국가주의와 상업주의 앞에 무력하기 마련이고, 오히려 그들과 타협할 수밖에 없는 실정이 된 것이다. 지방정부가 역내 경제수지를 위해 영화와 TV드라마 촬영지 유치에 혈안이 되어 있는 현실은 문제의 심도를 잘 말해준다. 전통의 상업화와 삶의 구경거리화[16]를 위해 국토가 전면수리중인 목불인견의 현실인 것이다.

둘째, 산업사회에 내재된 논의 또한 몰이해 혹은 함구에 붙여진다. 시장의 법칙에 복종하면 할수록 문화산업은 점점 더 한 곳으로 집중되기 마련이다. 문화산업의 규모를 키우고, 구조개혁 속에서 투자조건을 확보하고, 제도와 법률정비를 서두르고, 무엇보다도 업계에서 새 품종을 개발할 수 있도록 국고지원을 하는 등 안간힘을 기울인다. 이는 세계 문화산업 대열에 끼어들고자 하는 욕망이다. 그러나 그것은 미국에 의해 만들어진 단일한 문화모델 선상에서 미국의 의도에 순응하며 편제되는 과정이기도 하다. 그러나 우리 사회는 그 문제를 성찰해보려고 하지도 않는다. 문화산업의 생산은 찰나적이고 끊임없이 갱신되지 않으면 안 되는 특성이 있어 위험부담이 클 수밖에 없다. 따라서 기업은 이러한 위험을 소규모 생산회사나 일시적인 회사들로 분산시키거나 텔레비전이나 라디오 등 대중매체에 잘 어울리고 고정관객을 확보하고 있는 저자·예술가·생산자들에게만 집착하여 이들만을 상품화한다. 이것이 프로스포츠·정치·예술의 상품화이고 미디어가 스타를 제조하는 과정인 것이다. 이른바 스타시스템. 콘텐츠 생산에서의 전문적 관계는 매체 생산 분야에서의 전문적 관계와는 다르다. 믿을 만한 스타는 곧 흥행보증수표로서 문화산업의 모든 콘텐츠가 오직 스타를 통해서만 생산될 수

16_ 문화산업에 의해 포착되자 마자 예술, 스포츠, 종교, 정치적 행위, 종교행위들조차 구경거리로 변모한다. 교황의 순방이나 티베트인들의 오체투지, 올림픽 경기, 선거운동 등이 그렇다. 그리고 지역의 특수한 문화가 거대 문화산업 안에서는 자신들의 이채로움과 분노나 갈등이 거세된 몰가치적 행위들로 제조된다. 그럼으로써 전통화라는 문화적 정체성의 확보과정과 그것의 새로운 정합과정에 대한 문제, 인간적 문화적 가치창출과 같은 문제는 결코 전달되지 않는다. 다만 미소와 볼거리 등의 상품적 가치만이 산정된다.

있는 스타시스템이 그대로 문화산업의 생산체계가 되는 것이다.

최근 배용준에게 TV드라마 한회 분 출연료로 1억 원이 제시되었다는 말은 우리 문화산업의 어정쩡한 스타시스템의 현주소를 그대로 보여준다. 음악 산업에서 비주얼한 댄스가수들에 치중한 음반 발매형태 역시 그렇다. 또한 음악이 아니라 상업광고나 TV에 의존하는 가수들의 생존양식 — TV드라마 주제곡, 상업광고 모델, 드라마 배우로의 변신 등 — 은 스타시스템의 허구성을 여지없이 드러내준다. 그런데 우리의 스타시스템은 미국이나 일본과 같이 체계적이지도 않다. 기획사와 이른바 스타 사이의 기형적 관계에는 전근대성이 내재되어 있다. 음악 산업에서 제작비와 홍보비가 같은 비율을 유지하고 있는 것은 스타의 기획사 의존성을 말해준다. 음악성이라는 실력이 아니라 제조된 소비성 스타 양산체계의 문제를 그대로 드러내주는 것이다. 매체기기산업에서 영화 및 음악산업을 거쳐 영상산업이나 음반산업으로 전화한 미국이나 일본의 거대 문화산업체들이 세계적으로 지배력을 관철해나가는 속에서 한국과 같은 전근대적 문화산업체계는 좋은 먹잇감이다. 자본의 세계화와 문화의 세계화 속에서 한국 문화산업은 이들 세계 문화산업이 요구하는 글로벌스탠다드를 위해 그들의 요구를 수렴하게 될 것이다. 그리하여 한류가 지금 이들을 떨치고 나아가는 것 같지만, 실은 그 구조 속에 정확하게 안착되는 체계화의 과정을 밟아나가고 있다는 것은 사실로서 입증될 것이다.

또한 이 문제는 문화의 세계화라는 말의 허구성을 노골화한다. 문화가 산업화되면 될수록 상품화된 문화적 재화들이 지구 전반에 고루 분배되는 것이라고 문화의 세계화를 이해한다면, 그것은 순진무구하고 어리석은 일이다. 산업화된 문화의 세계적 유통은 국가 간, 그리고 한국가 안의 사회적 계층 간의 가공할 불평등의 문제를 드러내준다. 매체의 발달은 매체가 발달하지 못한 지역에 대한 공간적 거리를 시간적 거리로 치환함으로써 세계의 문화적 불평등구조는 지역-국가-지방 내에 심화되고 있다.

서구에 의한 문화적 패권과 지배에 의해 수천 년의 문화 세계를 일구어온 동아시아 전체가 문화적 낙후지역, 야만으로 내몰린 기막힌 역사를 굳이 떠올릴 것도 없을 것이다. 이제 동아시아에서 일본에 이어 한국이 자체의 문화적 생산력을 좀 가졌다고 해서, 그것이 세계적인 문화시장의 확산과 지역화에 따라 동아시아 지역 내에 유통되고 소비된다고 해서, 문화산업의 가능성을 산업 가치 차원에서만 논할 수는 없는 일이다. 경제대국 일본이 문화 수준을 평가받지 못한 굴욕감을 이겨내고자, 한편으로 세계의 거대 문화산업들을 인수합병하고 다른 한편으로는 미국 모조품형 일본 문화상품들로 아시아를 석권하였던 그 경로를 따라 우리도 한번 따라가 보자는 심산인가. 아니면 지난한 근현대의 파국을 돌파하며 생성된 우리의 문화적 역동성으로 세계 속에 새로운 문화판도를 구획해나가야 할 것인가.

일본의 문화산업 패권은 미국의 허용과 세계적인 문화산업 총량의 확대와 시장개척의 의도 하에 가능한 것이었다. 〈포켓몬스터〉 역시 미국의 배급통로(디즈니)를 통해 세계에 전달되었던 것이고, 매체기기산업에서 음반산업과 영상산업 등 문화콘텐츠산업으로 전화하기까지 미국의 인수합병 프로그램에 순응해가야 했다. 그렇다면 이제 우리가 문화산업 대국을 꿈꾼다는 것은 이러한 세계 문화시장의 논리에 그대로 순응한다는 의미일 터이다. 일본 문화시장 개방에 이어 세계 문화시장에의 개방이 필연적이라고 한다면, 그것은 다른 것이 아니다. 우리가 투자조합이니, 국고 지원이니 하며 투자의 위험부담을 더는 동안 '차이'를 상품화하는 세계적 문화산업의 기획력과 자본력은 우리 문화산업에 침투하고 말 것이며, 그들이 곧 문화자본의 인수합병을 추진해내면서 우리 문화산업을 장악해나갈 것은 자명한 이치인 것이다.

스크린쿼터를 바라보는 우리 사회 시각의 편차, 그것은 미국의 신자유주의 세계화에 의존하는 경제프로그램 휘하에 있는 이른바 세계화론자들만이 문제가 아니다. 한류를 통해 꿈꾸는 문화대국의 욕망이 바로 스크린쿼터라는 자국 문화와 문화산업 수호의 최후의 저지선을 무너뜨리고 있다는 사실을 망각해서는 안 될 것이다.

문화산업은 문화상품의 생산과 유통, 소비라는 산업적 과정 속에 있다. 그러나 본질적으로 문화는 정신적 산물이고 서비스라는 3차산업에 해당한다는 점에서 이것이 수용자 혹은 소비자층에 어떻게 향수되는가, 이윤 차원이 아니라 문화적 행복지수가 기본적으로 고려되지 않으면 안 된다. 우리의 관심은 문화상품 수출 총량이라는 수치가 아니라 우리의 문화상품이 어떤 경로로 만들어지며, 해당 국가나 문화 수요자에게 어떻게 수용되며, 그것이 어떤 가치를 생산하는가에 놓여져야 하는 것이다. 이제 상품적 가치가 없는 문화는 주변으로 밀려나거나 소멸 위기에 놓인다. 발리가 발리춤과 아름다운 해변을 가진 관광지로만 기억되듯이, 하와이가 조개껍질 목걸이와 춤으로만 소환되듯이, 문화는 삶의 역정이나 장구한 세월 속에 형성된 민족정체성이 아닌 상품화된 형태로만 세계에 각인될 것이다. 미국 문화산업의 패권주의가 세계 문화의 다양한 발전의 역사와 현실을 글로벌스탠다드로 환치시키고, 문화의 비대칭적 지배구도를 확산 심화해가는 반문화적 역정을 우리가 그대로 답습해갈 것인가. "우리 영화가 죽으면 우리의 정신이 죽는다!"

스크린쿼터 사수를 위해 우리 영화인들이 외쳤던 구호는 비단 우리에게만 절절한 것이 아니다. 우리가 대상으로 하고 있는 동아시아 각국의 문화인들 역시 자국의 문화가 정체성을 형성하며 오늘에 이른 과정을 소중하게 기억하며, 그 문화적 현실 속에 살아있다. 미국과 일본에 이어 또 다시 한류의 상륙이라는 현실을 맞아 각 민족국가 내에 미치는 사회적 파장과 지역 내 파장을 두루 살펴보면 우리의 다음 행보를 가늠해볼 수 있을 터이다.

셋째, 제작 단계부터 프로세스를 중요시함으로써 문화산업을 장기적으로 발전시키기 위한 기본 인프라 구축을 강조하고 있지만, 여기에도 가치측면의 고려가 없이 문화콘텐츠화에만 무분별하게 집착하고 있음을 지적할 수 있다. 우선 투입인프라–프로세스–시장이라는 각 단계의 조정국면에서 문화산업을 뒷받침해줄 기초 지식산업에 대한 정책적 고려가 없다. 그리고 문화산업에 대한 정부의 예산이 갈수록 증가되는 추세에 이를 효율적으로 배분하고 있는지에 대한 의문이 있다. 앞의 표를 보면 인적 인프라의 구축도 문화산업 전문인력 배양이라는 기능적 차원에 한정되어 있는 것을 알 수 있다. 콘텐츠가 몰가치적이라는 문제제기는 흔히 '여지껏 그래왔듯이 열심히 잘 만들면 된다'는 생각이나, 대학에서의 디지털 문화콘텐츠 교육, 혹은 '문화예술 교육의 제도화'의 문제로 환치되기 십상이다. 입시미술·입시음악을 전담하는 학원을 다니지 않으면 대학 문턱에 들어서기조차 힘든 판국에 창의한국의 미래가 어디에 있다는 것인지 참으로 답답한 노릇이 아닐 수 없다. 경쟁우위의 조건이 되어버리는 이른바 특기들이 창의적인 문화예술 행위를 감당해낼 수 없음은 자명하다. 거기서 닫힌 창의성들은 기형적이고 음성적인 문화터널, 이를테면 만화·아니메 매니아층이 강고한 일본문화의 소비구조를 구축한다거나 연예스타 등을 만들어낸다거나 하면서 문화적 생산행위를 대체한다.

인터넷문화의 발달은 때로는 저급하고 천박한 문화의 유통장소가 되지만 다른 한편 쌍방형적 소통을 통해 카피레프트적인 생산의 문화를 만들어가기도 한다는 점에서 문화적 생산욕구의 하나의 돌출구는 있는 셈이라고 할 수 있다. 그러나 최근 저작권법의 성립으로 유일한 문화생산의 진지조차 차단당하고 있는 현실에서 문화콘텐츠의 생산은 스타시스템에 의해 비슷한 유형으로 제조되기 십상이다. 최근 한국 TV 드라마에 대해 동아시아에서 단조롭고 식상하다는 평가들이 제기되는 것은 문제의 지점을 정확하게 짚어준다. 다른 한편으로는 문화콘텐츠의 고갈 문제를 해결하기 위해 문화산업 전문인력에 의한 콘텐츠 포획이 이루어질 것이다. 그 대상은 한국만이 아니라 동아시아 혹은 세계의 모든 다양한 다질의 문화가 된다. 문화를 상품적 가치로 전화시키기 위한 에스닉(ethnic)과 글로벌함의 결합이 이루어지고 월드 문화상품들이라는 혼종교배가 일어나는데, 그러나 그 산품들은 정확하게 글로벌 스탠다드라는 기준에 맞추어 제조될 것이다. 그것이 미국의 세계적인 문화시장 질서를 지배하는 원리임은 말할 나위가 없고, 한국문화는 그 아류로서 세계 문화산업의 서열화에 정확하게 등재될 것이다.

넷째, 문화산업 육성방안은 대개가 업계의 규모를 키우고 이익을 극대화시키는 데 목적을 두고 있는 것으로 보인다. 세계 문화시장에서 버티기 위해서는 자본력이 있는 문화산업 업체만이 살아남을 수 있을 것이고, 그러기 위해서는 규모를 확장하는 것이 필수적이다. 이른바 글로벌화라는 표준은 그런 점에서 중소기업보다는 경쟁력을 갖춘 대기업 중심으로 재편될 수밖에 없을 것이다. 미국과 일본의 문화산업 업체들의 거대한 규모는 끊임없는 인수, 합병에 의한 것이다. 정부가 지금은 우리 업체들의 영세규모에 대한 문제인식 속에서 다만 벤처성에 주목하여 그 육성방안에 주력하고 있다.[17] 하지만 문화산업의 경쟁력 강화를 위해서는 거대화를 추동할 수밖에 없는 현실에서 CJ엔터테인먼트, SK텔레콤과 같이 자본력을 갖추고 글로벌규모로 성장할 가능성이 있는 대기업으로 흡수통합 될 여지가 얼마든지 있다 하겠다. 실제로 제작투자나 유통배급망은 거대화하고 블록버스터형에 투자가 집중되고 있다. 이미 높아진 제작비는 물론 홍보비 등으로 인해 130만 관객의 박스오피스를 기록해도 적자가 나는 현실은 향후 보다 큰 인수합병과 문화시장 개방을 예고하며, 그에 따르는 세계 문화산업 자본으로의 편입 또한 쉽게 전망되는 바인 것이다.

진정한 문화산업 육성방안이라고 한다면 문화산업 규모의 육성도 체계화된 시스템의 구축이라는 차원에서 고려되지 않을 수 없는 측면이 있지만, 그보다 더 본질적인 면을 돌아보아야 한다. 창작자의 창작환경 개선, 곧 창작의 원천을 보호하고, 그 환경구조 개선에 집중해야 제대로 된 문화콘텐츠들이 생산될 수 있기 때문이다. 또한 저예산이라 하더라도 문화산업의 특성을 충분히 살릴 수 있는 완성도 높은 산품들을 만들어내기 위해서 다양한 규모의 문화산업의 규모들이 자기 토대를 구축하고 저변을 확대할 수 있어야 한다. 그런 가운데, 상호발전할 수 있는 건전한 생산제작시스템을 갖추고 독자적인 배급유통망을 확보하기도 하는 다양한 발현과 유통시스템을 만들어가야 할 것이다.

다섯째, 차세대 문화산업인 디지털콘텐츠산업을 육성하는 문제이다. 정부는 이를 집중적으로 육성하기 위해 37억의 국고를 쏟아 붓고 있다. 그것은 현재 ▲모바일콘텐츠(DMB) 관련 전문인력 양성 및 연구

17_ 육성방안의 대강은 다음과 같다.
① 우수 인터넷·모바일콘텐츠 제작지원, 선택과 집중을 통한 진흥정책의 고도화
- 브로드밴드용 멀티미디어콘텐츠 등 첨단 유망 콘텐츠 중심
- 수출전문에이전트의 활성화를 통한 영세 우수CP의 집중지원
- 모바일 테스트베드 기능확장 추진
- 신규 단말기 적시 구입, MMS 테스트 시설구비, 해외시장정보 매뉴얼 제작 등
② 공정경쟁환경 조성 등 CP의 권익보호를 위한 각종 기술·제도적 지원방안 강구
- 이동통신사와의 불평등 구조 개선, 다양한 과금방식 개발, 유통채널의 다양화 등

DMB와 모바일콘텐츠

DMB는 Digital Multimedia Broadcasting을 가리킨다. 음성·영상 등 다양한 멀티미디어 신호를 디지털 방식으로 변조, 고정된 수신기는 물론 휴대용·차량용 수신기에 제공하는 방송서비스를 가리킨다. 특히 휴대전화를 통해 TV를 고화질로 수신할 수 있다는 점이 DMB에서 강조되는데, 따라서 '손 안의 TV'라고 불린다.

18_ 〈한겨레〉 2005. 5. 28.

사업 추진('04~) ▲DMB콘텐츠 제작 및 기술개발('05~) ▲독립 제작사·PP 등의 DMB용 디지털 프로그램 제작 및 운용기술 개발(문화산업기금) ▲기획성·독창성이 우수한 DMB용 방송프로그램 제작비(문화산업기금, 국고) 등을 지원하고 있다. 새로운 방송매체인 DMB 콘텐츠시장 창출 지원으로 방송콘텐츠시장의 균형발전을 도모하고 신규 고용창출 효과를 내고자 하는 것이다. 아울러 DMB 도입으로 인한 채널의 확대에 따른 고품질 DMB용 콘텐츠의 원활한 공급을 추동하고 있다. 그러나 정작 문화산업의 기반에 해당하는 이른바 OMU(One Source Multi Use)가 가능한 문화산업(출판·만화·음반 등)을 동시에 발전시킬 수 있는 대안이 마련되지 않으면, 이러한 모바일콘텐츠산업의 생명력은 유지될 수 없다는 점에서 이에 대한 대책마련이 요구된다.

그런데 SK텔레콤이 최근 이동통신 사업의 부가가치를 높이기 위해 영화·음악·드라마·오락 분야의 콘텐츠 확보에 적극 나서고 있고, 이동통신 가입자에게 매출 올리기에 적당한 콘텐츠 공급업체(음반업체 YMB서울 등)를 잇달아 인수하고 콘텐츠 제작에도 참여하고 있는 바와 같이 DMB산업을 대기업이 주도, 콘텐츠 공급업체를 인수하고, 펀드를 만들어 대규모 콘텐츠 제작에 참여하는 것은[18] 꼭 바람직한 것이 아니다. 규모와 체계라는 점에서는 의미가 있지만 독립 단위들에 의한 다양한 콘텐츠 제작의 가능성을 박탈함으로써 장기적으로는 창조적인 내용 창출을 저해할 것이 자명하기 때문이다.

출판의 경우 출판단지 조성, 국제도서전의 개최 및 주도적 참여 등의 사업을 통해 출판산업의 발전을 도모하고 국민 독서환경 조성에 기여하는 한편 한국 출판산업의 해외 진출 토대를 마련하고자 한다. 그러나 21세기 지식기반 확충과 21세기 지식경영 마인드를 고취시킨다는 출판산업 육성책은 정작 흥미 위주 도서와 수험용 도서가 출판도서 시장을 장악하고 있는 현실 문제를 해결해내지는 못하고 있다. 이는 기본적으로 교육정책과 문화정책이 함께 추진되어야 할 문화적 공공성의 확보 문제로서, 출판 내수시장의 창출은 곧 책 읽는 문화풍토의 조성에 의해서만 가능할 터이다. 출판단지 조성이 출판산업 및 관광산업 발전 등 유무형의 경제적 부가가치 및 시너지 효과 창출을 할 수 있다는 기대 이전에, 어떻게 대다수 국민이 입시교재와 영어 등 언어교재로부터 해방되고 스스로 문화적 감수력을 높이는 문화수요를 창출할 수 있을까를 근본적으로 사고하지 않으면 안될 것이다.

정부는 음악 산업에 있어서도, 영세한 자본과 낙후된 국내 음반 유통구조를 개선하고 음반 물류비용 절감으로 가격 경쟁력을 높이고자 중앙음반물류시스템을 구축해나가고 있다. 아울러 온라인 음원 집중관리시스템을 구축, 음악관련 권리의 효율적인 관리로 음악 저작물 이용자의 편의를 도모하고자 한다. 제작자의 수익이 보장되는 콘텐츠 가격과 유통구조를 정착시키고, 투명한 징수·분배 시스템 운영으로 온라인 음악시장의 기반 활성화를 꾀하고 있다. 이는 온라인 음악시장질서의 확립과 함께 짝을 이루며 추진되고 있는데, 그러나 이것은 기본적으로 온라인에서의 음악정보교류에 대한 새로운 합의를 도출하는 차원으로 나아가지는 못하였다. 오히려 음반산업의 문제를 소비자에게 전가시키는 방식으로 저작권을 전가의 보도처럼 휘두르며, 비영업성 음악교류를 통한 문화수용의 가능성을 차단하고 있다. 철저하게 자본의 논리하에 자유로운 문화소통의 흐름을 차단하는 우를 범하고 있는 것이다.

유통시스템의 현대화는 음반 산업에 있어서 무엇보다 중요하다. 음반 유통시에 반복되는 편법과 관행들, 밀어내기와 무자료거래, 선급금

컴필레이션 음반
여러 가수의 히트곡을 한꺼번에 모아(compile) 편집한 앨범을 말한다.

등의 문제는 시급히 개선돼야 한다. 그리고 ▲대형 할인매장과 인터넷 판매로 인해 음반 소매상이 속속 문을 닫는 문제 ▲컴필레이션 음반의 제작 남발로 인한 다양한 음반판로가 막힌 점 ▲불법복제 음반에 대한 규제 ▲음반 도매상의 위치 규정 ▲음반유통 마진에 대한 공정액 기준 설정 ▲음반에 대한 적정 정찰제 도입 등은 속히 마련되어야 한다. 그러나 더 중요한 것은 음반업계가 댄스음악 위주의 비슷한 판박이 제품들을 양산하는 음반 산업 자체의 제작 행태에 있다. 그리고 제작비 이상으로 홍보비에 치중하는 기형적 생산구조도 근본적인 문제가 있다. 이 점에서 온라인에서의 다양한 음악교류가 음악 산업의 발전을 저해했거나 그로 인해 음악 산업이 사양일로에 있다는 판단은 납득하기 어려운 것이다.

이에 세대별 계층별로 다양한 문화 수요층을 향한 다원적인 음악 생산과 공연문화의 활성화가 요구된다. 그리고 무엇보다도 영상미디어 산업에 의존한 음악산업의 한계를 극복하고, 인터넷 매체의 발달에 따른 온라인 시대에 음원산업이 적응해가는 시도가 중요하다 하겠다. 공연문화의 활성화는 다양한 인디문화의 소통구조를 열어내는 측면에서도 중요하다. 음악 수용층의 요구가 급변하고 수준자체도 제고되고 있어 립싱크에 의한 비주얼음악으로 승부하기에는 한계가 있다. 대중음악 산업에 대한 근본적인 발상의 전환이 요구되고 있는 것이다. 그것은 또한 보아와 같은 국제적인 기획상품들이 양산되고 있는 실정에서, 이를 따라 또 다른 보아를 만들어낼 것이 아니라 음악사업 본연으로 돌아가 본격적인 음원의 수준으로서 승부를 할 것을 요구하고 있다. 그것은 라이브 공연문화와 클럽문화의 활성화 방안 등을 통해서 정면돌파 방식으로 추동되어야 할 것이다.

이러한 문화산업의 기본분야들이 활성화될 때, DMB산업 또한 새로운 콘텐츠의 개발을 해낼 수 있다. 따라서 기능적이고 단선적인 차원이 아니라, 근본적으로 기본 문화산업의 토대를 굳건히 구축해내는 일에 중점을 두어야 할 것이다.

여섯째, 위의 문제와 관련하여 가장 첨예하게 부각되는 것이 지적재산권 문제이다. 문화의 세계화 시대에 지적재산권의 문제는 매우 중요한 사안이다. 중국에서 각종 한국 문화상품들이 불법복제 되어도 중국 정부의 자체 정비만을 기다리는 실정이다. 동남아권에서는 대만과 홍콩을 통해 TV 드라마의 방송권을 구입해가는 상황에도 속수무책이다. 그러나 우리 방송계에서 기획 내부에도 근본적인 문제가 있다. 독립프로덕션의 경우, 한국에서의 TV 방영권 말고는 여타의 영상산업에 대한 권한이 주어지지 않는다. 방송사로부터 일방적인 기획과 제작방향 등이 하달되어, 시청률만을 잣대로 하는 흥미위주의 작품 제작에 매달릴 수밖에 없다. 그런 점에서 지적재산권의 권한과 이행은 많은 문제점을 안고 있다.

이는 영화 제작에 있어서도 대형 블록버스터 영화 제작에 투자가 몰리고 독립영화나 예술영화 등은 존립하기조차 힘든 상황을 대변해주는 문제이다. 지적재산권을 창출할 수 있는 독립적 문화생산 단위들이 지적 생산권을 행사할 수 있는 기회조차 주어지지 않거나 그렇게 될 가능성에 노출되어 있다는 것이다. 이는 지적재산권을 수호하는 문제의 근본을 이룬다고 하겠다.

오히려 요즘 사회문제가 되는 것은 온라인상에서의 영화나 음악들의 불법복제에 대해 정부와 업계가 거의 토벌에 가까운 실력행사를 공모한 것이다. 영화의 경우 온라인상의 문제보다는 신용카드사나 통신

사들이 대납을 하는 식의 기형적인 영화 수요 형태를 정상화하는 일이 선결돼야 할 것이다. 영상산업에서 부수효과들을 지적재산권 차원에서 보호하고 산업화하는 것은 더욱 중요해지고 있으며, 이는 세계적인 추세이기도 하다. 이에 대한 대응책을 구조적으로 마련하는 정책적 산업적 배려와 준비가 보다 시급하다고 하겠다. 음악의 경우는, 음악성만 있다면 부수적 가치 창출이 음원이나 음반산업을 활성화하는 데에 오히려 기여할 수 있다. 따라서 이를 수용할 수 있는 구조전환이 필요하며, 무분별한 저작권법 관철은 오히려 역작용만 일으킨다는 것을 분명히 인식해야 할 것이다. 음악이 좋으면 음반을 소장하고자 하게 마련이다. 또 통화연결음으로 음악을 내려받는 등 음원에 의한 수익창출도 더욱 높아지고 있는 것이다.

일곱째, 비주류 문화들의 생존공간이 없는 문제이다. 문화콘텐츠가 강조되면서 최근 인디밴드들의 공연장이 만들어지는 등 비주류문화에 대한 관심이 조금씩 높아지고 있기는 하다. 그러나 이것도 문화의 일상화된 영역에서가 아니라 이른바 정부의 시혜나 이벤트 수준에서 진행되는 관제적 성격이 강하고, 그런 점에서 실적 위주의 측면이 강조되는 등 많은 문제점을 노출하고 있다. 비주류문화의 활성화는 특유의 수용층을 다양하게 존립시키면서 작지만 독자의 문화시장을 가지면서 공존할 수 있는 환경을 만들어나가는 일이다. 이는 우선 자생성이 표출될 수 있는 생존조건이 확보될 때 가능한 일이다. 무분별한 투자지원 속에서 국제경쟁력이라는 미명하에 업계의 이익에 근거한 문화산업 정책으로 독립 문화예술의 저변은 취약해지기 십상이다. 문화의 다양성이 확보되기는 커녕 그 이전에 그나마 있던 그룹들이 미리 실종되는 경우도 허다하다 하겠다.

이 밖에, 문화산업의 흐름을 정확하게 파악하는 제대로 된 통계조사가 더욱 향상되어야 한다. 아울러 문화산업의 세계적인 추세에 맞추어 주도적 역량을 강화하면서 중장기 발전방안을 모색할 수 있는 지속적이고 안정적인 연구 지반을 마련해나가는 것이 필요하다. 언론과 마찬가지로 통계수치들도 미국이나 일본의 리서치회사들에 의존하는 경우가 많은데 세계 문화시장의 동향이나 추세에 대하여 독자적인 리서치프로그램을 만들어가고, 그를 위한 토대구축 작업이 이루어져야 할 것이다.

연구사업의 경우는 대중문화와 순수 문화예술 연구 혹은 문화교류 연구 등 문화연구에 있어서 세계적인 담론지형과 비평지형을 포착하면서 독자적인 문화담론들을 창출해낼 수 있는 지원대책이 있어야 할 것이다. 현실문화연구나 역사적인 문화구성 문제, 문화정체성 문제 등의 연구에 있어서 언제까지나 해외이론에 접속하고 그것을 수용하고 의존하기에 급급할 수만은 없다는 점에서, 가능한 연구역량의 확보와 연구주제에 대한 책임 있는 추진 속에서 연구 성과들을 사회적으로 수렴할 수 있는 연구 지반들을 마련해나가야 할 것이다. 최근 한류의 파장을 둘러싼 문화연구에 있어서, 한국의 문화구성을 전근대와 근현대, 탈근대를 연속선에 놓고 한류의 역사성과 현단계를 문제삼으며 전망을 밝히는 기초조사와 토대연구가 심도 있게 이루어지지 못하는 현실은 우리 문화연구의 수준을 잘 말해주고 있다.

문화의 다양성과 문화산업의 상호발전을 위한 '한류시스템'

다시 한번 강조해두지만 문화산업은 업계의 이익을 최대화시키는

데만 목적을 두어선 안 된다. 경제효과를 극대화하는 부수적 장치여서도 안 된다. 또한 국가 이미지 개선을 위한 관제적 도구로 전락시켜서도 안 될 것이다. 중요한 것은 문화산업은 어디까지나 창작자에 의한 창작행위를 기반으로 하고 있다는 점이다. 따라서 우선은 작가의 창작환경을 최대한 개선하는 방향에서 근본적으로 사고되어야 한다. 또한 문화의 산업화를 긍정적으로 사고하면 고급문화, 양질의 문화를 다량으로 다양하게 대중이 향수하게 할 수 있다는 장점에 주목해야 한다. 수용자의 입장에서, 문화적 수용을 문화적 소비에 머물지 않는 문화적 생산 행위로의 전화 가능성을 놓고, 인간적 가치 생산에 기여한다는 가치지향성을 분명히 해야 한다. 그럼으로써 미국과 일본이 주도하는 세계 문화산업의 소비형 문화산업과 변별되는 한국형 문화산업의 상을 정립해야 할 것이다. 그리고 나서 할리우드의 스타시스템이나 일본의 현지 아이돌스타 시스템과는 다른 새로운 한류시스템을 구축해나가야 할 것이다.

한류의 흐름을 타고 우리 문화상품이 국경을 넘어 동아시아라는 지역사회에 파장을 일으켰다는 점에서 새로운 한류 문화 시스템이란 지역적 의미까지를 포괄한다. 우리 문화와 우리 문화산업의 경쟁력과 광대한 발전만을 위한 것이 아니라는 것이다. 시스템의 작동원리가 기본적으로 지역사회를 염두에 두면서 지역의 문화와 문화산업의 상호발전, 문화 다양성과 해당 국가의 자국 문화시장 보호를 추동해가는 것이다. 이를 위해 우리 문화와 문화산업의 기반을 제대로 확충하는 작업과 병행하여, 동아시아에서 공동의 문화와 문화산업 발전을 위한 공조시스템을 가동해갈 수 있도록 초기부터 지역화의 문제를 안고 가지 않으면 안 된다.

그런 점에서 한류시스템이란 동아시아를 문화시장으로 대상화하는 것이 아니라 공동의 문화생산과 문화교류, 각기 특색 있는 문화산업의 발전을 도모하는 다원공생과 호혜체계이다. 해당 국가와의 문화협정을 체결하고, 민간의 문화생산의 동력들이 소재한 지점을 발굴해내고 그것의 지속적이고 안정적인 발전을 문화 다양성 수호 차원에서 지원해가야 할 것이다. 우리 독립 문화 생산 단위나 문화산업 단위들과의 상호 공조시스템을 구축하여 동아시아를 세계 문화시장의 소비단위로 전락시킬 것이 아니라 아시아 지역의 생동하는 문화의 지평을 열어가야 할 것이다. 그런 점에서, 한류는 인간적 가치를 생산하여 새로운 문화산업을 일으키고 생산의 진지를 만들어가는 과도기적 과정이라고 할 수 있다.

한류라는 말 자체가 국가주의를 내재하고 있다는 점에서 많은 문제를 야기할 수도 있다. 그러나 바로 그렇기 때문에, 문제의 지점을 대면해가는 가운데 자기 정체성을 확인할 수 있고, 진정한 의미의 보편과 특수의 문제를 사고하게 한다. 한류가 건너가며 만들어낸 파장을 분명하게 바라보면서, 그 다른 파장, 이를테면 진짜 한류의 파장 또한 적시해 내야 할 것이다. 그리고 그로써 막연한 동아시아 지역성, 새로운 동아시아의 시대를 운운할 것이 아니라, 아래로부터의 새로운 상호 이해와 소통의 지반을 만들어가면서 공동운명체의 가능성들을 타진해나가야 할 것이다. 이를 위해 한류 혹은 한국이 가장 첨예한 문화산업의 문제로 시험대에 오르고 있다.

우리가 획득하고자 하는 지역성, 지역적 정체성이라는 것은 애매한 추상적 지역성이 아니라 새로운 관계 속에서 자기정체성을 확인하고 부단한 자기부정을 통해 관계상을 구축해가는 과정에서 획득되는 것이다. 그렇다고 한다면 문화의 세계화 시대에 문화의 본연에 충실하면서도, 가장 구체적인 모순을 함유한 문화산업의 지역화를 새로운 차원에서 고민해가는 것은 새로운 지역화를 그리는 비판적 상상의 한 경로가 될 것이다. 그것은 물론 아시아 경제의 발전과 문화수요자의 창출, 무엇보다도 아시아가 담지한 자체의 문화생산력과 문화생산성에 근거한 것임은 말할 나위가 없다. 일본과 한국, 혹은 한국과 중국이 자본 공조 체계로 아시아를 새로운 시장으로 재편해갈 것이냐, 새로운 문화적 지역성의 구현으로 아시아를 평화공존의 아름다운 문화세상으로 만들어 갈 것이냐의 갈림길에 선 지금, 그 선택은 오늘 우리의 결단에 달려있다. 자본이 아니라 문화생산 주체의 이름으로.

정부는 문화산업 경쟁력 강화방안으로 문화산업 정책과 체계구축 방안을 구체화하였다(오른쪽 표 참조). 이러한 방안은 문화부에서 2004년 5월에 제출한 문화산업정책구조에 근거를 두고 있다. 그런데 앞서 새로운 한류시스템 구축의 필요성을 역설한 바와 같이, 이런 방안들이 얼마나 한국적인 혹은 독특한 우리 문화산업의 특성을 반영하고 있는지는 판단해보아야 할 것이다. 얼핏 보아도 일반적인 수준에서 문화의 산업화 방안을 이제 구축하는 정도에 머무르고 있는 것으로 파악된다. 그리고 전반적으로 개선책이라고 하지만 일관성이 있는 것으로 보기는 어려운 측면이 있고, 그런 점에서 문제의 소지를 다분히 안고 있다.

한편에 검열제도의 완화가 있는가 하면(영화수입 추천제도 폐지와 외국음반 수입 추천제도), 다른 한편에서는 오히려 검열과 문화생산권의 침해가 심하다. '저작권 및 저작인접권 보호'나 '문화콘텐츠 건전 이용문화' 정립은 문화수용자의 입장보다는 업체의 이익을 보장하는 쪽에 서 있다. 자본의 논리에 의한 보다 강력한 검열과 유통제도인 것이

사 업 명 (주관부처)	조치사항	일 정
Ⅰ. 문화산업 발전을 위한 개선대책		
① 핵심인력 양성 체계 구축(문화부)	예산사업	'05년~
② 글로벌 전문가 양성(문화부)	예산사업	'05년~
③ 문화산업 고용통계조사 (문화부)	실태조사 실시	'04. 하반기
④ 자금지원 One-Stop서비스 구축(문화부)	문화부와 기신보간 업무협약 체결	'04. 10월
⑤ 저작권 및 저작인접권 보호(문화부)	저작권법 개정	'04~'05년
⑥ 문화콘텐츠 건전 이용문화 정립(문화부)	문화산업진흥기본법 개정	'04. 하반기
⑦ 게임물에 대한 등급분류시스템 개선(문화부)	음반·비디오물 및 게임물에관한법 개정	'04. 하반기
⑧ 국내애니메이션 방송 총량제 도입(방송위)	방송법시행령 개정	'05. 7월 시행
Ⅱ. 문화산업 진흥을 위한 주요 추진과제		
① 문화산업 완성보증제도 도입(문화부)	제도도입	'05년 중
② 영화수입 추천제도 폐지(문화부)	영화진흥법 개정	'04. 하반기 (시행 '06. 1. 1)
③ 외국음반 수입 추천제도 개선(문화부)	음반·비디오물 및 게임물에 관한 법 개정	'04. 하반기 (시행 '06. 1. 1)
④ 창업중소기업 세액감면 대상 확대(재경부)	조세특례제한법 개정	'04. 하반기
⑤ 영화필름 수입에 대한 관세율 조정(재경부)	관세법 개정	DDA협상과 연계 추진
⑥ 교양프로그램 의무편성비율 폐지(방송위)	방송법시행령 개정	'04. 하반기
⑦ 공익광고 의무편성비율 개선(방송위)	방송위고시 개정	'04. 하반기

〈문화산업 경쟁력강화 방안, 2004.7〉

다. '교양프로그램 의무 편성비율 폐지'나 '공익광고 의무 편성비율 개선'도 TV 등 대중매체의 상업화 추세에 대한 대안이 아니라 그것을 오히려 부추기는 방안이 될 소지가 크다. 문화라는 것이 자발성을 최대한 발휘하도록 해야 하지만, 문화의 공공성 확보 차원에서는 위의 방안들은 크게 환영할 것이 못된다. 중소기업 지원대책도 세액 감면 정도가 아니라 보다 구체적이고 실질적인 대안들이 마련되어야 할 것이다. 문화시장 개방을 앞두고 문화산업 자본의 유입은 곧 세계 자본시장의 침식을 의미한다. 미국과 일본 등 거대 문화산업 자본에 의한 인수와 합병의 문제가 초읽기 사태에 접어든 것으로 보는 입장도 있는 것이다.

'한류문화시스템'을 구축하기 위한 원칙과 대안들

이른바 한류의 문화산업, 우리 문화산업의 발전상을 잡아가고 그것을 한류문화시스템으로 구축해가기 위한 원칙과 대안을 제시하면 다음과 같다.

우선 전반적으로 우리의 문화산업이 초기단계에 있다는 점을 고려해야 한다. 따라서 문화산업의 모든 영역을 고루 발전시킨다는 진흥의 기본원칙을 세우되, 기반-중심-주변 분야를 구분해야 한다. 즉 기반구축을 해야 하는 사업과 당장 중점 지원해서 육성할 사업, 주변 분야 지원 사업 등에 대한 장단기 기획과 전망을 수립하고 정책지도를 그려 이에 따른 실제적인 프로그램들을 시행해나가야 할 것이다.

둘째, 문화산업의 발전을 위해 법률 및 제도 등을 제대로 정비해나가되 우리 나름의 저작권법이나 인터넷관리규정을 구축해갈 필요가 있다. 업체가 자신의 이익을 위해 문화산업의 추세와 전망을 확보하지 못한 채 문제를 전가시키는 행태에 이끌려가서는 안 된다. 지식과 정보가 자본화되는 시대에 강대국이 요구한 저작권의 일방향성도 문제 삼아야할 것이다. 이를 올바로 정립하지 못하면 세계 문화시장 진출과 개방국면에서 문화산업을 무역협상수준에서 해결하고자 하는 미국 등 주도국의 입장을 넘어설 수 없게 된다. 저작권이나 인터넷관리규정은 국가간 통상협상이나 문화산업 업체의 이익 차원에서 따질 문제가 아니다. 문화 수용자들의 입장에서, 그리고 자국의 문화와 문화산업의 보호라는 측면에서 보다 원칙적인 입장을 가지고 세계 문화시장의 새로운 질서를 주도해갈 필요가 있다. 문화 다양성의 수호와 상호 문화 발전과 문화의 광범한 대중화라는 차원에서 후발 문화산업 국가는 물론 지역 문화시장에 대해서 상호존중과 상호보호의 원칙을 주도적으로 관철해가야 할 것이다.

셋째, 중점사업으로써 우리는 IT산업의 발전에 따른 장점을 최대한 확보해나갈 필요가 있다. DMB 등 새로운 디지털콘텐츠산업 개발은 그런 점에서 주목을 요한다. 이의 체계적인 발전을 위해서는 무엇보다도 출판-만화-음반 등 기반 문화산업들의 장기적인 연구기반 확대와 문화교육 재정이 확충되어야 할 것이다. OMU의 가능성은 이러한 기반 문화산업의 육성에 의해서만 가능하다는 점에서 문화산업 연구와 문화교육-창의력 향상 프로그램을 가동할 수 있는 연구와 교육에 대한 장기적 투자와 시스템을 구축해나가야 할 것이다. 이것은 문화산업의 토대를 단단히 구축하는 작업에 다름 아니다. 한류의 문화산업 기획은 단단한 문화적 토대 위에서 풍부한 문화산물들이 분출되어 나오는 질적 내함과 외적 형상을 목표로 해야 한다. 말하자면 아직도 분단 모순 속 어려운 행로를 가면서도 치열하게 대응해 나가는 가운데 가장 역동적인 문화를 만들어가는 창조적 생산의 장, 곧 한반도적 살이를 문화로 만들어가는, 한반도를 아름답고 생동하는 문화 진지로 각인될 수 있도록 상을 잡아나가야 할 것이다. 가장 기본적인 문화의 영역들이 굳건하게 토대를 이루는 위에서 새로운 기술개발에 의한 다양한 문화상품들을 확충해가는, 기본에 충실하면서도 참신한 발전경로를 만들어가야 하는 것이다.

이를 위해서는 기초콘텐츠 생산을 위한 순수예술 분야와 인문학 그리고 문화산업, 그것들이 분야간의 유기적인 연계를 구축할 수 있도록 하는 방안과 이를 수행할 전문인력의 육성체계 및 실질적인 프로그램들을 만들어갈 수 있도록 지속적이고 안정적으로 연구에 대한 집중적인 투자를 해야 할 것이다.

넷째, 이왕에 차세대 성장산업으로써 국가 주도의 문화산업을 육성한다는 전략목표가 설정되어 있는 바에, 문화관광부 내에 많은 문화산업 지원 단위들에 대한 정비작업이 이루어져야 할 것이다. 다양한 장르를 포괄하는 실질적인 지휘체계로 한국문화콘텐츠진흥원의 위상을 재정비하고 이것이 영화진흥위나 게임산업개발원, 아시아문화산업개발원 등 갈래별 지역별 지원체계들의 특장을 활성화하면서도 기본-중심-주변의 구도 속에서 각기 전망과 사업들을 원활하게 진행해나갈 수 있도록 역량안배와 상호발전체계를 구축해가야 할 것이다.

영화진흥위원회는 최근 새 비전을 발표, 창의·융합·다양성을 핵심 개념으로, ▲창의역량을 갖춘 인력 양성 ▲콘텐츠 연구 개발 ▲컨버전스형 기술지원과 제작지원 ▲다양성 제고 ▲여가문화산업의 연계와 확장 주도 ▲국가 브랜드 이미지 제고 등을 새로운 영상 문화 환경에 발맞춰 진행해나가겠다고 밝힌 바 있다. 2010년 전 세계의 한국 영화 관객을 연간 3억 명(전 세계 3.7%)대로 끌어올리고, 영진위 디지털시네마 R&D 센터를 통해 아시아 영화기술을 선도하겠다는 포부를 밝힌 영진위가 과연 그에 걸맞는 성과를 낼 수 있을지 영화인들의 관심이 모이고 있다. 따라서 중요한 것은 문화산업 각 장르의 각개약진을 추동하더라도 그것이 총체적인 문화산업의 발전이라는 구도 속에서 경쟁이 아닌 상호연관성을 가져가며 서로 상승작용을 일으키도록 할 수 있느냐 하는 것이다.

이를 위해 문예진흥위원회의 순수예술 발전에서의 역할과 위상, 문화콘텐츠진흥원의 문화산업 발전에서의 역할과 위상을 바로 세워야 한다. 그리고 이의 매개를 이루는 인문학과 문화산업의 효율적인 연구지원시스템이 문화관광부와 교육부의 공조 속에서 이루어지는 것도 필요하다.

다섯째, 한류의 문화시스템은 우리 문화상품이 국경을 넘어 동아시아로 횡단, 동아시아라는 지역적 파장을 일으키게 했다는 점에서 한류가 새로운 지역성 구현의 가능성으로 작용한다는 점을 최대한 특성화해나가야 할 것이다. 그런 점에서 아시아의 문화 다양성을 수호하는 차원에 대한 지원과 공동발전을 모색해나가야 할 것인데, 그 우선적인 방안의 하나로 우리 안의 문화 다양성 실현에 주력해야 할 것이다. 이를 위해 독자적인 문화 생산력과 문화시장을 가지고 있는 독립영화나 인디문화그룹들이 지속적이고 안정적으로 활동을 전개하며 생명력을 가질 수 있도록 정부 차원의 특별지원대책을 마련해야 한다. 이를 기반으로 아시아 지역사회에 존재하는 소수 독립문화 생산자들의 활동을 지원하고 우리 독립문화 생산 단위들과 연계할 수 있는 계기를 만들어내도록 해야 할 것이다. 그리하여 새로운 아시아 문화정체성을 구성해나갈 수 있는 고리를 잡아내야 할 것이다. 이것은 미국이나 일본이 아시아나 남미 등 각 지역에서 패권적인 유통배급망을 이용, 문화시장을 지배해가는 것과는 분명히 궤를 달리하는 문화기획이다.

여섯째, 자국 문화산업의 정체성과 시장보호의 세계적 상징으로 부각되어 있는 스크린쿼터 제도는 현행대로 지속하여 문화 다양성 수호의 거점으로 삼아야 한다. 유럽이나 여타 나라들의 문화 다양성 수호와 자국 문화시장 보호 노력을 헛되지 않게 하고, 그것의 새로운 세계적인 흐름을 조성해야 한다. 세계 문화시장의 수직적 지배구도를 수평적으로 재편하는 동력을 만들어나가는데 주력해야 하는 것이다.

한류의 문화산업 시스템은 이처럼 다원공존의 수평적인 문화생산과 유통의 질서를 만들어가는 가운데 지역내 문화 불균형구조 및 세계의 문화의 비대칭성을 끊임없이 문제 삼아야 한다. 그리고 그 비대칭적 구조를 만드는 장본인에 대항하여 끊임없이 전선을 설치해나가지 않으면 안 된다. 스크린쿼터 수호를 위한 세계적인 문화연대가 그렇고 세계 문화 다양성 수호를 위한 문화전선을 설치해나가는 작업이 그러하다. 그리고 이것이 한류의 문화산업이 진정한 win-win 해법을 찾아나가는 경로가 될 것이다.

한류의 새로운 의미
– 평(平)을 이루는 화(和)의 미학

동아시아 문화 형성을 위한 화쟁회통의 고리

한류를 대중문화 교류와 문화산업의 차원에서 이해하는 것은 중요하다. 동시에 그 독특하면서도 자기정체성과 지향이 분명한 경로를 유지해가며 한류의 새로운 차원을 열어가는 것 또한 중요하다. 새로운 한류는 자본주의의 파행적 발전이 낳은 세계체제의 반주변부로서 안착되어 있지만, 월드컵과 촛불시위, 그리고 반세계화투쟁의 선도과정에서 확인된 바 있듯이, 그 속에서 자본주의적 근대를 넘고자 하는 창조적 기획들이 끊임없이 등장하고 있다. 그렇다면 그것을 문화의 창조적 역동성이 상호회통의 물굽이로 오늘에 재현된 것이라고 의미 지을 수는 없을까.

우여곡절 끝에 이름 붙은 것이기는 해도, 한류의 뜻을 가만 새겨보면 한류의 범주를 보다 확장하고 핵질에 다가가는 것이 가능해진다. 한(韓)은 우리나라를 가리키는 것이고, 류(流)는 '흐르다'의 의미인 것은 쉽게 알 수 있다. 이를 한자의 형성원리로 보면, 한류는 뜻이 합쳐진 회의(會意)문자와 모양과 소리가 합쳐진 형성(形聲)문자로 이루어졌다. 물 수자를 뺀 나머지 부분은 류(㐬, 깃발 류)와 같으니, 류(㐬)의 의미는 깃발(旌旗)의 곧추세움(垂), 곧 깃대(飄帶)이다. 깃발이 부드럽게 나부끼듯 물은 아래로 흘러가므로 류(流)는 물의 흐름(水行), 특히 아래로 자연스럽게 흘러감을 본뜻으로 가지게 되었다. 그러나 중국 한나라 때 문자학의 대가 허신(許愼)은 '갑자기'의 뜻으로 류(流에서 물수자를 뺀 부분)를 새겼고, 청대의 문자학자 단옥재(段玉裁)가 허신의 뜻풀이에 주를 달아 본의를 순응하지 않고 돌연 튀어나온 것을 의미한다 하여 '돌연'(突忽)으로 새겼다. 흐를 류(流)자는 그것으로부터 의미가 규정되었다는 것이다.

두 가지 의미를 다 안고 보면, 한류란 한국의 물줄기(혹은 바람)가 자연스럽게 흘러들었다는 뜻으로도 이해할 수도 있고, 한국의 바람(혹은 물)이 갑자기 불거나 흘러들었다는 것을 의미하는 말임을 알 수 있겠다. 그런데 물(水)의 본성이란 '적시며 아래로 흐른다'(潤下)는 데에 있다. 그리고 그 본뜻은 '기준'(準)이며, 물이 흐르면서 그 순간의 역동성으로 끊임없이 평정을 이루는 것(和)을 말한다. 흐르지 않는 물은 평형을 이룰 수 없다. 그리고 그 물은 흘러가는 동안 숱한 삶의 내력들을 품어 안으면서 가라앉힐 것은 가라앉히고 산세와 지형을 따라 때론 격류로 흐르고 때론 스며들며(無間)[18], 유유히 흘러간다. 그런데 그 물에는 엄연히 물길이 있다.[19]

천지의 길(常道)은 반드시 중심(中)으로 향하고, 그것은 곧은 낚시가 아니라 시중(時中, 때에 따라 자기중심성을 이동하여 새로운 중심을 찾아가는 것)의 역동성으로 가능한 것이다. 음악에도 상궤의 조화(和)

18_ 老子, 《道德經》 제43장. "天下至柔, 馳騁天下之之至堅, 無有入于無間"(천하에 가장 부드러운 것으로 천하에 가장 단단한 것을 통과한다. 아무것도 갖지 않는 것이 틈이 없는 곳으로 들어간다".)

19_ 荀子에 子貢이 동쪽으로 흘러가는 강물을 바라보고 있는 공자에게 질문하는 구절이 있다. (자공이 묻기를) "큰 강물을 바라볼 때마다 항상 관조하는데 그 이유가 무엇입니까?" 공자가 답하기를 "모든 곳으로 퍼져나가고 모든 것에 생명을 주면서 아무 것도 하지 않는 물은 德과 같다. 아래로 흐르면서 꾸불꾸불 돌지만 항상 같은 원리를 따르는 물의 흐름은 義와 같다. 솟아올라

가 있으니, 항상적인 길, 상도(常道)로 지향해갈 뿐이다. 진정한 화합이란 하늘이 바른(正) 것이고 음양이 균등한(平) 것이다. 그렇게 제대로 하나가 되는 기운이 가장 좋으므로 만물이 거기서 생겨나는 것이다. 젖어 흘러서 만물의 생화육성을 이루어내는 물의 성질을 본연으로 하는 문화, 그 진정한 화(和)의 수로를 따라 한류가 길 잡아 흐를 수는 없는 것인가. 패권주의로 세상을 갈라 분열만 책동하는 미국의 위세도, 자기 이해관계에 따라 기만적 안정을 획책하는 수구보수 세력과 거대 자본도, 모두 자연의 상도에 반하는 거대한 역행인 만큼, 진정한 화합(和)의 길로 나아가는 민중적 열망, 음양의 바른 기운이 각기의 대치전선에서 꿋꿋하게 수구보수 세력과 자본의 패덕으로 하여금 스스로 시신을 묻어 역사의 뇌옥 속에 은장(隱葬)되도록 질기게 싸워왔던 변혁적 삶들을 증언하고 아직도 싸워나가고 있는 인간의 진보지향을 노래하면서 숱한 지류들과 함께 섞이며 아래로 아래로만 흘러 다원적이고 평등한 문명세상을 열어낼 문화의 사회적 가능성으로 말이다.

오늘의 한류가 물처럼 틈 없는 틈(無間)을 스며들며, 흐름 속에서만 평(平)을 이루는 진정한 화(和)의 미학으로 거듭나기를 바라지만 그런 점에서 일정한 유속을 가진 물이 스스로 거울이 되는 것처럼, 한류가 명경지수(明鏡止水)의 경지로 나아가기를 바라는 마음 간절하다.

한류는 동아시아적 시각에서 동아시아의 파란만장한 역사를 함께 비추어 볼 수 있는 기제가 될 수 있다. 문화가 철저히 자본화된 시대에 삶의 총체로서의 문화로 민족국가의 국경을 넘어 동아시아라는 화쟁회통(和諍會通)의 고리를 형성하게 하고, 서구에 대한 문화적 되감기를[20] 실감케 하는 한류의 핵질이 이렇게 규명되건대 그렇다면 이제 문화산업 콘텐츠 찾기에 혈안이 되고 개발독재적 발상을 벗어나지 못한 채 거

결코 마르지 않고 흐르는 것은 道와 같다. 수로가 있어 물을 인도하는 곳에서 듣는 그 물소리는 반향하는 울음소리 같고, 백길의 계곡을 두려움없이 나아가는 것은 마치 勇과 같다. 수평을 재는 자로 사용할 때의 물은 마치 法과 같다. 가득해서 덮개가 필요 없을 때의 물은 마치 正과 같다. 물은 유순하고 탐색적이어서 가장 작은 틈으로도 들어가는데, 이 때의 물은 마치 察과 같다. 물을 거치거나 물에 들어가 선명해지고 정화되는 것은 마치 선하게 되는 것(善化)과 같다. 만번이나 깎여서 흐르지만 항상 동쪽으로 흘러가는 것은 마치 志와 같다. 이것이 군자가 큰 강물을 바라볼 때 항상 관조하는 이유이다.* 《荀子》〈宥坐〉(사라 알란/오만종, 《공자와 노자 그들은 물에서 무엇을 보았는가》에서 해석 인용).

20_ 그 표징으로서 김민기의 〈지하철 1호선〉, 장이머우(張藝謀)의 발레극 〈紅燈〉 및 오페라 〈투란도트〉, 가라 주로(唐十郎)의 마당극 실험 등을 들 수 있다.

대한 지역 문화센타를 지어놓고 내용 채우기에 전전긍긍하는 황당한 지경이 아닌 정말 근본적인 작업을 추진해나가야 하겠다.

자본의 시대에 부르는 문화의 노래

최근 중국 길림성 장춘스튜디오에서 정율성이라는 조선족 작곡가의 전기를 영화화하였다. 길림성자치구의 문예인사들은 이 영화가 한국에서 상영되기를 희망하며 한 과학재단을 거쳐 연출가 김민기에게 필름을 보냈다. 그것을 눈여겨보아줄 사람이 연출가 김민기밖에 없다는 판단에서였다. 영화미학의 측면에서는 거의 의미를 둘 수 없는 작품임에도 그것을 한국에 보내오는 과정, 그것을 들고와 관심있는 사람들을 불러 함께 보는 과정을 목도하면서 이전에 김민기 선배가 들려준 〈북방의 선율〉이라는 낡은 LP판 한 장을 떠올렸다. 이것이로구나. 90년대 초 김민기는 〈겨레의 노래〉와 함께 조선족 노래를 〈북방의 선율〉이라는 LP판으로 꾸려냈다. 국가보안법의 서슬이 시퍼렇고 중국과 수교되기 전의 일이다. 그리고 10년이 지난 뒤 김민기는 중국현대사에 남긴 문화적 족적이 선명한 정율성의 전기 영화를 어떤 방식으로 소개할까 골몰하면서 중국문화 연구자인 내게 의견을 물었다. 나는 그런 작업을 중국 속의 우리와 우리 안의 중국을 함께 비쳐보고 그속에서 여울진 삶의 굴곡들을 끌어안으면서 가장 아름다운 관계지향을 보아내고, 그것을 삶의 미학으로 형상해내고자 하는 어떤 문화적 근기(根氣)일 수 있다고 입장을 밝혔다.

어쩌면 여기저기에 산재한 그러한 힘들, 예리한 안광과 성실함이야말로 한류로 형성된 동아시아적 소통과 상생의 물굽이를 다시 제 길로 흐르게 할 수 있는 역동적 힘이 아닐까 한다. 우리의 척박한 근대화의

정율성(鄭律成)

조선족 중국인민해방군가 작곡자. 작곡가이며 혁명지사인 정율성은 1918년 한국의 전라남도 광주에서 태어났고, 1933년 중국 상하이에서 반일투쟁에 종사하였으며, 1937년 가을 연안(延安)해방구에 들어갔다. 루쉰예술학원(魯迅藝術學院)에서 교원생활을 거쳐 중국공산당에 가입하였으며 작곡과 음악활동으로 중국혁명에 기여하였다. 延安頌, 延水謠, 北方行, 準備 反攻, 陝公畢業同學歌 등 246수의 뛰어난 항전가곡을 창작하여 널리 전파시켰는데, 그중에서도 특히 〈八路軍大合唱〉은 가장 저명하였다. 이 곡은 웅장함과 그 기백으로 혁명에 참가한 중국 인민을 고무하여 항일전쟁과 해방전쟁의 승리를 쟁취하는데 많은 공헌을 하였다고 한다. 중화인민공화국 건국 후 〈八路軍大合唱曲〉은 〈中國人民解放軍行進曲〉으로 공식 결정되어 지금까지 널리 불리고 있다. 정율성은 북한에서 권위 있는 2.16 영화상(제2회)을 수상한 바 있다.

그늘에서 노동이 갖는 가치의 중요성을 통
해 인간답게 살고자 오늘을 결단하고 나섰
던 빛나던 눈빛들이 목끝이 떨리도록 부르
던 노래들, 베트남 중부전선의 삶과 죽음
의 경계에서 민족의 내일을 위해 결코 주
저하지 않았던 해맑은 사람들의 결연한 뒷

모습과 그것을 기억하며 오늘을 살아가는 어느 영화감독, 태국 이산지
역의 산사람에서 돌아와 다시 무대에 선 태국 청년의 애절한 떨림, 한
번도 민족적 정체성이라는 것을 가져볼 기회조차 없었던 숱한 제국 치
하의 세월이지만 박토의 섬나라에서도 연극마당판을 만들고 노래극을
만들었던 필리핀 어느 산간의 연출가, 언젠가 내게 문화(文化)와 무화
(武化)의 결합으로 만들어낸 가장 아름다운 세상의 형상을 상상하게 했
던 그 위대한 모순의 인물들, 그리고 이 무도한 세계 지배질서를 깨기
위한 연대의 힘을 믿고 기어코 아시아를 찾아서 나선 사람들, 그들의
치열한 역사적 상상력과 관계지향, 그 모든 시간과 공간의 궤적들은 바
로 극단적인 자본의 시대에 다시 부르는 문화의 노래이다. 그러나 그것
은 돌연한 긴장의 파고로 다시 새롭게 흐르는 격정의 물살이기도 하고,
세상의 후미진 곳을 가장 부드럽게 감아 도는 구비구비 사연들이기도
하다.

〈겨레의 노래〉와 〈북방의 선율〉
〈겨레의 노래〉는 한겨레신문 겨
레의 노래 사업단이 제작하고 김
민기가 총감독하여 1990년 7월
서울음반에서 나왔다. 전래민요
아침, 이태원 이야기, 이등병의
편지, 조선족 노래 고려산천 내
사랑, 김순남의 자장가, 이 세상
어딘가에 등 12곡이 수록됐다.
1990년 7월, 서울음반.
〈북방의 선율〉 역시 겨레의 노래
사업단이 기획했고, 극단 학전이
제작했다. 이 음반은 중국 조선
족의 창작 가곡·동요 모음집이
다. 〈겨레의 노래〉와 같은 맥락에
서 김민기의 주도로 만들어졌다.
1991년 10월, 서울음반에서 발매.

전 아시아의 후진국 전 아프리카의 후진국

그 섬조각 반도조각 대륙조각이

이 발견의 봄이 오기 전에 옷을 벗으려고

뚜껑이 열렸다 닫히는 소리

라디오의 時鐘을 고하는 소리 대신에 西道歌와

牧師의 열띤 설교소리와 심포니가 나오지만

이 소음들은 나의 푸른 풀의 가냘픈

影像을 꺽지 못하고

그 影像의 전후의 苦憫의 歡喜를 지우지 못한다

나는 옷을 벗는다 엉클 쌤을 위해서

아시아 아프리카의 무거운 겨울옷을 벗는다

……

그러다가 드디어 나는 越南人이 되기까지도 했다

엉클 쌤에게 학살당한

越南人이 되기까지도 했다.

       – 김수영, 〈풀의 影像〉에서

이병헌 팬사이트 속의 동아시아 문화교통

함께 사는 한류는 가능한가

문화의 세계화 시대에 우리에게 문화산업의 생산력이 생겼다는 것은 곧 우리가 문화산업의 세계배분에서 상대적으로 안전한 지위를 얻기 위한 투쟁에 돌입했다는 것을 말한다. 그렇다면 당장 무언가 경쟁 우위를 갖고 있거나 획득할 수 있는 활동들에 대한 전문화를 심화시키는 것이 급선무일 것이다. 그리고 우리가 당해온 만큼 한편으로는 주변부를 불평등 교환관계에 끌어들이는 일에 적극적으로 참여해갈 것이며, 다른 한편으로는 전문화의 심화를 추구하는 활동들로 주변을 더욱 철저하게 배제해나갈 것이다. 동아시아에서 한류의 파국의 실상은 이렇다.

그러나 그에 대한 혹독한 비판을 감행하더라도 경제 위기와 자원 부재의 현실에서 국가와 자본이 주도하는 문화의 산업화를 매도만 할 수 없는 실정이 있다. 더욱이 최근 부상된 문화 세계화론적 시각, 그리

1_ cultural proximity, 일본에서
는 문화근사성으로 번역한다. 栗
原彬·小森陽一·佐藤學·吉見
俊哉 編《越境する知5-文化の市
場:交通する》, 東京大學出版會,
2001, 68쪽 참조.

지오반니 아리기

2005년 현재 미국 존스홉킨스
대학의 사회학과 교수로 재직중
이다. 이매뉴얼 월러스틴과 함께
'세계체제론' 연구의 대표적 학자
로 알려져 있다. 《발전주의 비판
에서 신자유주의 비판으로》 등이
우리말로 옮겨져 있다.

미미크리

라틴어로 '게임의 시작'이라는
뜻의 어원을 가지며 영어의
'illusion(환상 또는 착각)'에 해
당한다. 미미크리 속에는 밀봉된,
전통적인, 또 어떤 면에서는 가상
적인 우주의 세계가 포함돼 있다.
미미크리를 통하여 인간은 자기
자신이 환상의 등장인물이 되어
자기가 마치 자기가 아닌 어떤
존재인 것처럼 믿거나, 자기마저
도 그렇게 믿으려 하는 놀이다.
까이요와(Roger Caillos)의 4가
지 놀이 원리 가운데 하나이다.

고 문화근접성론 등의 논의들이 제기하는 문제들이 있다. 특히 문화근
접성론은 문화적 '차이'를 물신화하는 경향에 대해 거리를 유지하면서
서구 대중문화의 전지구적 확산과 문화적 동질화의 관점에 반대하고,
특정 문화-지리적 지역들 내에서 미디어의 지역화 및 미디어 수출의
동력들을 강조한다는 점에서 주목을 요한다.[1] 그것은 '전지구적 지역
화' 기획과 아리기 식의 세계체제론적 시각이 갖는 경제적 결정론에 대
한 문화적 차원의 대응 의미이다. 문화산업화에 대한 비판의 시각도 중
요하지만, 중심부 문화자본의 세계적 관철의 새로운 양상과 그 성공신
화에 주목하면서 그 분석시각을 주로 경제적 요인에 한정하는 문제를
넘어서는 것, 그리고 보다 중요하게는 문화제국주의 등 중심과 주변의
이분법적 시각을 넘어 주변부의 주도성, 일찍이 프레드릭 제임슨이 포
착해내었던 제3세계의 창신성, 그 문화적 역동성을 포착해내고자 하는
것이다.

　문화적 혼종화 과정과 창조적 모방에 대한 스튜어트 홀이나 호미
바바의 탈식민지적 시각들은 제3세계 혹은 반주변부, 주변부 문화의
형질 규명과 문화적 구성과정을 해명하는 데 유효하다. 그러나 그것은
자본의 초국적 관철이 지역적 하위체제 구성과정에서 중심과는 다른
'차이'의 문화를 구성해낸다는 점에 주안하여 설명하는 측면이 강하
다. 그러나 차이와 '미미크리'의 강조와 양산만으로 문화적 소비의 메
카니즘을 뛰어넘기란 역부족이다.

　우리가 주목하는 것은 제임슨이 말한 바와 같이 자본의 후기 단계
에는 중심조차도 주변화 되는데, 그 노회한 중심의 내부 모순과 대응하
는 주변에서의 강렬하고 역동적이고, 징후적이고 의미심장한 문화적
흐름들이다. 이것이 한류가 가지는 적극적 측면을 설명해주는 논리가

되기도 한다.

우리는 오랜 세월 주변화된 삶을 살아오는 가운데 제3세계적 혹은 주변부적 비판성을 체득, 나름의 문제극복 과정을 체현해냈다. 피눈물 나는 분단적 삶의 역정을 일정한 문화적 해석력으로 집적해내었다는 것이고, 그것이 오늘에 이르러 상업주의 대중문화 속에서도 생동적으로 발현되기에 이르렀다. 그것이 대중의 역동성에 힘입은 것이라고 한다면, 거듭 역설하는 바와 같이 재구성되는 동아시아에서 대중문화교류가 부재에서 실재로 이루어져가는 일종의 과도기에 한류가 놓여있는 것이라고 진단할 수 있겠다.

21세기에 접어든 지금 잡종적인 민족국가의 대중문화가 인접국가 국경을 무차별하게 넘나드는 월경의 돌풍은 대부분 대중음악과 드라마, 영화를 중심으로 일어나고 있다. 이러한 지역내 문화교통에서 각기 나라에서는 다른 문화적 양상이 드러난다. 사회주의 중국과 베트남의 경우, 우선은 모방하기를 통해, 다음 단계에서는 자기 속에 내재된 문화적 형질들을 가동시키면서 혼종문화로서 다른 역풍을 만들어가고자 할 것이다. 이는 어쩌면 이전 냉전시기 군사문화와는 다른 전방위적인 첨예한 대응양상 혹은 상승효과를 예고하고 있다. 이것은 일종의 문화적 혼종화 현상이자, 자기 정체성을 향한 질주의 과정으로 이해되며, 그것은 새로운 동아시아 지역문화의 정체성을 구성해나갈 것이다. 민족국가, 지역, 세계라는 시공간적 중층구조 속에서 자본의 논리가 주도하고 있지만, 거기엔 지역 차원의 대안적 정향성(定向性)이 작동되는 것이다.

그렇다면 여기서 우리는 몇 가지 문제의 지점들을 살펴볼 필요가 있다.

2_ 60~70년대 비약적인 성장을 이룩한 아시아 신흥공업발달국의 경제기적을 설명하기 위하여 서구의 학자들은 아시아적 발전모델이라는 개념을 도입했는데, 허만 칸(Herman Kahn, World Economic Development:1979 and Beyond, London:Croom Helm, 1979), 에즈라 포겔(Ezra Vogel, Japan as Number One, Cambrige, Mass. Harvard Press, 1979) 등과 같은 학자들은 아시아의 신흥공업발달국, 특히 아시아의 네 마리의 작은 용들이 모두 우연하게도 유교문화권에 속한다는 점에 착안하여, 유교적 가치가 이 지역 경제발전의 원동력이 되었다는 해석을 이끌어내었던 것이다. 즉 유교문화에 내재한 검약과 절제의식, 높은 교육열, 가족적 인간관계, 협동과 근면 등의 문화적 요인이 이 지역 경제발전의 주요한 원인이 되었다는 것이 이들의 설명이다.

그러나 아시아에 불어닥친 경제위기와 더불어 아시아적 발전모델의 가능성과 유효성에 대한 회의가 제기되면서 서구의 경제학계와 사회학계에서는 '아시아적 가치'에 대한 비판이 논의의 초점을 이룬다. 99년 4월24일 미국의 조지 메이슨 대학에서 열린 《아시아의 윤리, 제도, 그리고 경제》를 주제로 한 학술회의에서 《역사의 종말》로 유명한 프란시스 후구야마, 신유학론자 뚜웨밍, 피터 벡 등이 아시아의 경제위기

우선, 그런 문화적 지역화의 한 표상으로서의 한류가 과연 그런 차이를 낳는 모방이 가능하도록 하는 자기 속에 내재된 문화적 형질들이 있느냐 하는 것이다. 새로운 문화적 가치창조의 형질들을 장전하고 있다면 그것은 무엇이며, 어떻게 확인할 수 있는가. 한류뿐만 아니라 중국이나 대만, 베트남, 거기에 일본까지 포함하면 문제가 복잡해지지만 아무튼 여타 동아시아 국가들의 문화적 생산과정 속에서 작용하는 그러한 형질들은 무엇인가, 그것을 어떻게 포착할 수 있는가에 문제의 소재가 있다. 이러한 문제인식에는 일단 한류가 그 어떤 새로운 문화의 대안적 지역화의 가능성을 담지하고 있다는 전제가 있다. 여기서 서구의 경제학자들이 아시아 신흥공업국의 경제의 부침을 설명하기 위해 운운한 '아시아적 가치'나, 자본의 문화적 획일화에 대응하는 방안으로 문화적 지역화를 논하면서 지역권내의 동일한 문화요소를 발견하고자 애쓰는 문화적 근접성론자들이 주목하는 '유교적 가치'[2] 등에 대해서는 일단 비판의 시각을 던져놓고 가고자 한다.

두 번째, 한류를 담지한 혹은 주도하는 장본인은 누구인가 하는 것이다. 이 역시 한류를 문화적 가치 생산의 한 과정으로 보고자 하는 입장에 입각해있다. 대중이 문화의 소비주체로 포로화되어 있는 것이 사실이지만, 월드컵과 촛불시위에서 확인되는 바와 같이 문화적 역동성 또한 대중 속에서 촉발되어 나온 것이다. 도날드 닷슨(Donald Dodson)의 문화유형 분류에 따르자면[3], 매스 컬쳐의 문화소비자보다는 포퓰라 컬쳐의 문화수요자와 참여자의 주동성을 중시해야 할 것이다. 이는 문화의 대안적 지역화를 추동하는 주체문제와 관련이 있다.

세 번째, 한류를 문화생산의 장이라고 한다면 그것에 전적으로 관여하는 국가와 자본의 규정력을 어떻게 돌파하고, 어떻게 문화 가치 생

산이라는 자기 본연으로 나아갈 수 있는가 하는 것이다. 여기서 문화 가치 생산의 현재적 의미는 문화적 소비가 아니라 지역 단위의 상호이해와 소통의 차원이 될 것이다. 한류는 확실히 문화의 전지구적 지역화 맥락 속에 있다. 그러나 그처럼 도저한 자본의 가치 증식 과정 속에서도 문화 참여자들의 부단한 접촉, 만남의 계기성을 어떻게 볼 것인가. 지금은 정보교환이나 정서적 교감의 수준이지만, 그것이 상호소통의 문을 열고, 그 속에서 공통의 문화경험들을 축적해간다면 어떻게 될 것인가. 그로부터 민족국가의 경계에 한정된 단절로부터 상호관계성을 회복하고, 새로운 관계지향의 동력을 만들어가는 일이 가능한가. 한류는 과연 국가주의와 자본의 공조체제로 획책되는 신자유주의의 하위체제가 아니라 새로운 문명사의 전환 고리를 열어가는 동아시아 평화공존의 사회적 지반을 만들어갈 정감 어린 진지가 될 수 있을 것인가.

이병헌 팬사이트, 소비와 소통 사이

여기서는 위의 문제에 대한 해답을 한류 현상의 실제 모습 속에서 찾아보고자 한다. 한류스타 이병헌의 팬사이트를 주목한 것은 그곳에서 위의 문제를 해명할 수 있는 몇 가지 단서들이 발견되었기 때문이다.

(1) 스타와 팬, 그들의 대화

문화연구자들은 스타가 나타나는 사회현상을 매스커뮤니케이션의 생산과 소비의 변증법적 관점에서 규명해왔다. 확실히 "스타는 미디어 텍스트 속의 이미지들이며, 할리우드(혹은 어디든 그러한 것을 만들어내는 곳)의 생산물이다." 이는 스타의 출현을 다른 상품과 마찬가지의 자본주의적 생산으로 간주하고, 관객을 조작하는 역할을 포함해 문화

와 관련한 문화적 배경에 대한 논의를 집중하였던 것이다. 그 밖에 외국의 많은 경제 전문지들 또한 정실인사, 부패, 뇌물, 기업 운영의 불투명성, 연고주의, 정경유착 등을 경제위기의 주범으로 지목, 한때는 아시아의 경제기적을 설명하기 위해 동원되었던 아시아적 가치의 개념이 경제위기를 몰고 온 주범으로 평가했다. 경제발전의 원동력이었다고 평가되던 유교적 가치가 아시아경제위기와 더불어 그것을 야기한 치명적인 '문화적 결함'으로 전락되었던 것이다. 졸고, 〈왜 동아시아인가〉, 《실천문학》 1999년 겨울호.

3_ 도널드 닷슨, 〈포퓰러 컬쳐와 매스 컬쳐의 차이〉, 강현두 편 《현대사회와 대중문화》, 나남출판, 1998, 175-190 참조.

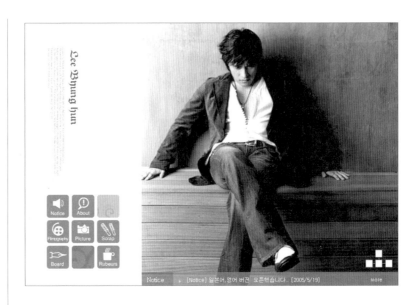

4_ 리처드 다이어, 〈사회현상으로서의 스타: 스타의 생산과 소비〉, 강현두 편, 앞의 책, 363쪽 참조.

산업에서 그들이 수행하는 기능의 관점을 강조하는 주장이다.[4]

스타는 이처럼 자본, 투자, 비용, 시장의 관점에서 할리우드 경제학의 가장 큰 요소로 작용하는 것으로 분석되어 왔다. 그러나 스타 현상을 영화 매체의 어떤 내재적 특성이나 스타 자신들의 특수한 마술적 재능의 측면에서 설명하기도 한다. 경제학이나 매체론에 근거한 관점이든 스타 자신의 마술적 재능의 측면을 강조하는 입장이든 그들은 스타 현상을 생산의 관점에서 바라본 것이다.

그러나 수용미학의 대두와 더불어 제기된 또 하나의 주장은 스타 창출의 결정적인 힘이 미디어텍스트의 생산자보다는 미디어의 관객, 즉 소비자로부터 나온다는 입장이다. 튜더와 한델은 스타-관객의 관계 유형을 감정적 친화(emotional affinity), 자기동일시(self-identification), 모방(imitation), 투사(projection)로 범주화하였다. 여기서 한발 더 나아간 것이 스타를 다양하게 개념화된 대중의 내적인 욕구들에 맞추어 표현해주는 장으로 보는 입장이다. 이를테면 집합적 무의식, 대중의 꿈과 욕구, 사회가 채워주지 못하는 욕구들을 매체들이 제공하거나 규정한다는 것이다. 그러나 생산과 소비의 관점 그 어느 것이나 스타덤이 거두는 성공의 원천은 설명할 수 있지만 관객들이 왜 제공된 이미지들에 대해 그렇게 반응하는지에 대해서는 완벽하게 해명해내지 못한다.

동아시아 경제의 발달과 더불어 미디어산업의 약진 속에서 경제적 이윤창출을 위해 동아시아적 스타시스템이 만들어지는 경로에 주목해 볼 때, 한류스타들 역시 위의 할리우드 경제학을 근거로 한 스타시스템과 결코 다르지 않은 조건 속에서 만들어지고 있다. 그런데 이병헌의 경우는 스타성의 조작에 의한 생산의 관점이나 대리만족에 의한 소비의 관점만으로 설명할 수 없는 다른 관계성에 의한 측면이 포착된다.

◆ 이병헌이 다른 스타와 다른 점을 지적한다면?

뛰어난 연기력	13	31%
영화나 드라마 등 배우로서 자기직업에 관한 투철한 정신과 역량	22	52%
카리스마	5	12%
사회활동	0	0%
국제적인 감각	0	0%
기타	1	2%
무응답	1	2%

◆ 이병헌 팬사이트에 들어오는 빈도는?

하루에 몇 번씩	21	50%
하루 한 번	19	45%
일주일에 한두 번	1	2%
이슈가 있을 때	0	0%
심심할 때	1	2%
무응답	0	0%

동아시아 대중문화의 소통문제를 논의하는 데 있어서 이병헌의 팬사이트를 주목하게 된 것은 이 때문이다.

평균 조회수 1000회에 달하는 이병헌 팬사이트에 들어오는 이병헌 팬들을 대상으로 한 위의 설문조사[5]에 따르면 이병헌이 스타로 발돋움하게 된 것은 전적으로 연기자로서의 자질, 역량, 직업의식 등에 기인한 것으로 보인다. 물론 그것은 할리우드 스타 및 세계적인 영화스타와 관객의 관계유형과 마찬가지로 감정적 친화, 자기동일시, 모방, 투사의 측면을 충실하게 반영하고 있다. 그런데 재미있는 것은 위의 설문에서 확인되는 바, 스타 이병헌이 만들어지는 과정의 상호작용이다.

5_ 조사기간 : 2004.3.31~4.15
◆ Online URL : http://www.research.joongang.com/survey.php?id=04-9-169
◆ 응답자 수 : 42 (최종응답: 2004/04/06, 19:58:47)
위의 설문조사는 2차에 걸쳐 진행되었다. 위의 결과는 한국에 있는 이병헌팬사이트를 대상으로 한 제2차 조사 42명의 설문결과이다. 참고로 1차에서는 66명이 참여하였다. 외국에 있는 이병헌 팬사이트 대상으로 한 1차 조사는 54명, 2차 조사에는 67명이 참여하였다.

게시판1

모든 예술이 그렇듯 연기에도 울림이 있다고 생각합니다.
그리고 그 울림은 배우의 혼에서 비롯되는 거라고 생각합니다.
연기테크닉에서 비롯되는 것이 아니라
나는 이병헌씨의 혼이 조용히 울리기 시작하는 걸 듣고 있습니다.
지금은 칭찬해주고 격려해주는 것만으로 충분하다고 생각되는 그런 모습입니다.
이병헌씨는 영리한 사람이니까 지독한 열정이 있는 사람이니까.
알아서 잘 하시겠지만 정말이지 꼭 부탁드릴 말씀이 있어서 이 글을 씁니다.
올인이 끝나면 혹은 그 다음 작품 끝나고도 좋고 꼭 반드시 홍상수 감독 같은 본능적인 연기를 끌어내는 감독과 작업하세요(듣자하니 왕가위도 그렇다고 하더군요)
지금 배우 이병헌에겐 걍 뒹굴면서 저절로 우러나오는 연기가 꼭 필요합니다.
지금 당신에게 표정과 감정은 충분합니다.
.....단 어떤 본능적인 느낌, 감정의 신파가 없는 말하자면 설정이나 분석이 배재된 일상성, 그게 꼭 필요합니다.
왜냐하면 이병헌씨 당신은 시스템과 공식에 익숙한, 거기에 길들여져 있는 배우니까요.
그게 그런 연기가 당신에겐 날개가 되어주고 제게는 완성된 퍼즐을 보여줄거라고 생각해요.

(새털님들 배)

플래닛에 있는 이병헌 프로필에 그런 글귀가 있져?

'시간속에 각인되어 영원히 빛날 대배우로서의 가능성을 확인하며

.....미증유의 연기자 이병헌.'

그 말이 참 무거울 거라는 생각이 듭니다.

그게 얼마나 다행인지 모릅니다.

이젠 그저 무르익어가는 이병헌을 보고 있으면 되는 거니까.

〈아래는 위 게시판글 밑에 달린 댓글들〉

silencek

우~~ 더 이상 무슨 말을 하리오.. 이리도 깊은 울림을 자아내는 글을 읽고서... 고개만 주억거릴밖에..

ㅅㅅ

님 글은 많은 부분 공감으로 끄덕이게 하시지만.. 맴 한쪽 구석에선 이병헌팬들 입맛에 안성맞춤.. 품질보증서를 주문하는건 아닌지하는... 생각들게 하시는군요.....

그린필드

"설정이나 분석이 배재된 일상성이 배어나는 연기.." 정말 BH에게 꼭 필요한 지적이 아닐까 생각해 봅니다.

투맹

..... 어쩔수없이 시야에 들어오는 드라마에 출연한 배우 이병헌과 연기자들간에 모든 상대적인 연기와 더불어 배우 이병헌의 손가락끝 연기까지 절로 보게됨은 ...흑흑 한 예로 중지와 인지의 독특한 제스추어.. 중지와 인지만 느닷없이 화면에 보여진다해도 그래 이병헌이야 하고 맞힐 것 같은 느낌 아시지여... 잘 안 쓰는 근육을 가장 멋지게 새로운 방식으로 늘려주는 듯한 그의 연기를 보면서 머릿속에 새로운 수학공식 하나 찾아낸 것 같은 신선감이 들 때가 있지요 그러한 그의 연기가 그냥 연기 잘하는 다른 배우와 다른 점 일 겁니다 잘생긴 배우라기보다 참으로 매력적인 배우라고 생각합니다 보면서 긴장감이 들게 되는 배우이지여 (저만에 느낌일지도) 하지만 매력적이라는 느낌이... 그의 예민하게 영리함과 새로운 방정식공식을 찾은 듯한 느낌의 연기가 자연스럽지 못한 멋진 기교로 보여질 때도 있습니다 그래선가 열 번의 연기 중에 한번은 연기다~~~~ 하는 느낌을 확실히 줄 때가 있지여

본문글에서 쉬마님 말씀대로 그러한 면을 결혼이란 생활과 더불어 자연스럽게 변화되어진 나면 남편이 아내에게시 연인과 같은 이미님과 같은 어려가지의 느낌을 갖고 싶어하고 자애롭고 현명한 아내에게서 가질 수 있듯이 그도 편협되지 않은 다양함을 갖춘 배우로 거듭 나리라 봅니다.

중용

병헌 씨 당신은 참 좋겠습니다. 당신은 참으로 행복한 사람입니다. 플래닛이 품고 있는 당신에 대한 이 넘치는 애정을 당신이 다 알까 모르겠습니다. 혹시 겉으로 보여지는 모습들로만 느낀 그대로 너무 차갑다 생각할 당신은 아니겠죠. 물론 가끔은 한없이 넉넉한 품이 그리울 당신, 나 좀 그냥 내비둬, 그냥 좀 봐줘! 하고 소리치고 싶을 때도 있을 것입니다. 머리 아픈 사람들로만 가득찬 곳이 플이라고 생각되어질 때도 또 있겠죠. 하지만 그건 아니라는 거, 무수한 쉬마가 바로 플의 주민들이라는 거 항상 기억하세요. 홍상수 감독 저 역시 강추입니다. 김기덕 역시 본능을 자극하긴 하는데 넘 남성주의(?)가 강하져? 불편할 정도로.

한울

걍 뎅굴면서 저절로 우러나오는 연기가...........그거 저도 보고 싶습니다. 쉬마님 글 잘읽었습니다. 병헌님 이글 꼭!!! 읽으셨으면 하네요...강추입니다. 강추!!!! 아~~~ 일게 울플님들 멋쩌부리면 우짜냐구요........한울이 울님들 팬하다가...주객이 전도되면 우짜냐구요???

*^^*

아...지금에야 이 글을 발견했습. 맘이 저릿해옵니다 제 맘 같은 글...볼 때마다 한 번쯤은 연기한다란 느낌이 들 때.. 그럼에도 빠져들 수밖에 없던 매력들... 애정이 묻어있는 쉬마님 글 추천 때립니다. 자주 만나고 싶은 글입니다..^^

물망초

쉬마님 말쌈대로 울 병헌띠 홍상수 감독분하구 함 작업했으면 하네요(사실 저요 그분 몰라요. 쉬마님이 권하니까 걍 훌륭하신 분이신가보다...하다눈)

병헌사랑

누구나 느끼는 바가 비슷한가 봅니다,, 언젠가 설경구와의 연기를 비교해서 설경구는 생수와 같고 병헌님은 칵테일과 같다고 나름대로 다른 느낌을 표현했었는데,, 병헌님 연기에 사실 일상적이지 않은 부분이 꽤 있습니다. 어쩌면 극적으로 필요한 것들인지는 모르겠으나 울면서도 놀면서도 카메라의 멋진 모습을 생각하는것 같은,,,, 아! 멋지다,, 그러나,,, 나와 같은 부류에 사람이 아닌 것 같은,, 더이상 깊은 생각을 잠재우고 맙니다 그러나,,,,,, 올인에선 전 더이상의 카리스마를 원합니다 너무 감상에 치우쳐서 나약함마저 느끼게 되더군요 왜 그리 자주 우십니까?? 슬픔은 속으로 감추고 겉은 좀더 냉철하고 강단스러웠으면 좋겠습니다. 좀 과장스럽게 과감하고 거칠었으면 합니다,,,,험난하게 걸어온 인생이 너무 곱습니다. 남성적 이끌림이 실장님보다 덜합니다 때론 무표정, 무감정스러움이 더욱 멋지고 슬플 수도 있답니다.

안젤라

완전 뒷북이네요. 저도 쉬마님이 넘 궁금하네요. 이글을 읽고 나서 또 한탄을 합니다. 난 왜 일케 표현되지 않는 것이여... 제가 딱 그 생각을 했는데, 홍상수 감독이요. 정말 애정어린 님의 글을 올 헌이가 꼭 읽었음하네요. 쳇방에서 쉬마님을 잠시 만났던 게 영광이었네요. 너무 늦게 이 글을 읽어 미안해지네요.

소리

역쉬~~~ 다시마님....^^ 뒤늦게 읽고 감동 먹구 갑니다~~~♡

리아

다시마님.... 지는 완전히 뒷북이지만서두.........—; 님 글에 감동 만땅이라서리 메모를 달게 되는군요....... 제가 평소에 생각한 그대루라는..... 연기를 넘 잘해서 잉... 저건 연기 여.... 이런 느낌......... 뭔가 치밀한 계산 끝에 나온 듯한 연기......... 아무튼 병헌님 땜시 롱 넘 계산없이 연기하는 연기자들 연기두 못보게 됐지만서두--; [6]

6_ http://byunghunlee.pe.kr/planet/board.htm bhboard 2003.2.21

게시판2

Dear Byung Hun,

..... I'm sure that you are now working hard to choose your next movie to act. Although some fans may misunderstand you that you put dating over work, I still hold the belief that you treasure your career as much as before. Maybe you don't like the scripts or you don't want to act in some traditional movies that you can't make your decision right now. So, please don't rush and make a good choice. It's better to act nothing than to make a wrong choice, coz building up a career needs lots of efforts, but tearing it down simply needs one blow.

As your fans, we are all very patient, as you have said. We are looking forward to seeing your next GREAT work.

Rest well and visit here if you have time. We are always here to support you.[7]

7_ Elaine http://www.leebyunghun.com.hk/board.htm eso(Junior Member) 09/29/2003:02:25:52

"매번 마음 속으로는 영화에 전념해야겠다는 생각을 하지만 자의든 타의든 마음대로 되지 않네요.
제 개인적으로는 시간에 쫓기지 않고 안정적인 연기를 보여줄 수 있는 영화가 훨씬 재미있고 좋아요.
지금까지 꽤 많은 드라마에 출연했지만 10년 쯤 뒤에 절 그 드라마 속의 주인공으로 기억해줄 시청자가 얼마나 될지 모르겠습니다. 그만큼 드라마는 소비성이 강하죠.
영화는 달라요. 흥행에 관계없이 관객의 마음속에 10년, 아니 평생 동안 남아있는 사람이 될 수도 있으니까요."[8]

8_ http://byunghunlee.pe.kr/planet/board.htm 이병헌 인터뷰 기사 게재 내용.

이처럼 이병헌의 스타–팬의 관계에서는 감정적 친화, 자기동일시, 모방, 투사의 측면 외에 적극적 상호작용의 측면이 발견된다. 그런 점은 이라크 파병반대 집회에서 발언자로 나섰던 이병헌의 포퓰라 아티스트적 면모와, 문화 참여자로서 팬들이 보여준 자기 정위와 관여행위에서 여실히 드러난다.

다음 드라마에서는 어떤 역할을 하고 싶은지?
– 배우들은 늘 작품이 끝나면 차기 작품을 생각하곤 한다. 내가 어떤 역할을 하고 싶다는 것은 없다. 난 항상 비워두고 있으며 시나리오를 읽으면서 느낌이 오는 작품이라 판단되면 정하곤 한다.
베테랑 배우가 된 이후 변한 것이 있다면?
– 배우로서 생각해볼 문제이지만 달라진 것 이라곤 하나도 없다. 다만 가치관이 확립되었다는 것, 아니 확립되고 있다는 것이다.
앞으로의 계획은?
– 영화만을 생각하고 있다. 우선 아시아 각국에서 출연 요청이 들어오고 있다.

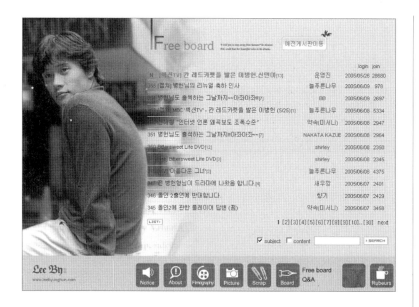

이런 제의가 오면 항상 긍정적으로 생각하고 있기에 일본에서도 좋은 작품이 있다면 제안해주기 바란다.

취재/ 전은주 기자 사진/ Tokyo-Jang

병헌짱에서 펐어요 ^^ 9)

9_ http://www.leebyunghun.com/board.htm 2004.4.14

위와 같은 퍼나르기 행위와 댓글달기에서 확인되듯이 이병헌과 팬들의 관계는 문화소비가 아닌 쌍방향적인 상승작용 속에서 문화적 가치의 생산적 의미를 최소한 확보하고 있다. 그리고 이병헌과의 직간접적 관계만이 아니라 팬들 상호간에 소통의 관계지향이 이루어지는 것은 기본적으로는 팬덤문화이지만 기존의 스타시스템과 변별되는 지점이 아닐 수 없다. 이는 과거에는 일방적으로 문화의 소비자였던 팬들이 지식과 정보의 자본화시대에 들어서면서 표현의 자유와 정보의 공유라는 새로운 인권의 의미를 경험해나가는 과정이기도 하다. 그리고 이러한 문화소비자로부터 문화생산자로의 자기전화과정은 문화산물의 생산과 분배에서 절대적인 우위를 차지하고 있는 자본의 영향력을 헤치고 새로운 문화활동의 지평을 열어나가는 과정이기도 하다. 표현의 자유 영역을 확보하고, 정보의 공유를 통한 카피레프트의 경험들을 생산적으로 축적해나가는 가운데 창출되는 새로운 문화적 가치들, 그것이 카타르시스적인 욕구분출의 한계를 넘는 수준은 결코 아니다. 문화산업에서 스타가 수행하는 기능으로부터 전적으로 자유로울 수도 없고 그 궤도 안에서 벗어날 수도 없는 것이다.

그러나 이병헌이 가치관을 확립해가는 과정이라고 언급한 것이나 최근의 박찬욱 감독의 〈쓰리,몬스터〉에 출연료 없이 응한 것을 보면, 문화 생산자로서의 자신의 사회적 역할과 위상을 조금씩이라도 회복해가리라는 점 또한 부정할 수 없다. 아울러 스타와 팬들 간의, 그리고 팬과 팬들 간의 쌍방향적 문화경험들이 새로운 사회의 상징체계를 만들어가는 문화형질로 전화되지 않는다고 말할 수도 없는 일이다. 지식과 정보까지 자본화된 사회이며, 온라인에서 정보의 지배와 분배를 장악하고 있는 자본의 힘은 여전히 가공스럽다. 그러나 표현의 자유와 정보의 공유를 통한 풀뿌리 대응이 이처럼 새로운 문화를 만들고 있다는 엄연한 사실의 확인 또한 부인할 수 없는 단계에 있다. 바로 이 점이 이병헌 팬사이트를 통해 한류의 적극적 의미를 고찰하는 직접적 계기가 되는 것이다.

(2) 한류가 소통되는 방식 - 중역성과 관계성

한류가 과연 중심부 문화와의 차이를 낳는 모방하기를 가능하게 하는 자기 속에 내재된 문화적 형질들, 그 새로운 가치창조의 형질들을 장전하고 있다면 그것은 무엇이며, 어떻게 확인할 수 있는가 하는 물음을 던졌었다. 이 물음에 답하기 위해서는 90년대 동아시아에 횡행했던 일류(日流)의 흐름을 하나의 참조체계로 하는 에돌기가 필요하다. 소니의 할리우드 진출과 텔레노베라라고 일컬어지는 브라질의 소프오페라의 세계 각지로의 수출 등의 신흥 비서양 문화산업의 대두와 한류는 어떻게 같고 다른가? 이것은 다국적 자본의 국경을 넘는 제휴 협력이 문화산업 시장의 글로발화를 촉발시킨 결과, 트랜스날한 문화권력 네트워크가 이제까지 미국이 압도적, 독점적으로 장악해 온 일국 지배구조를 분산되고 탈중심화된 유동적인 것으로 변화시켰음을 상징하고 있다. 그러나 이 경우에 대한 일본에서의 분석시각은 문화세계화론의 서양과 비서양의 이분법 시각이나 문화근접성론의 문화주의의 한계를 넘고 있다.

그러나 이 경우도 일본 등의 신흥세력은 서양문화 지배구도와 그것에 얽혀 있는 서양중심주의적 언설을 타파하는 좋은 예로서 진정으로 받아들일 필요가 있다고 지적되는 것에 머물 뿐(대략의 경우 그러한 서양 문화헤게모니에 대한 위협은 실제로는 확보하기에 족하지 않은 정도의 것이기 때문이겠지만), 그러한 문화권력이 탈중심화된 트랜스널한 문화의 흐름 속에서 어떻게 작용하고 있는가의 분석에는 이르지 못하고 있다. 이점에서 서양지배의 탈중심화를 강조하는 글로벌라이제이션 논의는 그 의도와는 반대로 그리하여 포스트모던 논의와 마찬가지로 서양으로부터의 시좌(視座)에서 서양중심 패러다임의 비판을 선취하는 것에서 서양중심주의를 재생산하려는 위험성을 가지고 있다고 할 수 있다. [10]

따라서 이의 논의는 대만의 일본 TV 드라마 수용을 분석하여 이제까지 이루어지지 않은 비서양간의 불균형한 문화교통의 역동성을 고찰해나가고 있다.

10_ 栗原彬·小森陽一·佐藤學·吉見俊哉 編《越境する知5-文化の市場:交通する》, 65쪽.

일본의 포퓰라문화는 만화나 애니메이션을 시작으로 1970년대부터 아시아 지역으로 수출되고 소비되어 왔다. 또한 일본의 TV 드라마 포맷은 대만·한국·홍콩 등에서 많이 흉내내기 되어왔고, 다수의 재팬팝이 현지의 가수에 의해 커버되어 왔다. 그러나 특히 90년대에 들어서 일본 포퓰라문화 수출량은 증대되고 있다. 예를 들면 일본의 TV 드라마 수출량은 80년의 4585시간에서 92년에는 2만2324시간으로 비약적으로 증대했고, 1997년의 우정국통신백서에 의하면 95년의 TV 드라마 총수출량의 거의 반 정도가 아시아지역으로 향하고 있다. 90년대에 들어서 일본 TV 드라마가 거대한 규모로 동아시아 시장에서 호의적으로 시청되고 있는 가운데 일본의 트랜스널한 문화권력이라는 것을 다양한 역학이 착종하는 글로벌–로컬 연관(nexus)에서 어떻게 포착할 것인가? 만약 일본이 서양문화의 압도적인 영향력과의 교섭과정에서 단순한 모방이 아닌 독자의 미디어 포퓰라 문화를 구축하여 왔다면, 그 문화권력은 미국의 그것과 어떻게 다르고, 또 글로벌라이제이션의 탈중심화의 역학과의 연관 속에서 어떻게 독해할 수 있는 것인가? [11]

11_ 栗原彬·小森陽一·佐藤學·吉見俊哉 編《越境する知5-文化の市場·交通する》, 65-66쪽.

트랜스널한 문화산업의 시장전략은 서서히 미국산 드라마 제공으로부터 로컬한 상품의 발굴, 제공으로 역점을 옮겨갔다. 최근의 일본 드라마의 아시아시장 보급도 아시아 지역을 중심으로 한 트랜스널 미디어산업의 로컬 상품 개척전략의 하나이다. 이렇게 일본 포퓰라 문화가 아시아 시장에 보급되는 정황에 대해서는 이와부치가 이미 잘 분석한 바 있다. [12]

12_ 이와부치 고이치, 《아시아를 잇는 대중문화》.

그러나 여기서 말하는 로컬성이란 무엇을 말하는 것인가? 위의 분석은 미디어산업에 있어서 많은 시청자를 이끄는 어떤 지역 내에서 제작된 드라마 모두를 일괄하는 이 로컬성이라는 편리한 말은 트랜스널한 문화수용에 있어서 무엇을 의미하는가, 어떻게 경험되고 있는가하는 의문을 제기한다. 그리고 서양의 문화헤게모니의 아류로서 간과되어 버리거나, 로컬성이라는 말에 내포된 시공간적 거리의 가까움으로 인해 놓치기 십상인 비서양간 문화의 불균형한 문화권력 문제에 진정으로 대처할 것을 요구한다. 따라서 이들은 비서양지역 내의 미디어 문화 유통 연구의 필요성을 제기한다. 그리고 이제까지의 탈중심화된 글로벌한 문화권력 분석 연구를 건설적으로 만들게끔 요구한다.

로컬성, 문화거리감각은 결코 선천적인 것으로 포착될 수 없다는 것이 이들의 주장이다. 그것은 "동아시아에서 공간적 가까움의 인식이 서양근대에 대한 시간적 가까움의 서열로 치환되고 말았던 것은 일본 제국주의의 식민지주의 역사경험이 웅변으로 입증하고 있기 때문이다."[13]

서양발 근대의 압도적 지배력 속에서 이제 스스로 오리지날한 근대를 구축하고 말하는 것이 허락되었다고 하는 역사체험 속의 탈식민은 비서양제국간의 공통점이다. 그럼에도 불구하고 그 서양적 근대의 토착화 정도는 이미 일본과 다른 동아시아 국가들 간의 동시간성을 부정하는 발전적 시간차로 해석된다. 거기에서 문화적 민족적 우열이 이야기되어 온 것이다. 일본의 포퓰라문화가 동아시아시장으로 부단히 확대되고 있는 것은 일정한 근대화가 달성된 시점, 즉 서양 근대의 토착화 이후에 진행됐다. 그 토착화의 시간차가 소멸·감소하면서 서양에 비해 상대적으로 문화적 가까움을 인식하는 것이 동아시아지역 내에서 확실히 표면화되고 있음을 이들은 지적한다. 서양발의 글로벌자본주의에 뿌리를 둔 근대가 만연하고 경제적 격차가 축소됨에 따라, 동아시아지역 내에서 문화적 거리감각은 근접되고 있다. 이 가운데 미국의 포퓰라문화와는 다른 문화적 가까움, 친밀함을 구상하는 일본의 미디어상품이 동아시아에서 긍정적으로 소비되고 있다는 것이다. 이 지점에서

13_ 栗原彬·小森陽一·佐藤學·吉見俊哉 編《越境する知5- 文化の市場:交通する》, 67쪽.

▲ 트렌디드라마라는 새 장을 열어 대만 등지에서도 인기를 끈 일본 드라마 〈도쿄러브스토리〉.

이들은 문화적 우월성의 명확한 발현·승인이 아니라 생활공간에서 의미구축에 중요한 영향을 끼치는 문화적 이미지·심볼을 생산하는 능력으로 문화 권력을 새롭게 의미 규정한다. 그러면서 일본 대중문화가 소비자에게 '친근함', '모방'으로 호의적으로 인식되고 있는 것이야말로 일정한 근대화를 거친 동아시아 지역 내의 문화교통에 있어서 착종하는 문화 거리와 문화 권력을 고찰할 때의 관건이라고 강조한다.

위의 분석은 이어서 90년대 대만 시청자들 사이의 일본 드라마에 대한 선호를 다루었다. 일본과의 문화적 근접성이 어떻게 인지되고 경험되는가를 일본의 TV드라마 〈도쿄러브스토리〉의 청중 수용 조사로부터 분석해나간 것이다. 그리고 문화적 가까움·친밀성의 그림자에 은폐된 일본의 문화 권력이 대만의 사회경제적 변화와 케이블TV로 대표되는 미디어마켓의 확대라는 상황 속에 어떻게 드러나는지를 고찰한다.

이는 스트로바(Straubhaar)가 라틴아메리카 제국간의 TV 드라마 유통 분석을 통한 비서양 지역 인트라−미디어 유통·소비 연구에서 제기한 문화적 근접성 논의에 대한 비판적 문제제기 형태로 이루어지고 있다. 이들은 문화적 근접성(근사성)이 시청자의 드라마 기호에 크게 작용한다던가 하는 실증적 타당성에 대해서는 반박하지 않는다. 중화권, 인도권 등 언어문화에 의한 TV 문화지역이 확실히 존재하고 있는 것은 사실이기 때문이다. 그러나 그 자명성이 오히려 문화적 근접성 개념의 정치한 이론화를 방해하는 결과를 초래한다고 지적한다. 이들은 문화적 가까움을 인식한다는 것은 무슨 의미인가에 대한 근본적인 문제를 제기했다. 이에 문화적 근사성을 일반화된 형태에서 결정론적으로 논하지 않기 위해 스튜어트 홀이 말한 절합화(articulation) 개념을 가져온다. 절합화란 어떤 특정한 상황 속에서 두 개의 다른 요소가 일체화되는 식의 결합 과정을 의미한다. 그 맺어짐은 필연적인 것도 아니지만 이미 예정된 절대적인 것도 아니고 관건은 도대체 어떤 상황에서 그러한 결합이 일어나는가 하는 것이다.

이들은 문화적 근접성의 실증적 연구가 놓치고 있는 임의성, 우발성을 지적한다. 문화적 근접성의 인식은 결코 부여된 것이 아니며 시청자가 어떤 역사적 문맥에서 외국의 미디어텍스트로부터 문화적 근접성을 경험하느냐를 문제 삼는 것이다.

대만은 일본의 식민지 통치 경험을 가졌기 때문에 일본 대중문화의 침투를 그 역사로부터 떼놓고 논할 수 없다. 대만의 뉴스주간지 〈신신문〉은 '정신차리라! 당신의 자식이 일본인이 되어 가고 있다'라는 제목의 특집기사에서 일본의 것을 각별히 좋아하는 사람들을 의미하는 하르(哈日)족이라는 조어를 소개하면서 일본 대중문화의 수용을 대만사회에 깊게 뿌리내리고 있는 식민화의 역사 속에서 길러진 모방행동의 현시라고 논했다. 확실히 먹거리, 주거, 언어에 있어서 대만에는 일본의 문화적 영향이 깊게 박혀 있다. 특히 일본통치 하에서 자라난 세대 가운데에는 일본의 식민지 지배가 남긴 상처에 진지하게 대응하려고 하지 않는다. 한편, 국민당의 압정 탄압 아래 일본통치의 잔재가 배제되어 온 상황에서, 전후 대만에서 자신들의 인생이 이중으로 부정되었다고 여긴다. 이에 대한 반동으로 일본 통치를 긍정적으로 생각하는 사람들이 적잖이 존재하고, 이들에게 일본의 라디오·텔레비전 드라마나 팝(내지는 군가)이 반갑게 소비되어

14_ 栗原彬·小森陽一·佐藤
學·吉見俊哉 編《越境する知5-
文化の市場:交通する》, 69쪽.

왔다. 이러한 일본 식민지화 이후의 역사적 상황은 한국의 경우와 다르며, 현재
의 일본 대중문화의 대만 유입을 비교직 고동스러운 것으로 여기고 있다는 것
은 부정할 수 없다.[14]

위의 논의는 90년대 대만에서 일본의 TV드라마가 급속하게 침투한
구조적 요인으로 미디어 글로벌라이제이션이 진전하는 가운데 대만 미
디어산업·시장이 급속하게 발달한 점, 특히 케이블TV의 일상적 보급
을 지적한다. 아울러 계엄령이 해제된 80년대 후반부터의 민주화·자
유화 흐름, 그리고 친일적인 내성인(內省人) 리덩후이(李登輝) 총통의
출현이라는 보다 큰 정치적 조류도 포착한다. 또한 고도성장에 의한 물
질적 풍요, 그에 따른 문화향수의 증가라는 경제·사회적 요소도 대만
과 일본의 문화적 근사성 체험의 고찰에서 밀접하게 관련되어 있음을
놓치지 않는다. 여기서 절합화의 시좌(視座)란 문화적 가까움이 TV드
라마의 텍스트에서 어떻게 긍정적으로 작용하고 있는지 상세하게 읽을
필요성을 제기한다. 대만의 시청자가 일본의 드라마를 잘 보는 것은 그
것이 단순히 문화적으로 가까운 국가의 것이란 이유에서만도 아니고,
익숙한 문화적 가치·요소를 발견하였기 때문만도 아니라는 것이다.
즉 대만에서 일본 드라마가 인기 있는 것은 비슷한 문화가치·코드를
소유하고 있기 때문에 자동적으로 결정된 것이 아니라, 시청자의 능동
적·창조적·주체적인 취사행동이 그렇게 선택하도록 한 것임을 위의
논의는 강조한다.

결국 문화근접성론의 문화결정론적 한계를 후험적인 선택의 문제
로 제기하기 위해 절합화 개념을 가져온 것인데, 외국 미디어텍스트가
체현하는 문화적 가까움은 어디까지나 시청자의 주체적 의미구축 행위
에 의해서만 인식되고 경험된다는 것이 이들의 주장이다. 그러면서 이

들은 싱클레어(J. Sinclair) 등이 지적한 바와 같이 시청자가 미디어텍스트를 수용하는 데 있어서 어떻게 주체적으로 의미구축·교섭을 하고 있는가에 역점을 두는 실증적인 청중 연구의 필요성을 강조한다. 그리고 기존의 청중 연구가 미국 TV드라마에만 집중, 다른 지역간의 드라마 유통에 관해서는 이루어지지 않고 있다는 지적과 함께, 비서양 지역 내의 TV드라마 유통 연구에 있어서 드라마 구입의 과정, 드라마 편성 시간대, 드라마의 공공성 등 중간영역 분석이 중요하다는 점도 지적한다. 결국 대만에서 일본 드라마가 어떻게 시청되고 시청자의 기호가 일본과 대만의 문화적 가까움의 인식과 어떻게 연관되어 있는가를 탐구하기 위해서는 역사적 정치적 사회적 문맥의 검토, 중간영역 분석 등 실증적인 청중 연구가 필요하다는 것이 이들의 논지이다.

꽤 장황하게 에돌아왔는데, 이는 한류의 형질을 '아시아적 가치'와 같은 문화본질론으로 규명해서는 곤란하다는 문제인식을 공유하기 위해서였다. 그러면 문화세계화론의 차이에 대한 환상이나 문화적 근접성론이 갖는 문화주의의 한계에 빠지지 않고, 한류로부터 새로운 문화 관계성을 포착할 수 있는 근거를 어떻게 찾을 수 있을까? 한류에는 과연 그것을 설명할 수 있는 어떤 형질이 있기는 한 것인가?

이소룡 영화에서 느와르에 이르는 홍콩영화의 범람이 있었다. 전지구적 지역화 전략 속에서 무정체성적 정체성, 곧 일본색의 탈색을 특징으로 하는 지역적 미디어산업을 동아시아에 착륙시킨 일류(日流)도 있었다. 우리는 한류를 전대미문의 사건인 양 법석을 떨지만 동아시아는 이미 이처럼 몇 번의 지역문화 유통의 경험을 가지고 있었던 것이다. 그리고 한류 또한 처음에는 대만과 홍콩에서의 문화소비, 문화선택을 거쳐 위로는 중국, 아래로는 베트남과 동남아시아 화교권으로 흘러들

아시아적 가치

1970년대 초부터 등장하기 시작한 용어로 아시아 국가들, 그 중에서도 특히 70~80년대 고도성장을 이룩한 동아시아 국가들의 경제성장 요인을 해명하기 위해 서구 여러 나라의 학자들과 언론들이 붙인 개념이다. 한국·홍콩·타이완·싱가포르 등 신흥공업국을 '아시아의 네 마리 용(龍)'으로 일컬으면서, 이들 국가의 경제성장이 가부장적이고 권위주의적이며, 인치(人治)와 인정(仁政) 사상에 바탕을 둔 아시아의 뿌리 깊은 유교적 전통에 기인한다고 보고, 이를 아시아적 가치라고 주장하였다.

1990년대 중반까지도 이 아시아적 가치는 유교사상에서 나온 아시아(동양) 특유의 가치로서 긍정적인 가치로 받아들여졌다. 그러나 1997년 동아시아를 강타한 금융위기를 거치면서, '아시아의 기적은 사라졌다'는 비판을 받기 시작했다. 아시아는 세계 어느 지역보다 넓고 민족·종교·문화도 다양해, 아시아적 가치라는 하나의 틀로 묶어 정의하는 데는 무리가 있다는 지적도 있다.

어간 점에 주목할 필요가 있다. 결국 한류란 동아시아의 경제성장에 따라 문화적 수요에 근거한 문화소비 차원에서의 문화적 선택이란 측면이 두드러지는데, 그렇다면 그 형질 규명보다는 절합화 개념으로 설명해내는 것이 타당한 것이 아닌가.

절합화 개념을 통해 비서양 지역 내의 TV 드라마 유통을 연구하는 문제라면 일본에서 이루어진 위의 논의는 충분히 의미 있는 것이다. 또한 어떤 문화현상을 문화결정론으로 파악하는 것이 아니라, 문화를 구성되어가는 과정으로 보고자 하는 노력이 많은 시사점을 주고 있는 것도 사실이다. 그러나 작금에 동아시아를 휘돌고 있는 한류에 대해서는 홍콩이나 일본의 문화유통 현상과 다른 차원의 의미를 부여해야 한다는 것이 나의 주장이다. 그렇게 의미규정을 내리고 목적의식적으로 추동해갈 필요도 있다는 뜻이다. 어쨌든 우리는 이 다시 올 수 없는 문화적 선택을 이제까지 부재했던 동아시아에서의 진정한 문화교류의 실재화를 위해, 그리고 무엇보다도 동아시아의 평화공존과 상생의 문명을 위한 전환 고리로 삼아야 한다. 그런 분명한 목적의식성 속에서 한류의 형질 규명은 위와 같은 절합화 개념을 가져오면서도 절합의 의미 속에 내포된 관절적 결합의 의미, 곧 그 유연한 관계지향의 형질들을 발견해내는 것이 필요하다 하겠다.

한류의 문화 형질을 거칠게나마 규명해 본다면, 앞서 반주변부의 역동적 문화적 해석력이라고 지적한 바와 같이, 그것은 특유의 중역성(重譯性)이 아닌가 한다. 이것은 한반도의 지정학적 위치로부터 비롯된 양가성(ambivalance), 곧 오랜 역사기간 동안 대륙과의 화이관계 속에서 획득한 동국(東國)적 문화 해독력과 수용능력의 현대적 전화라고 할 수도 있다. 그리고 식민지 경험과 미국과의 종속적 관계 속에서 식민화를 떨쳐내지 못한 채 다시 가중된 아메리카니즘, 자본주의의 파행적 발전, 냉전과 분단의 긴장, 끊임없이 강요되는 외래성에 한편으로는 적응하고 내재화하면서 다른 한편으로는 그에 대응하며 획득한 자구적 생존능력의 문화적 체현이라고 할 수도 있을 것이다.

중역성과 더불어 또 다른 문화형질은 보다 근본적인데, 그것은 다름아닌 관계성 속에서 자기를 정위시키는 능력, 시중(時中)의 힘이라고 할 것이다. 문화지정학적으로 한반도는 끊임없이 사이(間)를 사고하지 않으면 안 되도록 강요받아 왔다. 따라서 역사적으로 체화된 그러한 관계성은 때로는 되받아치는 바람이기도 하고, 틈 없는 틈(無間)을 흐르는 물의 속성으로 끊임없이 자기 존재양식을 새로운 관계성 속에 자리매김 해나가야 했던 것이다. 살아갈 방도가 곧 새로운 관계지향을 찾아나가는 것이었고, 그렇게 관계지향이 존재의 동력이 되어갔다고 할 수 있겠다. 물론 관계로 말하면 중국에서는 전통적으로 법과 제도보다도 인간관계를 중시해 왔거니와, 그러한 관계성의 전통을 놓고 본다면 이러한 관계성이 자기내재화되는 것이야말로 서구와는 다른 동아시아적 가치내함이라고 할지 모르겠다. 그러나 여기서 형질을 말하고자 하는 것은 어떤 근원주의로 환원하고자 하는 것이 아니다. 그 부단한 변화 속에서, 김지하식으로 말하면, 우리가 '기우뚱한 균형을 잡아나가는 삶의 방법론'을 체화해온 역정이 엄연하게 녹아있는 것이므로, 작금에 동아시아에 흐르는 한류 또한 그러한 형질을 어떤 형태로든 내재하고 있다는 것이다. 따라서 그것의 전향적 발현을 통해 한류가 동아시아의 구래의 불행한 관계성을 지양하고 새로운 관계지향을 만드는 문화적 온기일 수 있다는 점을 역설하고자 하는 것이다.

그렇다면 동아시아의 청중들은 왜 한류의 문화선택을 감행한 것일까? 초기의 우연성, 우발성은 충분히 있을 수 있는 일이다. 일본 문화에 식상한 대만에서 케이블TV와 인터넷 등 미디어 환경의 발달에 걸맞는 새로운 문화 수요가 창출되고, 중국에서의 문화적 공백 등으로 인해 한류가 급속히 확산되었다는 판단은 어렵지 않게 내릴 수 있다. 문제는 한류의 지속가능성인데, 문화의 수용주체간의 관절 역할을 한류가 톡톡히 해낸 측면을 간과할 수 없을 것이다.

　앞서 이병헌 팬사이트의 게시판문화에서 보았듯이 한류의 지속은 문화산업 자본과 국가주의의 결탁에 의한 소동에 가까운 기획과 전략에 의한 것이라기보다 문화 수용주체간의 소통에 의해 견인된 측면이 강하다. 인터넷 강국이라는 우리의 조건 속에서 표현의 자유와 정보의 공유를 누리는 누리꾼의 문화행위와 동아시아의 새로운 문화적 갈구들 간의 선택적 만남, 그리고 그 만남의 일상화·지속화가 바로 한류의 지속가능성을 열어냈다고 하는 것이다. 그리고 오프라인에서 월드컵의 열기와 촛불시위 등 문화사회적 맥락들이 한류의 형질을 구성해간 측면이 강하다고 하겠다.

　누리꾼들의 사이버공간 속에는 중역성과 관계성의 예증들이 얼마든지 있다. 그리고 댓글달기와 퍼나르기 행위 등은 인접국가의 국경을 타고 넘는 것은 물론 실시간 문화유통을 수행하는 기제가 되고 있다. 바로 이점에서 일본문화의 형질과도 같은 모방성과는 다른 차이의 문화, 중역성의 형질이 현실문맥 속에서 부단한 자기 전화를 이루고, 새로운 관계지향들을 만들어감으로써 그것이 한편으로는 이윤발생에 기여하기도 하지만, 일류의 소비와는 다른 소통의 차원을 열어가고 있는 것이다.

　다음의 긴 인용문은 그 중역성과 관계성의 아름다운 작동을 여실히 보여주고 있다.

중국잡지 편집자가 말하는 〈한국 드라마 4大 殺手간〉 - 주간 〈上海TV〉 2001년 12월 제B호-

1. 남자주인공은 돈도 많고 다정다감하다.(男主角多金多情)

한국드라마에서는 통상적으로 반드시 부유한 집안의 남자가 등장하고, 그들은 또한 모든 방면에서 성공적으로 나가는 '귀재'들이다. 예를 들어...〈불꽃〉중의 차인표는 한 기업가의 역을 하였고, 〈가을동화〉에서 원빈은 호텔가의 아들이고, 〈愛上女主播〉에서 장동건은 TV 방송국의 이사역할이다. 〈호텔리어〉에서 배용준은 야심차고 유능한 남자이고, 〈아름다운 날들〉에서 이병헌은 회사 실장 역을 맡고 있다. 이렇게 멋진 남자들은 비단 돈이 많을 뿐만이 아니라, 하나하나 모두가 다정다감하다. 일부 여성 시청자들은 '사랑을 중요시하고 마음도 깊은' 그들의 눈빛을 보면서, 여성들 스스로 드라마 속 이야기로 들어가 자신이 마치 여주인공인 듯한 착각에 빠지기도 한다.

2. 여자주인공은 모두 가냘프고 애처로운 가련한 이들이다. (女主角楚楚可憐)

한국 드라마에서 여주인공들은 대체로 모두가 참 가냘프고 애처롭운 가련한 모습으로 등장한다. 〈가을동화〉에서 송혜교는 걸핏하면 눈물을 흘리는데, 많은 남성 시청자들이 송혜교가 우는 모습을 볼 때에 마음이 부서지는 것 같다고 말하는 것은 무리가 아니다. 〈아름다운 날들〉에서 최지우 역시 억울한 일을 많이 당해 보는 이로 하여금 안타깝게 한다. 한편으로는 같이 고아원에서 자란 이정현을 위해 치욕을 참아내기도 하고, 다른 한편으로는 비록 이병헌의 사랑을 받지만, 많은 오해와 우여곡절을 겪고야 만다. 〈엄마야 누나야〉에서 벙어리역의 황수정도 자주 속임을 당하는데, 다행히도 최후로는 안재욱의 전폭적인 지지를 받는다. 황수정은 한국에서 '專業大姐'로 비유되곤 하는데, 이는 '현모양처'에 가장 적합한 유형이다. '姐弟戀'의 〈愛情〉에서 송윤아 역시 고생을 하면서, 하루 종일 눈물을 흘리곤 한다.

3. 친,양 형제관계를 둘러싼 의혹 (眞假手足身世謎)

이렇게 돈 많고 능력이 있으면서도 다정다감한 남자가 등장하고, 청초하고 연약한 여주인공이 등장하는 것이 한국드라마의 러브스토리의 정형이다. 그러나 이 것만으로는 느라마의 희극적인 요소를 충족할 수 없기에 한국 드라마에서 빠지 지 않고 첨가되는 것이 바로 '형제관계'에 대한 의혹이다.

이런 '형제자매의 운명에 대한 진의여부'를 둘러싼 이야기는 이미 한국드라마 의 '經典'이 된 것이다.

예를 들어, 시청자들을 매일 TV에서 눈물 흘리게 만든 〈가을동화〉에서 송혜교 는 태어날 때 다른 이의 딸과 바뀜으로서 친남매(실제는 친남매가 아니지만) 사 이의 '不倫之戀'이 시작된다.

〈아름다운 날들〉에서 이병헌과 류시원 역시도 원래는 진정한 형제가 아닌데다, 둘의 부친은 서로 원한관계에 있다. 더군다나 이 둘은 서로가 대립된 선상에 있 을 즈음 동시에 '최지우'를 사랑하게 되는데, 그런 상황에서 둘의 운명적 수수 께끼가 밝혀지게 된다. 비슷한 예로 〈의가형제〉에서의 '장동건'의 역할 또한 양 자인데, 게다가 그의 어머니는 죽임을 당했기에 그는 일련의 복수계획을 세운다.

4. 여주인공은 항상 불치병에 걸린다.(絕症總조女主角)

이번에 말하고자 하는 것은 다소 이해하기 어려운 부분인데, 한국 드라마의 여 주인공들은 대부분 마지막으로는 '불치의 병', 그것도 대부분 '백혈병'에 걸려 서 죽는다는 것이다. 그리하여 매일 밤 아내와 함께 한국 드라마를 보는 남자 시청자들로 하여금 이런 질문을 하게 만든다. "도대체 한국 드라마는 저렇게 창 의성이 없단 말인가? 〈가을동화〉의 송혜교, 〈아름다운 날들〉에서의 최지우, 〈안 녕 내사랑〉에서의 김희선, 〈팝콘〉에서의 김규리, 〈靑春〉에서의 김현주 등, 모두 가 드라마에서 백혈병에 걸린 여주인공들이다. 이 밖에도 〈사랑〉에서의 장동건 이 좋아하는 연상의 여인 '김미숙'도 암에 걸려 죽게 되고, 〈의가형제〉의 이영 애 또한 '猛爆性간염'에 걸렸다.

자아, 여기까지가 중국잡지에 실린 Editor의 〈한국 드라마 4대특징〉입니다.

이 글을 읽어보신 여러분은 본문의 글에 대해서 어떻게 생각하시는지요? (동의 ~? 이견제시~?) 저는 솔직히 글쓴이가 지적한 한국 드라마 특징 중에 틀린 내용은 없다고 생각됩니다. 만약 여기에 〈사랑을 그대 품안에〉까지 첨가된다면,

백화점 이사(차인표)와 일개 종업원(신애라)의 사랑 역시 1, 2번과 부합되겠지요? (^^;).

비평가가 이렇게 한국 드라마의 통상적인 면 4가지를 꼬집어냈다지만, 한국 드라마가 한국에서는 물론, 중국에서도 꾸준한 인기를 얻고 있는 것을 보면, '통상적인 구조' 내에서도 이것저것 양념을 다르게 해서 시청자들이 다음 스토리를 궁금해 못 견디게 할만한 참신하고 재미있는 '故事(이야기)'를 창조해낸다는 데에 우리 '한국 드라마의 참된 저력'이 있는 것 아닐까 생각됩니다. 아~! 물론 한국연기자들의 뛰어난 연기 또한 드라마의 재미를 더하는데 한몫 하겠구요! *^^*

 그리고, 한국 드라마 4가지 특징 중 1, 2번은 한국과 중국을 막론하고 어느 나라에서도 환영받을 수 있는, 영원한 '드라마 주제'라는 생각이 드는군요. 이유는 드라마의 주 시청자 계층이 남자보다는 '여자'가 많다는 것 때문이죠. 특별한 능력 없지만 얼굴은 예쁜 여자가 능력 많고 다정다감한 남자를 만나 사랑을 나누는 것은 그 옛날 '신데렐라' 이야기가 만들어진 이후로 전 세계의 수많은 '평범한 여성'들이 한번쯤은 꿈꾸어보는 그런 이상적인 '러브스토리'일 테니까요.

… 지금 중국에서 한창이나 인기를 받으며 방영되고 있는 한국드라마. 음반, VOD 상점에 가면 어디라도 한국드라마가 세트로 진열되어 팔리고 있습니다.(가을동화, 불꽃, 안녕 내사랑 등등) 이 충분히 재미있는 이야기 구조로 중국드라마보다 더한 팬을 확보하고 있지만, 드라마 또한 국외로 수출되는 일종의 '문화상품'이라는 것을 생각할 때, 이 또한 질을 높여야 하고, 끊임 없는 '시장조사'를 통해 중국에 있는 '소비자'의 구미에도 맞추어갈 수 있는 노력 또한 필요하겠습니다.

이상, 상해에서 〈중국의 한국드라마〉 보고서 마칩니다. (*^^*)~ (_ _)~ (^_^)~!
– 2001. 12. 5. Written By YoonSook (※ 〈진명중국어사전〉 엄청나게 협찬 *^^*)[15] –

중국에 유학 가 있는 학생이 누리꾼의 한 사람이자 이병헌의 팬으로서 팬사이트에 중국 비평가의 한국 드라마 분석글을 손수 번역해서 옮겨놓고, 그에 대한 자기 의견을 피력하면서 다른 사람의 의견을 구한

15_ http://leebyeunghun.com.

다. 이전에는 꿈도 꿀 수 없었던 거리감의 축소와 동시성. 그것의 조건은 물론 기술과 자본이지만, 그러나 그것을 창조적으로 활용하는 것은 누리꾼, 문화의 수용주체이다. 이들이 주동성을 가지고 만들어내는 관계상 속에 이병헌이라는 스타도 있고 한국과 한국문화가 있고, 동아시아라는 지역이 있다.

한류는 바로 이들의 문화 창조 행위에 의해 문화적 소통의 경험과 그것의 확산 및 축적을 통해 새로운 동아시아의 지역성을 만들어가고 있는 것이다. 이러한 정감적 진지의 구축이 바로 동아시아 평화공존을 위한 가장 중요한 사회적 지반임은 말할 나위가 없다.

(3) 팬사이트, 문화의 소비 혹은 소통

문화 수용주체들이 만드는 소통의 실상을 좀 더 확인해 본다면 다음과 같다.

이병헌이 스타로 성공한 것은 영화 〈JSA〉에서 시작되었다고 할 수

◈ 당신이 이병헌의 팬이 된 것은 다음 어느 경우를 통해서입니까?

TV 드라마	40	95%
영화	1	2%
광고(CF나 홍보)	0	0%
사회활동	0	0%
기타	1	2%
무응답	0	0%

◈ 당신이 이병헌을 좋아하게 된 동기는 무엇입니까?

연기력	27	64%
외모	2	5%
인간적 매력	9	21%
인생관이나 세계관	0	0%
기타	1	2%
무응답	3	7%

◈ 이병헌의 출연작품 중 한류에 가장 기여했다고 (또는 한국을 가장 잘 알린다고)
생각하는 것은 무엇입니까?

JSA	22	52%	
올인	8	19%	
중독	0	0%	
해피투게더	0	0%	
기타	4	10%	
무응답		19%	

◈ Which one do you think did contribute on Korean culture(HanLiu)
publicity among his movies and dramas?

JSA	17	23%	
All In	36	49%	
Addiction	2	3%	
Happy together	2	3%	
others	13	18%	
no answer	3	4%	

있는데, 그러나 대부분의 팬들은 아래 설문 결과에서 보듯이(1차 66명
중 94%, 2차 42명 중 95%) TV드라마를 통해서 이병헌의 팬이 되었다
고 한다.

그러나 한류스타가 된 계기에 대해서는 반응이 좀 다르다. 위의 도
표와 같이 한국 팬들은 TV드라마보다는 〈JSA〉 등 영화를, 외국 팬들은
영화보다 〈올인〉이나 〈아름다운 날들〉을 더 큰 비율로 지목하고 있는
것이다.

이들은 이병헌의 팬답게 이병헌이 한국의 대표적인 스타이며, 한류
홍보대사로서 적임자임을 인정한다. 그리고 한류스타로서 이병헌이 할
일에 대해서는 국내와 국외의 반응이 다르다. 다음 페이지에 나오는 도
표들의 수치를 비교해 보면 그 차이가 드러나는데, 그 이유는 다음과
같은 외국 팬의 반응에서 확인할 수 있다.

◆ 한류스타로서 이병헌이 해야 할 일은 무엇이라고 생각하십니까?

더욱 영화나 드라마 등 작품에 정진한다	34	81%
한국과 한국문화를 홍보하는 데 전력한다	71	7%
해외문화수준을 알린다	0	0%
기타	0	0%
무응답	1	2%

◆ What do you think he has to do as an ambassador of Korean culture?

he should do his best in his movies and dramas	28	38%
he should try to inform Korea and Korean culture	71	0%
he should inform the situation of international HanLiu	2	3%
he should play a role of the exchange cultures internationally	30	41%
others	4	5%
no answer	2	3%

◆ What is the difference after you started to like him?

I am collecting all of his information and pictures	11	15%
I spend most of time browsing his fan site, and it kills my regular life	16	22%
I enjoy my life with Lee's films and dramas	27	37%
I start to get interested in Korean culture	15	21%
Nothing different	3	4%
no answer	1	1%

　　TV 드라마를 본 후 이병헌의 팬이 된 사람이 절대적이고, 그로부터 그들의 일상 속에 이병헌과 한국문화가 자리잡고 있다. 이처럼 이병헌과 그의 작품을 통해 한국과 한국문화에 대한 이해를 시작하고 있다는 점, 그것이 바로 한류가 열어내는 이해와 소통의 첫단추로 볼 수 있다.

실제로 외국에 있는 이병헌 팬사이트의 경우 자발적으로 조성된 경우가 많고, 이병헌이 소속되어 있는 한국의 기획사가 이병헌의 공식 홈페이지에 각지의 사이트를 연계해 놓은 정도이다. 그런데 주목할 것은 이병헌의 최근 소식이나 정보, 사진 등이 거의 같은 날 동시에 국내외 팬사이트에도 오른다는 사실이다. 국내에만도 무려 십여 개에 달하는 이병헌의 팬사이트들은 어디선가 소식과 정보들을 주워 올려 게시판을 채워나가고, 그 하나하나의 글들에는 어김없이 답글이 달리고, 한 글당 조회수가 적게는 200회에서 많게는 4,000회를 넘나든다. 가히 게시판문화라고 할 정황들은 비단 이병헌 사이트만이 아니다. '오마이뉴스'나 '디시인사이드'를 비롯한 인테넷 소통공간들은 하루에도 헤아릴 수 없을 만큼 많이 생기고 닫히고, 거기에서 온갖 정보와 의견들이 교환된다.

민간단위에서의 소통구조를 만들어가는 과정에서 한국은 그 진정한 중심의 역할을 충분히 수행할 수 있다. 한국은 그동안 많은 어려움 속에서도 다른 발전도상 국가들에게 경제·정치의 발전과 함께 사회 민주화를 이룬 역동적인 시민사회의 모습을 세계적으로 각인시켜 왔다. 그리고 민중의 높은 의식적 각성과 조직화 정도, 사회 민주화 역량이 NGO로 확산되고 있는 현재, 한국 시민사회의 활력은 동북아는 물론 세계 다른 어떤 국가들도 높이 평가하고 있다.

한류라는 것이 초기에 문화산업에 의해 조성되긴 했지만, 최근의 경향은 인터넷의 발달에 따른 커뮤니케이션의 구조화에 힘입은 바 크다. 그것을 주도하는 문화 소비자들은 소비의 차원을 넘어 소통의 고리를 지속적이고 안정적으로 유지 확산해간다. 여기서, 우리가 그동안 저 간난의 세월을 살아내면서 맺어놓은 사회문화적 성과들을 동아시아에 부지런히 옮겨다놓는 일은 아무리 많이 한들 역작용을 일으키지 않을 것을 알고 있다. 더욱이 그것이 더불어 사는 상생과 평화의 메시지라면.

이 드라마를 보면서 나는 한 배우가 얼마나 드라마를 좌우하는가를
뼈저리게 느낄 수 있었다.
초기의 기획 의도를 기억하는가.
원래 설정은 연수가 집착으로 변해가는 민철을 등지고
따뜻한 남자. 편안한 남자 선재를 택하는 것이었다.
그러나 이 드라마는 급작스럽게 초기 의도를 수정해 버리고 말았다.
그 이유는 무엇이었던가.

이 드라마의 최대의 miss casting은 바로 이병헌이었다.
애초의 기획 의도대로 "안전하게" 선재와 연수를 맞어주기 위해서는
민철의 아픔을 시청자들이 느끼지 못하도록.
내면의 아픔을 잘 눈치채지 못하도록
"그저 그렇게 연기하는 연기자"를 썼어야 하는데
이병헌은 민철을 너무 잘 파악해 버렸던 것이다.
그의 숨막히는 눈빛연기에 많은 시청자들이 압도당했고
그의 아픔을 같이 이해하려고 노력하기 시작했고
그가 연수를 사랑한다는 것을 너무 구구절절 이해하기 시작한 것이다.
급기야 민철과 연수가 조금이라도 삐걱거리는 날에는
홈페이지 게시판이 불이 날 정도로 항의를 해댔고
결국엔 제작진이 급하게 "민철+연수" 구도로 바꾸어 버리기에 이르렀다.
시청자들 영향이었기도 했지만
제작진도 간파했으리라 생각되기 때문이다.

그리고 이로 인해 선재의 비중은 상대적으로 급감했고
드라마의 재미를 반감시키는 결과를 가져왔다.

선재 역을 연기했던 연기자에게는 다소 미안한 이야기지만

선재 모가 자살했을 때 선재의 가슴 아픔을 조금만 더 가슴 아프게 연기했더라면. 조금만 더 흔들리는 눈빛으로. 조금만 더 애증과 복수심에 타오르는 가슴으로 연기했더라면 선재를 좀더 살릴 수 있지 않았을까 하는 생각이다.

물론 상대배우가 원숙된 연기로 분위기를 압도하고 있어서

다소 힘들었으리라 생각하지 못하는 것은 아니다.

다만 시청자들이 지적하는 대로 "선재가 빛이 날 만한 씬이 전혀 없었다"는 것은 아니라는 점을 말하고 싶은 것이다.

아름다운 날들을 조금만 더 관심 있게 지켜본 사람이라면 알겠지만

선재가 "민철의 카리스마"에 망가진 이미지를 세울 수 있었던 씬은 의외로 상당했다. 위에서 지적했던 어머니 자살 씬. 아버지를 무너뜨린 사람 밑에서 자랐다는 것을 알게 되었을 때의 씬(죽인 것은 몰랐을 때임). 뮤즈에 프로듀서로 들어가 새로운 전환점을 맞았을 때의 씬. 연수에게 무참하게 차일(?) 때의 씬 등등.

안타깝게도 선재가 성춘의 자식이 아니라, 성춘이 무너뜨린 사람의 자식이라는 것을 알게 되었을 때의 선재의 방황. 민철이 그 사실을 알고 성춘에게 눈물을 보이며 대든 한마디에 그대로 눌려버렸다.

"아버진.... 미쳤어요!"[16]

16_ http://byunghunlee.pe.kr /planet/board.htm

최근 일본에서 높은 인기를 얻은 〈아름다운 날들〉의 경우이다. 시청자-팬의 입지에서 내용이 수정되는 과정을 보여주고 있는 위의 게시판 글은 한국 특유의 시청자 개입의 정황을 가감 없이 드러내준다.

위의 대비에서 보듯이 한국의 이병헌 팬들은 게시판을 통해 자기의 의견을 자유롭게 표출하고 있다. 그것은 물론 동일시의 차원이며 그러한 적극적 개입의 과정이 때론 문화적 병폐를 야기하기도 한다(예컨대 연장 방영 등). 그리고 위의 게시문에서 확인되듯이 팬사이트의 문화행위들은 대부분 이병헌이라는 스타의 일거수일투족에 클로즈업되어 있다. 그 클로즈업 자체가 문화자본이 개입한 산물이어서 그것은 문화 소

◈ 패사이트에서 당신이 가장 많이 하는 직입은 무엇입니까? (2개까지 가능)

멋진 이병헌 사진을 올린다	3	7%
이병헌 출연 작품을 올린다	1	2%
이병헌에 대한 정보나 기사를 올린다	9	21%
게시판에 올라온 글을 평한다	12	29%
격려의 글을 올린다	21	50%
조언을 한다	1	2%
애정어린 비판을 하거나 다른 사이트에서의 반응을 전한다	2	5%
기타	1	2%

◈ What do you do most when you visit this fan site? (pick two)

to upload pictures of him	38	52%
to upload his movies or dramas	25	34%
to upload the information and news about Lee	50	68%
to criticize the topics on the board(bbs)	6	8%
to write a letter to him for encouraging	1	1%
to advise him	0	0%
to make a comment about him and to response for other sites	7	10%
others	7	10%

비자들의 자율신경까지 강력하게 사로잡는다. 그러나 일본식(혹은 한국식) 아이돌스타 시스템의 전략과는 달리 그러한 친근감이 소비주체들의 교감신경을 자극해온 만큼, 미세한 떨림까지 대상 스타의 자질과 역량으로 환원하는 구조를 만들기도 한다. 그러한 구조화를 통해서 스타와 팬의 관계성은 각자가 자기 정체성을 강화하도록 이끌게 된다. 이병헌이라는 연기자와 그 팬들의 관계는 그러한 상호작용을 활발하게 진행하는 전범이라고 할 수 있다.

이병헌은 연기자로서의 자기정체성을 부단히 일깨우는 팬들로 인하여 자기 정위(正位)를 새롭게 하고자 하고, 팬들은 팬사이트를 통해 이병헌과의 관계성 유지와 발전을 가치창조 행위로 인식하며, 그러한

◈ 이병헌 팬사이트는 당신에게 어떤 의미입니까?

심심풀이	0	0%
카타르시스	5	12%
일상의 환기	13	31%
유일한 낙	2	5%
정보창구	6	14%
사귐터	1	2%
문화활동	9	21%
극적 의미의 가치생산	5	12%
기타	1	2%
무응답	0	0%

◈ what do you think you should do as a fan of Lee Byunghun?

I should inform him more	12	16%
I should get more interested in him	12	16%
I should get more interested in him and Korean culture	34	47%
I don't intend to do anything	7	10%
others	5	7%
no answer	3	4%

행위의 의미부여를 위해 다양하게 자기 진작을 해나가고 있다. 이병헌은 그것을 가치관의 확립이라고 말한 바 있다(물론 이병헌이 이들에게 전적으로 의존하는 구조는 아니다). 한편 팬들간의 상호 연쇄작용은 무정형적 집체의식을 만들어 낸다. 여기서 중국에서의 사회주의 집체경험의 해체와 개체 경험으로의 재조정 과정에 한류가 만들어내는 집체의식의 경험이 어떻게 작용하는지도 재미있는 문젯거리가 될 수 있겠다.

한류로 동아시아가 소통한다

동아시아란, 우선은 범주설정의 문제가 중요한데 이 책에서는 그것을 현상적으로 한류의 자장권을 놓고 경계 지워본 것이다. 그러나 본래

아시아란 개념은 유럽 근대의 확장과정 속에서 침략적으로 대싱화된 것, 곧 발견된 아시아라는 점을 문제적으로 인식해야 할 것이다. 동아시아란 공간개념이 그 '발견됨', '규정당함'으로 인해 가치개념으로 획득해야 하는 것이다. 아시아 내부에서도 이러한 불행한 역사지정학적 위치와 그 환골탈태의 역정에 대한 환기와 성찰의 필요성이 제기되고 있다.

다른 아시아지역보다도 먼저 유럽 류의 근대를 추진한 일본은 넓은 의미에서 중화문화권으로부터의 이탈을 시작, 주변 제국 제 지역 멸시, 아시아에 대한 침략과 식민지화를 합리화하기 위해 오히려 아시아의 지역적인 일체성을 리저널(regional)하게 가상적으로 구도하고, 유럽열강으로부터 그것을 방위하는 이념으로서 대동아공영권을 수립하였다. 그때 일본에 있어서 '동아'란 유럽열강과의 적대관계에서 '벗'(友)이 되는 것이지만, 사실은 침략 및 식민지화의 대상 지역이었다. 이처럼 '동아'로서 선택된 리저널한 이념은 유럽 근대를 사이에 둔 적과 동지관계의 함수로서 존재하게 되었다고 할 수 있다. 따라서 이 동아라는 지역이념은 일본 제국주의의 부산물이다. 그러므로 그러한 리저널한 것에 관련하여 자기의 위치를 정하기 어려운 곤란함이 있는 것이고, 그 곤란함을 해결하는 보조선으로서 적대성이라는 개념, 칼 슈미트적인 적과 싸우는 이유가 자기 자신 속에 어떻게 구성되고 있는가 하는 자기의 존재양식을 채택한 것이다. 누가 적으로서 현존하는가의 기준은 그 적을 적이라고 인식하는 자기 자신의 내부에 있다. 이런 인식이 리저널한 것의 조직화와 동시에 진행하는 지정감각이나 타자인식의 변용의 법칙에 강력한 이론적 지원이 된다. 누구를 적으로 인식하는가. 그것은 자기 자신의 존재양식과의 함수관계로서 있는 것이다. 따라서 타자인식의 지정문화의 유동성에 기초, 리저널한 것의 재편제의 존재양식을 논하는 시좌(視座)가 필요하다 하겠다.[17]

위의 인용문에서 보듯이, 동아시아라는 개념은 유럽 근대에 의해

17_ 丸川哲史, 《Regionalism》, 岩波書店, 東京, 2003, 40~41쪽.

획정된 아시아라는 개념에 대한 즉응적 차원에서 조작된 일본 제국주의의 부산물이다. 따라서 그 타자 인식의 변용을 철저하게 성찰하지 않으면 안 되는 개념이다. 그러나 그처럼 "일본이 중국의 반식민지화를 중화문명의 후진성으로 위치 지으면서 자기의 리저널함을 재편했지만, 다른 한편으로는 마르크스주의를 기본원리로 하는 혁명운동이 동아시아주민의 리저널한 감각의 축을 격하게 요동하는 계기가 되었다"[18]는 점에서 물리적 거리보다는 친밀감을 규정하는 이념적 문화적 역학에 의해 새로운 문화지정학적 개념을 획득하고 있기도 하다.

18_ 丸川哲史, 앞의 글.

이처럼 동아시아라는 개념은 이 지역의 역사적 추이와 동아시아 개념을 소환하는 주체적 입지의 관계성에 따라 끊임없이 재규정되는 측면이 강하다. 동아시아 지역개념을 폭력적으로 '가져오기' 한 일본이지만, 그러나 전후 일본 또한 냉전체제에 무력하게 편입된 바 있다. 일본뿐만 아니라 동아시아 전체도 냉전구도에 폭력적으로 편제되었다. 그로부터 현실사회주의권의 궤멸 이후에도, 탈냉전이라는 시대 규정이 무색하리만큼 여전히 긴장감을 요구받고 있다. 오늘, 그러나 다른 한편 자본의 세계화와 함께 '아세안+3'에서 확인되듯이 지역화 추세 또한 두드러진다는 점에서 동아시아 혹은 동아시아 개념의 소환은 많은 의미를 가진다. 그것은 동아시아 내의 불행한 관계의 역사, 곧 관계의 부재의 역사를 어떤 의도에서든 실재로 만들어가고자 한다는 점에서 전복 혹은 전환의 측면이 두드러진다.

한편 동아시아 대중문화의 소통문제를 논하는 데 있어서 이병헌 팬 사이트에 주목하게 된 이유는 한류를 그 실상으로 포착하기 위해서이다. 일류가 무정체성의 동아시아 자체 버전으로의 자기변신을 통해 동아시아의 땅밑을 잠류하고 있다면, 한류는 한국의 상표라는 것을 명명백백 선언하고, 명실공히 한국산으로서 동아시아를 휘몰아치고 있다고 할 수 있다. 그것은 최근 대만에서 한류 흐름이 잦아드는 정황에서 보이듯 많은 반감을 사기도 하지만, 어쨌든 국가와 자본이 총력전으로 전개하는 한류 지속의 움직임은 당분간 계속될 것으로 보인다.

이 지점에서 환기해야 될 것은 한류는 결코 국가와 자본의 힘으로 지속되어 온 것이 아니며, 지속될 수 있는 것이 아니라는 사실이다. 동아시아라는 시공간이 경제적 이해관계를 결코 도외시할 수는 없는 일이지만, 우리가 만들어가야 할 한류는 검은 너럭바위 같은 불행한 역사의 덮개를 벗고, 평화공존의 새로운 관계지향으로 나아가게 하는 지점에서 사고되어야 한다. 그 문제의 해결을 위한 지속가능한 기획으로 한류를 추동해가지 않으면 안 된다.

문화적 지역화를 논하는 많은 연구들은 지역문화의 유통을 문화 생산의 장뿐만 아니라 정치·경제·문화 소비의 장에서 일어나는 변화들이 접합되는 양상 속에서 고려해야 한다고 한다. 아울러 초국적 미디어 산업의 새로운 지역화·혼성화의 전략들에 주목하라고 권고하며 그에 집중하고 있다. 대단히 중요한 사안이지만, 나로서는 문화연구가 현상분석 수준에 머물러서는 안 될 것이라는 주장을 하고 싶다. 아무리 애를 쓴들 초국적 자본들의 이윤창출 전략을 따라잡기란 결코 쉽지 않은 일이다. 그리고 그 주도성을 좇는 연구행위는 늘 해석학의 범주에서 한 발자욱도 나아가지 못한 채 현상유지 수준에서 발목 잡히고 있는 것이다. 이의 극복은 분명한 목적지향성을 가지고 현상에 임하고, 거기에 적극적으로 개입해 들어가는 작업을 통해 가능할 것이다. 최근의 문화연구가 청중연구라는 수용주체의 문화 주동성 문제에 집착하는 것도 이러한 한계 인식의 소산일 터이다.

앞의 논의에서 문화자본이 만들어낸 스타시스템을 포퓰라한 아티스트 창출구조로 전화시켜내는 모습을 지켜보았다. 수용주체들이 이윤 창출 구조를 진정한 문화가치의 창신 구조로 전화시키는 문화적 수렴의 아름다운 광경을 목도한 것이다. 이처럼 오늘의 대중문화는 대중의 문화행위가 보여주는 적극적 수용의 태세로 인해 다른 양상을 띠고 전개되고 있다. 물론 여기서 주목한 대중문화의 새로운 거점으로서의 팬 사이트들에서도 확인되거니와, 그것은 여전히 스타의 클로즈업된 눈과 손끝, 표정 속에서 건재할 수밖에 없다. 이병헌의 작품을 향수하는 매니아층이 중심이 된 홈페이지들의 경우 공식 사이트에 비해 보다 건실한 문화내함들을 가져가고 있다. 그러나 불특정 다수라는 무정형성이 이들의 특성이라는 점과 놀이 개념에서 문화를 만들어가는 수준 이상은 아니라는 점에서 이들의 행위 역시 문화소비의 또 다른 양상에 불과하다는 비판을 면할 수 없는 곤경이 있다.

그러나 바로 그 지점, 놀이가 소비행위이면서 소통행위인, 그 발화 지점이 바로 새로운 문화상징이고 정향(定向)이다. 한류는 다름 아닌 바로 그 문맥 속에 있는 것이다. 불행한 역사와 냉전구도 속에서 강요된 사회적 단절, 그러나 미디어의 발달과 해당국가의 사회 역사적인 맥락 속에서 한류의 선택은 다변하게 이루어졌고, 그 선택적 수용에 따른 절합 과정 속에서 서로에 대한 개입, 말 걸기가 시작된 것이다. 이 어떤 수준에서든지 이해와 소통의 경험, 그것이 한류를 통해 이루어지고 있다면, 새로운 관계지향의 고리들이 만들어지고 있는 것은 부정할 수 없는 사실인 것이다. 더구나 그것이 대중의 자발적인 구조화에 의해 도처에서 확대재생산되고 있는 이 발랄한 문화 횡단, 이 계기성을 일정한 관계지향으로 이끌어가는 일은 더할 나위 없이 중차대한 사안이 아닐 수 없는 것이다.

이러한 자발적 주동성이 여성들—팬사이트를 만들고 적극적으로 참여하고 설문조사에 응한 사람들의 성별은 거의가 여성들이다—속에서 발현되고 있다는 점 또한 문제적이다. 이를 문화적 과소비로 비판하기보다는 그들의 모성성의 발현의 측면, 곧 문화생산의 메트릭스적 의미가 포착되기 때문이다. 그것이 수다로 분비되는 것을 넘어서는 지점이 광범위하게 파악된다면, 새로운 지역적 관계지향을 만들어가는 데 있어서 관건적 맥락이 될 수도 있을 것이다.

아울러 한류의 파장이 몽고와 중국, 일본과 동남아에서 태국 필리핀으로까지 확장되는 것을 보면서 한류의 흐름을 보다 목적의식적으로 잡아낼 필요성을 제기해둔다. 한류의 문화기획은 동아시아의 평화공존을 위한 평화문화벨트 형성의 계기로 삼아야 한다는 것이다. 이 점에서 각 나라의 절합 지점들을 구체적으로 연구 분석하여, 평화를 말씀(화두)으로 한 거점화가 절실하다고 하겠다. 지금의 한류의 주조를 이루는 상업주의 대중문화에 의존할 것이 아니라, 우리 문화 속의 진정한 한류의 실질들, 현상타파의 문화적 동력들을 외화시켜 내면서 문화적 패권이 아니라 문화적 공존의 가동시스템을 만들어내는 것이 중요하다.

콜럼버스가 카리브의 한 섬에 첫발을 내디뎠을 때 시작된 문화 간 만남…… '1492' 년은 유럽 중심 세계사의 시작이자…… 유럽망상증의 시작을 뜻한다. 그러나 이 모든 것은 지나간 역사이다. 스페인·포르투갈·영국·프랑스 등은 오래 전부터 아메리카 대륙에 대한 식민 지배를 포기했다…… 스페인과 영국 정도가 과거에 아메리카를 정복했던 덕에 그들의 언어를 세계언어로 만들었다는 데서 이득을 보았을 뿐이다…… 그러나 아메리카 정복과 식민의 또 다른 직접적인 결과들은 여전히 우리 곁에서 살아숨쉬고 있다…… 유럽과 다른 대륙들에서 사람들의 삶의 형태를 완전히 바꾸어 놓았다…… 아메리카가 정복당했던 원인이었던 금과 은보다는 옥수수가 남유럽을, 감자가 북유럽과 동유럽을 정복하고 급기야 담배와 코카콜라가 이 모든 지역을 정복했다는 것이 훨씬 중요한 의미를 갖는다.[19]

19_ 에릭 홉스봄/김동택 · 김정한 · 정철수, 《저항과 반역 그리고 재즈》, 영림카디널, 2003.

상업적 민족주의와 팝아시아주의의 변주
– 21세기 동아시아 대중문화 삼국지

대한민국주의의 명운

'애국이라는 동전을 넣으면 성공이라는 상품이 나오는 자판기'. 〈태극기 휘날리며〉〈이순신〉에다 하버드에 가서 대한민국 대표선수를 외치는 〈러브스토리 인 하버드〉의 장면을 넣어도 조금도 튀지 않는다. 하나같이 '나라사랑' 표찰을 달고 있기 때문이다. 2002월드컵·촛불시위·한류, 21세기 한국은 이들 문화코드로 태극기 휘날리며 현전(現前)한다. 거기서 '좋은 나라 만들기 캠페인'과 '누구도 우리를 말릴 수 없다'는 동전의 양면이다. 자기 부정의 카타르시스와 막강 한국의 욕망은 후줄구레하거나 찬란하거나 역사의 호환과 오늘을 문제 삼는 데 서슴이 없다. 식민지 지배, 분단 60년, 아직도 민족의 운명을 스스로 결단할 수 없는 이 척박한 땅에서 21세기 신인류들은 조국을 헐벗지도 너절하지도 않은 휘날리는 깃발로 표상해내며, 새로운 한국을 말하고자 한다. 이를 아래로부터 발현된 민족주의의 새로운 흐름, 문화민족주의라고 한다면 그 민족과 문화의 새로운 절합을 어떻게 이해해야 할 것인가.

그것은 물론 문화의 세계화시대에 우리가 중심부의 배제와 착취의 논리를 절치부심 익히며 사회민주화의 실현과 자본의 세계화라는 각축 속에서 일궈낸 문화 생산력에 힘입은 바 크다. 탈식민의 과정을 냉전으로 강요당한 결과, 우리 안에 내재될 수 밖에 없었던 '아메리카'로 상징되는 서구 자본주의 문화와의 혼종교배에 의한 잡종의 문화역동성. 그것은 우선 근대적 민족국가의 성립과정에서 우리 문화 구성과정의 특수성을 반영한다. 냉전체제 속에서 떨어내지 못한 식민적 열성과 함께 '아메리카'가 내몰아간 문화적 파국, 그 냉전문화와 군사문화의 굴절에 저항해가며 만들어낸 모방과 중역(重譯), 변종과 창신. 그 혼종화된 대중문화가 오늘의 한류로 현상한 문화적 민족주의라고 한다면, 그것은 정확하게 문화의 세계화, 지구적 지역화라는 국가와 자본의 회로 속에 있음을 부정할 수 없다. 민족과 문화의 변주, 그것은 발랄한 문화정치적 역동성으로 오늘의 반민족적 현실을 넘을 수 있는 가능성일 수 있지만, 그러나 대한민국주의라는 문화민족주의의 요란한 취타악은 팝아시아주의를 꿈꾸는 무서운 욕망과 손을 잡는 일도 서슴지 않는다. 우리가 그토록 당했던 미국의 세계주의에 반대하면서도 아시아 속의 힘의 불균형, 그 비대칭성에는 눈을 감는 한국식 문화민족주의 말이다. 그 앞에 중국과 동남아시아는 우리 문화상품의 소비대상으로만 전락해 있고, 그런 점에서 대한민국주의의 문화민족주의는 문화보수주의에 다름 아니다.

한무제와 〈한무대제〉

사마천(司馬遷)의 《사기(史記)》 본기(本紀) 중 한무제(漢武帝)를 다룬 〈효무제본기(孝武本紀)〉는 전혀 《사기》답지 않다. 기전체의 역사기

▲ 최근 중국에서 대규모 제작비를 들여 만든 〈한무대제〉는 부강한 나라로 다시 서고자 하는 21세기 중국의 욕망을 역사드라마라는 형태로 드러냈다.

록에 사마천은 늘 촌철살인의 꼬리말을 달아놓았다. 그런데 〈효무제본기〉의 꼬리말은 어이없게도 제사의례에 관한 것이다. 꼼꼼히 적어놓았으니 잘 따르라는 말까지 덧붙였다. 게다가 고조선·흉노·남월(북베트남) 정벌과 같은 한무제의 치적은 단 한 줄로 끝낸다. 오경박사(五經博士) 제도로 중국의 지배이데올로기와 관료제도를 마련하고 봉건 통치구조를 구축한 기록은 아예 적지도 않았다. 한무제가 신선을 만나고자 갈구했으며, 그를 위해 방사를 만났고, 봉선(封禪, 하늘과 땅에 제사지내는 것)을 올렸다는 것이 대개의 내용이다. 또한 황제(黃帝, 軒轅氏, 중국의 전설적인 제왕. 五帝 중 중국의 開祖에 해당)가 한 대로 제단을 쌓고 궁을 짓고, 황제의 위상을 넘보며 황제를 모방한 행적의 기록도 꼼꼼하다. 한무제는 사마천을 궁형에 처했고, 사마천은 그 속에서 발분지작(發憤之作) 《사기》를 저술하였다. 그런 사마천으로서 한무제에 직접 문제제기하기보다는, 중국천하를 세운 한무제가 방사들이나 따라다니고 신선방술에 관심을 두면서 감히 황제에 비견하고자 했던 지극히 한심한 인물이라고 역사에 각인시켜놓은 것이니, 이런 치명적인 복수가 따로 없다 하겠다.

그 한무제가 최근 중국에서 〈한무대제〉라는 역사드라마(CCTV8)로 만들어졌다. 총 58부작으로 TV드라마 사상 최대규모의 제작비(3년간

약 60억원)가 투입됐다. 시청률 2위를 질주하며 황금시간대에 방영되는 이 대하역사극은 '중화민족정신의 발양, 애국주의의 기치, 영웅서사시'라는 언론의 극찬을 받는다. 시청자들은 한나라에 관심을 기울이게 되었고, 그로써 중화의식·대국주의가 고양되고 있다는 평가이다. 이전에 역사극들은 주로 강희제-옹정제-건륭제 등 만주족 황제들이 주인공이었다. 그러나 이제는 만주족이 아니라 한족의 원조에 해당하는 강한 통치자, 그 천하군림의 형상은 21세기 부강한 나라로 다시 서고자 하는 중국의 욕망을 그대로 전현해줄 것이다.

봉건 중국을 넘어 자본주의를 넘어 사회주의를 건설했고 아직도 사회주의의 깃발을 내리지 않은 오늘의 중국에서, 전제군주의 형상으로 국민적 동의와 상업적 이해와 국가의 안위를 모두 거두고자 하는 것은 그야말로 역설이 아닐 수 없다. 나날이 심해지는 빈부격차와 새로운 계급갈등, 피폐해지는 농촌, 지방정부마다 개발바람에 천지가 공사 중인 중국. 그러나 그 발전주의의 문제를 파고들기보다 애국주의를 조장, 오늘의 어려움을 감수케 하려는 국가적 프로젝트, 중국은 과연 자본의 세계화시대에 연착륙할 수 있을 것인가.

그 중국이 문화산업을 기치로 들었다. 한류바람에 문화대국 중국이 자존심이 상하기도 했지만, 그 정도가 아니라 엄청난 컨텐츠를 바탕으로 문화산업 대국을 꿈꾸는 것이다. 〈한무대제〉는 바로 중국이 드라마 대국으로 나서기 위한 선언과도 같다. 물론 문화산업 대국의 몽상 앞에서 중국정부는 딜레마에 빠져 있다. 문화산업의 발전을 위해 문화의 자율성을 보장해주어야 하는데 그렇다고 문화에 대한 통제권을 놓을 수도 없는 난맥상에 있는 것이다.

장이머우(張藝謀)감독의 〈영웅〉이 그려낸 상업주의와 국가주의의

절묘한 결합은 또다른 문제를 제기한다. 해외자본에 의한 블록버스터 영화는 중국영화계를 거대한 자본의 돌풍에 휘말리게 했고, 그리하여 중국의 영화계에 일고 있던 독립영화 발전의 소중한 계기들을 박탈해 버린 것이다. 그러나 장이머우야말로 영상산업의 발전메카니즘을 가장 잘 꿰뚫고 있다는 점에서 그의 기획을 주목해볼 필요가 있다. 〈연인(十面埋伏)〉에 이어 무협3부작으로 할리우드의 블록버스터와는 다른 중국형 블록버스터 영화에 대한 일대 실험을 하고 있는 것이다. 이는 중국 정부가 문화산업의 발전에 대한 과감한 구조조정에 들어간 것과 궤를 같이 한다. 국가주의와 문화산업으로 세계사에 귀환하는 문화대국을 꿈꾸는 중국에게 2008년 북경올림픽은 21세기 문화민족주의의 화려한 등극을 표징해낼 것이다.

그러나 21세기 거대한 중국은 사마천의 꼬리말을 잊은 것이 아닐까. 한무제가 봉선을 행하며 황제를 닮고자 했을 때, 끝내 신선을 만나지 못한 늙은 궁상으로 영원히 각인해놓은 사마천의 발분(發憤)을.

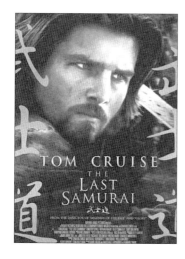

〈라스트 사무라이〉, 〈하울의 움직이는 성〉, 그리고 일식한류

한국과 중국이 거침없이 국가주의를 드러내는 동안, 일본은 그럴수 없으니 노회하게 간다. 가장 문화화된 양식으로 21세기 동아시아에 일본 없는 일본을 전현해내는 것이다. 일본에 상업적 민족주의 같은 것은 없다. 탈색한 국가주의와 상업주의의 은밀한 결탁이 아시아 제패의 욕망을 꿈꿀 뿐이다. 거기에는 전후 패전의 그늘 속에서 욕망과 폭력으로서의 아메리카도 있고, 그 아메리카를 내재화한 〈라스트 사무라이〉도 있고, 인도주의적이지만 패전의 아픔을 현시함으로써 식민과 탈식민의 문제의 본질을 넘어서려 한다는 혐의로부터 자유롭지 못한 〈반딧불의 무덤〉도 있고, 세계의 폭력을 나이의 무게로 말하지만 그러나 하울의 형상에 어린 서구적 근대의 환상이 혼돈스러운 〈하울의 움직이는 성〉도 있다. 그리고 소니식 현지 아이돌시스템의 성공작 보아와 욘사마, 거기에 문화적 주변이었던 일본 아줌마들이 있다. 주체적이고 경제적 소비로서의 일식(日式) 한류. 그 일식한류는 무라카미 류나 무라카미 하루키 소설 속에 적나라하게 표상된 일본적 살이의 폐쇄회로 속에서 어떤 의미일까. 아련하거나 세련된 노스탤지어의 소비이기도 하고 그것을 통한 자아의 출로일 수도 있다. 그러나 그것은 '자이니치(在日)' 재일조선인의 어제의 역사를 은폐하며 오늘의 활기를 분식하는 기제이기도 한 것이다. 망각이 일상화된 일본의 자화상이기도 한 것이다. 그러나 한국이 이제 가지게 된 대중문화 생산력을 일본은 놓치지 않는다. 그러므로 그 일본이 한국에 손 내미는 아시아로의 문화공조 제의는 석연치 않다.

21세기 동아시아의 지구적 지역화를 일본은 무표정으로 기획한다. 희망의 상상력으로서의 '센과 치히로', 전지구화로서의 '포켓몬', 그 모두가 미국의 세계적인 유통배급망이 있었기에 가능했다는 것을 국가와 자본은 잘 알고 있다. 그리고 일본의 아시아주의 욕망은 경제적 군사적 문화적으로 주도면밀한데 그들의 손짓에 우리는 꼬리를 흔든다. 아시아를 제패했던 일본의 새로운 초국가적 지역화 기획은 문화적 제패 수준이 아닌데, 독도는 외롭다.

각축하는 아시아에서

21세기 접어들어 세계화는 지구적 지역화라는 모습으로 나타난다. 한편으로는 자본주의의 세계화가 지역블럭화를 요구하는 가운데, 동아시아의 경제성장과 국민국가의 발전에 따라 그러한 권력과 자본에 의한 주동적 지역화 과정이 이루어지고 있다. 다른 한편 반세계화적 대응으로서 새로운 아시아 지역주의 가능성, 아시아 지역화의 비판적 상상이 있다. 그러나 이러한 세계화와 지역화의 흐름 속에 민족주의는 결코 쇠락하지 않았다. 그것은 동아시아에서 한·중·일이 각자 그리는 아시아상과 세계상 속에 각축하는 양상이다. 거기서 한국은 늘 불리하고 불안하다. 대한민국을 외치며 국민 한 사람 한 사람이 대한민국 대표선수를 외치며 어깨를 거는 한국인들의 그 붉은 대한민국주의로부터 다원적이고 평등한 복수의 아시아의 공존을 꿈꾸는 것은 과연 가능한가.

동아시아에서 문화지역주의의 가능성

2005, 한반도에 드리운 그늘 혹은 빛

1905년 을사보호조약, 이로부터 한반도는 세계사의 모순에 본격적으로 휘말리고, 40년 후 해방과 분단, 6.25 한국전쟁, 60년 후인 1965년 한일협정과 월남파병, 그리고 이제 다시 을사보호조약 100년, 부시 집권 2기를 맞아 미일군사동맹이 더욱 강화되는 가운데 이라크에 이어 북한이 문제의 초점으로 떠오르면서 한반도는 다시 존폐의 위기에 처해 있다. 미국의 중국을 겨냥한 동아시아 전략과 일본의 재무장을 통한 동아시아 패권의 욕망, 그리고 중국의 세계사 무대로의 귀환이 교직해내는 한반도의 긴장, 한 세기를 넘기고도 우리는 이 세계사 모순의 집점(集點)에서 또 다시 위태로운 겨우살이를 감당해가지 않으면 안 되는 것이다. 민족의 운명을 스스로 결단할 수 없는 이 아스라한 외줄타기 신세. 분단 60년, 허리만 잘린 것이 아니라 결박당한 한반도, 이 옴치고 뛸 수 없는 형국을 빠져나오고자 숱하게 몸부림쳐온 안타까운 결행들이 없었던 건 아니다. 그것은 처절하고 치열한 만큼 아름다운 저항의 역사를 만들어냈지만, 그러나 그 분연한 저항의 미학으로도 이 공고한 모순의 소용돌이를 근본적으로 빠져나오지는 못했다. 오히려 더 깊은 수렁의 정점에서 위태롭게 어름을 타야 하는 기막힌 현실에 우리는 처해 있다.

그러나 이 복잡다단하고 위험천만한 난맥상과 달리 다른 한편에서는 한국의 동아시아에 대한 문화적 진출을 놓고 온 사회가 들썩이고 있다. 한류. 십대 댄스가수의 중화권 진출과 TV드라마의 중화권 약진으로부터 시작된 한류의 파장은 2003년과 2004년을 거치면서 한국영화의 비약적 발전을 추동력으로 동남아시아와 일본에까지 상륙, 바야흐로 동아시아의 한류시대, 한류의 문화장을 열고 있다. 2003년 출범한 노무현 정권은 21세기를 문화의 시대라고 규정했다. 문화산업 육성을 발의한 김대중 정권에 이어 문화국가를 표방한 것이다. 처음에 '동북아 경제중심 국가'를 소리 높여 외쳤고, 안팎의 저항에 부딪히면서 '동북아 허브'로 자정, 그 뒤에 다시 동북아시대 정도로 몸을 낮추는가 했더니 2004년 일본에서의 한류열풍을 계기로 한류홍보대사, 최근의 한류대학원, 한류우드 등에 이르기까지 한류의 지속화를 통한 경제 회생, 국가 이미지 제고, 문화산업 대국, 국제관계의 재편 등. 한류로 열린 꿈의 나래를 한도 끝도 없이 펼쳐만 가고 있다.

그러면 한반도 혹은 남한 사회가 한편에 전쟁의 위기라는 냉전위협과 다른 한편에 문화적 활황의 공간장을 맞고 있는 이 엄청난 간극을 어떻게 이해해야 할 것인가. 다시 말해서 문화적 탈냉전으로의 심입(深入)을 어떻게 이해해야 할 것인가. 일단 문화적 활황, 곧 한류는 그 화려한 등극으로 인해 한반도에 드리운 어두운 그늘을 가리거나 지우는 작용을 수행하고 있는 측면이 있다. 모순의 은폐. 그러나 다른 한편, 여전히 깊은 냉전의 모순을 구태로 있을 수 없거나 있어서는 안 되는 문제인식의 정서적 공감대를 지역적으로(동아시아 지역 혹은 권역) 형성하며, 양상 자체를 드러내놓고 논할 수 있는 공간을 열어낸 적극적 측면 또한 가지고 있다. 한류는 한반도적 살이를 희망과 절망으로 명멸시키는 문화적 커서와도 같이 한반도에서 다음에 입력될 내용의 위치를 지시하며 동아시아의 시계(視界) 속에서 깜박이고 있는 것이다.

이 글은 무엇보다도 식민지, 전쟁, 분단의 연장선상에서 아직도 그 근본적인 해결방법을 찾기 힘든 한반도 살이의 어려움을 그저 토로하고자 하는 것이 아니다. 한반도에 드리운 흑암의 그늘은 바로 세계사 모순의 집적으로서 그것이 누구에 의해 어떤 풀이과정을 거치냐에 따라 세계사의 미래가 결정될 만큼 전지구적 관건사이다. 한반도 문제는 역사적으로 형성되고 집적된 만큼 그것을 바라보는 시야의 확장과 심도가 절대적으로 필요하다. 그것은 무엇보다도 냉전체제의 해체 이후에 내면화된 냉전의 문제와 자본의 세계화라는 탈냉전적 규정을 동시에 받고 있다. 한반도 문제는 냉전체제의 형성 곧 분단체제의 구축과정으로 거슬러 올라가 이야기를 시작하여야 하며, 또한 그것이 우리의 의지와 무관한 세계질서의 재편의 산물이라는 점에서 세계라는 범주, 특히 근대세계의 각축이 이루어진 공간장으로 시야를 넓혀보지 않을 수 없는 것이다.

냉전체제는 미국과 소련 두 초강대국의 대치를 축으로 하여 그 동맹국들의 결속이 냉전 종주국과 동맹국들의 국가체제를 지탱해준 시스템이다. 이제 이 시스템은 현실사회주의권의 몰락과 함께 그 체제 안에서 지탱되었던 민족국가 단위 국가체제의 괴멸 혹은 재편 등을 야기하며 양극으로부터 일극으로, 그리고 일극 중심의 다원화 체제로 집중과 분화를 거치고 있다. 이른바 탈냉전시대의 도래. 그러나 탈냉전은 곧 자본의 세계화를 의미한다는 점에서, 미국은 그 종주국으로서 새로운 세계경영구도 속에서 패권적 관철이 가능한 새로운 체계들─하위체계들을 만들어가기에 이르렀다. OAS(미주기구)와 NAFTA(북미자유무역지대), FTAA(아메리카자유무역지대, 미국은 북미를 넘어 남미에 이르는 아메리카자유무역지대를 2005년까지 확장하는 계획을 가지고 있다)와 같은 것이 대표적인 것으로 그것은 북미지역을 넘어 라틴아메리카의 편입을 강제하면서 경제통일을 통해 서반구를 하나의 자유무역지대로 통합해가는 자본의 지역질서를 의도하고 있다.[20]

한편 서방세계에서는 미국주도의 세계질서에 대한 대응축으로서 EU[21]를 형성시키고 있다. 그리고 미국의 의도로 1967년 만들어졌지만, 전지구적 자본주의시대 속에서 지역적 대응축으로 재편된 ASEAN+3 등 자구적 지역주의가 대두하고 있다. 거기에 동아시아·북미간의 축인 APEC이 경제협력에 주안점을 두면서 태평양을 가로지르고 있고, ASEM이 아시아·유럽 간 협력강화를 위해 APEC에 대응하면서 정치·경제·사회·문화 등 제반 분야에서 포괄적 협력을 도모하고 있다.

지역적 결집체들은 경제적 결속으로부터 정치·사회·문화·군사 등 각기 관계의 역사성에 따라 그 범위들을 확대·심화해가고 있고, 그런 점에서 자본의 전지구화에 대항적 성격을 가시화하기도 한다. 그러나 본질적으로 보면 자본의 세계체제 안에서 그 하위체제로서의 지역블록화 현상이 두드러지고, 다른 한편 지구화와 지역화를 보다 강화하는 보완체계로서 다자간, 일국간 체계들(다자간 투자협정, 일국간 투자

20_ 2005년 1월 출범이라는 일정은 지연되고 있지만, 인구 8억명 GDP 13조에 이르는 거대 지역블록으로 미국을 중심으로 하는 기존의 NAFTA를 확장하는 남북미주지역의 FTAA가 출범할 것이다.
이종회, 《대안세계화를 향한 우리의 전략》, 대안세계화국제포럼 《FTA시대 어떻게 대응할 것인가》2004.11.10~11 자료집 중 2부 포럼 종합토론 발제문 134쪽.
FTAA는 미국이라는 초강대국의 주도에 의한 지역경제통합모델이라고 할 수 있다.

21_ EU는 2004년5월1일부로 가입한 10개국을 합쳐 25개국, 인구 4억 5천만, GDP 9조 달러로 세계무역의 19%를 차지하는 단일시장을 구성하는 한편 유로라는 단일 통화를 출범시킴으로 해서 통화권을 발판으로 자본의 영향력이 관철되는 보다 진전된 지역화블록화를 구축하고 있다. 이종회, 《대안세계화를 향한 우리의 전략》, 앞의 글.
EU는 수평적 분업을 중심으로 하는 경제통합모델로 발전되어 왔다.

22_ 아시아 지역에서 FTA를 매개로 한 지역화가 가속도를 붙이고 있으며, 지역과 지역, 지역과 단일국가 등과의 교차 FTA가 지속되고 있다. EU, NAFTA, AFTA, MERCOSUR와 같은 지역블록간의 교역규모가 60%를 넘어서고 있음은 지역블록화의 현재를 잘 보여주고 있다. 이종회, 〈대안세계화를 향한 우리의 전략〉, 앞의 글.

23_ ASEAN(아세안, 동남아국가 연합)은 동남아에 위치한 태국, 말레이시아, 싱가포르, 필리핀, 인도네시아, 브루나이, 캄보디아, 라오스, 미얀마, 베트남 등 10개 국가로 구성돼 있다. 캄보디아, 라오스, 미얀마, 베트남은 후발 가입국이다. 아세안은 총 인구 5억4천만명, 국내총생산(GDP) 6천116억달러의 거대시장이다. 아세안은 한국의 제4위 수출시장이자 제3위의 투자 대상지역이며 건설업계에 있어서는 제2위의 해외 건설시장이다. 지난해 기준으로 한국과 아세안의 총 교역량은 387억달러로 한국의 전체 교역액(3천731억달러) 중 약 10.4%를 차지한다. 이는 중국, 미국, 유럽연합(EU), 일본에 이어 5위에 해

협정 등)이 형성되고 있는 와중이다.[22]

그렇다면 한반도 문제도 그 새로운 세계질서와 지역질서의 재편 와중에 얹혀 있는 형국이라고 할 수 있다. 그리고 새롭게 형성되고 있는 동아시아의 지역화 과정은 한반도 문제를 일국차원의 문제가 아니라, 문제의 지역화를 통해 지역적으로 풀이해갈 수 있는 계기로 작용하고 있다. 따라서 전지구화 추세 속에서 동아시아의 지역화 과정 곧 동아시아에서의 지역주의의 대두에 주목하면서 한반도의 문제를 동아시아의 평화와 안녕을 위한 관건적 문제로 전화시키고, 그로서 동아시아적 풀이과정을 추동해나갈 수 있는 가능성과 조건을 따져보고자 한다.

우선 동아시아에서 대두되고 있는 지역주의의 현상들과 입장들을 파악하는 것에서 논의를 시작하고자 한다. ASEAN+3[23]을 중심으로 한 동아시아경제협력체와 최근 일본을 중심으로 대두되고 있는 새로운 지역주의, 일본 문화상품의 동아시아 유통을 둘러싸고 제기되고 있는 트랜스 컬쳐럴 로칼리즘과 한류 등 문화적 지역화 등이 그 대상이 된다. 그리고 동아시아 지역주의의 현주소를 검토한 위에 한반도와 동아시아 평화를 위한 대안으로서 새로운 지역주의 형성에 대한 나의 입장을 조심스럽게 제기해 보고자 한다.

그런데 지역적 풀이과정을 모색해간다고 하더라도, 우선은 한반도 자체 내에서의 동력 형성, 곧 남북관계의 주체적 전환을 통한 자기 해결 과정의 조직화 없이는 지역적 해결 자체가 불가능하거나 무의미하다는 것이 나의 문제인식이다. 따라서 남북한의 새로운 관계형성 과정에 대한 구체적 상황 또한 파악해나갈 것이다. 남북경협 등이 그것이다. 그런데 이러한 과정들은 대개가 경제적 이해관계에 입각해있다는 점에서 기본적으로 한계를 안을 수밖에 없다. 따라서 무엇보다도 상호

인정, 곧 체제와 상식 등 상대방에 대한 이해와 소통의 심도를 만들어 가는 작업이 선행되어야 할 것이다. 그것은 한반도 평화에 대한 민간사회로부터의 광범위한 동의, 정서적 차원에서부터 새로운 가치지향까지 남북 평화통일의 원칙과 방법에 대한 광범위한 합의를 이끌어내는 과정에 다름이 아니다. 그것은 비단 남북 당사자들뿐만 아니라 동아시아 민간사회에서 상호이해와 소통을 통해 동아시아 평화공존과 평등질서의 구현이라는 지향을 확보해 나가는 목적의식적인 지역화 과정의 문제를 제기하고 있다. 그렇다면 이 모든 과정은 문화적 함의를 갖게 마련이다. 따라서 나는 지역을 문화적으로 방법화하는 문화적 지역주의의 형성과제로 이 문제를 귀착시키고자 한다.

냉전에서 탈냉전으로, 지역주의의 대두와 현상들

(1) 지구화에 반응 혹은 대응하는 지역화 : ASEAN+3

　냉전이란 기본적으로 강대국에 의한 세계분할체계라고 한다면, 그러한 분할의 근대적 기원 혹은 태생은 유럽에 의한 세계적인 지역분할, 서구와 비서구라는 비대칭적 이항대립구도이다. 오늘날 탈냉전시대를 맞았다고는 하나 서구와 비서구에 대한 규정성은 강력한 메커니즘 속에서 작동하고 있다. 이전의 문명-반개화-야만의 구도로 구축된 유럽 중심의 제국주의 질서가 미소 양극구조에 의한 냉전체제에서 사회주의적 근대기획과 제3세계 등의 변용을 낳았으나, 현실사회주의의 몰락과 함께 신제국주의 질서가 서구 중심적으로 다시 부활했다. 그 서구가 미국 일국으로 대치되면서 서구와 비서구가 여전히 비대칭적으로 내재화되고 있는 것이다. 그러나 일국 중심의 전지구적 패권질서가 구축되면

당한다. 현경숙 기자, '아세안 시장현황과 교역구조', 《연합뉴스》, 2004/11/30 15:41

아세안+3(한중일) 정상회의의 연혁은 다음과 같다.

1차(97.12) 쿠알라룸푸르 통화문제에 대한 지역의 과제.

2차(98.12) 하노이 , 동아시아 경제재건, 김대중대통령 제안으로 동아시아비전그룹(EAVG) 설치.

3차(99.11) 마닐라, 동아시아 협력 문제, 동아시아 협력에 관한 공동성명 발표.

4차(2000.11) 싱가포르, 동아시아의 일체화를 위한 동아시아정상회의 이행검토, 동아시아 스터디그룹(EASG) 설립 합의.

5차(01.11) 부르네이, EAVG 보고서제출 및 EASG 활동개시, 동아시아정상회의와 동아시아자유무역지대 검토.

6차(02.11) 프놈펜, EASG 보고서 제출, 17개 단기, 9개 중장기 협력 사업 발굴.

7차(2003.10), 발리, 동아시아 협력 강조, 한중일 정상회의의 공식화(공동성명발표).

8차(2004.11), 라오스의 '동아시아연구그룹(EASG)' 이 2002년 11월 정상회의에 제출 채택된 326개 장단기 협력사업('부표')에 기초하여 진행. 이번 회의에서 처음으로 중장기 사업이 본격 논의됨. 중장기사업으로서 동아

시아자유무역지대(EAFTA) 창설 및 동아시아정상회의(EAS)가 본 격적으로 논의.
삼성경제연구소, 〈아세안+3와 동아시아 협력〉《Global Issues》, 2004.11.30 제9호 참조.
'아세안+3'는 1997년 12월 동아시아 금융위기라는 국제정세를 배경으로 아세안과 한중일 등 동북아국가들이 참여하는 회의가 개최됨으로써 시작되었다.

24_ 2004년 제8차 ASEAN+3 정상회의에서 동북아 3국 정상회의 정상들은 북핵문제의 평화적 해결을 지지하였다.

서 그에 대한 반작용으로 반지구화 혹은 지역화의 추세가 대두되고 있는 것은 주목할 일이다. 그것은 앞서 거론한 지구화의 보조축, 혹은 지탱축으로서의 자본과 권력이 추동해가는 지역화 추세와 함께 민간단위에 의한 아래로부터의 반지구화, 그것의 지역적 연대체계들을 포괄하고 있다. 세계사회포럼(World Social Forum), 투자협정·WTO반대국민행동(Anti FTA & WTO), 진보통신연합(APC), 아시아사회·민중운동회의(Asia Social Forum), 아시아태평양노동자연대(APWSL) ARENA, Inter-Asia, 동아시아문화공동체포럼(Forum for East Asia Cultural Commu nity) 등이 그것이다. 냉전체제 하에서 일국의 존립이 냉전체제에 의지되거나 혹은 규정받았다고 한다면, 탈냉전에 진입한 오늘에 있어서는 지구화와 지역화라는 자본의 중층적 구조 속에서 반지구화 혹은 지역화의 역학이 작동하는, 무정형(無定型)의 복합구조 속에 놓여 있는 것이다.

그러면 이러한 지역화의 추세는 한반도에 구체적으로 어떻게 작용하고 있는가. 기실 전쟁의 위협이라는 것은 전적으로 제국(Imperial) 미국의 이해관계에 따른 것이다. 미국은 북핵문제로 한반도를 끊임없이 위태로운 상황에 놓고자 하지만, 그러나 한반도를 둘러싼 어떤 나라나 국가체제도 이를 원하지 않는 상황이다.[24]

중국의 경우 지속적인 경제성장을 위해 동북아 평화정세는 필수적이다. ASEAN 각국의 입지는 조금 다르지만, ASEAN+3에서 동아시아 공동체로의 전화 등 다른 지역구도가 모색되는 가운데 동아시아 지역 내 경제를 비롯하여 정치·사회문화·제도협력에 이르기까지 상호관계성이 높아지면서, 이의 발전추세 속에서 한반도의 긴장완화를 요구하는 지역적 요구가 높은 것이다. 따라서 미국은 이러한 지역적 요구를 외면할 수만은 없는 실정이다.

그러나 아시아에서 이러한 지역적 관계 형성은 아직 초기단계에 있다. 지구화에 저항하는 체계를 완정하게 구축해가기보다는 자국의 이해를 위한 담합수준에 머물러 있는 것이다. 중국과 일본이 동상이몽 속에 아시아 주도권을 놓고 각축하고[25] 동북아3국－ASEAN간의 비대칭적 역학 등의 문제가 산적해 있다. 한마디로 지역화 자체가 지구화를 보완하는 형태이다. 미국에 대한 경제의존도가 높은 아시아는 미국의 이해관계에 따라 언제든지 다른 형세를 이룰 것이므로 거기에 전적으로 기대를 걸 수만은 없다. 게다가 역사적으로 보면 아시아를 하나의 영역으로 지역화하는 것 자체에 대한 지역적 거부감이 존재한다. 곧 대동아공영권의 아픈 기억도 채 가시지 않은 채 최근 일본이 재무장과 함께 신대동아공영권의 구상을 가시화하면서 미일안보조약을 토대로 동아시아에서의 입지를 강화하고 있다. 아울러 동북아 3국의 아세안에 대한 패권 관철의 의구심 속에서 EAFTA(동아시아자유무역지대)가 시행되면 결국 시장을 가지고 있는 동북아지역의 발언권이 강화되고, 아세안은 시장으로만 전락될 가능성이 있다. 그런 점에서 동아시아공동체의 상은 허구적으로 조직화될 여지가 얼마든지 있는 것이다.[26]

그러나 지역경제의 발전에 따라 역내 교통이 활발해지면서 그 동태적 상호작용이 만들어가는 쌍방향적 장력이 커져가고 그것이 어떤 방향으로든 새로운 지역의 질서를 만들어가고 있는 와중임에는 틀림이 없다. 따라서 한반도문제의 해결은 물론 진정한 지역평화와 세계의 다원적이고 평등한 질서구축을 위해서 이러한 지역화의 추세를 일정한 방향으로 이끌어내야 할 필요는 절대적이라고 하겠다. 경제방면에서는 아시아 금융폭풍 이후 미국과 IMF에 대한 반감 속에서 지역결집의 요구가 어느 때보다도 높은 때이므로, 세계화의 구호인 '경쟁' 보다 호혜

25_ 중국은 ASEAN과의 FTA무역협정 체결 등 동남아시아에 대한 영향력을 강화하며 새로운 아시아질서를 주도해가고자 한다. 중국은 아세안과 '중·아세안 전략적 동반자 관계 추진행동계획'이라는 포괄적 경제협력기본협정을 발효중이며, 중국·아세안 FTA는 인구 19억(중국13억, 아세안 5.6억), GDP 2.4조달러(중국 1.4조, 아세안 1조)의 대규모 시장으로 인구규모로는 세계최대의 경제블럭이다.(삼성경제연구소, 〈아세안+3와 동아시아 협력〉 《Global Issues》, 2004.11.30 제9호 참조) , 여기에 인도까지 합세하면 27억으로 세계의 반을 차지한다.

26_ "EAFTA가 2003년 시행되면 말레이시아의 농업부문은 인접 국가들과의 격렬한 경쟁에 빠져들 것이다. 벼 농가들은 이웃나라가 말레이시아보다 생산비가 훨씬 낮으므로 심각한 악영향을 받을 것으로 예상된다. 농업 투입량 및 가격 보조금은 EAFTA 규칙과 충돌하는 것이므로 정부가 제공할 수 없게 되며, 이에 따라 전국 미곡산업은 개방시장에서 경쟁할 수 없게 될 것이다. 벼 농가는 미곡부문을 떠나야만 할

것이다. 전국의 수십만 벼 재배 논부 및 가족들에게 이는 키디란 위협이다."
Zambri Abdul Rahman, 〈자본의 지역화에 대한 동남아시아 노동운동의 도전(ASEAN 자유무역협정을 중심으로)〉, 대안세계화국제포럼 《FTA시대 어떻게 대응할 것인가》 2004.11.10~11 자료집, 68쪽.

27_ ASEAN의 보다 높은 수준의 통합시도문제를 언급하면서 말레이시아 수상은 불행히도 APEC의 회원국이라는 점이 ASEAN의 결속력을 약화시키고 있다고 말했다. "모든 ASEAN국가들은 동시에 APEC의 회원국이기도 하다. 사실상(이 국가들이) APEC에 쏟아붓는 정력이 ASEAN에 쏟아 부어져야 할 정력을 상쇄하는 듯하다." "아마도 세계 가장 부강한 나라가 회원으로 있고 톱리더들이 대표하는 APEC이 보다 매혹적인 것 같다." Zambri Abdul Rahman, 〈자본의 지역화에 대한 동남아시아 노동운동의 도전(ASEAN 자유무협협정을 중심으로)〉, 앞의 자료집 65쪽.

협력의 수준을 높여 지속적이고 안정적인 공동 대응구도를 만들어가는 것이 중요하다. 그러나 일본의 아시아은행 설립이 미국의 반대로 무산된 바와 같이 동아시아의 경제공동체적 지향은 미국의 이해관계의 보조축이라는 점을 간과해서는 안 될 것이다. 미국중심의 APEC이 아세안을 가로지르고 있으며[27], EU가 촉구하는 ASEM의 이해도 또한 동시에 작동하는 것이 동아시아의 현실이다. 그러나 달리 보면, 권력과 자본 위주의 지역경계가 이처럼 착종상태에 있고, 아시아의 어느 국가도 그 교착선상에서 일탈이 불가능한 채 일단은 지역 내 구도 안착에 주력할 것이라는 점에서, 이러한 지구화와 지역화의 모순을 타고 넘어갈 여지 또한 어느 때보다 크다고 할 수 있다.

문제는 동아시아 경제공동체의 형성이 이러한 역학을 어떻게 아우르고 배제하며 지역질서를 구축해갈 수 있을 것인가 하는 데에 있다. 그리고 반세계화(反全球化, 반지구화)와 새로운 지역화의 동력들이 위로부터의 공조체제가 아닌, 아래로부터의 이해관계(利害關係)의 결집 속에서 진정한 동아시아 지역질서를 만들 수 있을 것인가가 관건이라고 하겠다. 여기서 아시아의 탈식민지화 경험들, 중국 등 동아시아 사회주의국가들의 또 다른 근대기획의 경험들, 냉전질서 속에서 미국과의 항전에 승리한 베트남 등의 치열한 저항의 경험들을 새로운 지역주의 형성의 요소들로서 획득해내는 것이 중요하다. 이것이 대안적 동아시아의 방향성을 만들어가는 데 가장 중요한 작용을 할 것이기 때문이다. 그리고 산재해있는 반지구화의 동아시아적 동력들을 집중해내는 작업 또한 필요하다. 대안적 동아시아주의를 만들어가고자 하는 지적(知的) 연대의 흐름과 담론화 작업들을 모아내고, 기층 차원에서 반세계화를 추동하는 지역적 결집들을 이루어내야 한다. 한국의 사회문화운동단체와 지식인역량은 지속적인 민중민주운동의 경험과 현실 속에서 이러한 대안적 힘들을 지역사회에서 결집해내고자 부심하고 있는데, 한국과 동아시아에서 이루어지고 있는 새로운 지역화의 흐름들을 구체적으로 살펴보면 다음과 같다.

(2) 동아시아에서 반지구화의 지역화동력, 문화적 지역화의 논의들

1993년 한국발 동아시아론[28]이 제기된 이후 한중일, 대만을 중심으로 지역적 범주 및 역사적 범주 그리고 가치 범주를 담지하면서 새롭게 국가의 경계를 넘는 지역주의의 가능성이 조심스럽게 제기되고 있다. 그것은 신자유주의 세계화의 추세가 일국간(國家間), 다자간(多者間), 지역권이라는 하위체제를 구축하고 강화됨에 따라 그것에 대응한 반세계화 기획의 차원에서 모색되고 있다. 여기서 문화적 경로의 문제가 핵심적으로 포착될 수 있다. 아시아의 식민지 문화와 탈식민문화 형성과정에서 그람시(Gramsci)적 의미의 문화적 '흔적들(traces)'과 아메리카나이제이션(americanization), 곧 아메리카니즘의 아시아적 내재화 과정, 그 충돌과 지배, 그리고 문화의 세계화에 따라 문화의 소비와 생산이 지역적 단위에서 이루어지고 있는 점에 주목하면서 이의 역가능성을 검토하는 것이다.

이를 문화를 통한 새로운 아시아 지역주의의 가능성 탐색으로 명명할 수 있다면, 여기서 가장 중요한 것은 '아시아적'인 것의 내함을 찾아가는 일일 것이다. 이와부치 고이치(岩淵功一)의 분석[29] 대로 아시아경제의 발달에 따라 신흥 공업국을 중심으로 중산층이 형성되고, 문화적 소비주체가 대두했다. 그들이 도시에서 미국화된 대중문화를 소비하고, 그 속에서 '아시아다움'을 만들어내고 있다는 현실로부터 논의

28_ 한국발 동아시아론의 담론 지형에 대해서는 백원담, 〈왜 동아시아인가〉, 《실천문학》, 2003 겨울호 참조.
대표적인 동아시아담론으로는 다음과 같은 글을 들 수 있다.
백낙청, 〈대담: 미래를 여는 우리의 시각을 찾아〉, 《창작과 비평》, 1993 봄호.
최원식, 〈탈냉전시대와 동아시아적 시각의 모색〉, 《창작과 비평》, 1993 봄호.
〈세계체제의 바깥은 없다〉, 《창작과 비평》 통권 100호 기념호.
백영서, 〈진정한 동아시아의 거처〉, 《동아시아인의 '동양' 인식 19-20세기》, 문학과 지성사, 1997.

29_ 이와부치 고이치, 《아시아를 잇는 대중문화》, 도서출판 또 하나의 문화, 2004, 58쪽.
Edited by Koichi Iwabuchi, "Introduction", *Feeling Asian Modernities Transntional Consumption of Japanese TV Dramas*, HongKong University Press, 2004, 3page.

를 출발해야 한다는 이와부치의 입장은 설득력 있어 보인다.

그러나 그것이 현상분석에서 일정한 함의를 지닌다면 아시아적 정체성(identity), 아시아다움 찾아가기는 두 가지 축을 형성하고 있다고 볼 수 있다. 그 하나는 아시아적 가치[30]인데, 이에 대한 문제제기 차원에서 문명사적 전환의 측면으로 동아시아적 가치 내함을 상정한 창비(창작과 비평)의 논의가 있다. 그리고 반세계화 연대전략으로서 동아시아 축을 발견한 경우가 있는데, 그처럼 아시아의 어떤 동일성에 기초한 논의가 한 축을 이룬다.

다른 한 축은 중산층에 의해 소비되며 만들어지는 새로운 아시아다움이라는 것인데, 이는 주로 대중문화 연구자 사이에서 제기되고 있다. 이들은 문화적 근접성론을 넘어 문화적 선택이라는 측면에 보다 무게를 두면서 소비양상의 차이, 이를테면 아메리카니즘과 저패니즘이 국민국가의 경계 내에서 소비되는 양상의 차이를 주목한다. 이렇게 동일성보다는 차이에 대한 인식으로부터 아시아다움의 재구성을 논의하는 것이 또 하나의 흐름을 이룬다.

여기서 문화다양성(cultural diversity) 문제를 제기하는 세계적인 흐름과 아시아적인 추세도 주목해보아야 할 것이다. 그것은 아시아다움보다는 세계화의 상황이 문화의 균질화를 일으키고 고유의 문화생산을 어렵게 한다는 것을 문제 삼는다. 뿐만 아니라 WTO 등 무역법규들의 중요한 문화영역들에 대한 침투와 통치압박이 세계적·지역적·쌍무조약들에서 점점 증대됨에 따라, "문화적 다양성과 정체성, 표현의 자유, 생각의 다양성, 인간적/사회적 가치들과 그 발전, 언어와 전통의 보존, 예술주체에 의한 유통배급망의 확보, 제작권의 보호, 문화상품과 서비스의 순환 등에 심각한 문제를 초래한다"는 점에서, 창작, 제작자,

30_ 99년 4월24일 미국의 조지 메이슨 대학에서 열린 〈아시아의 윤리, 제도, 그리고 경제를 주제로 한 학술회의에서 《역사의 종말》로 유명한 프란시스 후쿠야먀, 신유학론자 뚜웨이밍(杜維明), 피터 벡 등은 이번에는 아시아의 경제위기와 관련한 문화적 배경에 대한 논의를 집중, 경제발전의 원동력이었다고 평가되던 유교적 가치가 아시아 경제위기와 더불어 그 것을 야기한 치명적인 '문화적 결함'으로 전락되었던 것이다. 새무얼 헌팅턴과 뚜밍웨이 등은 비단 아시아적 가치뿐만 아니라 하버드대학 국제·지역학회의를 중심으로 서구의 식민지적 착취와 전지구화로 인한 제3세계지역의 빈곤문제를 은폐하기 위해 문화가 경제발전에 결정적 요소라는 허구적 문화론을 유포하고 있다. 최근의 논의들은 Edited by Samuel P. Huntington and Lawrence E. Harrison, *Culture Matters*, Basic Books, 2000에서 볼 수 있다. 한국에서는 이종인 옮김, 《문화가 중요하다》, 김영사, 2001로 번역출판되었다.

배급자 등 문화예술 전문단체들이 이에 대해 전격적으로 문제를 제기하며 일으킨 반문화세계화운동이라고 할 수 있다. 경제와 경쟁논리만이 관철되는 세계화 시대에 문화예술인들과 문화중개인들은 각국의 문화적 다양성과 정체성, 표현의 자유를 수호하고자 했다. 국가 단위에서는 고유한 문화정책의 수립과 이를 통한 문화의 고유한 발전방안을 '무역과 문화'의 문제에 대해서는 다양한 형태의 '문화적 예외규정'들을 만드는 데 노력을 집중해왔다.

그러나 이러한 접근법은 문화에 대한 무역의 우위를 인정하는 선에서 이루어진 것이고 문화를 상업적인 필요에 종속시키는 과정에 불과하다. 따라서 무역의 관점에서만 문화와 무역의 관계를 다룰 것이 아니라 무역체제는 근본적으로 문화의 다양성 문제에 대한 해결책을 찾을 수 없다는 인식 속에서 무역체제의 외부, 곧 문화적인 관점에서 이의 문제 해결을 위한 합법적인 국제기구의 결성이 절대적으로 필요하다는 입장에까지[31] 이르렀다. 그런데 현실적으로 볼 때, 다국적인 문화협정에서 원칙과 규범이 분명하게 표현될 때까지 WTO 내부에서 무역 중심의 단편적인 관점으로 문화 문제를 다루게 될 우려는 얼마든지 있다. 그런 점에서 일국단위로 혹은 쌍무협상 등에서 제기되는 구체적인 문제에 대한 다양한 문화전선의 형태가 가시화되고 있는 중이다. 한미통상협정을 앞두고, 쟁점적 현안인 스크린쿼터 유지를 둘러싸고 한-미 간, 정부·자본-민간문화단체 간에 벌어지는 논쟁과 힘겨루기가 그 좋은 예라고 할 수 있다.[32] 이것은 아시아 혹은 동아시아의 문화다양성 문제에 대해 어떤 해결의 실마리를 찾아가는 경로를 보여준다고 할 수 있다.

여기서 동일성과 차이에 대한 문제제기의 유효함을 어떤 식으로든

31_ Ivan Bernier, 〈국제무역법과 문화적 다양성〉, 세계문화기구를 위한 연대회의주최, 《국제통상협정과 문화다양성》 세미나 자료집, 5쪽.
Ivan Bernier, 〈문화적 다양성에 기초한 새로운 기구 창설〉, 세계문화기구를 위한 연대회의주최, 《문화다양성을 위한 세계문화기구의 창설은 가능한가》 자료집, 2002.5.13, 1~16쪽 참조.

32_ 세계문화기구를 위한 연대회의 주최, 《국제통상협정과 문화다양성》 세미나자료집 참조, 2002.5.15

안고 가야 한다는 것이 나의 입장이다. 이와 함께 중요한 것은 각 나라의 근대국가 형성의 특수성으로 인해, 보다 주체적인 입지에서의 문화 구성 과정이 있다는 점을 강조하고 싶다. 이를테면 중국 문화대혁명이나 베트남 민족해방전쟁의 문화적 성격에서 볼 수 있는 문화와 정치의 긴밀한 관계 속의 문화의 현대적 재구성 과정이 있다. 그리고 그 상대적 측면에 식민지와 탈식민화 과정 속에서 외래적 요소들의 강제에 의해 혼종화에 놓이게 된 문화주체들의 문제가 있다. 아울러 대부분 동아시아 국가들이 겪어온 권위주의 정부의 국가주의가 위로부터 구성해낸 민족문화 혹은 국민문화의 문제, 이것이 패권적 세계주의와 지배 피지배 관계 혹은 종속관계와 각축하면서 총체적으로 현실문화라는 것을 구성해간 문제도 있다. 그것은 오늘날과 같이 국제무역관계 속에서만 문화 문제를 규정해 들어가는 문화의 산업화시대, 혹은 국제통상협력 속에 문화교류가 떠밀려 있거나 배제된 상황에서, 단지 그 현실적 상황에만 얽매여 문화의 다양성을 강조하는 논의와 동력들이 선언적인 의미로만 인식되고 실제적인 동력 형성에 어려움을 겪고 있는 차원에서는 매우 중요한 의미를 갖는다.

문화의 다양성과 표현의 자유, 진정한 문화교류의 의미는 각국의 문화들이 전통적으로 어떻게 형성되어 왔는가 하는 역사적 경험의 특수성을 앞에 둘 때 올바르게 획득될 수 있다. 서구에 의한 타율적 근대화의 과정 속에서, 일본을 제외한(어떤 의미에서는 일본과 태국을 포함) 동아시아 지역사회 전체는 시간적으로 낙후됐고 공간적으로 특이한 곳으로 세계사에 표상되었다. 조공-책봉 외교를 축으로 하는 상대적으로 수평적인 질서는 해체 당했고, 서양-동양의 수직적 위계질서를 강요당했다. 아시아 혹은 동아시아라는 명명과 지역경계 자체는 대개 이러한 서구 제국주의의 침략과 지배의 질서로 재편되는 과정에 규정된 것이다. 식민지 시대에 아시아는 필연적으로 자국 문화의 배제 혹은 침탈과정을 겪으면서 식민의 문화를 강요당했다. 그러나 그에 대한 저항 속에서 새로운 생산의 문화, 피식민지 민족해방을 위한 투쟁의 문화 또한 형성하는 것이다.

그런데 탈식민 시대는 곧 냉전체제에서의 탈식민화를 의미한다. 그런 점에서 동아시아에서의 탈식민화는 양극체제에의 편제와, 그 속에서 근대적 민족국가를 건립해가는 과정이다. 그러므로 양극체제에 의존한 국가체제의 건립과 민족국가 정체성 형성의 과정에서 문화 동화 혹은 문화 통합은 필연과도 같은 것이었다. 예컨대 한반도의 경우 탈식민화 과정에서 민족국가의 형성은 전적으로 세계 냉전체제에 의해, 냉전체제의 모순 속에서 민족분단에 의한 분립적 과정으로 이루어졌다. 미국과 소련이라는 점령군 치하에서 남북한 사회는 각기 미국과 소련에 의한 문화적 동화 혹은 통합을 강요받았다. 이른바 문화냉전[33] 속에서 민족문화의 급격한 분절과 분화가 이루어지고, 그것이 분단문화로 현상되면서 남북한 각기 혼종화의 과정을 겪게 되는데, 그 또한 동일한 과정은 아니었다. 암스트롱(Charles Armstrong)의 분석[34]에서처럼 남북한이 문화냉전 하에 각기 의존한 체제에 편입, 문화동화 혹은 통합을 이루어내었다는 상황적 동일성은 있지만, 그러나 각기 다른 지반에서 이루어진 문화적 재구성 양상은 엄청나게 다르다.

이제 세계는 탈냉전시대에 돌입했지만 아직도 분단체제를 유지하고 있는 한반도에서, 탈냉전=문화의 세계화는 어떤 의미로 다가왔는가. 탈냉전=자본의 전지구화=문화의 세계화는 분단문화를 민족문화로 이끄는 계기로 작용할 것인가, 아니면 더욱 깊은 분절의 수렁으로 몰아

33_ Armstrong, Charles K, "The Cultural Cold War in Korea, 1945~1950", The Journal of Asian Studies. 한반도에서 미군정시기 문화냉전의 기획과 형성과정을 추적한 찰스 암스트롱은 '냉전'이란 직접적인 군사적 개입에 머무르지 않고, 보다 미묘하고, 정치적이고, 은밀한 방법들을 사용하여 상대 블록에 있는 인민의 '마음과 정신(hearts and minds)'을 획득하여, 상대방이 내부로부터 전복되기를 바라는 것이라고 문화냉전 개념을 정의하면서 해방 이후 한국전쟁 이전의 미군정의 문화냉전은 소련의 그것에 비해 패배로 귀결되었다는 것을 구체적 예증을 들어 설명한다. 세계대전 직후 문화냉전은 유럽을 중심으로 이루어졌으며, 한반도에서 문화 영역(cultural arena)은 동아시아에서 강렬한 정치적 투쟁의 부지였으며, 문화 영역을 통해 정치적 양극화가 창조되고 심화되었다고 역설한다. 암스트롱은 이러한 전후 정치적 양극화의 기원에 관심을 기울이는 가운데, 미국이 문화변동의 전범이자 교사자(instigator)로 중요한 역할을 수행하는 것 즉, 한국 사회와 문화의 진정한 '재전향(reorientation)'을 볼 수 있는 것은 한국전쟁 이후부터라고 하고 있다. 따라서 1945~1950년의 시기는 미국으로서는 잃어버린 기회의 시간이었고, 한국에서 미국은 공산주의자들에게 문화냉전에서 패배하고 있었다고 판단한다. 암스트롱은

한국 전쟁을 2차대전의 반파시스트적 상징·방법·정서(mentalitiy)가 냉전의 반공투쟁으로 이동하는 선명한 예로 든다. "한국의 주민을 공산주의로부터 '전향' 시키는 것은 독일인과 일본인을 나치즘과 군국주의로부터 변환시키는 것과 동일한 것이었다. 종전 후 미국은 남한의 문화영역에서 매우 능동적이었고, 이는 성공적인 것처럼 보인다. 필리핀을 제외하고 남한만큼 미국문화에 깊이 영향받는 나라가 드물기 때문이다. 친미, 친서방 문화의 권장은 다양한 범위의 행위자들에 의해 수행되었다. 미국 정부와 그 문화적 에이전시들, 예를 들어 기독교 조직, 자발적 조직공산주의로부터 '전향' (보이스카웃, 4-H 클럽)과 사적 재단들(록펠러, 포드, 카네기, 아시아 재단)". 그러나 암스트롱은 이 글에서 해방공간에서 남한의 문화역량들이 주체적으로 구성해간 새로운 문화지향들에 대해서는 논구하고 있지 않다. 해방구에서 문화운동은 문학운동을 비롯하여 정치적 투쟁을 격화시키는 장본이었다는 점을 지적하면서도 이것을 남한의 주체적 문화구성의 주된 맥락으로 파악하지는 않는 것이다. 이는 이들 문화운동세력들이 47년 이후 대거 근거지를 상실하면서 월북해버리고 이후 남한의 문화운동이 동공화되는 과정에 이르기 때문에 주목하지 않은 것으로 보인다. 그러나 이 동공화가 바로 문화냉전의 강력한 진지를 이루었음을 간과해서는 안 될 것이다.

넣고 이질 문화로 대립하게 할 것인가. 이러한 문제를 논한다는 것은 작금의 분단 상황에서 보면 사치스러울 수도 있다. 민족절멸의 위기가 있는데, 문화를 운운한다는 것이 가당치 않아 보일 수 있는 것이다. 그러나 다시 생각하면 문화만이 한반도가 맞고 있는 이러한 혹독한 시련을 분단적 살이로 풀어낼 수 있다. 문화의 다양성, 표현의 자유, 고유의 문화정책, 다 좋은 말이지만, 다양성의 하나라는 수량적 개념이 아니라 식민지-냉전-탈냉전의 피해양상들의 보편성 속에 한반도의 문화상황을 놓아두어야 한다. 한반도 안의 다양성의 이면이 무엇을 의미하는지, 그 궁극적 극복지향은 무엇이며 어떻게 가능한지, 그러한 문제의 심연들을 하나하나 안을 수 있어야 하는 것이다. 그것이 바로 오늘 우리가 진행하는 탈냉전시대 문화 다양성 투쟁의 관건이다.

지식과 정보, 인간의 무의식적 욕망까지 상품화되는 시대에 문화의 세계화는 글로벌-로컬이라는 문화산업의 수직적 구조가 로컬 내로 이동하여, 한편으로는 글로벌(global)-로컬(local) 구조를 강고하게 유지하면서 다른 한편 로컬 내에 수직적 지배질서를 만들어가는 과정에 있다는 점에서 주의를 요한다. 이를테면 문화의 세계화시대에 어떤 토착문화도 세계화의 운명을 거스를 수 없다. 거대한 쇼핑몰 안의 박제품과 관광지 한구석의 모조품이 상품으로 팔려나가지 않을 수 없는 현실. 수용자 입장에서 보면 문화는 향유가 아니라 소비가 되고, 그 소비되는 문화는 세계적인 문화상품, 다시 말해서 할리우드 영화로 상징되는 미국 문화산업의 산물이거나 미국이 주도하는 세계 문화시장의 하위체제로 편입되어 있는 지역 문화산업의 산물들이다.

전근대 시기에는 일부만이 향유했던 문화가 이제는 이 이중의 선택 속에 있는 전적인 소비의 시대로의 문화적 몰락상황을 어떻게 돌파할 수 있을 것인가. 문화=상품, 문화주체=소비주체, 다양성과 차이=상품성, 지역=문화시장이 되는 상황에서 문화적 다양성의 확보와 표현의 자유문제는 보다 근본적인 차원에서 논의되고 극복되지 않으면 안 되는 것이다.

가장 중요한 것은 지역=동아시아를 식민지적 강점이 아니라 이제는 탈식민적 시장으로 편제해버린 일극적 세계질서에 대해, 인류 진보 지향의 차원에서 근원적으로 성찰하고 추문하고, 그 과정을 인류 공통으로 새로운 가치지향을 찾아나가는 과정으로 조직하는 것이다. 유네스코가 이미 선언한 바와 같이 "새로운 정보통신 기술의 급속한 발전에 힘입은 지구화 과정이 문화 다양성에 대한 도전일지라도 문화와 문명간의 새로운 대화를 위한 조건을 형성한다는 것을 고려하고, 문화의 풍부한 다양성의 진흥과 보존"[35]에 힘써야 할 것이다. 무엇보다도 문화 다양성과 평화와 발전이 서로 밀접히 연관되어 세계의 진보를 이끈다는 사실을 재확인하고, 각국의 문화 구성의 역사와 현실에 대한 보다 구체적인 이해와 소통, 만남의 지점들을 확보해내는 일이 중요하다.

다시 말해서 보호되어야 할 다양성의 내용들과 그것을 유지·보호할 수 있는 현실적 동력을 구축해나갈 수 있는 상호문화와 역사현실에 대한 이해 프로그램과, 주체적 대응동력을 형성해갈 수 있는 지원프로그램들이 실질적으로 만들어져야 할 것이다. 그를 위해서는 무엇보다도 각국의 문화 구성 과정에 대한 구체적인 이해와 공동연구 작업들이 필요하다. 국제 통상압력에 의해 문화의 존폐가 좌우된다면, 경제와 경쟁의 우위에 선 나라의 문화상품들만 남아 패권적으로 관철될 것이다. 다른 문화적 표현들은, 그것이 그 나라 역사와 세계사에서 어떤 생산적이고 주체적인 의미를 갖는다고 할지라도, 존립할 수 없는 상황에 처하

34_ 찰스 암스트롱은 소비에트 시스템에서 문화는 경제와 비슷하게 취급되었다고 설명한다. 중앙 계획, 명시적 할당(쿼터), 전시(戰時) 같은 '캠페인'. 당시는 '즈다노비즘'의 시기여서 문화 영역은 스탈린의 문화적 짜르인 안드레이 즈다노프가 지배했고, 북한의 문학 씬은 1947년 봄 자체적인 '즈다노프주의' 국면에 진입했다는 것이다. 국가가 독재하는 사회주의 리얼리즘.

대중문화와 대중매체는 소련 점령당국의 중요 관심사였다고 할 수 있다. 특히 '영화는 대중선동의 위대한 수단'이라는 스탈린의 언명에 따라 영화는 북한의 정치적 사회화에 핵심적 역할을 수행했다. 1970년대까지도 북한 영화는 김정일의 감독과 장려 하에 이루어졌다. 소련인들은 지역 영화산업을 지원하는 데 있어서 미국인들보다 훨씬 관대했다. 소련의 적군은 평양남부지역 인민정치위원회와 영화제작을 합의하고, 장비와 기술자를 제공했다(훈련 기회 및 고임금을 제공했으므로 남한에서 많은 영화제작자들이 이곳으로 몰려 왔다). 1948년, 조선민주주의인민공화국 최초의 영화 스튜디오가 설립되었고, 영화관은 면세혜택을 받았다. 그런데 놀라운 것은 소련의 '사회주의적 국제주의'가 아닌 한국의 민족주의가 영화의 주된 테마였다는 점이다. 예컨대 문화부수상인 김우성은 〈영화예술〉 1949년호에서 소련 찬양보다 민족주의 테마를 강조했다. 당시 북한 영

화의 정치적 목적은 대중들에게
애국주의적 열정을 채워넣는 것
이었다. 소련 영화를 모델로 했
지만, 북한식의 민족주의가 선전
의 내용이었다.*
Armstrong, Charles K.(2003),
*The Cultural Cold War in
Korea, 1945-1950*, 앞의 글.
87-88쪽.

게 된다. 그렇다면 중요한 것은 무역이 아니라 문화적 관점에서 세계문화의 지형도를 다시 그리는 것이다. 이 불평등한 교역의 구도를 평등한 교류가 되도록 하고, 상호 발전과 문화 다양성을 촉진하는 평형 구조를 만들어가야 한다. 이를 위해서는 무엇보다도 인식의 전환, 문화적 인식의 지도를 그려나갈 필요가 절실하다 하겠다.

흔히 제기되는 동아시아 문화의 보편성, 아시아적 가치로는 그러한 인식의 전환을 만들어갈 수 없다. 그렇기는커녕 헌팅턴 등과 같이 문화적 요소들이 경제 발전에 결정적이라는 식의 자본의 세계 지배구도를 은폐하기 위한 사이비 문화론들의 논리에 말려들 뿐이다. 아시아적 문화 전통을 유교적 가치로만 설명할 수는 없다. 식민지적 근대 이후 혼종이든 내재화든 주류문화가 지배적으로 관여한다는 주장에 대해서 '그 토착문화'가 무엇인지를 규명하는 일도 필요하고, 동질화, 일체화에 대한 자기반격 혹은 반란의 문화에 의한 각국 문화의 근대적 형성과정을 지속적으로 검토해갈 필요가 있겠다.

여기서 설불리 문화의 무국적성을 주장해서는 곤란하다. 그것은 언제든 일본식의 문화지배전략과 같이 될 수 있다는 점에서 경계해야 하는 것이다. 문화의 국적성을 문제 삼는 이유는 그것이 다양성으로 상존할 수 있는 근거를 만들어가기 위해서인데, 그 과정에서 국적 있는 문화 내부의 지배와 피지배관계에 대해서도 규명되어야 할 것이다. 우리가 확보하고자 하는 문화 다양성의 그 구체적 지점들은 무엇인가. 그 다양한 지점들을 평등하게 이어내고 그것을 역동적으로 동력화하는 문제, 문화의 본연인 미적 가치창조와 그것의 관계적 교류를 통한 새로운 생산적 가치들을 만들어가는 것에 대한 보다 심도 있는 연구와 논의들이 이루어져야 할 것이다.

35_ 유네스코문화다양성 선언문,
유네스코는 제31차 유네스코총회
(2001.10.15-11.3, 파리)에서 문화
다양성선언을 채택하였다.

동아시아에서 지역주의 논의의 쟁점들

한편, 아시아 특히 동아시아의 지역질서의 새로운 형성을 추동해가는 다양한 지역주의(Regionalim)의 대두에 주목해보면서 그 하나의 대안으로 '문화적 지역주의'라는 개념과 경로를 설정해보고자 한다. 한반도 문제라는 특수성에 근거하여 지역을 이즘(ism)으로 방법화하고, 거기에 문화를 수사어로 놓은 것은 대단히 자구적인 발상일 수 있다. 그러나 나로서는 이처럼 구체적인 자기현실 속에서 문제를 바라보고 그로부터 지역의 문제, 문제의 보편성을 확인하고 그 공통의 해결과정을 조직하는 것이 식민과 탈식민=냉전, 지구화·지역화의 현실 속에서 가장 올바른 경로라고 생각한다.

문화적 지역주의 개념은 지역주의의 문화적 형성이라는 의미를 갖고 있다. 따라서 그것은 문화적 패러다임과 지역주의패러다임의 오늘의 문제인식을 동시에 안고 있으며, 글로벌리즘, 영국에서 대두된 글로컬-로컬 패러다임, 일본에서 제기된 트랜스 로컬리즘(translocalism), 인트라 리저널리즘(intra regionalism) 혹은 인트라 로컬리즘(intra localism 혹은 인트라 로컬 트래픽), 리저널리즘(regionalism) 등 다양한 입장들이 있다. 중요한 것은 관계성의 양상이므로, 나는 문화적 성격을 강조함으로써 그것의 가치생산성과 전망을 보아내는데 역점을 둘 것이다. 문화적 지역주의는 여타의 지역주의 패러다임과 어떻게 변별되며, 한반도와 동아시아 평화, 세계사의 새로운 질서구축이라는 당면의 목적을 위해서는 어떤 생산적 의미를 가질 수 있는 것인가?

우선 동아시아에서 새로운 지역주의의 대두 문제, 아시아에서 지역주의의 문제는 역시나 일본에서 가장 활발하게 제기되었다. 그것은 아시아적 돌출로서의 일본이 탈아입구(脫亞入歐)나 대동아공영권으로 아시아를 어떤 식으로든 대상화했던 역사적 과정의 현재적 표현이라고 하겠다. 일본에서의 아시아주의의 대두는 다양한 스펙트럼을 그린다. 70년대 과도한 반미주의의 발흥은 결국 저패니즘(Japanism)의 고양으로 이어졌다. 그것은 발달된 경제력을 바탕으로 미국과 대등한 위치에서 세계에 관여해 들어가겠다는 표지와도 같은 것이었다. 그리고 냉전시기 미국은 일본의 식민지적 침략과 전쟁에 대한 무의식을 유포하는데 저패니즘은 이러한 무의식이 일본 내에서 재생산되는 과정이 동아시아에 미친 영향을 포착하며 이에 대한 담론적 긴장으로서 등장한 것이기도 하다는 점에서 책략적 측면이 강하다. 한편 패권적 아시아주의를 해체·재편해가고자 하는 새로운 지역주의의 논의 또한 지속적으로 제기되고 있다. 일본의 문제는 지역, 아시아라는 넓이로 끌어내야 올바른 성찰이 가능하다며 새로운 지역주의의 방법론으로 제출되는 것이다.

마루가와 데쓰지(丸川哲史)와 고모리 요이치(小森陽一)는 전전과 전후 아시아에서 일본의 위치와, 그것이 지워버린 역사와 되풀이되는 자기 식민화 과정에 대한 성찰의 사회화를 촉구하는 작업[36]을 수행했다. 요시미 순야(吉見俊哉)는 일본과 아시아문화의 구성과정과, 일본과 아시아에서 아메리카니즘의 내재화 문제를 통찰하고 있다. 그리고 이와부치 고이치를 대표로 하는 아시아에서 문화의 지역화를 통해 새로운 지역주의의 가능성을 모색하는 문화적 작업이 있다.

마루가와는 냉전기를 통해 아시아와 만날 수 없는 현상으로부터 출발한 일본의 지역주의가 근본적으로는 '사회적 기층으로서의 아시아다운 것으로부터의 이탈'에 필요한 과정임을 역설한다. 다케우치 요시미(竹内好)는 '자기 속에 독자적인 것이 있지 않으면 안 되며', '방법으로서 주체 형성의 과정으로서는 있을 수 있는 것이 아닌가' 하는 문화

36_ 丸川哲史, 《Regionalsim》, 岩波書店, 東京, 2003. 고모리 요이치/양태욱, 《포스트콜로니얼: 식민지적 무의식과 식민주의적 의식》,삼인, 2002. 42쪽. 원본은 小森陽一,「ポストコロニアル」, 岩波書店, 2001.

적 되감기(卷返) 혹은 가치상의 되감기를 역설한 바 있다. 그것은 일본이 겪지 못한 아시아, 그래서 다시 안아야 하는 아시아의 넓이를 말하는 동시에 '세계를 말하는 방식을 보다 풍요롭게 할 가능성을 가진 아시아'를 이야기한 것이다. 바로 이로부터 마루가와는 그것을 수행할 주체형성의 문제에 다가가서 '사회적 기층으로서의 아시아성'의 형성에 주목하고자 한다.

고모리 요이치는 제2차 세계대전 후 한국전쟁, 인도차이나 전쟁, 중국-베트남 전쟁에 이르기까지 40년 동안 아시아 여러 지역에서 일어난 전쟁의 격전이 모두 과거 식민지 일본이 침략했던 지역에서 일어났던 사실을 상기하면서, 그 상당 부분의 책임이 일본에 있다는 것을 분명히 한다. 그리하여 고모리는 이 문제를 놓고 미래를 향해 책임질 수 있는 방향성을 어떻게 발견할 수 있을까를 제기한다. 거기서 고모리는 일본적 '소회전(小回轉)'과 세계적 상황으로서의 '대회전(大回轉)'을 겹치는 이전 담론의 시스템을 파기하며, 그 담론이 꿰뚫고 있던 틀을 재편성하고 교란시켜 다시 소회전과 대회전을 겹치는 방법을 구사하며, 그러한 담론과 관계된 실천을 조직해나가는 것이 포스트콜로니얼한 상황을 살아가는 소박한 윤리기준임을 강조한다.[37] 고모리는 그러나 그것을 새로운 아시아적 상상이라는 지역 구도를 그리는 작업으로 이끌어가지는 않는다. '식민지적 무의식과 식민주의적 의식의 모순' 속에서 일본의 정치를 다시 말하는 그 다시 읽기의 전략은 스피박(Gayatri Spivak)의 '하위주체는 말할 수 없다'("Can the Subaltern Speak?", 1985)다는 문제인식에 기대어 있다. 그렇다면 거기서 중요한 것은 가장 차별받는 사람 이외의 사람들이 대리적으로 표상한 담론일 수밖에 없고, 이를 위해 고모리는 윤리적 질문을 들이대고 있는

다케우치 요시미(竹内好)
1910년 나가노 현에서 태어나 도쿄 대학 중국문학과를 졸업하고 현대 중국 문학의 연구를 목표로 '중국문학연구회'를 결성했다. 1935년 3월에 기관지 '중국문학월보'를 창간했으나 일본 군국주의 체제 하에서 연구회의 유지가 어렵게 되자 1943년 연구회를 해산하고 기관지도 폐간했다. 같은 해 12월에 소집 명령을 받고 중국에 종군했으며 패전을 맞고 1946년 7월에 귀국했다. 이후 루쉰을 바탕으로 한 독자적인 발언으로 전후 논단을 석권했으며 1954년 도쿄도립대학 인문학부 교수에 부임했지만, 1961년 5월 안보조약반대운동 가운데 국회의 강행 체결에 항의하여 사직했다. 1964년부터 1973년까지 '중국의 회(會)'를 조직하여 잡지 《중국》을 발행했다. 지은 책으로 《루쉰 잡기》 《현대 중국론》 《일본 이데올로기》 《지식인의 과제》 《불복종의 유산》 《중국을 알기 위해서》 《다케우치 요시미 평론집》 《방법으로서의 아시아》 《근대의 초극》 등이 있으며 《루쉰문집》을 번역했다.

37_ 고모리 요이치/양태욱, 《포스트콜로니얼: 식민지적 무의식과 식민주의적 의식》, 143쪽.

것이다. 그리하여 다시읽기를 포스트콜로니얼한(後植民的) 상항을 살아가는 최선의 실천으로 채택하고 있다.

　마루가와와 고모리가 동아시아의 넓이를 일본 근현대사의 안으로 끌어들이며 일본사회 내부에 들이대는 화살은 확실히 유효하다. 그러나 마루가와가 제기하였듯이, 경제적 글로벌화 과정에서 사회기층적인 아시아다움은 사라져가고, 일본이 홀로 안정을 구가하던 시대는 지나갔다. 다시 말하면 새로운 아시아적 관계성이 형성되고 있는 가운데 일본이 서 있는 것이다. 그렇다면 과거의 성찰은 성찰대로 일본사회에 계속 촉구하더라도, 새로운 현실 역학을 만들어내기 위한 작업은 현실의 지층 위에 보다 실천적으로 편제되어야 할 것이다. 일본은 지금 대만을 거점으로 동남아시아에 식민지근대화론을 유포시키면서 또 다른 신대동아공영권을 구축하고자 전력을 투구하고 있다.[38] 그리고 미일안보조약을 통해 동아시아에 패권적 관철의 기획들을 가져가고 있다. 그러한 일본의 동아시아에 대한 국가주의적 전략기획들이 ASEAN+3에 표현될지, 쌍무투자협정에 투영될지, 북핵문제를 둘러싼 한반도의 긴장에 돌출할 지 아무도 모른다. 이전과는 다르게 동아시아에서 탈식민지화 과정은 곧바로 동아시아의 새로운 통합적 질서의 조건이 되지 못한다. 예컨대 최근 한중간의 고구려사 논쟁에서 불거졌듯이 동아시아에서 민족국가 형성의 문제, 즉 '네이션 빌딩nation-building' 혹은 '국가 정체성 찾기'의 문제는 국가라는 틀을 통해 적극적으로 전개되고 있기 때문이다. 그것은 일본의 식민지 침략과 전쟁을 둘러싼 무의식이 은폐될 가능성은 얼마든지 있다.

　마루가와와 고모리 요이치의 작업은 모두 일본 내셔널리즘에 대한 일종의 해체작업을 수행하고 있는 것으로 볼 수 있다. 그리고 담론 속

38_ 이에 대한 연구로는 천광싱 / 백지운 외, 《제국의 눈》, 창비, 2003 참조.
陳映眞, 〈臺灣の非中國化, 臺灣のアメリカ化と日本化の特徴〉, 《變容するアジアと日本》 참조.

에서 제기된 일본에서의 새로운 지역주의는 최근 일본 사회에 급격하게 대두되고 있는 군사주의적 경향, 즉 '힘과 개입을 바탕으로 한 군사주의와 대미협조주의를 근간으로 하는 새로운 외교 전략으로의 전환 가능성'[39]으로 보면 역사의 호환을 통해 우경화에 어떤 대치국면을 만든다는 점에서 나름의 의미를 갖는다. 그러나 문제는 과거에의 환기와 동아시아적 시야를 확보하는 작업이 현실의 동력을 확보하지 못한 채 담론상에서 과거로만 열려있다는 점이다. 더구나 이들의 논의가 일본의 죄과에 대한 근본적 성찰 속에서 도덕적 윤리적 측면에 문제적 해결이 치우쳐 있는 점도 문제로서 지적된다. 식민지 시대의 아시아 병영체제 구축이나 냉전기 아시아에 대한 경제지배 강화에 대해 책임의식이나 참회의식이 거의 불가능한 일본적 상황에서 보면 도덕적 윤리적 경로의 선차적 배치는 물론 중요하다. 그러나 그것이 미래지향으로 나아가고자 한다면 문제는 여전히 남을 수밖에 없다. 재무장과 안보리상임이사국으로의 등극이 미국의 비호 하에 추진되고 있는 오늘의 위기상황에서는 더욱 도덕적 윤리적 문제의식의 무력감을 실감할 수밖에 없는 것이다. 무엇보다도 동아시아 사회의 또 다른 재편과정의 오늘을 획득하는 작업이 이어져야 할 것이다.

일본에서의 지역주의적 모색과 아울러 중국에서 최근 제기된 아시아주의 문제도 중요한 거점으로서 살펴볼 필요가 있다. 왕후이(汪暉)의 '새로운 아시아주의를 위한 역사적 상상'이 펼쳐내는 반근대성적 근대성의 문화정치학이 그 주된 대상이다.

중국의 대표적 사상가로서 자리를 굳힌 왕후이는 2002년 "신아시아 상상의 역사적 조건"이라는 글[40]을 발표했다. 왕후이는 민족국가의 상상의 일부분으로서의 구아시아주의와는 다른 새로운 아시아주의의

39_ 권혁태, 〈'고구려사 문제'와 일본의 동북아시아 인식〉, 《황해문화》, 2004 겨울호에서 특별기획 "동북아평화와 역사읽기"에 발표된 글.

40_ 이 글은 원래 2002년2월1일 〈신자유주의하 동아시아에서의 이해와 소통〉라는 주제로 열린 동아시아문화공동체포럼 제1차 국제회의(서울, 성공회대학교)에서 발표되었으나, 두어 번의 수정을 거쳐 《황해문화》 2003년 봄호와 가을호에 분재되었고, 이후 《새로운 아시아를 상상한다》(창비, 2003)라는 왕후이 저서에 재수록되었다.

상상을 위해 "아시아가 하나의 시장일 뿐만 아니라 더욱 광범위하고 오래된, 고유의 역사성을 가진 사회공동체라면 아시아의 역사적 기초와 현실적 조건은 어디에 있는가"라고 추문한다. 대개 다섯 가지 질문으로 정리되는데, 왕후이는 이에 대한 스스로의 답변을 마련해가는 형식으로 아시아의 상을 제시해간다.

왕후이의 아시아론은 백승욱의 말대로 '반근대성(現代性)의 근대'로 표현될 수 있을 것이다.[41] 왕후이는 아시아 국가는 오직 민족해방운동의 역사적 기초 위에서만, 즉 평등한 주권의 존중이라는 기초 위에서만 새로운 협력관계의 제도적 틀과 공동 통치의 사회적 틀을 형성할 수 있다고 강조하고 있다. 왕후이는 아시아에서 하는 아시아 상상은 유럽·서구가 제공한 '근대'의 문제, 자본주의 문제이며 민족국가와 시장관계를 본질로 한다고 본다. 왕후이는 거기서 근대성의 추구를 강제당한 아시아가 자신이 갖고 있던 가치·제도·예의·경제관계 등을 모두 주변화하게 되는 과정의 문제를 성찰한다. 왕후이는 새로운 아시아의 상상을 위해 이러한 부분적으로 은폐된 아시아적인 것들의 역사적 존재여부와 그것들을 새로운 역사적 조건에서 이용할 수 있는지의 여부를 묻고 있다.

한편, 서양중심주의에 대한 비판이 자본주의의 발전과 위기에 대한 비판적 성찰을 유기할 때, 그것은 허황한 공상이 되거나, 아시아문화를 전지구적 자본주의의 다원문화적 장식의 틀 안에 위치시킬 것이라는 것이 왕후이의 경고이다. 그것은 문화적 지역주의로서 동아시아의 재구성을 상상하는 나의 고민과 일정한 연계를 갖는다. 그것은 전통시대만이 아니라 사회주의혁명시기의 문화적 공과들을 어떻게 재획득할 것인가 하는 문제로도 이어진다. 아울러 왕후이의 작업은 새로운 아시아

41_ 왕후이, 〈세계화 속의 중국, 자기 변혁의 추구 – 근대 위기와 근대 비판을 위하여〉, 《당대비평》 2000년 봄호.

적 천하질서에 대한 구상으로 이루어지는데,[42] 공리(公理)를 아시아적 혹은 세계관계의 핵질로 둔다 해도 발화자의 위치와 천하관(天下觀)으로 인해 중국중심주의에 대한 의구심이 제기되기도 한다. 왕후이의 다중심의 신천하질서의 상상에서 '준(準)관방화' 문제는 계속 쟁론화해나가야 할 바이다.

요시미 순야는 전후 '아메리카'의 동아시아 지배는 일정한 의미에서 일본의 제국적 질서의 재구성이었다고 갈파한다. 아시아 권역에서 진행된 다양한 탈식민화 운동은 냉전 질서로 전복되어 미국의 헤게모니의 일부가 되었으며, 따라서 냉전 하에서 아시아의 식민적 의식과 실천의 발전을 조사할 때는 이런 미국의 매개적 역할이 반드시 고려되어야 한다고 역설하는 것이다.[43]

요시미 순야는 대만의 문화연구자 천광싱(陳光興)[44]과 마찬가지로, 동아시아에서 현대적 문화구성에서 아메리카나이제이션, 아메리카의 내재화문제를 중심축으로 삼고 논의를 전개한다. 요시미가 제국주의가 외재적인 것이 아니라 내부에서 작동하는 힘으로 파악할 때, 아메리카나이제이션의 폐기는 유의미하다. 그러나 아메리카나이제이션의 문제는 그것이 민족국가 내부에 작동하며 끊임없이 동화를 추동해가는 것을 지적하면서도 그에 대해 대립각을 형성하는 주체적 과정을 설명하는 데에는 적절한 설명이 되지 못한다는 문제를 안는다. 아메리카의 내재화가 필연적으로 맞닥뜨릴 반아메리카 혹은 탈아메리카의 측면을 해명하기 위해서는 아메리카의 내재화 문제를 동아시아 문화구성의 주요한 측면으로 놓되 주체적 수용자의 입지에서 보면 아메리카의 폭력적 내재화든 자발적 접변이든 문제는 좀더 복잡하다. 아메리카나이제이션이 각국의 체제유형과 지배세력의 통치이데올로기 곧 통치방식과 공조

42_ 汪暉, 《中國現代思想的屈起》, 三聯書店, 2004 참조.

43_ Shunya, Yoshimi, "'America' as Desire and Violence: Americanization in Postwar Japan and Asia during the Cold War", Inter-Asia Cultural Studies 4:3, December, 2003. 439page. 성공회대 동아시아연구소 〈동아시아문화연구〉 워킹페이퍼 자료집. Shunya, Yoshimi, 《미국화와 문화의 정치학》, 성공회대 동아시아연구소 〈동아시아문화연구〉 워킹페이퍼 자료집.

44_ 천광싱이 제기하는 문제는 일본이 대만을 준제국적으로 배치하며 동남아시아지배전략의 거점으로 삼고 있다는 점이다. 陳光興, 〈到帝國和帝國化去的問題〉, 《讀書》, 2002. 7, 北京. Chen, Kuang-Hsing(2001), "The Club 51: the Culture of U. S. Imperialism"

혹은 상충을 통해 문화정책으로 객관화되다는 점에서, 이의 문화정치학을 새롭게 구축할 필요성이 대두되는 것이다.

한편, 요시미 순야는 일본에서의 아메리카니즘의 내재화 과정을 욕망과 폭력의 체계로서 분석하고 있고, 그것을 통해 아시아에 아메리카나이제이션의 선색을 그려간다는 점에서 매우 중요하다 하겠다. 한국의 경우 80년대를 반미전선의 형성과정으로 이해해간다는 점에서 요시미 순야의 논의는 결코 추상적인 것이 아니다. 그러나 그 대척지점의 형성은 보다 면밀하게 검토될 필요가 있다.

또 하나 중요하게 제기되어야 할 것은 요시미 순야가 동아시아에서 저패나이제이션을 아메리카나이제이션의 모방으로 파악하는 지점이다. 요시미는 이른바 '일본화'의 현상도 전후의 '미국화'와 연속성의 맥락에서 고려되어야 한다고 본다. 그런데 이러한 모방성이 식민-탈식민의 전시기에 현실적으로 관철된다는 점에서, 동아시아에서 저패니즘의 문제는 아메리카니즘에 묻어갈 것이 아니라 같은 정도에서 논의되어야 한다는 것이 나의 문제제기이다. 문화의 지역화현상이 두드러진 오늘에 있어서는 더욱 그렇다. 저패니즘은 적어도 동아시아에서의 경제적·문화적 패권일 뿐만 아니라 미국과 함께 문화의 세계화의 주역이다.

요시미 순야가 동아시아에서 아메리카니즘의 내재화과정에 대한 추적을 통해 동아시아성을 재구성해가는 한 경로를 제시했다면, 이와부치 고이치를 비롯한 일련의 대중문화 연구자들은 일본 대중문화의 동아시아적 유통과정을 놓고 동아시아에서 새로운 지역화의 가능성 문제를 제기한다.[45] 1990년대 동아시아를 풍미한 J-Pop과 일본의 청춘 드라마는 과연 동아시아의 문화적 지역화 과정에 새로운 가능성으로 존재하는가.

45_ 이와부치 고이치, 《아시아를 잇는 대중문화》, 또하나의 문화, 2004.
栗原彬·小森陽一·佐藤學·吉見俊哉 編《越境する知5-文化の市場:交通する》, 東京大學出版會, 2001, 참조.
이와부치 고이치, 《일본대중문화의 이용가치-초국가주의와 아시아에 대한 탈식민적 욕망》, 조한혜정 외, 《'한류'와 아시아의 대중문화》, 연세대학교 출판부, 2004.
毛利嘉孝 編 《日式韓流》, せりか書房, 2004

이와부치는 우선 미디어 대중문화들의 초국적 흐름, 특히 브라질과 같이 비서구 지역들의 문화적 중심이 등장하는 모습에 주목한다. 이를 설명하기 위해 문화횡단(transculturation), 이종혼합화(heterogeni-zation), 혼종화(hybridization), 혼합화(creolization) 등의 개념이 나왔지만, 이들 역시 여전히 서구중심적 패러다임을 넘지 못하고 있다는 점을 이와부치는 지적한다. 글로벌-로컬의 도식 역시 비서구지역내의 문화모더니티 간의 역동적 상호작용에 대해 주목하지 않고 서구에 대한 비서구의 관계와 저항만을 문제 삼는다는 데서 비판을 제기하는 것이다.[46]

이와부치의 관심은 무엇보다도 비서구(非西歐) 지역 내의 문화모더니티의 역동적 상호작용이다. 이와부치는 최근 홍콩에서 편집한 책에서도 일본의 청춘드라마(Young drama)의 동아시아적 수용에 대한 문제를 중심으로 동아시아에서의 문화모더니티의 상호작용을 규명하는데 주력한다.[47] 이와부치는 동아시아에서 일본의 청춘드라마가 어떻게 (재)생산되고, 순환되고, 조절되고, 소비되는지에 대한 경험적 분석을 통해, 인트라 아시안 문화적 흐름들(intra asian cultural flows)의 의미를 다양하게 탐구한다. 지구화가 분산적으로 전개되는 가운데 지역에서 문화적 공명과 비대칭성을 새롭게 부각시키는 방법을 제시한 이 작업의 초점은 다음 4가지로 집약된다.

첫째, 지역 내에서 일본의 문화적 파워와 영향력의 본질은 무엇이며, 그것은 역사적으로 어떻게 과잉결정(overdetermine)되는가? 둘째, 그것은 '미국화(아메리카나이제이션)', 그리고 다른 아시아의 문화적 하위 중심(sub-centers)들과 어떻게 같고 다른가? 셋째, 친밀함과 거리감의 이미지와 감각의 어떤 부류들이 일본의 청춘드라마의 수용을 통

46_ 이와부치 고이치, 〈일본대중문화의 이용가치-초국가주의와 아시아에 대한 탈식민적 욕망〉, 앞의 책, 88-111쪽.,

47_ Edited by Koichi Iwabuchi, *Feeling Asian Modernities Transntional Consumption of Japanese TV Dramas*, pp. 3-20.

48_ Edited by Koichi Iwabuchi, *Feeling Asian Modernities Transntional Consumption of Japanese TV Dramas*, p. 3.

해서 인지되는가? 넷째, 일본의 청춘드라마는 수용주체 자신의 문화와 사회를 향해 어떤 종류의 트랜스내셔널한 상상력과 자아반사시각(self-reflexive view)을 배양하는가?[48]

나의 문화적 지역주의 논의에서 가장 풍부하게 혹은 가장 첨예하게 다룰 것은 바로 이와부치 고이치를 비롯해 일본과 한국에서 제기되는 동아시아에서 모더니티의 지역화 문제이다. 이들의 입장은 물론 일본과 한국이 손잡고 동아시아에서 문화적 패권을 관철할 수 있는 가능성 혹은 그것의 현재화에 대한 비판적 경계의 의미를 담고 있다. 그러나 바로 그 지점에서 또한 그것을 위한 이데올로기를 제공할 수도 있다는 점에서 스스로 문제 삼지 않으면 안 된다. 그러나 그것은 그 자체 동아시아에서 수평적 문화질서가 아니라 위계적 문화질서가 이미 이루어졌음을 반증하는 것이기도 하다.

동아시아적 모더니티의 지역화에 대한 실제적인 탐색과 논의는 현시점에서 대단히 중요하다. 그럼에도 불구하고 한류의 동아시아적 파장의 의미를 국가주의와 경제주의적으로 가져가려는 한국에서의 일련의 욕망들에 대해 문제를 제기하고, 함께 초국적(transnational) 지역화 과정에 대응할, 동아시아 평화문화벨트와 같은 수평적 구도를 만들어가려는 나의 입장에서는 한국과 일본의 문화산업적 공조에 대해 일단은 의구심을 가지고 바라볼 수 밖에 없다고 하겠다.

한반도에서 주체적 해결의 경로들 : 남북경협과 한류

(1) 남북경협의 가능성과 한계

다시 한반도 문제로 돌아오면, 보다 근본적 문제 해결을 위해 필요

한 것은 다름아닌 포괄적인 지역적(Regional) 풀이과정이다. 그것은 남
북경협과 남북교류라는 한반도 내부의 민족적 결속력의 수준을 높이는
문제로부터, 역내 국가들과 더불어 한반도 긴장 완화와 동북아에서의
평화체제 구축에 대한 사회경제적 토대를 만드는 전 과정을 포괄하고
있다. 무엇보다도 이것은 정부수반에 의한 상층의 협의수준에서가 아
니라 민간 사회에서 사회문화적 공감대를 형성해가야 한다는 점에서
남과 북, 그리고 동북아는 물론 동아시아권역 내의 실질적인 상호이해
의 과정이 아래로부터 조직화되는 구체적이고 실질적인 연계프로그램
을 만들어가야하는 문제를 핵심으로 한다.

　　이남주는 남북경협이 남한에서 경쟁력을 상실한 퇴행산업의 이전
이나 북한에 대한 인도적 지원이 아니라 한반도, 나아가 동북아시아의
경제지도를 새롭게 그리는 사업으로 발전하고 있음을 지적하며, 이러
한 지역경제통합의 가속화가 동시에 동북아시아 평화체제 건설에도 유
리한 조건을 만들어 줄 수 있다고 강조하였다.[49]

　　남북경협이 정치, 군사적 환경변화의 종속변수에 머무르는 것이 아
니라 한반도와 동북아시아의 새로운 미래를 설계하는 적극적인 의미를
가지게 되었다는 것이다. 그러나 그것이 순조롭게 진행된다 해도 문제
는 여전히 남을 수밖에 없다. 이남주는 독일통일 이후의 과정이 입증하
듯이 남북경협이 비교우위에 기초한 남북한 경제구조의 상호보완에 초
점을 맞추었던 것을 극복할 필요가 있다고 지적한다. 그것은 남한과 북
한 사이에 수직적 분업체제를 형성하여 새로운 불평등 구조를 형성할
우려가 높으며, 이에 대한 북한의 거부감도 크다는 것이다. 따라서 이
남주는 남북경협, 특히 정부 차원의 협력사업은 한반도 경제공동체의
질적 수준을 더욱 높일 수 있는 사업에 초점을 맞추어야 함을 강조하였

49_ 이남주, 〈'동북아시대' 남북
경협의 성격과 발전방향〉, 《창작
과 비평》, 2003 여름호.

다. 남북철도·도로연결 이외에 개성공단사업과 IT산업에서의 협력 등이 그것이다.

확실히 남북경협에 의한 남북한 경제공동체의 구축은 북핵문제의 현실적인 해법의 하나이다. 무엇보다도 이것이 확고한 민족공조를 바탕으로 이루어질 경우, 자주적이고 평화적인 민족통일의 길이 열릴 수 있다는 점에서 더할 나위 없는 최선의 선택이 될 수 있다. 그런데 문제는 이남주도 지적하듯이 확고한 민족공조가 한반도의 위기와 활로에 대한 공통의 인식와 양측의 의지에도 불구하고, 안팎의 조건에 의해 그리 쉽지만은 않다는 점이다. 아울러 경제협력과 함께 다른 차원에서도 민족통일의 기반을 다져가야 하는 문제가 있다. 물질적 토대의 구축은 물론 중요하다. EU의 자본 위주의 위로부터의 통합과정은 동서독 간, EU국가 간 내부 서열화의 문제와 빈부격차, 사회문화적 갈등을 야기했다. 위로부터의 거대한 통합구조 속에서 민족국가 경계를 뛰어넘는 자유로운 자본의 이동 이외에 노동의 유연화, 곧 고용불안과 국가간 서열화는 오히려 강화되었다. 그러나 그 통합체제의 바깥은 없는 ─ 영국의 경우 미국과의 공조라는 다른 통합구조 속에 있다 ─ 폐쇄회로 속에서 삶의 질은 저하되고 사회적 갈등과 해체는 가속화되고 있다. 그러나 이 것을 해결할 수 있는 최소한의 사회문화적 동의가 담보되지 못함으로서, 어떤 출로를 찾기 어려운 난맥상에 있는 것이다.[50] 유럽과 같이 상대적으로 동질화된 사회에서도 경제 위주, 곧 자본 위주의 통합이 갖는 문제가 이러할진대, 다른 체제 속에서 이질적인 삶을 영위해왔던 남북한 사회에 가장 절실한 것은 상호이해와 소통의 과정이 아닐 수 없다.

유럽 사회와 달리 남북한의 통일문제는 체제적 이데올로기적 차이로 대별되는 것이 아니라 경제적 격차로 현상한다. 경제협력의 실제적

50_ 이에 대한 연구로는 Arjun Appadurai, "Disjuncture and Difference in the Global Cultural Economy", *Modernity at Large*, Verso, 1995 참조.

양상은 초기 정부 지원 차원에서 북한경제의 활성화를 위한 인프라구축과 기술협력 위주로 추동되겠지만, 일단 시장화궤도에 들어서면 기업에 의한 직접투자가 활성화될 것이다. 외부자원에 의존할 수 없는 북한의 경제 구조로 볼 때, 대등한 입지에서의 합작이 아니라 외자나 합자의 방식이 추진될 것이다. 그것은 필연적으로 경제적 종속, 시장으로의 편입으로 인한 북한의 자본주의사회로의 연착륙으로 귀결될 공산이 크다. 러시아, 중국, 베트남의 사회주의에 대한 개혁모델들도 절반의 실패에 머물거나 아직 과정 중에 있는 바와 같이 북한의 경제개혁이란 북핵의 폭력적 해결에 의한 북한의 붕괴 이상으로 인간사회의 진보의 문제에 대한 근본적인 성찰을 요한다.

북한이 시장의 도입과 함께 분배중심의 사회에서 경쟁사회로의 변화한다면, 그것은 사회적 분화를 촉진시키고 상업주의 문화의 대두와 함께 심각한 사회문화적 변동을 일으키게 될 것이다. 그렇다면 시장화 추세 속에서 급격히 이루어질 사회문화의 해체를 어떻게 해결할 것인가. 남북한 공히 어느 쪽도 이를 새로운 사회문화적 정합으로 이끌 수 있는 여력이 별로 없다는 점에서 어느 한쪽으로 문제가 전가될 가능성이 크고, 그것은 보다 심각한 몰락을 야기할 수 있다.[51]

사회문화의 차이가 시간적 낙후로 배열되며, 문화가 일방적으로 이체되는 것은 경계되어야 한다. 예컨대 남한 사회에서 탈북자들이 사회 문화적 이질성 속에서 주변화되는 것이나 북한 문화가 대중매체에서 상업적으로 소비되는 것, 북한에서의 한류가 일부계층에서 유행하는 것 등은 일방향적인 문화 이전의 좋은 실례가 된다. 어느 한쪽의 해체 · 몰락과 다른 한쪽으로의 편입은 문화의 발전이 아니라 한쪽 사회의 해체와 몰락의 표징이다. 따라서 이러한 급격한 사태진전의 충격을

51_ 이에 대한 진전된 논의를 위해서는 Featherstone. et, eds, *Global Modernities*, Sage, 1995.
Masho Miyoshi, "A Borderless World? : From Colonialism to Transnationalism and the Decline of the Nation-State", *Critical Inquiry*, Summer, 1993 참조.

완충시키는 장치를 만들어내는 작업이 절실할 것이다. 이 문제는 수동적 대처가 아니라 일정한 지향 속에서 목적의식적으로 추동해내어야 하는 일종의 문화운동이라고 생각한다. 그것은 어떤 동질화과정이 아니다. 우리가 일구어가야 할 미래사회에 대한 사회적 동의를 구하는 과정이고, 그런 점에서 어떤 그림을 그려놓고 가는 것이 아니라 최소공배수의 미래상에 대한 다양한 펼침 속에서 확보된 역량에 걸맞는 찾아감의 과정이다.

(2) 한류의 파장 : 일식한류와 중국의 흡인력

90년대를 풍미한 일류에 이어 21세기초 동아시아를 회통하는 한류, 이러한 역내 문화유통의 추세는 일본에서 이미 새로운 지역화의 가능성으로 많은 기대를 모으고 있는 듯하다.[52] 우리 역시 한류의 동아시아 파장에 대한 강력한 기대감 속에서 그 궤적과 파고, 유속, 방향을 가늠하고 있는 중이다. 나 또한 한류를 놓고 동아시아에서의 문화교통의 점증, 그것을 한류가 주도하고 있다는 점에서 이러한 문화적 탈냉전의 흐름을 어떻게 전향적인 지역화 추세를 이끄는 힘으로 작동하게 할 것인가 하는 데 골몰하고 있다.

무엇보다도 한류는 문화의 지역화추세, 말하자면 새로운 아시아적 문화의 구성과정을 가늠하는 좋은 기제가 된다. 그것은 우선 ASEAN+3 등 경제협력을 중심으로 상층에서 벌이는 동아시아 지역주의가 대다수 동아시아 민중의 삶에 또 다른 지배와 피지배, 착취와 피착취를 만들 가능성에 대한 예증으로 표상된다. 그러나 다른 한편, 탈중심화맥락 속에서 동아시아와 세계의 비대칭성 구조의 전환에 대한 상징적 기표로도 포착된다. 그것은 아시아 역내에서의 마주보기, 친근성과 함께 계급적

52_ 대표적인 작업이 이와부치 고이치의 위의 작업들일 것이고, 가장 최근 작업으로는 毛利嘉孝 編, 《日式韓流》, せりか書房, 2004가 있다.

민족적 상충 속에서의 적대감 혹은 서열화에 의한 반목의 가능성을 모두 안고 있다. 나로서는 바로 이러한 구체적인 문제 상황, 그 모순적 충돌과 정합과정 자체를 동아시아의 새로운 지역성을 형성하는 열린 과정으로 바라보아야 한다는 생각이다.

나는 한류의 동아시아적 여정을 통해 동아시아의 현존상태를 가늠할 수 있었다. 한류가 상업적 대중문화로 발신되었지만, 그것의 수신은 각국의 사회문화 상태에 따라 각기 다른 양상을 띤다. 그것은 대부분 문화상품에 대한 소비이고, 그 소비는 문화상품의 유통경로를 따라 이루어졌다. 그런데 그것이 수용주체들의 선택에 의한 소비라는 점을 중시해보아야 한다. 전체적으로 보면 한류라는 문화상품의 권역적 소비는, 문화적 할인율이 낮다는 근거를 굳이 들이댈 필요도 없이, 로컬 상품의 리저널한 소비라는 문화의 지역화를 이루고 있는 것으로 파악된다. 이는 물론 동아시아의 경제적 성장에 따른 문화적 수요의 창출과 이에 대한 권역내 자체생산능력이 가능해진 때문이다. 그것이 아메리카나이제이션, 그리고 음성적인 저패나이제이션에 뒤이은 것이라 하더라도 말이다. 이제 미국의 문화상품보다 아시아의 문화상품이 아시아에서 소비되는 과정은 기정사실화되었다. 그러나 그렇다고 해서 아시아가 닫혀 있는 시장은 아니다. 여기에서 미국은 여전히 주류이고, 한류는 그 주변적 지위에서 겨우 주류의 생산양식을 익히고 그 주류가 개척해놓은 유통경로를 따라 신상품으로서의 이목을 집중시킨 정도인 것이다.

이것은 때로는 그 수준에서의 모방을 낳는데, 그렇다고 해서 그 유통의 방향이 아직은 쌍방향적이지는 않다. 일방향성으로 가는 한류에 대해 최소한 확보된 것은 우등불, 공론장(公論場)이다. 그것은 한류의

한국에서의 존재양식이 대단히 다양한 스펙트럼을 그리고 있다는 점에 힘입은 바 크다. 한국은 이미 가상공간에서의 다양한 접점이 형성되어 있고, 인터넷 보급률 79%(초고속 인터넷 보급율 세계 1위, 인

▲ 최근 일본에서는 한류를 다룬 책들도 많이 나오고 있다. 《일식한류》는 한류를 바라보는 일본 학계의 시각을 담고 있다.

터넷 인구 3000만)에서 확인되듯이 이미 사람들의 일상이 가상공간에 의해 점유되었다고 해도 과언이 아니다. 거기에서 다양한 수준의 문화적 해독능력을 가진 부류들이 세대별 성별 차이를 가지며 문화생산에 개입한다. TV드라마에서부터 사회여론에 이르기까지 대중문화가 생산에 개입하는 정도는 그 어떤 사회보다 크다고 하겠다. 이를테면 토론문화 또한 이 가상공간을 통해서 익명의 자유를 누리며 때로는 무차별하게 난장을 이룬다. 많은 사람들이 한류의 잡종성과 종 다양성을 이야기하지만, 그것은 수많은 변종을 재맥락화할 수 있는 가능성을 담지한 것으로 이해할 수 있다.

예컨대 일본에서의 한류는 세련된 향수(노스탤지어)의 소비이다. 홍콩과 대만을 제외한 중국과 동남아시아에서의 한류는 가까운 미래에 대한 선험이다. 개발도상국에 있어서 한국과 한류는 미국이나 일본처럼 요원한 미래가 아니라 손에 잡힐 듯 다가갈 수 있고 이룰 수 있는 희망으로 부유한다. 그러나 일본에서의 한류는 문화적 주변으로 밀려난 사람들이 일본사회라는 폐쇄회로 속에서 뒤돌아보고 싶은 과거의 재현

욕망을 충족하는 기제이다. 일본의 문화연구자 모리 요시타카(毛利嘉孝)는 그가 편집한 《일식한류》라는 책에서 '일식한류'의 특징을 수용주체의 입장에서 "주체적인 경제적인 소비"라고 설명한다.[53] 그러한 소비의 대상은 자신을 아껴주고 낭만적으로 사랑해주는 '남자'의 초상이다. 극도로 자본화한 일본사회에서 일본의 고도로 조직화된 개체 사회에 대한 TV드라마의 재현은 관계의 상실로 특징된다. 그 관계의 복원은 새로운 사회성의 획득에 의해 가능하다. 그러나 일본사회는 그 사회성의 생산이 원천적으로 차단된 것처럼 그조차 고도로 상품화되어 있다. 미야자키 하야오(宮崎駿)의 지브리스튜디오와 그의 '아니메'(애니메이션)처럼.

그런 메카니즘 속에서 사회적으로 안정된 구조에 정착한 중년여성들이 찾은 자아의 소외에 대한 출로가 낭만적으로 재현된 남녀관계 속의 '남성'이다. 그것의 눈은 여자와의 관계 속에 닫혀 있다. 한국 TV드라마는 트렌디드라마의 경우에도 가족관계 등 사회관계 속에 애정관계가 배치되는 식이다. 그것은 보다 깊고 넓은 사회관계에 대해서는 배제한다. 그 적정선에 일본의 허무한 인생들이 접속한다. 그것은 홀로가 아니라 관계 속에 있는데, 그것은 자신을 재현하게 한다. 일본의 연구자들은 그 일식한류에서 적극적인 '팬덤' 현상을 보아내지만, 그것이 현실생활의 활성화라는 선에서 긍정적으로 작용할 수는 있지만, 그 이상도 그 이하도 아니다. 개인의 생활을 낭만적 추억거리로 만들어 자기만의 소비 공간을 만들어내는 것 이외에 일본의 중년여성들이 바깥을 보고자 하는 것은 아니기 때문이다. 그것을 이미 흑인의 야만, 아랍의 이국을 소비하며 아메리카 이외의 육화된 이채(異彩)를 경험한 바 있으나, 결혼과 함께 기모노자락에 과거를 덮어야 했던 요조숙녀들의 향수,

53_ 毛利嘉孝, 〈'冬のソナタ'と能動的ファンの文化實踐〉, 毛利嘉孝 編 앞의 책, 8-50쪽.

미야자키 하야오(宮崎駿)
일본의 저명한 애니메이션 감독. 1941년 도쿄생. 고등학교 시절부터 만화가를 지망하여 대학 졸업 후 도에이애니메이션에 입사했고, 이후 수많은 작품을 만들어냈다. 1982년 《바람계곡의 나우시카》를 잡지에 연재하면서 화제를 일으켰고, 1984년 이 작품을 영화화하여 공전의 히트를 기록했다. 이를 기회로 오랫동안 함께 작업을 해 온 다카하타 이사오와 함께 '지브리스튜디오'를 설립, 이후 수많은 히트작을 생산해낸다. 《천공의 성 라퓨타》(1986) 《이웃집 토토로》(1988) 《마녀 택배원》(1989) 등의 원작, 각본, 감독 등을 담당한 미야자키 하야오는 '미야자키 식' 애니메이션이라 불릴 정도로 인기를 끌었다. 1997년 《원령공주》는 일본에서 흥행기록을 깼고, 2001년작 《센과 치히로의 행방불명》은 애니메이션 최초로 칸, 베니스, 베를린 영화제에서 그랑프리를 차지했으며, 2003년에는 아카데미 장편애니메이션 부문에서 수상했다. 미야자키 하야오는 '저패니메이션'을 예술의 반열에 올린 애니메이션의 황제로 불린다.

미화된 과거로의 여행을 통해 닫힌 현재에 소비적 출구를 내고 있는 것으로 평가한다면 가혹한 것일까.

일식한류는 열심히 그 소비층들이 주체적이고, 소비할 상품들을 만들어내고 그것은 작은 화제가 된다. 그러나 그 작은 소란의 후과는 엄청날 것이다. 일본이 소비한 만큼 한국도 일본을 소비해야 할 의무가 있다는 강변이 통할 수 있게 된 것이다. 그리고 일본은 드디어 파트너를 찾았다. 소재의 고갈과 동아시아에서 통할 적정선에 대한 고민을 하지 않아도 한류와 손을 잡고 가면 당분간 무사통과될 수 있는 통행증을 얻은 것이다.[54]

한편 일식한류의 긍정적 작용이라면 자이니치, 곧 재일교포들의 구부러질 대로 구부러진 사회적 위상이 조금 펴진 것이라고 한다. 재일한국인임을 떳떳하게 밝히고 오히려 자부심을 가질 정도라면 확실히 고무적일 수 있다. 그러나 이와부치의 지적대로, 그것이 자이니치(在日)들의 어두운 역사의 그늘을 전면 밝히고 올바른 관계형성을 고민해가는 계기로 전화되는 것이 아니라 그것을 덮어두는 식의 일종의 봉합이라고 한다면 그것은 자기기만일 수밖에 없는 것이다. 시궁창에 빠진 채 얼굴만 햇빛 속에 내밀고 있는 격인 것이다. 그것은 독도문제나 역사교과서 문제와 같이 언제든 한일관계가 대립각을 세우면 그에 따라 명암이 갈릴 수밖에 없는 운명인 것이다. 그런 점에서 일식한류의 허구성은 분명하다. 오히려 전면적인 일본문화 개방에 의해 외면상으로는 문화산업 공조체계로서 동아시아로 함께 나아가는 것이지만 내용적으로는 불균형한 문화적 지배구도에 서열화될 위험성을 얼마든지 내포하고 있다고 보아야 하는 것이다.

중국에서의 한류는 초기에 홍콩과 대만의 여과와 정제를 거쳤지만,

54_ 지구성을 전제로 한 이러한 지구적 지역화에 대한 논의의 비판적 진전을 위해서는, Featherstone et, eds., *Global Modernities* 참조.

한류는 이제 단순히 대체적 소모품이 아니다. 그것은 자국의 문화산업의 가장 중요하고 적정한 참조체계일 뿐만 아니라 투자처이고 함께 손잡고 세계로 나아갈, 일본과는 또 다른 의미에서의 공조체계이다. 중국의 안중에 아시아는 없다. 중국은 전 역사를 통해 문화적으로 언제든 열려 있었다. 그것은 거대한 자궁을 가지고 있고, 숱한 문화적 정자들이 돌진해오는 것을 표면적으로는 거부하지만, 거부의 순간은 그것을 이미 받아들인 뒤이다. 그리고 자기 새끼를 낳는다. 중국의 문학사, 시와 산문으로 이루어진 거대한 문학의 대아지당(大雅之堂)의 변천사는 그것을 웅변으로 입증해주고 있다. 외래문화에 대한 그 엄청난 흡인력은 그 이상의 다종다기한 중국식 변종을 낳았다. 중화의 것은 몸체가 거대한 만큼 그 안과 경계에서 무수한 재교접을 통해 이미 너무나 많은 자식들을 뿌려놓았다. 한류는 그 거대한 몸체에서 보면 하나 혹은 몇 개의 문화적 정자일 뿐이다.

이 다양한 소비패턴과 양상은 아시아문화의 중층적 구조를 표상하거니와, 새로운 문화적 지역주의의 가능성을 현시한다. 그것은 서열화되어 있지만, 그 이면은 그렇게 수동적이거나 피지배 양상인 것이 아니다. 이를테면 앞에서 태국과 베트남에서의 한류가 그렇다. 특히 베트남의 경우 백 년에 걸친 민족해방운동전쟁을 거치면서 프랑스와 일본과 다시 프랑스와 미국을 차례로 물리친 동력으로서의 '시(詩)'와 촌락공동체는 한류와 동행하면서도, 호치민의 사회주의적 상식이라는 잣대를 가지고 새로운 문화구성을 추동해갈 것이다.

여기서 중요한 것은 아시아화, 혹은 지역화의 추세가 확대심화되고 있다는 것이고, 거기서 일방향적이지만 우리를 통해 새로운 관계성이 상상되고 있다는 것이다. 그것은 물론 자본적 가치생산의 회로를 따라

갈 것이다. 그런데 베트남 사회에서 중요한 것은 식민지와 분단, 그 이전의 중국의 지배와 조공체계 등의 흔적들이 그야말로 우리와 정확하게 대면되는 지점들이 있다는 것이고, 이를 상기하며 적응원리를 관철해가고 있다는 점이다. 동아시아로 간 한류는 이렇게 다른 접점들 속에서 부유, 혹은 절합되고 있다.

다원성 · 평화 · 상생의 문화적 지역주의

나는 동아시아에서 새로운 지역주의를 추동하는 운동의 이념을 문화적 지역주의로 명명하고자 하였다. 들뢰즈 · 가타리의 개념을 빌면 진정한 세계주의의 탈영토화(deterritorisation)를 통한 지역적 재영토화(reterritorisation)과정이라고 할 수 있겠다. 이것이 이데올로기적 차원의 문화운동이 되는 근거는 다음과 같다.

앞서 상호 이해와 소통의 필요성을 역설하였거니와, 그것은 '상식'의 재편문제와 직접적 관련이 있다. 결국 남북한 사회문화적 대치형국은 대다수 성원들이 가진 실제적 사고형식으로서의 '상식'의 차원에서 이루어질 것이다. 다른 체제하의 이질적인 사회에서 성립된 가치판단의 준거틀을 조정하는 문제가 관건이 된다. 원래 '상식'은 "자연적이며 보편적, 자발적인 대중적 사유형태가 아니라 역사적인 것이며, 반드시 단편적이며 탈골되고 삽화적이다. 상식의 주체는 아주 모순된 이데올로기적 구성체로 이루어져 있으며, 이는 석기시대의 요소들, 첨단과학의 원칙들, 지나간 모든 역사단계에서 국제적인 수준에 남겨진 편견들, 전세계적으로 통일된 인류의 것이 될 미래 철학의 통찰력을 포함한다."[55] 그런데 그 '상식'들이 분단이라는 강요된 상황 속에서 특정 사회세력의 결집체와 연결되며 시공간적으로 재구성된 것이 문제이다.

탈영토화, 재영토화
어떤 사물의 용도가 고정된 사용 개념을 벗어나(탈영토화) 새로운 용도로 쓰이게 되는(재영토화) 개념으로 바뀌는 과정을 설명할 때 사용되는 말. 사물과 연관된 기계적 관계를 생각할 때 영역의 변화가 일어나면서 새로운 관계를 형성하게 됨을 설명하는 철학적 용어다. 질 들뢰즈 사상의 주요 개념이다.

55_ 그람시의 말. 임영호 편역, 《스튜어트 홀의 문화이론》, 한나래, 56쪽에서 재인용.

남북한이 다른 사회적 진지를 가지고 장기간 적대하는 속에서도 그람시적 의미에서 '흔적들', 민족적 경계 속에서 역사적으로 이루어진 '상식들'은 잠재되어 있다. 그것은 봉건사회의 타율적 해체 속에서 근대적인 민족형성의 경로를 식민지적 경험과 민족해방운동을 통해 적대적으로 획득함으로써 일정한 진보성을 갖게 된 민족정체성이라고 할 수 있다. 그러나 그것은 이후 민족분단이라는 피해양상에 의해 진보성과 반동성을 다른 양상으로 내재하게 된다. 따라서 다른 체제 속에서 변질되면서 각기의 이데올로기화 과정 곧 대중들의 실제적 사고영역으로 굳혀진 것들, 전혀 다른 상식들의 대치양상을 어떻게 해결하느냐가 문제이다. 그것은 본질적으로 그리고 전 과정에서 이데올로기투쟁으로 표현될 것이다. 그러나 그것의 본질을 전면화할 경우, 사태는 걷잡을 수 없는 국면으로 치닫게 될 것이므로 상호인정을 일정기간 동안의 목표로 하여 지구전을 전개해가지 않으면 안 될 성질의 것이다.

문화적 지역주의는 그런 점에서 결국 한반도 안의 이질 사회를 각기의 로컬적 정체성을 갖는 이질의 집단으로 상정하고 리좀(rhizome) 개념과 그것의 원리를 잠정적으로 차용한다. 그것은 한반도라는 동일한 한 뿌리의 근원성을 강조함으로서 통일의 당위성을 추구하고, 어떤 한 점으로 회귀하여 공멸해가는 것을 우려한다. 따라서 오히려 땅밑 줄기로서 연결되어 있는 각기의 구조와 응결지점이 있다는 것을 인정하고 함께 공유하고자 한다. 그리고 어떤 방향으로도 가능한 연결과 접속의 원리, 다질성(heterogene)과 다양체(multiplecite), 탈기표적(asigniant)인 단절의 원리, 지도그리기(cartographie)와 제도전사(制度轉寫, calque) 원리를 갖는 땅 밑 줄기의 형상과 원리[56]를 상정한다. 다양한 경로와 가능성을 이로부터 열어놓을 수 있다고 판단했기 때문

56_ Gilles Deleuze · Felix Gattali/ 김재인, 《천개의 고원: 자본주의와 분열증》, 새물결 출판사, 2001, 1–57쪽 참조.

이다. 이것은 새로운 관계론적 원리를 만들어가기 위해 기존의 대립 관계의 해체 혹은 인식론적 단절을 감행할 자기성찰 과정을 위한 임시의 방법론적 차용이기도 하다. 가장 중요한 것은 스스로 탈영토화의 필요성을 인식하고 강압적 재영토화를 거부하며 정합적 재영토화의 가능성을 열어놓는 문제일 것이다. 물론 그것이 현실역학에서 강제되는 질서, 특히 경제 질서를 어느 정도로 균열 혹은 전복해낼 수 있을 지는 미지수이다. 그것은 우리가 상식이라고 하는 이데올로기와의 자기투쟁으로부터, 이후 예상되는 모든 국면에 전선을 치고 지구전을 벌여가야 하는 치열한 과정이 될 것이라는 것만 상정할 수 있을 뿐이다.

문화적 지역주의에서 리좀 개념을 가져온 것은 이의 문제를 한반도에만 한정되는 것이 아니라 동아시아의 평화공존을 위한 새로운 지역질서를 만들어가는 과정에 놓고, 역으로 동아시아문제를 한반도적으로 안기 위한 일종의 문제적 배열을 위해서이다. 리좀 개념을 가져온다 해서 해체가 우리의 목적인 것은 결코 아니다. 나는 한반도평화와 동아시아의 수평적 관계형성을 위해 중국과 일본에 대해서는 삼각형의 평형구도를, 여타 동남아시아국가에 대해서는 리좀과 같은 다방향성의 연결과 접속의 원리, 다질성과 다양체, 탈기표적인 단절, 지도그리기와 제도전사의 원리가 운용되는 관계망을 형성할 필요[57] 가 있다는 것을 강조하고자 한다. 중국의 성장과 일본의 아시아 속의 자기배치가 갖는 대(對)아시아 관철력을 전향적으로 유도하기 위해 문화적 지역화의 정황 속에서 해체적 재배열이 감행되어야 할 것이라는 판단이다.

그리고 미국, 그 현실적 실체를 무시한 채 동아시아 자체 내의 과정이라는 것이 과연 가능한가 하는 것은 가장 중심적 문제이다. 우리가 궁극적으로 목표로 하는 것은 미국이 주도한 자본의 전지구화와 지역

57_ 리좀이라는 다른 하나의 질서, 이질적인 질서가 카오스, 무질서에 지나지 않는다는 비판을 모르는 것은 아니다. 들뢰즈와 가타리가 동양을 리좀과 내재성으로 설명하는 안일함에 대해서도 비판받을 수 있는 여지가 얼마든지 있다고 생각한다. 그러나 안과 바깥은 연속이고 끊임없이 서로 침투하며 반전한다는 점에서 리좀개념을 차용해볼 용기를 내었다. 하나의 질서에서 가장 멀리 일탈하는 일(탈영토화)이 변질된 질서를 가장 잘 지배하는 일(재영토화)로 이어질 수도 있다는 점에서 그 위험성을 경계하지만, 그 재영토화의 과정은 나선형의 원형궤적으로 놓고 보면 어디까지나 다른 형질을 담보한다. 아울러 리좀―나무가 갖는 양가성의 문제와 위상학의 문제를 적용하고 변형해보는 하나의 참조형상을 갖는 것은 유효할 수 있겠다.

화에 대응할 새로운 지역적 동력을 만들어가는 것이다. 그런 점에서 대응축을 아시아-동아시아에 두고 그것을 세계사의 회심(回心)의 축으로 전화하기 위한 기획이 구체적 지점들에서 이루어지지 않으면 안 될 것이다. 고모리 요이치는 나쓰메 소세키(夏目漱石)[58]의 고민을 안으면서 소회전과 대회전을 겹쳐서 사고하는 문제, 그 담론적 균열의 문제인식을 제기하였다. 그러나 나는 소회전들의 수평적 연계에 의해 대회전의 시스템을 전복하고 대치(對峙)할 수 있는 회심의 축을 만들 현실적 힘을 작동해낼 수 있는 어떤 원리 같은 것을 고민한다.

동아시아의 동아시아다움, 일본의 다케우치 요시미(竹內好)는 전후 일본사회에 아시아에 대한 반성, 성찰과 참회가 없다는 점에 분노하면서, 중국의 문호 루쉰(魯迅)을 참조체계로 하여 회심의 축을 고민했다. "문화란 무엇이고, 정신이란 무엇인가라는 문제를 내걸고서 그것에 관해 어떤 표상을 떠올리고 거기에 해당하는 것을 찾아나가는 방식은, 이미 실체적인 것을 바깥에서 예상하고 그것을 주어지는(찾지 못하면 되돌린다) 것으로 인식하고 있으며 또 정신의 방향을 표시하고 있을 터, 유럽적 운동의 방향과는 반대"[59]라는 점을 지적하며, 회심의 축, 밖을 향해 움직이는 일본식의 전향이 아니라 자신을 유지하는 것에 의해서 드러나고 저항에 매개되는 중국식의 회심을 제기했던 것이다. 운동을 내부에서부터 부정해나간 좀 더 근원적인 힘, 일본의 지식인이 일본의 서구화와 그것의 실패, 그러므로 아시아가 될 수 없었던 일본에 대해 문제제기한 것을 나는 이 아시아 혹은 동아시아의 내부와 외부에 쌍방향으로 다시 제기하고자 한다. 유럽이 만들었으되 유럽 혹은 근사유럽인 일본과의 저항 속에서 탄생한 동아시아, 그것의 새로운 지역화는 그러한 쌍방향적 자기반사의 원형궤적 속에서 가능할 수 있을 것이다. 동

58_ 여기서 고모리 요이치가 응용하는 소회전과 대회전의 개념은 나쓰메 소세키의 최초의 신문 〈런던소식〉(1901년 4.19)에서 가져온 것이다. 소세키(漱石)는 필명이고, 이 〈런던 소식〉을 발표하면서부터 사용하였다. 본명은 나쓰메 긴노스케(夏目金之助)이다. 고모리 요이치, 앞의 책, 65쪽.

59_ 다케우치 요시미/서광덕 · 백지운, 《일본과 아시아》, 소명출판, 2004, 54쪽.

아시아가 종횡적 쌍방향성을 추동하며 자기를 찾아나가는 방식은, 찾지 못하면 차라리 문제를 싸안고 문제적 전환을 이루는 회심의 관계학이어야 마땅하다.

문화의 세계화란 마르크스가 말한 바와 같이 세계적 교통의 문화적 전개라는 황홀한 지경을 가지면서도 기본적으로 패권적이고, 비대칭적 지배구도로 현상된다. 그러나 문화의 본질을 교류라는 점을 상기할 때, 문화의 세계화가 만들어낸 반역적 국면은, 역으로 자본주의적 근대의 문제를 성찰하면서 그 이후에 대한 상이한 그림, 복수(複數)의 자본주의가 아니라 다원적이고 평등한 새로운 문명지향의 문제를 사고하고 준비하게 한다. 그것은 프랑크(Andre Gunder Frank)가 말한 중국 중심의 세계질서의 회기, 리오리엔트(reorient)가 아니라 그것의 진정한 가능성일 수 있겠다.

우리가 상상하는 동아시아의 문화적 지역화란 미국식 패권주의가 가상화한 문명의 충돌, 그 문화적 지역 블럭화의 추상이 아니다. 또 국가주의로의 전화가능성을 담지한 중화질서나 대동아공영권에의 편입도 아니다. 그것은 다른 여타국가의 희생을 전제로 하지 않는, 말하자면 동남아시아 국가에 대한 또 다른 문화적 패권의 관철이 아닌, 차이를 바탕으로 한 다원성의 공존, 진정한 평화와 상생이라는 지향을 분명히 하는 문화적 가치생산, 문화민주주의의 참다운 실현공간으로서의 동아시아 문화공동체를 그리는 행복한 상상이다. 함께 일하고 고루 잘 사는, 올바른 노나메기 살이.

문화적 지역주의의 가능성과 조건을 따져가는 과정을 통해 확인한 것은 지역의 문화가 하나의 문화적 동질성으로 이루어졌거나 이루어지는 것이 아니고, 서로 상이한 문화가 공존한다는 점이었다. 그것이 동아시아로 가면서 반사해보인 것은 다름아닌 동아시아 전역에 흐르는 문화적 지류들의 반짝이는 흐름들이다. 따라서 그 다양한 진경들의 역사적이고 현실적인 응결지점들, 그것이 서로 마주치는 지점들을 세세하게 살펴보고 더듬어보아야 할 것이다. 그런 가운데, 새로운 지역관계의 상을 문화적으로 그리는 문제는 물론, 그것을 동력화해갈 수 있는 연대운동을 문화적으로 전개해가야 할 것이다. 그 속에서 획득될 새로운 지역성, 문화적 지역주의의 진정한 가능성이란 그 역동성들의 절합 여부에 달려있다.

참고한 책과 자료들

· 강한섭, 《한국의 영화학을 만들어라》, 삼우반, 2004.

· 고모리 요이치(小森陽一)/양태욱, 《포스트콜로니얼: 식민지적 무의식과 식민주의적 의식》, 삼인, 2002.

· 고병익, 《아시아의 歷史像》, 서울대학교 출판부, 1969.

· 국제연대정책정보센터, 《인터내셔널뉴스》합본호, 2001.

· 권혁태, 〈'고구려사 문제'와 일본의 동북아시아 인식〉, 《황해문화》, 2004 겨울호.

· 김정환, 《하노이 서울 시편》, 문학동네, 2003.

· 김현미, 〈일본대중문화의 소비와 팬덤(fandom)의 형성〉, 《한국문화인류학》 36-1.

· 김형국, 《고장의 문화판촉》, 학고재, 2002.

· 다케우치 요시미/서광덕 · 백지운, 《일본과 아시아》, 소명출판, 2004.

· 도날드 닷슨, 〈포퓰러 컬처와 매스 컬처의 차이〉, 강현두 편, 《현대사회와 대중문화》, 나남출판, 1998.

· 동남아정치연구회 편역, 《동남아 정치와 사회》, 한울, 1992.

· 루카치 외/김정화 · 백원담, 《민중문화운동의 실천론》, 화다, 1984.

· 마루야마 마사오 · 가토 슈이치/임성모, 《번역과 일본의 근대》, 이산, 2000.

· 문화관광부, 《창의 한국》, 2004. 6.

· 방현석, 《랍스터를 먹는 시간》, 창비, 2003.

· 방현석, 〈호치민의 나라 베트남을 가다〉, 《월간 말》, 2001년 179호.

· 방현석, 〈방현석의 베트남에서 띄우는 편지(4)〉, 《월간 말》, 2002년 192호.

· 백낙청, 〈대담: 미래를 여는 우리의 시각을 찾아〉, 《창작과 비평》, 1993년 봄호.

· 백영서, 〈진정한 동아시아의 거처〉, 《동아시아인의 '동양' 인식 19-20세기》, 문학과 지성사, 1997.

· 백영서, 〈세계체제의 바깥은 없다〉, 《창작과 비평》, 통권 100호 기념호.

· 백원담, 《중국 신시기 후현대주의(포스트모더니즘) 문학비평론 연구》, 1996, 연세대학교 박사논문.

· 백원담, 〈왜 동아시아인가〉, 《실천문학》, 2003 겨울호.

· 백원담, 〈和와 동아시아〉, 《동아시아문화공동체포럼 제2차 국제회의 자료집: 동아시아에서 대안적 역사경험》, 동아시아문화공동체포럼 제2차 국제회의, 북경, 2003.12.29 발표문.

· 사무엘 헌팅턴 · 로렌스 해리슨/이종인, 《문화가 중요하다》, 김영사, 2001.

· 삼성경제연구소, 〈아세안+3와 동아시아 협력〉 《Global Issues》, 2004.11.30 제9호.

· 세계문화기구를 위한 연대회의 주최 《국제통상협정과 문화다양성》 세미나 자료집, 2002.5.15.

· 송도영 외, 《프랑스의 문화산업체계》, 지식마당, 2004.

· 신현준, 《글로벌, 로컬, 한국의 음악산업》, 한나래, 2002.

· 신현준, 〈동아시아 문화공동체의 소통불가능성〉, 《월간 말》, 2002. 3.

· 아르준 아파두라이/차원현 외, 《고삐 풀린 현대성 Modern At Large: Cultral Dimensions of Globalization》, 현실문화연구, 2004.

· 아사오 나오히로 외/이계황 외, 《새로 쓴 일본사》, 창비, 2003.

· 양은경, 〈동아시아의 트렌드드라마 유통에 대한 문화적 근접성 연구〉, 《방송연구》, 2003.

· 양종회 외, 《미국의 문화산업 체계》, 지식마당, 2004.

· 에릭 홉스봄/김동택 · 김정한 · 정철수, 《저항과 반역 그리고 재즈》, 영림카디널, 2003.

· 오명석, 《동남아의 지역주의와 종족갈등》, 오름, 2004.

· 왕후이/이욱연, 《새로운 아시아를 상상한다》, 창비, 2003.

· 왕후이, 〈세계화 속의 중국, 자기 변혁의 추구 – 근대 위기와 근대 비판을

위하여〉, 《당대비평》 2000년 봄호.

· 윌리엄 J. 듀이커/정영목, 《호치민 평전》, 푸른숲, 2003.

· 유인선, 《새로 쓴 베트남의 역사》, 이산, 2002.

· 이남주, 〈'동북아시대' 남북경협의 성격과 발전방향〉, 《창작과 비평》, 2003
년 여름호.

· 이매뉴얼 월러스틴/나종일 · 백영경, 《역사적 자본주의/자본주의 문명》, 창
비, 1993.

· 이와부치 고이치, 《아시아를 잇는 대중문화》, 또 하나의 문화, 2004.

· 이와부치 고이치, 〈일본대중문화의 이용가치-초국가주의와 아시아에 대한
탈식민적 욕망〉, 이와부치 고이치/히라타 유키에 · 전오경, 《아시아를 잇는
대중문화》, 또 하나의 문화, 2004.

· 이와타 히로시 · 가와카미 다다오/현대사연구회, 《현대국가와 혁명》, 이론과
실천, 1986.

· 이종회, 〈대안세계화를 향한 우리의 전략〉, 대안세계화국제포럼, 《FTA시대
어떻게 대응할 것인가》 (2004.11.10-11) 자료집.

· 이준웅, 〈한류의 커뮤니케이션 효과: 중국인의 한국문화상품 이용이 한국에
대한 인식과 태도에 미치는 영향〉, 《한국언론학보》 47권 5호, 2003.10.30.

· 임영호 편역, 《스튜어트 홀의 문화 이론》, 한나래, 1996.

· 장 보들리야르, 《토탈 스크린》, 동문선, 2002.

· 장 피에르 바르니에/주형일, 《문화의 세계화》, 한울, 2000.

· 정상철 외, 〈한국 대중문화산업의 해외진출을 위한 지원방안 연구: 한류의
지속화 방안을 중심으로〉, 한국문화정책개발연구원, 2001.

· 조반니 아리기/권현정, 〈발전주의의 환상: 반주변의 재개념화〉, 《발전주의
비판에서 신자유주의 비판으로》, 공감, 1998.

· 조한혜정 외, 《한류와 아시아의 대중문화》, 연세대학교출판부, 2004.

· 조효제 · 박은홍, 《한국, 아시아 시민사회를 말하다》, 아르케, 2005.

· 주베트남대사관, 〈한-베 경제협력현황 자료〉, 2004. 3.26.

· 질 들뢰즈 · 펠릭스 가타리/김재인, 《천개의 고원: 자본주의와 분열증》, 새물

결 출판사, 2001.

· 천광싱, 〈공동의 기억과 상처로부터〉백원담 · 대만 천광싱 교수와의 대담, 《한겨레21》, 2002.2

· 최영묵 · 주창윤, 《텔레비전 화면깨기》, 한울아카데미, 2003.

· 최원식, 〈탈냉전시대와 동아시아적 시각의 모색〉, 《창작과 비평》, 93년 봄호.

· 한국문화콘텐츠진흥원, 〈중국 내 '한류' 현상에 대한 소비자의 잠재적 니즈 파악 및 향후 접근전략—북경 현지 FGI를 통한 소비자 특성파악을 중심으로〉, 2004. 1.

· 한국문화콘텐츠진흥원 정책개발팀, 〈동북아 문화콘텐츠산업 현황〉, 2003.7.

· 한국문화콘텐츠진흥원 정책개발팀, 〈최근 일본의 문화콘텐츠산업정책 동향〉, 2004.1.

· 한국문화예술진흥원, 《아시아문화의 같음과 다름》, 2004 아시아문화학술제 발표논문자료집.

· 한국문화콘텐츠진흥원, 《2004 중국 문화산업보고서》.

· 현실문화연구 편, 《문화읽기: 삐라에서 사이버문화까지》, 현실문화연구, 2000.

· 호미 바바/나병철, 《문화의 위치》, 소명출판, 2002.

· 《세계화 · 지역화 문화연구》, 성공회대 동아시아연구소 워킹페이퍼 자료집.

· 《대만 연구 세미나 자료집》, 성공회대 동아시아연구소 워킹페이퍼 자료집.

· 《일본 문화연구 세미나 자료집》, 성공회대 동아시아연구소 워킹페이퍼 자료집.

· 《중국 문화연구 세미나 자료집》, 성공회대 동아시아연구소 워킹페이퍼 자료집.

· 《동남아 연구 세미나 자료집》, 성공회대 동아시아연구소 워킹페이퍼 자료집.

· 《홍콩 문화연구 세미나 자료집》, 성공회대 동아시아연구소 워킹페이퍼 자료집.

· Arjun Appadurai, "Disjunture and Difference in the Global Cultural Economy", *Modernity at Large*, Verso, 1995.

· Armstrong, Charles K.(2003). "The Cultural Cold War in Korea, 1945–1950", *The Journal of Asian Studies*.

· Bernier, Ivan, 〈문화적 다양성에 기초한 새로운 기구 창설〉, 세계문화기구를 위한 연대회의주최, 《문화다양성을 위한 세계문화기구의 창설은 가능한가》 자료집, 2002.5.13.

· Charlot, John, 〈Vietnamese Cinema, First Views〉, 성공회대학교 동아시아연구소 학술진흥재단 기초인문학프로젝트 〈동아시아에서 대중문화교류에 관한 성찰적 연구〉 연구사업 수행을 위한 〈동남아시아문화연구〉 워킹페이퍼자료집.

· Ching, Leo, "Globalizing the Regional, Regionalizing the Global, Mass Culture and Asianism in the Age of Late Capital", *Public Culture*, 12:1, 2000.

· Ching, Leo, "'Give Me Japan and Nothing Else!' : Postcoloniality, Identity, and the Traces of Colonialism", *The South Atlantic Quaterly*, 99:4, 2000.

· Duncan McCargo, 〈Media and democratic transitions in Southeast Asia〉, '제3세계에서의 민주주의 : 무엇을 해야 할 것인가?' 조사위 논문, ECPR 연합 회의, 맨하임, 1999년 3월 26~31일, 성공회대학교 동아시아연구소 학술진흥재단 기초인문학프로젝트 〈동아시아에서 대중문화교류에 관한 성찰적 연구〉 연구사업수행을 위한 〈동남아시아문화연구〉 워킹페이퍼자료집. 2004.9.

· Featherstone et. eds, *Global Modernities*, Sage, 1995.

· Featherstone, Mike, *Global Local*, Durham and London, Duke U.P., 1996.

· Iwabuchi, Koichi, *Recentering globalization: Popular Culture and Japanese Transnationlism*, Durham & London: Duke University Press, 2002.

· Iwabuchi, Koichi ed., *Feeling Asian modernities: Transnational Consumption of Japanese TV Dramas*, Hong Kong University Press, 2004.

· Koichi Iwabuchi · Stephen Muceke and Mandy Thomas eds., *Rogue Flows; Trans-Asian Cultural Traffic*, HongKong University Press, 2004.

· Lee, Jamie Shin Hee, "Linguistic Hybridization in K-Pop: Discourse of self-assertion and resistance", *World Englishes*, 23(3), 2004.

· Ma, Eric Kit-Wai, "Emotional Energy and Sub-cultural Politics: Alternative Bands in Post-1997 Hong Kong", *Inter-Asia Cultural Studies*, 3(2), 2002.

· Rahman, Zambri Abdul, 〈자본의 지역화에 대한 동남아시아 노동운동의 도전(ASEAN 자유무역 협정을 중심으로)〉, 《대안세계화국제포럼: FTA시대 어떻게 대응할 것인가》(2004.11.10−11) 자료집.

· Shunya, Yoshimi, "'America' as Desire and Violence: Americanization in Postwar Japan and Asia during the Cold War", *Inter-Asia Cultural Studies* 4:3, December, 2003.

· Shunya, Yoshimi, "'America' as Desire and Violence: Americanization in Postwar Japan and Asia during the Cold War", *Inter-Asia Cultural Studies* 4:3, December, 2003. 성공회대 동아시아연구소 〈동아시아문화연구〉 워킹 페이퍼 자료집.

· Shunya, Yoshimi, 〈미국화와 문화의 정치학〉, 성공회대 동아시아연구소 〈동아시아문화연구〉 워킹페이퍼 자료집.

· Wallerstein, I., *Geopolitics and Geoculture : Essays on the Changing World-System*, Cambridge Univ. Press, 1992.

· 老子, 《道德經》.
· 陳光興, 〈到帝國和帝國化去的問題〉, 《讀書》, 2002年 7月.

· 岡倉古志郎, 《A・A・L・Aと新植民主義》, 勁草書房, 1964.
· 溝口雄三・浜下武志・平石直昭・宮嶋博史, 《交錯するアジア》, 東京大學出版會, 1993.
· 毛利嘉孝 編, 《日式韓流》, せりか書房, 2004.
· 栗原彬・小森陽一・佐藤學・吉見俊哉 編, 《越境する知5−文化の市場:交通する》, 東京大學出版會, 2001.

· 栗原彬·小森陽一·佐藤學·吉見俊哉 編, 《越境する知6-知の植民地》, 東京大學出版會, 2001.

· 丸川哲史, 《Regionalism》, 岩波書店, 2003.

■ 이병헌 팬사이트

– 한국

· http://www.leebyunghun.org/

· http://byunghunlee.pe.kr/planet/board.htm

· http://www.byunghunzzang.com/

· http://honeyhunny.com/

· http://www.dayscity.net/

· http://www.ilovebyunghun.com/

· http://www28.brinkster.com/inyoureyes/

· http://www.cyberjsa.com/

· http://www.joongdok.co.kr

· http://www.gobungee.co.kr/main/main.html

– 해외

· http://www.byunghunsite.com/(일본)

· http://www.leebyunghun-taiwan.com/(대만)

· http://byunghunlove.cn.st/(중국)

· http://www.byunghunlee.org/index.html(싱가포르)

· http://www.leebyunghun.com.hk/home.htm(홍콩)

부록

한류의 출발점, 서로를 들여다보기,
역사 함께 되돌아보기

대담자 : 천광싱(陳光興, 대만 칭화대 교수)
　　　　 백원담(성공회대 중어중국학과 교수)
때 : 2002년 2월
곳 : 연세대학교 미디어실

백원담 ┃ 동아시아 개념에 대해 먼저 이야기해보겠습니다.

1995년 동아시아에 대한 본격적인 담론이 불붙기 시작했습니다. 《창작과비평》 등이 동아시아를 주제로 논하기 시작했지요. 특히 이런 담론이 활발하게 거론된 것은 국제통화기금(IMF)을 기점으로 합니다. 초기의 문제의식은 동아시아에 정치 공동체가 가능할 것인가였는데, 내 생각으로는 우리가 동아시아를 생각할 때 현실적으로 입각해야 할 지점은 아시아 경제위기 이후 열악해진 민중의 생활상입니다. 한국은 직접 피해자이고, 중국도 세계무역기구(WTO) 가입 이후 신자유주의의 폐해에 대한 관심이 커지고 있습니다. 일본도 지속되는 경제 불황을 경험하고 있고요. 이처럼 동아시아 3국의 민중 피해양상이 보편적이라는 점에서 동아시아에 대한 인식을 시작해야 합니다. 과연 그 극복의 차원을 어디서 찾을 것인가의 문제인데, 이때 서구에 의해 해석된 아시아가 아니라 우리의 삶의 경험 속에서 새롭게 동아시아의 상을 사고할 필요가 있겠습니다.

천광싱 ┃ 90년대 이후 동아시아 담론이 출현했는데, 이는 자본주의 발전 및 냉전 해체와 필연적 관계가 있습니다. 80년대 중반 이후 동아시아 담론의 핵심은 동아시아가 일어나야 한다는 것이었습니다. 서구 자본주의의 틀이 아닌 스스로의 틀을 만들어 해석하는 것이 필요했던 거죠.

그러나 동아시아 공동체 형성에 대해 논하는 것은 여전히 이르다고 봅니다. 내가 한국에 와서 이곳의 문제를 이해하는 데도 상당히 많은 시간이 필요했습니다. 비판적 지식인들이 공동의 문제의식을 형성하고 공동체를 만들기 위해선 그만큼 많은 시간적, 경험의 상호 교류가 누적되어야 하는 것이죠. 언어적인 문제도 굉장히 심각합니다. 우리는 여전히, 무엇보다 먼저 서로 이해해야 하는 과제를 안고 있습니다.

중국의 혁명, 한국의 민주화운동

백원담 ┃ 냉전과 신자유주의가 비판적 지식인의 개입을 요청하고 있고, 거기서 연대의 가능성을 찾을 수 있다는 데 기본적으로 동의합니다. 그렇다면 그 연대의 새로운 경로를 어떻게 찾아갈 것인가가 문제인데, 민족국가의 모순과 지역적·세계적 문제를 연결해 바라볼 때, 동아시아의 연대라는 문제를 회피할 수 없습니다. 중국에서도 이와 관련해 몇 가지 발전단계를 거쳐 왔지요. 80년대 초기는 민족과 사회주의를 동시에 어떻게 살릴 것인가가 고민이었습니다. 90년대 말 신자유주의를 앞세운 세계화 과정을 겪으면서 동아시아라는 새로운 시야를 갖게 되었습니다. 빈부격차 등으로 자본주의화 과정의 문제를 극복하는 과제가 대두되면서, 이미 이런 문제를 겪었던 한국의 민주화 과정 등에 시야가 열리고 있습니다.

천광싱 ┃ 90년대 이후 중국의 지식인들이 한국과 대만에 관심을 가지고 보기 시작했다는 견해에 동의합니다. 중국에는 대만엔 없는 그들만의 제3세계적 전통이 있습니다. 가장 중요한 문제는 그런 부분들을 포함한 과거 역사를 제대로 보는 것입니다. 현 단계는 이러한 문제를 서로 교환하고 논하기 시작한 초보단계에

▲ **천광싱** 대만 칭화대 교수

불과합니다. 중국의 지식계는 여전히 상호교류·소통의 기대가 현실적·구조적 제약에 의해 가로막혀 있습니다.

백원담 │ 소통의 일차적인 과제는 서로 제대로 들여다보기입니다. '연대'의 맥락도 역사적 상처를 공동으로 과거에 투영하여 함께 문제제기를 하고, 현실적으로 직면한 문제가 과거의 어떠한 지점에서 기원하는가를 같이 얘기하는 데서 찾아야 하는 거죠. 사실 중국이 우리를 바라보는 것은 경제논리에서였습니다. 중국이 경제발전을 하는데 어떤 가능성이 있는가를 대만과 우리를 통해 들여다본 것입니다. 그런데 아시아 금융위기는 유교자본주의의 발전가능성에 대한 근본적인 물음을 던졌습니다. 이제 자본주의에 대응하고 겪어왔던 각각의 삶의 역사, 특성을 제대로 정리해내는 것이 더 중요해지고 있다고 하겠습니다.

각자의 처지에서 자신의 문제를 객관화하고 서로의 역사적 기억, 상처, 관계들에 대한 상호인식을 교환하는 것이 정체성 찾아가기의 과정이 될 것입니다. 그러므로 동아시아적 정체성은 찾고 획득할 문제인 거죠. 가령 8·15에 대한 동아시아 각국의 기억이 서로 다를 것입니다. 중국이 난징(南京)학살, 한국이 항일운동을 떠올린다면, 일본은 패전으로 기억할 것입니다. 이런 상이한 기억을 비추어 이해의 지평을 넓혀갈 수 있는 공간으로써 동아시아의 범주를 고민해야 합니다.

천광싱 │ 정체성은 끊임없이 변동하는 것입니다. 먼저 인정해야 하는 것은 동아시아에 아직 어떤 정체성도 없다는 것입니다. 우선은 '상상'에서부터 시작해야 합니다. 동아시아는 경계도 없습니다. 동남아니 동북아니 하는 지역적 범주는 일정하지 않습니다. 공동의 무엇인가가 있어야만 한다는 우리의 희망이 있을 뿐인 거죠. 사실상 동북아에는 총체성이 아닌 단편성이 더 강하다고 봅니다.

상상의 지점은 각각의 경험이다. 중국의 혁명은 비판적 지식인 사회에서 공통의 자원으로 존재합니다. 한국의 민주화운동도 중요한 상상적 자원을 제공합니다. 파편화된 것이라 해도 이러한 것들을 연결할 때 비로소 공동체를 상상할 수 있고 아시아의 정체성을 논할 수 있게 된다는 겁니다.

한류도 이러한 측면에서 검토해볼 수 있겠습니다. 90년대의 경제적 기반이 없었다면 한류라는 문화적 자원, 유행문화라는 것이

▲ **백원담** 성공회대 교수, 저자

대만에서 만들어지지 않았을 것입니다. 한류는 물론, 문화산업의 움직임의 결과입니다. 그러나 최초의 동력은 자본이지만, 일단 그 나라에 들어서자 자본을 넘어 또 다른 문화적 관계를 가져왔습니다. 이를테면 시장체계를 통해 대만의 문화적 상상의 세계 속으로 침투했으며, 그것을 다원화하는 가능성을 열어줬어요. 나도 한국의 드라마를 통해 비로소 한국의 가부장적인 면을 이해할 수 있었고요.

소통의 가능성, 한류와 화류

백원담 | 중국에 왜 한류가 불고 있을까요? 중국 문화가 서구 환상을 깨기 시작하면서 자기 문화의 정체성을 찾아가는 단계이지만, 아직 그 정체성을 찾지 못했기 때문입니다. 그 빈 공간을 상업적 대중문화로서의 한류가 채워주고 있는 거죠. 그러나 여기에 머물러선 안 됩니다. 문화산업의 진출과 함께 한국 민주화의 역사가 동아시아의 상상의 자원으로 나아가는 것, 이것이 진정한 한류를 형성하는 것입니다.

현재 한국에서도 '화류'가 넘실대는데, 화류는 정확히 중국을 경제적 대상으로 삼고 있습니다. 중국에 진출해서 먹고살겠다는 것인데, 이 또한 자본의 동력에 의한 조작의 측면이 있지만, 이 화류를 통해서 중국을 이해하는 공간이 열립니

다. 이런 공간을 통해 서로 심층적 문화의 교융으로 나아가야 하는 거죠. 우리에겐 그런 역사가 있습니다. 이미 80년대 마오쩌둥의 이론이며 대자보의 실천을 우리 운동의 자원으로 삼지 않았습니까?

천광싱 ｜ 동아시아는 같은 지역적 역사를 지닌 존재입니다. 일본에서는 이를 한자문화권, 젓가락 전통이라고 부릅니다. 그런데 20세기 전쟁의 상황이 원래의 연계성을 단절시켰죠. 우리가 만들어낸 조건이 아니라 자본과 냉전이 만들어낸 단절입니다. 따라서 이전에 있었던 연대성을 다시 찾을 수 있지 않을까요? 그러나 동아시아를 문화적 패권주의의 입장에서 특권화하려는 움직임에 대해선 반성이 필요합니다.

백원담 ｜ 아시아는 원래 다원적 공간을 품고 있던 지역입니다. 그동안 동아시아는 서구에 의해 같음을 강요당해왔습니다. '너희는 야만이다. 우리에게 배워라'는 압력이었죠. 지금 동아시아를 제기하는 것은 이제까지의 자본주의 문명, 불과 쇠의 문화에서 물과 나무의 문화로 바꾸자는 것입니다. 여기서 중요한 것은 서로가 서로를 바라볼 수 있는 역사적 과정의 공유이고요.

천광싱 ｜ 그동안 동아시아를 이해할 때는 대만과 한국의 역사를 미국의 관점에 비춰보는 단순한 대비방법만이 있었습니다. 동아시아는 서로를 참조하는 다원화한 거울로서의 가능성을 가집니다. 그러나 이 또한 참고틀의 다양화를 위한 고리의 하나로서만 사고돼야 할 것입니다.

중국에서의 전개 양상과 가능성

대담자 : 권기영 (한국문화콘텐츠진흥원 베이징대표처 소장)
　　　　백원담 (성공회대 중어중국학과 교수)
때 : 2005년 1월 10일
곳 : 중국 베이징, 한국문화콘텐츠진흥원 베이징대표처 회의실

백원담 ｜ 돌이켜보면 99년부터인가요? 중국과의 관계 형성 문제, 동아시아 연대 문제를 놓고 함께 많은 문제들을 논의하고 일을 만들고, 어려움을 넘어오면서 각자의 위상이 생기고 여기까지 이르렀습니다. 그런데 정작 이렇게 형식을 갖추고 이야기를 나누어본 적은 없으니, 정리와 새로운 모색 차원에서도 이런 자리는 필요한 것 같습니다.

권기영 ｜ 예, 생각해보니 결코 짧지만은 않은 시간이었네요. 99년 제가 박사과정에 있을 때, 선생님이 베이징에 오셔서 처음으로 중국네트워크 문제를 던지셨고, 여러 가지 어려움 속에서도 함께 중국 지식계와 문화계에 관계를 만들어가던 과정의 기억이 바람처럼 스쳐갑니다. 지금 생각하면 어떻게 그 많은 만남들을 이루어냈는지 신기하기도 하네요. 그리고 오늘 또 이런 자리를 마련한 건, 상호 점검 차원이라고 할까요? 선생님께서 지금 진행하시는 한류 연구며 동아시아에서

의 진정한 관계 고리 형성 작업, 동아시아에서 진정한 문화교류의 동력형성 속에서 한반도의 평화와 동아시아의 공존을 찾고자 하는 고민 등을 다시 짊어지고 새로운 국면을 맞이하고자 하는 의미로 이 자리를 받겠습니다. 저 역시 이번 토론을 이후 사업들에 대한 점검과 고민을 새로이 해나가는 계기로 삼고자 합니다.

백원담 ㅣ 예. 고맙습니다. 그럼 본론으로 들어가 볼까요. 먼저 문제를 던지는 식으로 진행하겠습니다. 지금 권 선생님이 소속되어 있는 곳은 정확하게 한국문화콘텐츠진흥원 베이징대표처입니다. 2001년에 설립되었나요? 한국문화콘텐츠진흥원(이하 진흥원)이 2001년에 설립되었고, 그해 여름 베이징에서 준비에 들어간 것으로 아는데요. 당시 한류의 파고가 막 높아가는 시점이었으므로 여기 한국문화콘텐츠진흥원과 분원의 설립이 한류에 의해 추동되었다고 해도 되지 않을까요? 그것은 한류의 성격을 규명하는 데도 중요한 문제가 됩니다.

권기영 ㅣ 실제로는 한류 때문에 한국문화콘텐츠진흥원이나 그 분원이 생겼다고 보기는 힘들다는 생각입니다. 한류로 인해 탄력을 받았다고 하는 편이 적절하겠습니다. 1997년 김대중 정부 당시 한국의 산업적인 전략에 대한 정부차원의 고민이 있었고, 여러 가지 산업 분야 중에서 특히 21세기 고부가가치 산업으로서 문화산업에 대한 관심이 대두되었습니다. 문화산업을 국가의 중점산업으로 육성하고자 하는 전략이 세워졌던 것이지요. 그래서 1997년 문화산업진흥법이 만들어졌고, 때마침 한류의 부상과 더불어 영화산업진흥원, 게임산업진흥원 등이 설립됐습니다. 그리고 문화산업의 가장 중요한 지점으로써, 콘텐츠의 부재라는 문제와 더불어 문화산업에 대한 통일적 체계의 필요성으로 인해 한국문화콘텐츠진흥원이 설립되었던 것으로 알고 있습니다. 실제로 각 장르를 포괄하는 기구로 만들어야 한다는 요구도 많습니다만, 그러자면 우선 진흥원 내의 장르 구분을 없애야 하는 문제가 있습니다. 장르로 가게 되면 분야만 관장하는 기구밖에 안 될 것이고, 어떤 장르를 중점분야로 하여 구성해내느냐가 중요한 관건이 될 수 있을 것입니다. 그런 점에서 진흥원이 한국의 문화산업의 전략기구로서 정확하게 자리매김하고,

▲ 권기영 한국문화콘텐츠진흥원 베이징대표처 소장

기획과 추진의 내용을 담보할 수 있도록 책임소재와 역량투여가 분명해져야 한다는 생각이지요.

아무튼 진흥원을 설립하게 된 기본 발상에는 한국문화산업의 진흥이라는 큰 틀 속에서 어떤 총체적인 시스템 구축의 필요성이 있었을 것입니다. 문화산업을 주요 산업으로 삼자면 무엇보다도 문화상품의 해외인지도 혹은 해외진출 확대, 해외시장 개척을 위한 기구의 필요성이 절실하였던 것입니다. 국내에서는 우수 콘텐츠 창작 활성화, 표준화 제도, 벤처 인증제도 등의 문화산업 발전을 위한 제도적 보완을 통해 기회와 혜택을 제공하고, 공동창작자실 운영, 벤처 기계설비 활용 등을 통해 문화산업 생산력을 제고하고, 투자조합 같은 것을 통해 우수 아이템에 대한 원활한 투자체계를 만들고, 문화의 세계화 시대에 문화산업의 중요성과 정책 및 문화산업의 활성화를 위한 연구를 수행하는 등 문화산업 육성을 위한 제반 법률적·제도적 보완과 실질적인 문화산업 단위에 대한 지원이 이루어져야 했지요. 이를 위해 정부의 문화산업관련 법규개정을 추동하는 노력도 하고, 정보 분석과 연구를 통해 문화산업의 방침 전략을 수립해나가는 일이 진흥원의 중요한 사업이 되고 있습니다. 아직 얼마 되지 않아 성과를 이야기하기는 힘들지만, 문화산업의 전망과 지원체계를 만들어나가고 있는 와중이라고 하겠습니다.

문화콘텐츠 해외지소 설립 문제는 문화산업의 시장권역, 시장특성에 따른 것이라고 생각합니다. 해외지소의 설립 또한 한류의 추동을 받은 것이 사실입니다. 그런데 문화산업의 해외진출문제에 있어서 해외시장 진출이 목표이지만, 그러나 우리의 취약한 실정에서 우선은 학습이 필요했습니다. 해외의 선진노하우를 습득하고 흡수하여 문화산업을 성장시켜가야 한다는 것이지요. 지금 해외사무소는 권역별로는 세 지점, 아시아권, 미주권, 유럽권이 구획되어 있고, 아시아에서는 특이하게도 두 군데에 설치되어 있습니다. 일본은 문화산업의 선진국이고, 중국은 거대한 잠재력을 가진 시장이라는 측면에서 일본하고 중국 두 군데에 분원을 둔 것이지요. 미주권은 로스앤젤레스에, 유럽권은 영국 런던에 해외사무소를 두고 있습니다. 선진 문화산업에 대한 학습과 동향파악 및 대처를 위한 의미이지요.

해외사무소의 역할은 시장의 권역, 시장의 특성, 시장구조, 문화적 특성, 나라별 문화정책과 법규 및 정보획득, 시장진출의 용이성 등을 조

▲ **백원담** 성공회대 교수, 저자

사 연구하고, 사업진출 여부와 사업성을 타진하게 됩니다. 그리고 현지에서 정부간, 기관간, 기업간 네트워크를 구축해내고, 한국문화 콘텐츠에 대한 활발한 홍보작업, 전시회 참가, 포럼 참가와 조직, 시장조사 등을 주요사업으로 진행하고 있습니다.

백원담 ｜ 문화의 산업화 문제는 물론 늘 문제 삼아오던 것이지만, 이 사업의 가능성을 어떻게 보고 있는지요? 베이징대표처의 위상과 역할에 대해서 좀더 구체적인 정황을 말씀해주시기 바랍니다.

권기영 ｜ 중국은 크게 두 가지 지점이 핵심입니다. 중국은 우리 입장에서 하나는 시장이고, 다른 하나는 문화 원형의 보고라는 것이지요. 중국이 한국 문화산업에서 의미를 갖는다면 이 두 가지가 핵심적으로 들어옵니다. 중국 시장은 잠재력이 크니까, 이 시장으로 진출, 국가 경쟁력 면에서 중요한 거점이 될 것이고, 우리처럼 자원이 부재한 나라의 경우 문화산업의 고부가가치의 확산을 통해서 국내 경제를 활성화하고, 경제의 성장에 중요한 동력을 확보할 수 있겠다는 생각입니다. 그러나 중국 내 시장은 결코 안정적이지 못합니다. 이제 막 형성기에 있다고 할까요. 사회주의국가의 특성상 문화는 민감한 사안이지요. 따라서 문화산업의 경우에 정부가 주도하면서도 정부규제적인 측면이 강합니다. 시장의 잠재력

▲ 한국문화콘텐츠진흥원 베이징대표처

은 있지만, 개척은 어려운 것입니다. 정리하면 시장은 불안정하고, 규제는 강하고, 소비자들의 문화 소비의식은 아직 형성되지 않았다는 진단입니다. 한편 문화 원형에 대한 측면에서 보자면 우리의 관심은 궁극적으로는 중국시장을 겨냥한 현지 콘텐츠 개발의 필요성입니다. 더 나아가 중국의 문화적 소재, 동아시아적 문화적 소재를 확보하는 것이지요. 문화는 국경이 없는 인류의 공동유산이라는 점에서, 문화 원형에 대한 글로벌 콘텐츠화와 적극적 기획의 필요성이 대두되는 것이지요. 이것이 우리가 중국을 대면하게 되는 절실한 부분입니다. 중국만 놓고 보면 이 두 가지를 통해서 한국의 문화산업이 국제적 수준, 글로벌 수준으로 제고될 필요가 있습니다. 이것이 중국과 한국 사이에 있어서 기본 도식입니다. 그러나 국제관계에서 맞대면만 하고 있는 것은 아니므로 필연적으로 일본, 미국, 동남아, 동북아 역학관계를 고려하지 않을 수 없습니다. 따라서 한중관계를 어떤 해법으로 풀어야 하는가하는 문제가 다시 제기됩니다.

동시에 시장의 측면에서도 중국시장은 한국과 중국만의 경쟁구도가 아니고, 일본과 미국이 더 강세를 보일 수도 있지요. 중국시장에 진출할 때 글로벌한 구도를 가지지 않을 수 없는 것도 이 때문입니다. 같은 시장 내에서 중국과 미국, 일본과 상대해서 어떤 경쟁력을 갖는가, 이것이 중국 내에서 부딪치고 있는 문제적 현실이지요.

동남아는 그동안 미국풍, 일본풍을 거쳐 오면서 이제 한국 문화상품의 단독 전개가 가능한 단계에 이르렀지만, 거기에서도 역시 대만과 홍콩의 문화산업 자본, 그리고 화교자본의 시장에서의 위치 등이 고려되지 않을 수 없습니다. 그런 점에서 중국을 어떻게 활용할 것인가가 중요해지지요.

종국적으로 이런 관점 속에서, 한국이 주도하는 우수한 콘텐츠가 어떻게 나올 수 있을까를 연구해야죠. 콘텐츠가 나온다하더라도 적절한 시장 진입, 마케팅 문제, 철저한 시장 및 문화 소비 양태들에 대한 면밀한 검토, 곧 전략적 마케팅의 필요성 등에 적절한 역할을 해주어야하는 것이 진흥원 중국사무소의 역할이 아닌가 생각합니다.

백원담 ㅣ 이 문제는 지금 우리 학계와 교육계, 그리고 문화계 전반에 팽배한 시장화 추세와도 무관하지는 않겠습니다. 문화산업의 체계구축 문제도 시급하지만 기본방향 설정이 더 중요한 것 같습니다. 그러자면 세계 문화 지배구도, 세계 문화시장, 지역문화와 지역 문화시장과 우리가 궁극적으로 어떻게 관계 맺을 것인가가 관건이겠습니다.

권기영 ㅣ 문화의 산업화라는 문제는 만만치 않다는 것을 실감합니다. 문화산업 자체는 문화의 산업화, 고도의 자본화를 의미합니다. 미국 할리우드 위주의 문화 상품이 시장 혹은 전지구적 자본화의 물결을 타고 이데올로기까지 강탈, 국경을 넘나들고 있습니다. 신자유주의의 문화적 경로이지요. 그런데 우리가 찾으려고 하는 대안문화, 혹은 진정한 인간적 가치지향의 문화가 문화의 세계화 추세에 오히려 열악해진다는 것이 제 생각입니다. 한류 역시도 중국과 동남아에 들어오는 방식은 미국식입니다. 곧 자본의 세계화 경로를 타고 온다는 것이지요. 한국문화 진출도 미국을 잘 배워서 문화산업 쪽에서 후진국, 개발도상국으로 잘 침투해 들어갈 수 없느냐가 관건입니다. 그것은 역으로 한류의 위기, 아니 우리 문화의 위기로 다가온다고 볼 수 있지요. 그러면 한류가 지금 이렇게 가고 있는데, 중국시장 내에서도 미국, 일본, 홍콩, 대만의 문화가 그 이전에 휩쓸고 갔듯이, 중국에서 일종의 유행문화, 지나가는 유행으로 잠시 끝나버리고 말아야 할 것인가. 대부분이 그러했듯이 한류도 그것으로부터 크게 벗어나지 않는다는 것은 누구나 우려하는 바입니다. 동남아에서도 한류 이전에 일본문화가 휩쓸었는데, 한류가 후발주자로 빈공간을 끼고 소비자들의 권태기를 빌려서 신선하게 들어온 측면에 불과하다고 할 수 있지요. 한류가 가치지향을 담보하지 않으면 일본 문화, 스타 위주의 반향들에서 크게 벗어나지 않을 것입니다. 그런 부분들을 놓고 보았을 때, 한류의 확산, 과도한 목표와 포인트 설정은 그 전망이 불투명하다고 하겠습니다. 저는 그런 점에서 지금 베이징에서의 작업이 중요하다고 생각합니다. 한류의 지속가능성은 이런 가치지향의 측면에서 문화수준의 확보가 절실한 것이지요. 그런데 지금 한류의 지속 확산에 대한 논의들은 잘 팔아먹어야 하는데 에이전트가 부족하다, 한류스타에 대한 프로모션을 제대로 진행 못하고 있다, 방송사들이 가격 높여 때리고 있다는 등 지극히 현상적인 문제에 급급합니다. 가장 중요한 대목을 놓치고 있는 실정이지요.

백원담 | 저도 최근 들어 한류의 새로운 가능성 문제를 많이 이야기하고 있습니다. 상업주의 대중문화이지만, 한류가 지금 동아시아에서 회통하고 있다는 사실, 그것을 계기화하는 것이 필요하다는 생각입니다. 미디어산업의 합작투자방식이 강제하는 산물이든, 대중의 자발적 소통의 소산이든, 한류가 만들어낸 새로운 관계지향의 고리들, 그 자발적 구조화에 의한 확대재생산 과정은 지역과 국경을 넘어설 새로운 계기를 우리에게 부여하고 있다고 하겠습니다. 이제 남은 문제는 그 다양한 가능성이 열어낸 새로운 관계성의 계기들을 어떻게 일정한 방향으로 이끌어 가느냐 하는 것이겠지요.

국가와 자본의 개입문제

백원담 | 한 5년 정도에 불과하지만 한류를 역사적 흐름에 놓고 보면, 드라마와 음악 위주로 시작한 것이 영화, 온라인게임, 모바일 등 문화산업 장르 전반으로 확산되는 양상을 보입니다. 드라마의 경우 〈사랑이 뭐길래〉와 같은 윤리의식이 강하면서도 재미있는 홈드라마, 그리고 〈가을동화〉와 같은 최루성 청춘드라마가 동시에 방영됐습니다. 작년의 경우 중국에서 〈명성왕후〉, 대만에서는 〈대장금〉

이 대단한 반향을 보이면서 사극도 먹히더라는 평가가 있습니다. 연령별로 10대로부터 50대에 이르기까지 드라마가 폭넓게 강세를 보이고 있고, 음악과 온라인게임은 10~20대 초반, 모바일콘텐츠도 젊은 층들에게 점차 확산되고 있는 추세로 보입니다. 온라인게임은 한국 것이 60~70%를 차지한다고 하지요. 예전의 80%보다 감소한 것은 중국 게임들이 부상한 때문이겠지요. 이처럼 점차 한국콘텐츠들이 다양하고 어쩌면 발 빠르게 두각을 나타내고 있다고 하겠는데, 과거에 관심이 없었던 캐릭터, 애니메이션, 만화에도 시선이 쏠리는 것 같습니다. 그런데 이러한 문화상품들이 중국에 들어오는 방식은 기업 위주이죠. 중국 진출을 노리는 개별 기업이 확산되고 있는 추세입니다. 이러한 문화산업의 중국진출이 확대되고 심화되는 현상 속에서 많은 문제가 야기되고 있는데요. 예를 들면 정보와 기획의 부재로 인한 무분별한 중복투자나 사전조사 없이 무작정 진출만을 서두르는 경우가 있지요. 그러나 최근 들어 이러한 무분별한 국면들이 조금씩 정비되는 추세라고 보는데, 그것은 정부가 주도한 측면이 크지 않은가 합니다. 어떻습니까?

권기영 ㅣ 성과는 차치하더라도 일정 정도 역할, 문화산업 영역에서의 대사관 같은 역할을 하고자 했다고 할 수 있겠습니다. 그런데 그것은 어쩔 수 없는 한국의 특수한 상황에서 고려된 것이라고 말씀드릴 수 있습니다. 한국 문화산업은 벤처 위주의 중소기업 중심으로 전개되고 있으므로 해외를 독자적으로 뚫고 들어가기는 어렵다는 것입니다. 비용과 많은 위험요소가 걸리기 때문이지요. 중국 시장이 투명하지 않고 안정적이지 않으므로, 정확한 시장분석이 더욱 중요합니다. 중국 내 산업시스템과 관련한 정책, 법규 등을 연구하여 한국기업이 진출했을 때 위험요소를 극소화하는 데 노력을 기울여왔습니다. 중국 역시 문화산업이 형성되고 있는 단계이며, 사회 조직상으로 보면 문화산업은 정부의 주도하에 국유기업 위주로 진행하고 있습니다. 그런 경우 사업 추진방식, 규모에 있어서 한국의 소규모 기업이 대응하기란 쉽지가 않지요. 그런 것을 지원하고 보완하는 것입니다. 우리는 일본 · 미국과 달리 국가 산하에 있는 기구가 활동할 수 있는 유리한 영역이 있습니다. 그 토대를 밟고 중국과 교류협력에 유리한 지점을 만들어가는 것이지요.

백원담 ㅣ 중국 또한 문화산업을 정부가 주도하고 있다는 점을 짚고 넘어가야 할 텐데, 중국에서 문화산업의 태동과 전개를 어떻게 보십니까? 어떤 글에서 중국정부가 사회불안 요소들을 제거하는 안정화하는 정책으로 여가생활에서 어떤 의미를 발견해내고 이에 집중하고 있다는 내용을 본 적이 있습니다. 예를 들면 휴무기간 동안 어떻게 건강하게 생활할 것인가 하는 것을 계속 방송함으로써 여행수요라든가 문화수요를 유발한다는 것이지요. 이것은 사회주의국가에서 문화의 산업화라는 문제를 교묘하게 우회하여 현실화시킨 것이라고 볼 수 있다는 지적인데요. 지상파 위성파 방송에서의 여가프로그램이 문화산업 수요를 창출하기 위해서 마련되었다는 것입니다. 아울러 길거리 댄스문화나 집체의 기억을 되살려 자발적 합창과 취미생활을 장려하는 것도, 정부가 현실사회의 문제를 비껴가도록 사회문화적인 흐름을 주도하는 면이 있다는 지적입니다.

권기영 ㅣ 그런 시각에 대해서 저는 좀 회의적입니다. 중국 정부가 정책을 쓰고 있다는 것인데, 정책은 전략을 잘 짜야 하는 것이고, 추진도 잘 되어야 하는 것입니다. 하지만 저는 어떤 때는 심지어 중국정부가 전략이 없다는 생각이 들 때가 있습니다. 시청률만 보더라도 중국인의 생활방식에 따라 방송시간을 편성한다고 하는데, 예컨대 인기가 있는 한국드라마는 8시~9시의 황금시간대를 피해서 방영하지요. 그러나 객관적으로 드라마 시청률에 대한 판단은 그리 쉽지가 않습니다. 중국 사람들은 야행성이 아닙니다. 밤늦게까지 텔레비전을 보지는 않지요. 그래서 밤늦은 시간에 오락프로그램을 배치하지만 실패합니다. 황금시간대에 배치한 프로그램들을 인민일보처럼 안 본다는 것이지요. 시청률 제고 노력도 정부 정책과는 다르게 나옵니다. 그리고 길거리 댄스문화나 앙가(秧歌) 등은 집체문화였지만, 상당부분은 거리문화이고, 80년대 개혁개방 이후 남녀 접촉이 가능케 한 공개적 문화입니다. 거기에 물론 부작용들도 있고, 근래 에어로빅 등과 같이 운동과 춤을 결합한 형태도 나오고 있습니다. 그러나 연령층이 중장년층 이상에 국한되어 있고, 젊은 문화는 아니지요.

▲ 공원에서 '길거리 댄스'를 즐기고 있는 베이징 사람들.

백원담 | 어제 TV8과 CCTV8 채널을 통해 한국가수들과 드라마를 보았습니다. 드라마의 경우 그저께 방송 자체의 통계로 〈인어아가씨〉가 6위, 〈보고 또 보고〉가 3위에 등재되었습니다. 그러나 시청률 자체는 1.6%와 3.8% 정도에 불과합니다. 물론 그 정도도 우리나라 인구수를 훨씬 넘는다는 점에서 주목할 만하다고 하겠습니다. 중국의 문화비평가들은 이를 대체문화의 시각에서 바라보더군요. 물론 한국영화의 괄목할 만한 발전에 대해서는 부러운 시각이 있고, 어떻게 참조할 것인가 하는 것이 이들의 고민일 것입니다. 정부의 뒤늦은 대처에도 비판적입니다. 여기서, 아까도 거론했지만, 중국 정부가 국민의 여가생활을 새로운 통치수단으로 삼아간다는 데에 대한 비판은 눈여겨 볼 만한데요, 사회주의집체문화의 여진으로서의 도시에 만연한 길거리댄스문화 그리고 보통인민들의 TV 드라마 시청, 젊은층의 한류스타들에 대한 환호는 어찌 보면 이 맥락에서 중국의 문화정책에 철저하게 적응하는 양상이 아닌가 합니다.

권기영 | 그런 논의들을 100% 부정할 수는 없겠습니다. 정치적으로 민감한 부분이 많으니, 오락을 즐기게 함으로써 현실사회의 문제를 비껴가게 한다, 거기에 한류가 작용한 부분이 있다, 이런 이야기인데, 제가 보기에는 달리 방법이 없는 것 같습니다. 중국 역시도 혼란스럽지요. 중국의 사회주의 국가이데올로기와, 대체적으로 봉건적 가정윤리를 표방하고 있는 한국드라마가 이데올로기적으로 충돌되지 않는 것은 사실이라는 말씀만 드릴 수 있겠습니다. 그런데 중국은 개혁개방 이후 이데올로기의 공백을 끊임없이 상업적 대중문화를 통해서 메워간

것 또한 사실입니다. 홍콩과 대만의 대중문화가 있었고, 다음이 일본 대중문화 그리고 그 다음 자리를 한국 문화가 강타해 들어온 것이지요. 그런 의미에서 중국이 당면한 문제는 이러한 흐름을 중국 자체문화로 대체할 수 있느냐 하는 것입니다.

백원담 | 최근 TV드라마 시청률에 있어서 〈한무대제〉가 2위를 차지했더군요. 이전에 강희제나 옹정제 등 청대 만주족 황제들이 아니라 명실공히 한족의 나라, 봉건통치 구조를 구축했던 강한 통치자의 형상은 한류나 외래문화가 차지한 비중을 자기문화로 대치·전화시켜가는 방식이 일단 궤도에 이르렀다는 분석을 가능하게 하는데요. 고전역사극, 시트콤, 홈드라마 등이 황금시간대에 많이 편성되어 있는 것을 보면 의도적으로 국가차원에서 한편으로는 대하역사극을 통해 강한 중국, 즉 뛰어난 지도력을 가지고 통일중국을 일궈나간 황제들을 중심으로 한 강한 통치력, 하나의 중국 등을 부각시킴으로써 중국적 정체성을 제고하고자 하는 것을 볼 수 있겠습니다. 다른 한편으로는 시트콤이나 홈드라마를 통해 일상성 속에서 중국화를 이루어가는 것으로 이해됩니다.

권기영 | 국가 차원의 장려가 있는 것은 분명합니다. 최근의 대하역사극 드라마들이 국가주의, 위대한 중국, 애국주의의 고취와 맞물린다는 것이지요. 강희황제, 옹정황제, 한무제 등 천하통일을 이루고 강한 중국을 만들어간 통치자들의 파란만장한 삶을 드라마의 주제로 삼고, 거대한 스케일로 만들어내고 있습니다. 거기서 전개양식이나 줄거리의 기본 맥락은 '중국은 하나'입니다. 가령 〈강희황제〉의 경우 강희를 중심으로 소수민족의 반란을 진압해가는 내용이 주를 이루고 있습니다. 이는 대만 문제를 의식하는 것이고, 중국 내적으로 '중국은 하나'라는 단결의 필요성이 그 어느 시기보다 요구되는 때임을 입증하고 있는 것으로 보입니다. 현 중국정부가 핵심사안으로 제기하고 있는 강하고 부강한 중국건설이라는 국가이데올로기와 맞물려가는 것이지요.

백원담 | 비평가들은 바로 이 지점에 문제의 초점을 두고 있는데요. 강한 중국의 맥락이 바로 여러 사회문제들을 은폐하는 작용을 한다는 것이지요. 부국강병의 중국상을 추동해감으로써, 중국사회의 발전주의환상, 현실에 대한 비판정신, 현실에 대면할 수 있는 시각 자체를 말살한다는 것입니다.

이는 중국 정부의 문화 정책에 대한 비판으로 이어지고, 문화산업에서 보다 확산·심화되는 중국의 자본화 과정에 대한 문제로 제기되고 있습니다. 예컨대 소수민족 문화의 상업화, 혁명 전통의 상업화 등도 포함이 되지요. 한편 한류가 중국 문화산업을 추동한 측면, 한류가 거기에 일정한 작용을 하고 있다는 비판도 제기되고 있는데, 이 문제는 한류란 우리에게 그리고 중국에게 어떤 의미인가 하는 점을 성찰하게 합니다.

규제 속에서 대안매체 형성에 주목

권기영 | 그런데 제가 생각하기에는 언제 중국 언론이나 방송사가 국가의 문제의식을 프로그램으로 제대로 만들어 내보낸 적이 있는가 하는 의문이 듭니다. 중국내 방송은 가장 규제가 엄중한 부분입니다.

방송은 사회문제에 대해서 중심테마로 올려본 적이 없다고 해도 과언이 아니지요. 겨우 CCTV의 〈동방시공(東方時空)〉정도가 사회성 프로그램인데, 드라마류의 공안극이 관리들의 부패, 어두운 사회의 이면 문제를 조금 다룬다고는 하지만 관리들의 청렴성과 양심을 부각시켜내고, 비리를 격파해내는 것이 내용의 상당 부분을 차지하면서 관리 부패에 대해서 문제제기를 하지만, 어디까지나 사회적 환기의 수준이고, 그런 점에서 중국과 방송에 어떤 적극적 요구를 하는 것은 어쩌면 공허한 비판일지도 모르겠습니다. 중국 방송 언론시스템을 누구보다도 잘 알 터이니까요. 방송이나 이런 대중매체보다는 인터넷이 보다 가능성이 있는 것이 아닌가합니다. 지금 세계가 그렇지만 중국도 확실히 매체가 달라지고 있습니다. 방송만이 아닙니다. 방송을 대체하는 정보들이 정부 통제력이 미치지 못하는 인터넷에 부유하고 있지요.

백원담 ㅣ 이러한 새로운 대안매체의 형성, 비평기능의 가능성들이 열리고 있는 것은 분명 주목할 내복입니다. 정보수집이 가능하고, 불완전하지만 사회적 소통이 이루어지고 있고, 이용부류가 젊은 층이라는 점에서 참신하고 발랄한 돌파구들이 만들어질 가능성이 있을 것입니다. 물론 그것이 얼마나 비평의 힘을 만들어낼 수 있을지는 미지수입니다.

한류의 최근 추세로 보면 드라마, 가요 위주로 되어 있지만, 한국의 쌍방향성 문화로부터 어떤 가능성을 확인하는 부분도 있어 보이는데요. 예컨대 최근 제가 조사한 바에 따르면 한류스타들의 팬페이지를 중심으로, 팬덤 현상이지만, 적극적인 의미에서 발랄한 문화횡단들이 국경을 넘어 이루어지는 것을 확인할 수 있었습니다. 전문비평보다 네티즌들에 의한 쌍방향성 소통들과 작은 문화비평들이 적극적으로 이루어지고 있는 것을 볼 수 있는데요. 한류의 부정적 측면과 달리 이점은 흥미로운 부분이 아닐 수 없습니다. 국가주의와 상업주의에 의해 추동된 측면이 강하지만, 그러나 월드컵에서의 자발적 문화도 그랬고요.

권기영 ㅣ 2002년 월드컵의 광경은 확실히 독특한 문화전경이었습니다. 인터넷 매체의 작용이 크겠지만 그 대중들의 발랄한 의사소통과 함께 잠재되어 있는 역량과 문화적 신명들이 가상을 넘어 현실로 상호작용을 통해 촉발된 것, 그것을 문화 창조라 할 수 있을지는 모르겠지만, 어쨌든 한류의 파장을 강화시킨 것은 사실입니다. 다만 여기서 어떤 의식적 조작의 문제가 대두될 수 있는데, 저는 국가 곧 정부가 개입을 최소화하면 할수록 좋다고 생각합니다. 문화산업은 대개가 방송, 영화를 통해 이루어지는데, 초기에는 국가의 진흥책이 필요할지 모르겠지만, 계속해서 그 정도를 약화시켜가야 한다는 입장입니다.

백원담 ㅣ 중국 입장에서 보면 현실적으로는 어쩔 수 없는 상황도 있는 것으로 보입니다. 국가가 개입해야 될 영역에 대해서 어떤 원칙이 설득력 있게 제기되어야 하는데, 그렇지 못하다보니 권익과 충돌할 영역이 많아지는 것이고. 최근 중국 정부가 중점을 두고 있는 불법복제 문제는 어떻게 이해해야 할 것인가 하는 문제가 있습니다. 불법복제판 덕분에 대중들이 외국의 영화며 드라마를 풍부하게 향수할 수 있다는 시각도 있는데, 그렇게 보면 불법복제의 공로가 없다고 할 수 없지요. 그런데 그랬을 경우 정부는 어떤 가치기준을 두고, 법적 제도적 조치를 마련해갈 것인가, 어떻게 관리와 규제를 할 것이냐가 문제가 됩니다. 이런 기본 원칙과 방향 등은 국가가 개입해가야 할 것입니다. 그러나 창작에 관한 한 개입을 최소한으로 줄여야 합니다. 그런 점에서 인터넷 문화는 한편에 위험요소를 안지만 내부 조절 기제를 스스로 갖게 될 것이라고 생각합니다.

중국의 현실적 문화상황을 진단할 때, 문화대국으로서 가능성은 어떻게 보시는지요? 여기서 문화대국이라 하면 요즘 중국 정부가 강조하듯이 문화산업 대국이라는 말로 바꾸어 말해야 하는 상황에 이르렀다고 보는데요.

권기영 ︳ 문화산업의 문제는 누구 입장에 서느냐에 따라 달리 논할 수 있겠습니다. 중국정부는 자국의 문화산업을 발전시켜야 되는 문제에 직면해 있음에도 불구하고, 다른 한편 문화에 대한 통제권을 놓지 않아야 한다는, 다시 말하면 두 마리 다 놓치지 않아야 한다는 문제에 봉착해 있습니다. 그 점에서 중국 정부가 자신감이 없다고 볼 수도 있겠습니다. 발전하려면 정부 개입을 최소한으로 줄이고, 규제를 풀어야 한다는 것을 모르는 게 아닙니다. 그 끈을 놓는 순간, 예측할 수 있는 많은 부분에 대해서 감당할 수 없게 될 지도 모른다는 걱정이 있는 거지요. 그래서 규제 위주의 정책과 발전이지만, 무엇보다도 중요한 것은 통제권을 상실하지 않아야 한다는 문제입니다.

예를 들어 애니메이션 전문채널을 만들라는 것이 정부의 정책인데, 만들어질 수는 있겠지요. 그러나 운영을 할 수 있는지는 고민거리입니다. 애니메이션 전문채널로 수익을 낼 수 있느냐의 문제입니다. 한국에서 콘텐츠를 가져올 수도 있겠지요. 그러려면 기업이 개입을 해야 하는데, 기업 입장에서 보면 투자에 대한 회수 방법이 없습니다. 만들어라 그러면 만들지만, 수익구조가 안 나온다는 것이지요. 이것은 중층적으로 복잡한 문제입니다. 방송사와 프로그램 제작사가 분리되어 있고, 중국 정부의 입장에서는 발전과 통제라는 두 마리 토끼를 잡으려고 하니 무리수가 따를 수밖에 없는 거지요. 기업도 살아남으려면 정책에 민감하게 반응해야 하겠지만, 편법적으로라도 수익구조를 만들어야 하는 거고요.

애니메이션의 경우, 중국 자체 발전으로는 아직 어려움이 많습니다. 중국정부는 공동제작을 지지합니다. 그런데 공동제작 할 경우 중국 배경과 중국 스토리가 60%는 있어야 한다는 조건입니다. 어떤 외국기업이 애니메이션을 만들어가면서 중국적으로 만들 것인가. 기준 자체도 모호하고, 하라는 이야기인지 하지 말라는 이야기인지 분간이 안 가는 것이지요.

백원담 ｜ 문화산업 차원에서 보면 외국의 합작 중 성공사례가 있습니까?

권기영 ｜ 우선 외국과의 합작사례를 보면 마땅한 것이 없습니다. 협력 산업을 통한 윈-윈은 아직 좋은 성공사례가 없는 것이지요. 한국의 온라인게임의 예를 들어보겠습니다. 중국 게임업체 싼다는 한국의 〈미르의 전설〉이라는 온라임게임을 가져다 대성공을 이루었고, 나스닥에 상장까지 했습니다. 그러나 한국 게임업체와 로얄티를 놓고 마찰이 있었습니다. 싼다가 〈미르의 전설〉을 수입할 때, 한국의 개발업체인 위메이드와 계약상에서 분쟁이 일어났습니다. 그 후 싼다가 성장을 하고 위메이드사의 자회사인 엑토즈사를 매입함으로써 또 한번 파장을 일으켰습니다. 싼다는 온라인게임 1위 업체인데 엑토즈사를 매입하면서 자체 개발로 들어선 것입니다. 아직 제대로 성과가 나온 것은 없지만 엑토즈사 인수 이후 어떻게 될지는 모르는 일이지요.

이 지점에서 확실히 문화산업과 현실의 문화발전은 다른 맥락이라는 것을 인지하게 됩니다. 지금 TV드라마와 댄스음악이 한류의 주역이 되고 있지만, 사실 온라인게임이 한류의 가장 효자산업이라고 할 수 있는데, 위의 문제를 어떻게 담보하느냐 하는 것은 관건이·아닐 수 없습니다. 다르지 않도록 만들어야 한류가 오래 간다는 생각입니다. 온라인게임이라 하더라도 그것이 현실의 문화수준을 반영하는 것이기 때문에 단순히 경제적 이익만이 아니라 문화발전의 차원에서 고민을 해보아야 한다는 것이지요. 그러한 고민이 심화될 때 진정한 한류라는 상을

그려낼 수 있지 않을까 합
니다.

백원담 ｜ 자연스럽게 다
시 한류로 문제가 돌아오는
데요. 중국에서 최근 흐름
을 보면 정부와 자본 모두
한류를 빌어 어떻게 문화산
업을 육성할 것인가에 치우
쳐 보입니다. 중국에서 보

▲ 중국에서 최고의 인기를 누린 온라인게임 '미르의 전설'

는 한류 혹은 한국은 무엇이라고 생각하십니까.

특히 사회주의 문화가 해체일로에 있는 중국에서 한류의 작용은 중국이라는 국
가와 자본의 이해에 철저하게 봉사하는 측면이 강하다고 할 수 있겠습니다. 한국
정부에서는 한류홍보대사 임명 등 한류의 지속가능성을 놓고 혈안이 되어 있고,
몇몇 국회의원은 동남아를 돌고 와서 지극히 경제적인 논리로만 한류의 지속을
이야기합니다. 한국에서 한류에 대한 시각은 문화산업에 대한 사회전체적인 욕망
이 내재되어 있다고 하겠습니다. 우리 현실에서 보면 먹고사는 문제를 배제할 수
없지만, 그것을 국가차원에서 진행한다는 것은 많은 문제를 안게 될 수밖에 없다
고 봅니다. 문화를 통한 상호이해와 소통의 과정에 대한 고민과 진작노력이 없다
고 할 수는 없지만, 그러나 이 점이 국가차원에서는 더 중요한 것이 아닌가하는
것이지요. 이에 대해서는 어떻게 생각하십니까.

'문화 업그레이드' 중인 중국에서 한류의 자리

권기영 ｜ 한류는 그것을 말로 하는 순간, 하나의 현상으로 되어버린 것 같습니
다. 한국의 문화 혹은 문화산업, 이 안에 들어있는 것은 일종의 스펙트럼을 그립
니다. 극과 극, 상호충돌의 양상을 보이며 영역이 많은데 그 일부가 한류로 튀어

나왔다고 볼 수 있겠습니다. 대중문화 위주이고 유행문화 위주로 한류가 두드러신 것이지요. 숭국의 수용자 측면에서 보면 계층별, 문화수준별, 사상적 성향별로, 각기 그림이 모두 가능하다고 보겠습니다. 시장경제론자들의 입장에서는 한류가 모델이고, 추구하고 쫓아가야할 방향타가 됩니다. 좌파계열 입장에서는 비판거리이지요. 그것을 동시에 다 가지고 있는 것이 한류입니다. 따라서 관심과 전략을 세울 필요가 있지요. 국가라는 모호한 범위가 아니라, 예술성, 진보성을 담보한 예술영역이라 가정해보면 중국에서 먹힐까 하는 것이 고민됩니다. 대만, 베트남, 중국에 각기 다른 수용자 타겟이 필요하다고 봅니다.

한편 한류에 대한 비판적인 입장은 새로운 한류의 가능성을 생각하며, 같이 할 수 있는 영역들이 있다고 봅니다. 따라서 앞의 산업영역과 분류해서 같이 갈 필요가 있겠습니다. 학술까지 포함해서요. 즐기도록 던져주는 영역과는 다른 영역입니다. 지향점들을 공유해서 같이 소통해야 할 것입니다. 그러면 필연적으로 시장의 문제가 나올 것입니다. 예컨대 예술성과 사회성이 있는 작품으로 한류를 견인한다는 기획의 경우, 우선 어떤 식으로든 돈이 움직여야 합니다. 그것에 대한 담보가 안 되니까 우선 어렵지요. 그리고 진보성 때문에 중국에서는 이데올로기적으로 어려울 수밖에 없습니다. 사회주의국가인 중국에서 사회성 있는 한국작품을 받아들이기란 쉽지 않습니다. 굉장히 어렵지요. 좌파라는 것은 사회주의 찬양이 아니라 현실사회에 대한 비판에 역점이 두어지므로 수용이 어렵습니다. 우리보다 어떤 면에서는 더 극단화된 자본주의를 겪고 있는 중국에서는 매우 예민한 문제이니까요. 그러나 그럼에도 불구하고 비판적 라인들의 결합지점은 가능하다고 봅니다. 탄압과 억압이 능사가 아니라 사회문제는 해결되지 않으면 안 되는 성질의 것이니까요. 베트남의 경우도 마찬가지겠지요. 그러나 일본과 한국은 비슷할 수 있을 것입니다.

이런 새로운 한류를 추동하는 과정을 통해 지향문화를 만들어 갈 수 있을 것인가, 이 점이 중요하다고 봅니다. 새로운 콘텐츠가 개발되고 기획도 있어야 합니다. 지금 단계에서 업그레이드될 수만 있다면 그 새로운 문화적 흐름을 굳이 한류라 명명하지 않아도 될 것입니다. 그런데 우리 사회는 시각이 그 아래 지점에만 머물러있는 것 같습니다. 백 선생님 같은 분이 다른 한류를 이야기하면 무슨 소리인가 하는 것이지요.

백원담 ｜ 동의합니다. 그럼에도 불구하고 나로서는 한류의 동아시아적 회통, 그 계기성을 되풀이하여 강조할 수밖에 없고 그런 점에서 아직은 한류라는 말을 버리지 못하고 있습니다.

권기영 ｜ 한류의 계기성이란 월드컵의 의미에 가장 크게 있었던 것이 아닌가 합니다. 기존의 상식을 깬 것이지요. 예컨대 축구는 아시아는 안 된다. 유럽, 남미, 미국과 자본이 결합한 월드컵은 아시아·아프리카를 들러리로 세우는, 명목만 월드컵인 유럽과 남미의 게임이지요. 그런데 거기서 터키와 한국이 4강에 올랐다, 유럽을 넘어뜨리고 간다 하니, 이런 난리가 없는 것이지요. 주변국들조차 한국이 이상하게 보였을 겁니다. 이것은 이미 구축되어 있었던 주도권 혹은 패러다임에 대해서 대안의 씨앗을 보여준 좋은 사례가 아닌가 합니다. 문화하면 미국과 유럽이 주도하는 것이 정상인데, 중국에서는 한국이 수용된다는 것입니다. 일본의 경우, 아메리카, 한국, 동남아로 분명하던 서열이 흔들린 것이지요. 한국이 다른 가능성을 보여주고 있다는 데 일종의 놀라움이 있었던 것 같습니다. 이에 대해서 학술적 수용자 입장에서 보면 중국의 경우, 한국은 국내시장에서 할리우드를 능가하더라, 하는 생각을 하게 되는 것이고, 그렇다면 우리도 가능하다는 생각이 이어지는 겁니다. 발전의 모델이 이제 미국이 아니라 한국이 되는 거지요. 동남아 역시 마찬가지예요. 일본은 한 수 위라서 다릅니다. 한류의 계기성을 이용하는 쪽으로 가겠지요. 이 안에서 낯설면서 낯설지 않은 소통의 영역들을 느낌으로 보아내기 시작한 것 같습니다. 그런 점에서 선생님이 말씀하신 한류의 계기성은 중요하고, 그 중요한 영역이 바로 이 지점이겠지요.

그러면 이제 어떻게 할 것이냐, 제가 강조하고 싶은 것은 한국이 가지고 있지 못하면 한류는 없는 것이고, 따라오기는 하되 거기서 끝난다는 것입니다. 계기로 보았던 부분이 없는 것이지요. 할리우드에서 한국영화를 보자는 이야기가 나오는가 하면 기존의 중화권에서는 한국적 정감과 독특한 미의식이 녹아들어가 있다는 점이 높이 평가되지요. 그러나 그 이상도 그 이하도 아니라면, 선생님이 늘 강조하시는 할리우드의 전지구적 지역화전략이라는 기제에서 벗어나지 못한다면 어떡하나요? 이처럼 한류는 시작부터 끊임없이 위기론이 대두되었지요. 그러나 근본적인 대책이란 아직 없다고 봅니다.

백원담 ㅣ 중국의 안중에 한국, 한국의 문화산업이 어떻게 자리하고 있느냐 하는 문제에 다시 집중할 필요가 있겠습니다. 제가 보기에 중국의 입장에서 한국은 징검다리에 불과합니다. 미국 따라가기의 중간과정이지요. 한국의 문화산업이 정부중심으로 이루어졌다면, 개발도상국인 중국에 그 모델이 맞다는 입장인 게지요. 그 시의성이 언제까지로 한정될 수 있느냐가 관건입니다만.

권기영 ㅣ 그런 의미에서 저는 두 가지를 강조하고 싶습니다. 하나는 한국은 끊임없이 한수 높이 있어야 한다는 겁니다. 중국에서 한국이 의미가 있다, 한국을 배운다, 접한다하는 것이 결국 미국으로 가는 길의 한 방법론으로 채택된 것이라면, 미국으로 가는 과도기가 아니구나 하는 것도 보여주어야 한다는 생각이지요. 추상적 수준의 논의이지만, 중국 안중에 한국은 사실 없습니다. 그러나 그렇기에 더욱 같이 가되 항상 선두의 위치를 확보하는 것이 중요하다고 봅니다.
동남아시아에서는 그 선도성이 어느 정도 먹히지 않나 하는데요. 일본은 안 됩니다. 경제력이든 기술력이든, 우리보다 앞선 것이 사실입니다만 그에 대한 거부감이 만만찮으니까요. 그런 점에서 우리는 나아가는 방식이 일본과는 다른 의미에서 선도성, 진보성을 확보하고. 그런 부분을 찾아가야 할 것입니다. 의미 있는 대상이 되어야 한다는 것입니다. 그런 한국에 중국은 어떤 의미로 자리매김하고 있는가 하면, 아직은 시장밖에 없는 것 같습니다. 선점해서 먹어버릴 대상이지요. 그 논리는 일본과 똑같습니다.

백원담 ㅣ 바로 그 점이 문제입니다. 중국이나 동남아시아에 대해서 시장의 지속과 점유밖에는 의미를 두지 못한 채 일방적으로 한류를 확산·추동해가려고 하기 때문에 일부 지역에서 거부감이 야기되고 있는데, 그것은 상업적 조급함도 조급함이지만, 내용성을 확보하지 못한 수준의 문제도 있다는 점을 지적해야 할 것입니다. 천편일률적인 드라마와 끼워팔기 방식이 대표적이지요. 그러나 분명한 것은 다른 한류의 가능성을 지역적 차원에서 부단히 요구받고 있다는 사실입니다. 한국 영화에 대한 관심이 보다 넓어지고 심화되고 있다거나, 한국사회의 역동성을 주시한다거나. 한류를 통해 한국에 모이는 시선을 제대로 받아낼 필요가 있다는 것입니다. 그런 점에서 한류가 갖는 문화적 지역화의 계기는 결코 놓칠 수 없는 것이지요. 상업적 대중문화이지만 이것의 동아시아적 회통을 어떻게 대안적 지역화의 가능성으로 이끌어갈 것인가 하는 문제가 되겠습니다.

그런데 이런 논의를 할 때 가장 어려운 것은 우리가 문화의 본원을 고민하며 머뭇거릴 때 세계 문화자본의 관철력이 어김없이 그 알량한 자리를 배제해버리고 만다는 것입니다. 그러니 인도주의니 가치지향이니 하는 것들은 산업의 냉혹한 현실을 모르는 추상적 논의에 불과하다는 취급을 받게 되지요.

권기영 | 평화, 발전을 놓고 각국의 관계망을 형성하는 것은 선생님 말씀대로 당장의 이익보다 훨씬 중요할 수 있겠습니다. 그러자면 뭉뚱그려 한국 대 아시아, 동아시아가 아니라, 국가마다의 섬세한 전략들, 소통지점, 협력지점들을 어떤 차원에서 만들어가야 하는가를 고민하지 않을 수 없을 것입니다. 모든 관계는 끊임없이 긴장관계일 수밖에 없습니다. 그런 점에서 중국과 한국의 관계문제도 새롭게 사고할 필요가 있겠습니다. 드라마의 공통적 인기를 어떤 동아시아적 보편성이라고 볼 수 있을지, 한국영화의 경우 최근 급부상하고 있는데 우수한 문화는 국경이 없다고 할 수도 있는 것인지, 그 문화적 공감대 형성을 눈여겨보아야 할 것입니다.

백원담 | 그러나 우리에게는 그에 대한 구체적 분석 자료가 거의 없다고 해도 과언이 아닙니다. 제가 한류를 놓고 우리 사회 전체가 과도한 몽상을 남발하는

것이 하도 답답해서 '동아시아에서 대중 문화교류에 관한 성찰적 연구'를 진행하고 있기는 합니다만 이제 막 동아시아, 특히 동남아시아 역사와 문화를 알아가는 수준이라고 할까요.

동아시아에서 한류 시스템의 가능성

권기영 | 저도 이제 그것들에 대해서 자기점검의 시점이 오지 않았나 하고 있습니다. 깊이 있고, 아픈 자기반성과 분석을 진행하는 것이 필요할 것입니다.

백원담 | 미국에는 할리우드의 스타시스템이란 것이 있고, 일본은 소니가 진행했던 일본색을 탈색한 현지아이돌시스템이란 것을 가동하고 있는데, 한류시스템이란 것이 가능할까요? 미국이나 일본의 탐욕적 문화수탈과는 다른, 그에 대한 대안적 차원에서 문화적 공공성을 갖는 한류시스템을 만들 수 있을까요? 아직 같이 할 수 있는 영역이 아니더라도 중국과 중국을 기획하는 쪽에서 이에 대해 적극성을 띠어야 할 필요가 있지 않을까 합니다. 아무래도 동아시아에서는 중국을 쉽게 대상화하려 하니까요.

권기영 | 저는 한국이 동아시아 특히 중국과 관계에서 자기 민족주의에 함몰되어서는 안 된다고 봅니다. 한국은 거인의 목마를 탄 난장이에 불과합니다. 거인이 넘어지면 난장이도 죽는 것이지요. 그런데 난장이의 의미는 눈이 한 단계 높다는 것입니다. 거인의 목마를 탔으니까요. 한국은 높이 있어야 한다는 것을 감히 주장하는 것입니다. 로봇 조종이 아니라 함께 공생하기 위해서는 한 단계 멀리 보는 시점의 확보가 필연적이라는 것이지요. 그 지점에서 밝은 눈을 가지고 같이 협의하고, 주도해야지요. 그 눈을 상실하는 순간, 난장이의 역할은 없다고 봅니다. 이 역학관계는 상존을 위한 것입니다. 그렇다면 발전적 기획이 필요하며, 그것을 어떻게 공유하고 현실화할 수 있을 것인가가 관건이 되겠습니다. 정부든 학계든 산업계든, 전략센터로서의 역할을 한국이 주도적으로 하지 않으면 안 될

것입니다. 한중일이 한 테이블에 앉아서는 논의가 안 됩니다. 한중 간, 한일 간은 논의가 가능하지요. 어렵지만, 양자간의 발전적 공감을 만들어주는 동시에 다시 만나는 시스템을 구축해가야 할 것입니다.

백원담 ㅣ 이를 새로운 한류시스템의 구축과제로 이해하겠습니다. 선도적 지위, 밝은 눈에는 반드시 바른 지향이 있어야 할 것입니다. 우리 옛이야기 전통으로 말하면 '곧은 목지'만이 오로지 앞만 보고 가므로 밝고 바른 지향으로 세상을 이끌 수 있다고 했습니다. 한류가 새로운 관계지향의 계기가 되고 스스로 거점이 되어야 할 것입니다. 그런 맥락이라면 한류는 지속되어야 할 것이고, 지속될 것입니다.

권기영 ㅣ 이런 논의들이 콘텐츠와 결합되는 지점을 발견해내야 할 것이라고 생각합니다. 산학연계 정도가 아니라, 수익구조도 만들어내야 한다는 것입니다. 지금까지 논의한 것이 돈을 벌 수 없는 황당한 이야기를 하는 것은 아니라고 봅니다. 중첩된 벨트형성이 가능하다고 보는 것이지요.

백원담 ㅣ 동아시아에서 각국의 문화콘텐츠의 공유 및 공동 생산의 가능성과 함께 한류의 다음 단계로 무엇보다 담론의 주도성을 장악해나갈 필요가 있다고 하겠습니다. 동아시아 패러다임, 국가적 국가주의, 민간단위에서의 다양한 연계노력 경험, 새로운 세계담론역학의 재편 시도들, 이런 복잡다단한 종횡 속에서 분명한 지향을 놓고 선명한 전선을 설치할 필요가 있겠습니다. 특히 내적으로는 무분별한 경제논리와 환상, 대외적으로는 특히 일본 문화개방이 한류의 파장에 결정적인 영향을 끼쳤다는 점을 직시해야 합니다. 일본과의 아시아 문화산업 공조체계 구축과정에 이미 들어간 것에 대한 경계 속에서 논리적 현실적 대응책을 마련해나가는 가운데 동아시아에서 지역 내 문화교통의 활성화 과정의 의미를 온전하게 장악해가는 것이 중요하다고 봅니다.

그러자면 정부는 정부대로 국가적 차원에서 동아시아 평화공존을 위해 지속적이고 안정적인 연구와 새로운 기획들을 구상해야 합니다. 그것이 가능하도록 지원 시스템이 만들어져야 할 것입니다. 콘텐츠개발과 연구가 많이 거론되고 있습니다만, 소재주의와 이벤트에 빠지기보다 미적 가치생산이라는 보다 고도의 생산 작업을 위한 기반구축에 역점을 두어야 할 것입니다. 문화는 우리 사회의 발전정도를 가늠할 수 있는 척도에 다름 아닙니다. 문화산업의 콘텐츠란 인간의 행위와 믿음 등의 문화요소들, 사회적 연관들까지도 대상화하지요. 오늘날과 같은 문화의 세계화시대에 특정한 지역과 역사 속에 뿌리내린 고유한 문화정체성은 일정한 글로벌스탠다드의 형태로 갱신되고 끊임없이 신상품으로 개발되지요. 따라서 문화산업은 문화와 산업, 지역과 세계, 과거와의 연계와 산업적인 혁신 사이의 열린 공간에 위치한다고 할 수 있습니다. 그 열린 공간은 문화의 산업화를 통해서이지만, 그것만은 아닐 것입니다.

한류가 문화산업으로 현재화하였고, 그것이 열린 공간 속에서 선택된 측면이 있다면 그것을 업계의 이익, 경제논리로만 바라볼 것이 아니라 다른 가능성을 놓아둘 필요가 있습니다. 한류를 계기로 상호 이해와 소통의 장이 열릴 수 있다고 하는 것은 역으로 한류를 통해 해당지역의 문화상태와 역사를 마주볼 수 있는 대면의 공간이 불특정하게 열리고 있다는 것을 확인하는 것입니다. 그 문화와 역사가 반대방향으로 건너오는 것 또한 주시할 수 있고, 그러한 관계성의 새로운 열림, 그 국면을 보아내고 마주잡으며 가는 것이 절실하다는 것입니다. 물론 이것이 좋은 콘텐츠를 통해 보다 건실하게 교통될 수 있다면 더할 나위가 없겠습니다만. 아직은 일방향성이 강한 것 같군요. 그러나 이러한 교통의 경험은 비단 오늘의 산업화 과정에 비로소 만들어진 것은 아니지요. 어쩌면 각자의 역사가 담고 있는 동아시아의 불행한 관계의 그늘을 빛으로 만드는 비판적 상상의 고리를 이미 걸고 있는지도 모르겠습니다. 동아시아 사회에 타율적 근대의 아픔이 지속되어온 100년의 굴레, 식민지-냉전-탈냉전(자본의 세계화)에 이르는 이 억압과 굴욕의 역사를 넘어서야죠. 다원적이고 평등한 복수의 수평적 관계를 아시아에 열어가야죠.

지식계, 혹은 민간사회에 권 선생의 요구가 있다면 무엇입니까?

권기영 ｜ 지식계, 담론 좋고 학술적 분석도 좋지만, 오늘의 문화는 문화산업으로 나타나고 있습니다. 문화산업 쪽에서의 논의는 의식적으로 현장, 업계를 중심으로 이루어질 수밖에 없습니다. 따라서 이쪽에 대한 관심 및 전문지식까지도 갖추기를 바랍니다. 그래야 현실적인 논의가 가능할 것입니다. 그렇게 보면 제가 몸담고 있는 진흥원 같은 것은 축소되는 것이 맞습니다. 민간차원에서 탄탄한 인프라를 구축해가야지요. 정부는 개입을 최소화하되 기업은 자기한계가 분명하므로 정부와 기업이 자기 역할을 분명히 할 수 있도록 비판적 시각이 늘 개재되어야 할 것입니다. 지식 생산의 원칙마저도 버리자는 것이 아니라, 제대로 주류적 사고를 할 수 있는 장을 만드는 것이 중요합니다. 물론 문화는 역시 구체적 산품으로 표현된다는 점에서 물건으로 기대해야 하는 것도 사실입니다. 제대로 된 작품 말입니다. 백번 이론으로 제기하는 것보다 작품으로 표출하면 호소력도 있고, 지향도 보다 풍부해질 수 있습니다. 국내에서는 물론 해외에서도 담론의 주도권을 가져야 할 것입니다. 투쟁 없이는 담론이 발전할 수 없는 법, 박투가 있기 마련이고 그것을 인정하고 가야 할 것입니다.

백원담 ｜ 주류적 사고라는 말이 인상적이네요. 한류에 대한 논의 요구가 급증하는 것을 보니 마치 주도권을 확보한 것 같은 착각이 들기도 하는데요. 한류든 동아시아든, 문화가 자본의 가장 극명한 표현이 되는 오늘의 어려움을 뒤집어, 오히려 그 모순의 극점에서 본원으로 돌아올 수 있는 전화의 계기를 만들어갈 때가 되지 않았는가 하는 섣부른 판단도 해봅니다. 사실 동아시아가 가지고 있는 엄청난 문화자산들을 놓고 보면 그 새로운 지역화, 그 황홀한 상상은 얼마든지 가능하니까요. 긴 시간 좋은 말씀 고맙습니다.

1988

한국 및 공통사항

▶ 서울올림픽을 통해 한국 문화를 중국 및 아시아에 알리는 계기가 됨.

1992

중 국

▶ 8월 24일, 한·중 국교 수립.
▶ 수교 이후 한·중 간 매년 40명 규모의 젊은이들을 파견 교류, 프로그램 실행.
▶ 수교 이후 양국의 지방자치단체 간에 맺어진 자매결연 110여 건.
▶ 무역 규모 급속 확대, 한국 기업 중국 진출 활성화. 중국인들이 한국 상품을 쉽게 접촉하게 되면서 한국과 한국의 대중문화 상품에 대한 관심 고조.

1993

중 국

▶ 10월, 베이징 바오리극장(保利劇院)에서 중국문화부 초청으로 국립무용단 공연

1994

중 국

▶ 3월 28일, 한·중 간 '문화협력에 관한 협정' 체결. 이후 2년마다 재협정.

1996

홍 콩

▶ 8월, ATV에서 〈젊은이의 양지〉 방영.

중 국

▶ 10월, 베이징에서 처음으로 '한국문화주간' 행사 개최.
▶ CCTV에서 TV 드라마 〈사랑이 뭐길래〉 방영.
▶ 베이징 라디오 방송국에서 〈서울음악실〉 프로그램을 통해 한국 가요 방송.

1997

▶ 5월, 한국의 (주)Media Plus와 중국국제라디오방송국간의 협의에 의해
한국 유행음악을 소개하는 〈서울음악실〉 정규 방송 시작. 한국의 인기가요 중국에서 대중화.
이후 베이징, 상하이 둥팡(東方), 텐진(天津) 음악방송,
광둥(廣東), 칭다오(靑島) 문예방송, 우한(武漢) 초전음악방송 등 7개 라디오 방송이
주당 19시간의 한국음악 프로그램 편성.
현재 난징(南京), 청두(成都), 창사(長沙), 선양의 랴오닝(遼寧), 지린성(吉林省)의
둥베이야(東北亞) 음악방송, 안후이성(安徽省)의 허페이(合肥) 문예방송 등
3개 직할시 7개 성(省)에서 한국 대중유행음악 방송.
▶ 〈사랑이 뭐길래〉가 저녁 황금시간대로 옮겨 중국 전역에서 방송.
중국 내에서 방영된 외국 드라마로는 사상 최초로 시청률 1위(4.3%, 외국 드라마
시청률은 통상 1% 대)를 기록, 중국에서 한국 드라마 열풍에 촉매제 역할을 함.

홍 콩

▶ 1월, 드라마 〈간이역〉 방영.
▶ 이 해, 봉황TV에서 〈별은 내 가슴에〉를 방영, 본격적인 한류 시작.

1998

한국 및 공통사항

▶ 10월 20일, 제1차 일본 대중문화 개방.
김대중 대통령 일본 방문, 일본대중문화 개방방침 천명.
1차 개방은 영화 및 비디오에 한정.
 ※ 영화의 개방 폭은,
  △ 공동제작 영화(20% 이상 출자 등 영화진흥법상 요건을 충족하는 경우와
   한국 영화인이 감독이나 주연으로 참여한 경우)
  △ 일본 배우가 출연한 한국영화
  △ 세계 4대 영화제 수상작 등으로 한정.
구로사와 아키라 감독의 〈카게무샤〉, 이마무라 쇼헤이의 〈우나기〉, 기타노 다케시의 〈하나비〉,
한 · 일 공동제작 박철수 감독의 〈가족시네마〉 등 개방.
비디오는 극장에서 상영된 영화의 비디오만 출시 허용.

중 국

▶ 6월, 한·중 정부간의 합의에 따라 '중국인 단체여행 허가대상국'으로
한국이 지정됨.

▶ 11월, 베이징 중국극장에서 KBS가 열린음악회 형식으로
NRG, 김건모, 태진아, 현철, 신효범 등 한국 가수들과
중국 가수들의 합동공연 마련.

대 만

▶ 5월, 전문 콘서트무대 '남항(南港)101'에서
클론, HOT, SES, 디바 등 공연.

▶ 이영애 주연의 〈초대〉가 소개되면서 한국 드라마 방영 시작.

홍 콩

▶ 음악 전문 '채널V'에서 한국 음악 소개.

▶ 6월, 드라마 〈그대 그리고 나〉 방영.

베트남

▶ 호치민TV에서 드라마 〈보고 또 보고〉 〈신데렐라〉 〈영웅신화〉 등 방영.

한국 및 공통사항

▶ 9월 10일, 제2차 일본 대중문화 개방.
문화관광부에서 영화와 공연, 출판물의 개방에 관한 내용을
골자로 한 일본 대중문화 2차 개방 방침 발표.

· 영화 : 공인된 국제영화제 수상작과 전체관람가 영화로 확대.
단 애니메이션은 제외. (문화관광부가 밝힌 공인 국제영화제는
영화진흥위원회의 포상금 지급 대상인 13개 영화제와
국제영화제작자연맹(FIAPF)이 인정하는 70여개 영화제.
이에 따라 〈나라야마 부시코〉 〈러브레터〉 〈링〉 〈소나티네〉 〈철도원〉
〈그림 속 나의 마을〉 〈사무라이 픽션〉 〈감각의 제국〉 〈역〉
〈4월 이야기〉 〈쌍생아〉 〈쉘 위 댄스〉,
한·일 합작 애니메이션 〈건드레스〉 등 개봉)

· 공연 : 2000석 이하의 실내공연장, 실내체육관, 관광호텔 등에서 라이브 콘서트 가능.
· 출판 : 일본어판 출판 만화, 만화잡지 허용.

중국

▸ 드라마 〈별은 내 가슴에〉로 중국팬들에게 안재욱 인기.
▸ 푸젠성(福建省)TV에서 〈거짓말〉을, 베이징TV에서 〈달빛가족〉 방영.
▸ 전국 주요 유선 TV에서 〈욕망의 바다〉 〈웨딩드레스〉 등 방영.
▸ 11월, 클론이 베이징 공인체육관(工人體育館/12,000석 규모)에서 한국 가수로는
  처음으로 콘서트를 열어 큰 인기를 얻음.
  이 밖에도 한국 대중음악 가수들의 대형 콘서트가 베이징에서 7차례 이어짐.
▸ 베이징 교통방송에서 〈한강의 밤(漢江之夜)〉이라는 고정 프로그램 편성.

대만

▸ 7월, Rock Record 주최로 유승준, 젝스키스, 핑클, 터보, 김민종 등이 공연.
▸ 〈토마토〉 〈미스터Q〉 〈웨딩드레스〉 등 한국 트렌디드라마 방영.
▸ 댄스그룹 '클론' 진출.

홍콩

▸ 8월부터 2001년 8월까지 시트콤 〈순풍산부인과〉 방영.
▸ 8월, 영화 〈8월의 크리스마스〉 상영을 시작으로 한국 영화에 대한 가능성 탐색이 시작됨.

베트남

▸ 드라마 〈의가형제〉 방영.
▸ 12월에는 〈의가형제〉의 인기로 베트남의 국민적 스타가 된
  탤런트 장동건의 콘서트가 열림.

일본

▸ 일본 도쿄에서 'Super Star From Seoul'이라는 행사를 열어
  클론, 엄정화, 박미경, 원타임 등이 공연함.
▸ 영화 〈쉬리〉를 비롯한 10개 작품 수출로 172만1000달러의 외화를 벌어들임.

2000

▶ 6월 27일, 제3차 일본 대중문화 개방.
　3차 개방안은 영화 · 비디오 · 공연 · 게임 · 방송 등으로 대폭 확대.
　· 영화 : 18세미만 관람불가 영화를 제외한 모든 일본영화 국내 상영 가능.
　· 애니메이션 : 국제영화제 수상작은 극장용 애니메이션도 개봉 가능.
　· 비디오 : 개방 대상 일본영화와 애니메이션 중 국내상영 분에 한해 허용.
　· 공연 : 실내외 모든 공연 개방.
　· 음반 : 일본어로 가창된 곡이 없는 음반만 개방.
　· 게임 : 가정용, 게임기용, 비디오 게임을 제외한 나머지 게임 개방.
　　　　　(PC게임, 온라인게임, 업소용 게임 등)
　· 방송 : 매체 구분 없이 스포츠, 다큐멘터리, 보도 프로그램 개방.

중 국

▶ 드라마 〈가을동화〉〈겨울연가〉, 영화 〈엽기적인 그녀〉 등이
　중국에 소개되면서 한류 열풍 더욱 심화.
　베이징TV에서 〈청춘의 덫〉〈아스팔트 사나이〉를,
　상하이 둥팡TV에서 〈초대〉를,CCTV에서 〈도시남녀〉를,
　선양(瀋陽)TV에서 〈모델〉〈토마토〉 등을 방영.
　이 밖에 〈순풍산부인과〉, 〈경찰특공대〉 등
　여러 한국 드라마들이 방송됨.

▶ 2월 1일, 설날 연휴기간에 HOT가
　베이징 공인체육관에서 콘서트 개최.
　중국 언론의 대대적인 조명을 받으며 엄청난 한류 열풍을 몰고 옴.
　중국 신문에서 "한류가 중국을 강타했다"는 제목으로 보도하여,
　"한류"라는 용어가 공식화되는 계기가 됨.
　발행부수 100만 부의 중국 최대 연예잡지 〈當代歌壇〉의
　인기순위에서 HOT가 5개월 연속 1위 기록.
　HOT열풍, 음악은 물론 춤, 헤어스타일, 패션 등을
　모방하려는 풍조가 중국 젊은이들 사이에 크게 유행.

▶ 삼성전자가 드라마 〈별은 내 가슴에〉의 주인공으로 중국에서 인기를 끈 안재욱을
　모니터 광고모델로 기용하며 스타마케팅을 시작함.
▶ 베이비복스, 4월 30일 베이징, 5월 1일 난징, 5월 2일 구이린(桂林) 등지에서 공연.
▶ 6월, 한 · 중 정부간의 비망록 체결로 중국인들의 여행 제한 완화.
　중국인 누구나 5명 이상 단체를 구성하면 한국을 여행할 수 있게 됨.
▶ 6월, 베이징방송국에서 한국 가요 프로그램 신설. 주 2회 편성.
▶ 7월 14일 NRG, 7월 15일 안재욱이 베이징에서 공연.
▶ 8월 26일, 베이비복스가 칭다오 세계맥주페스티벌에 참가.
▶ 8월, 선양에서 설운도, 현숙 콘서트.
▶ 9월, 주현미 콘서트에 2만여 관객 몰림.
▶ 10월, 한국 가수들의 공연 펑크로 베이징 합동콘서트 취소 사태 발생.
　중국 정부, 한국 가수들에 대해 6개월 공연 정지 처분.
　'한류' 확산 이후 내려진 첫 제재로서, '寒流'에 대한 우려 제기.

대 만

▶ 3월, 타이베이(臺北) 유선TV를 통해 드라마 〈순수〉 방영.
▶ 8월, 드라마 〈불꽃〉 방영.
▶ 드라마 〈가을동화〉 방영.

홍 콩

▶ 영화 〈쉬리〉가 큰 반향을 불러일으킴.

베트남

▶ 드라마 〈첫사랑〉 방영.
▶ 1월 23일, 영화 〈편지〉가 하노이시에서 개봉.
▶ 3월 7일, 장동건, 고소영 주연의 영화 〈연풍연가〉가 호치민시를
　시작으로 전국에 개봉.

일 본

▶ 1월, 일본 최대 음악채널 '스페이스 샤워'에서
　'm.net코리아웨이브' 방영 시작.
▶ 자우림과 김건모의 콘서트가 성황리에 이루어짐.

2001 —

▶ 영화 〈공동경비구역 JSA〉를 비롯해 15개 작품을
550만9395달러에 수출함.
▶ 9월, 한국 의류 전문매장인 '동대문시장(東大門市場)'이
도쿄 시부야, 요코하마, 후쿠오카 등 6곳에 지점을 개설.

한국 및 공통사항

▶ 7월, 일본 왜곡 교과서와 관련하여 일본 대중문화 개방 일정 중단.
김한길 문화관광부 장관이 7월 12일 긴급 기자회견을 갖고,
추가로 개방하기로 한
△일본어 가창 음반
△오락TV방송(쇼, 드라마)
△18세 이상 성인용 비디오, 영화
△가정용 게임기
△애니메이션
△공중파 방송 영화방영 등의 개방일정 중단 선언.
▶ 8월, 문화관광부에서 한류 문화 관광 단지 조성 및 한류센터 조성
등을 내용으로 하는 '한류 육성책' 발표.
▶ 한국문화콘텐츠진흥원 설립.

중 국

▶ 1월, 배우 김희선을 모델로 한 중국 이동통신업체 CF 방영.
▶ 4월, 베이징 올림픽 유치 기원 '한 · 중 수퍼 음악회' 개최.
▶ 5월, 베이징 천안문광장 근처 中華世紀壇 광장에서
'韓中슈퍼콘서트' 개최(한국 문화관광부, 중국 문화부 공동 주최).
안재욱, 베이비복스, 유승준 등 출연.
▶ 6월, 중국에서 한국 가요 팬클럽 '도레미' 결성. 중국 허가 제 1호.
▶ 8월, 한국 가요 프로그램 〈서울 음악실〉 1000회 기념공연 개최.
상하이에서 '수퍼 한류 콘서트' 개최.

▶ 9월, 한중수교 9주년 기념 '한국 슈퍼 콘서트' 개최.
　중국 전역에 송출되는 중앙라디오방송에서 '聆聽韓國' 이라는
　음악 소개 프로그램 편성. 주2회 방송.
▶ 10월, 한국문화콘텐츠진흥원 중국 현지사무소 설립.
　록뮤지컬 〈지하철1호선〉이 상하이와 베이징에서 성황리에 공연.
▶ 11월 4일, 〈人民日報〉에서 "韓風이 지나간 후('韓風' 刮過之後)" 사설 게재.

대 만
　▶ 드라마 〈겨울연가〉 방영.
　▶ 10월, 타이베이 한국대표부 주최로 '한국문물전' 행사 개최.

홍 콩
　▶ 전반기 동안 〈비천무〉〈반칙왕〉〈해피엔딩〉 등 7편의 한국 영화가 상영됨.
　▶ 8월 24일, '한 · 중 연예의 밤' 행사 열림. 1부 앙드레김 패션쇼,
　　2부 대중가수 공연으로 구성.
　▶ 공중파 ATV 영어채널에서 〈Pops in Seoul〉 프로그램을 편성, 한국 대중가요 소개.

베트남
▶ 베트남 국영TV에서 〈가을동화〉 방영. 당시 인기 프로그램인 '유럽축구' 보다
　시청률이 높게 나와 베트남에서의 한국 드라마의 인기를 확인함.
▶ 3월, 안재욱, 김혜수 주연의 영화 〈찜〉이 하노이를 시작으로,
　하이몽, 응에안, 당선, 다낭 등지에서 개봉하여 큰 성공 거둠.

일 본
▶ 가수 보아의 일본 진출 시작. 데뷔 첫 해 오리콘 차트 20위권에 진입.
▶ 8월 24일, 일본 대형 음반회사인 AVEX가 주최한
　'Show Case Live' 행사가 일본 ZEPP TOKYO에서 개최됨.
　SES, 신화, 강타, 보아, Fly to the sky 등 출연, 인기.
▶ 11월, 록뮤지컬 〈지하철1호선〉이 도쿄, 오사카, 후쿠오카에서 순회 공연.

2002 –

▶ 2월, 소니의 인기 가정용 비디오 게임기 플레이스테이션(PS2)을
일정 조건 하에 국내 판매 허용

▶ 2월, 한일 합작드라마 〈프렌즈〉 방영과 관련,
일본 대중문화 방송 기준 등에 대해 논란.

▶ 2월, 중국 · 동남아권에서의 한류 지속과
한국 문화산업의 해외 진출을 위한
민간 문화교류기구 '아시아 문화교류협의회' 출범.

▶ 6월, 한일 월드컵 당시 문화관광부에서 월드컵 공식음반
2종의 제작 · 발매를 승인. 수록곡 가운데 일본어 가창 3곡,
국내 방송에서 7월 말까지 한시적 허용.

▶ 한일월드컵의 성공적 개최가 한류 확산에 기여.

▶ 일본 대중문화 3차 개방 이후 2년간 문화관광부에서 파악한
일본 대중문화의 국내시장 잠식률은 예상외로 저조.
영화 2%, 비디오 4%, 음반 3% 수준.

중 국

▶ '클라이드' '주크' '톰보이' 등 한국의 인기 의류브랜드들이
중국 백화점에 잇따라 매장 개설.

▶ 11월, 항저우에서
SM엔터테인먼트 '라이브 인 차이나' 콘서트 개최.
강타, 문희준, 신화, 보아, 다나 등 출연.

베트남

▶ LG-드봉 화장품이 드라마 〈모델〉로 인기를 끈 탤런트 김남주를
앞세워 베트남 시장의 70%를 점유.

일 본

▶ 1월, 한국 MBC와 일본 TBS가 4부작 드라마 〈프렌즈〉 공동 제작.
탤런트 윤손하가 NHK TV 10부작 미니시리즈 〈다시 한 번 키스〉에
주연으로 등장. 한국 연예인의 일본 진출 확산.

2003

한국 및 공통사항

▸ 한류 열풍으로 문화산업 규모 폭증. 그해, 드라마 수출액 4300만 달러,
영화 수출액 3098만 달러 기록.

▸ 일본 음반 시장 개방 발표. 공연 · 음반 · TV에서 일본 인기가수 출연 및
일본어 가창 방송 허용. 음반과 공연 시장 잠식에 대한 우려와, 무차별적이었던
표절로 인한 저작권 문제 대두.

▸ 일본 음반 발매 시작. CJ미디록그룹에서 X-JAPAN의 베스트 앨범,
인기힙합 그룹 킥더캔크루의 앨범 연이어 출시. 록밴드 제이워크(JayWalk)의 앨범,
신세대 대표 R&B 가수 히라이 켄 앨범 발매.
일본의 대표적인 아이돌 여가수 우타다 히카루, R&B그룹 케미스트리, 아이돌그룹 윈즈,
미샤, 후카다 교코, 힙합그룹 지브라 등의 음반 상륙.

▸ 12월 15일, 문화관광부는 2004년 1월부터 영화와 가요, 게임 분야의
일본 대중문화를 완전 개방하기로 일본과 합의했다고 발표.
이로써 98년 한일 일본문화개방이 시작된 이래, 4차에 걸쳐 게임 분야까지 완전 개방.
일본 음성과 일본어 자막이 들어가 있는 게임의 수입, 합법 판매가 가능해지자,
국내 게임 업계에서 논란.

▸ 12월 31일, 일본 최정상급 록밴드 튜브가 서울 어린이대공원 돔아트홀에서 열린
일본 대중문화 개방 축하 공연 '드림 오브 아시아' 무대에서 히트곡 13곡 노래.
일본 위성채널 viewsic과 국내 케이블TV 음악채널 m.net을 통해 동시 생중계,
한국 방송에서 일본어 노래 최초 방송 기록.

중 국

▸ 동남아에서 시작된 사스(SARS, 중증 급성 호흡기증후군) 중국 상륙.
한 · 중간 문화교류에 장애 초래.

▸ 8월, 한국 문화관광부가 중국 문화부 공동 주최로 베이징에서 '사스 퇴치 위문공연' 개최.

베트남

▸ 12월, 한국-베트남 수교 11주년 기념행사의 일환으로 '한류 공연' 개최. 소지섭 등 참가.

일 본

▸ 4월, NHK 위성채널에서 드라마 〈겨울연가〉 일본 방영 시작. 연말에 재방영될 정도로
한류 신드롬 확산 역할. 최고 시청률 9.4% 기록(동 시간대 평균의 2배 상회).

▸ 가수 보아가 이해 일본 시장 석권.

2004

한국 및 공통사항

▶ 한국관광공사, 2004 · 2005년을 '한국 관광의 해'로 지정.

▶ 1월 19일, 아시아문화산업교류재단 창립.
한국문화콘텐츠진흥원, 한국게임산업진흥원,
한국방송영상산업진흥원 등
문화관광부 산하 지원기관들이 대거 참여.

▶ 3월, 한류관광 마케팅의 본격적인 시작을 알리는
'Korean Wave 2004(한류관광의 해)' 출범식 열림.

▶ 6월, 제주에서 '한 · 일 우정주간 인 제주' 행사 개최.
일본인 700여 명 참석.

▶ 9월, 한국관광공사에 한국 연예 명예의 전당
한류관(Korean Entertainment Hall of Fame) 개관.

▶ 1월, 일본의 3인조 발라드밴드 딘과 힙합그룹 킥더캔크루 공연.
일본 가수들의 공연과 음반이 강세를 보이자,
한국 음악시장에 '재패니즈 인베이션'이라는 표현 등장.

▶ 소니뮤직, BMG, EMI, 워너뮤직 등 외국 음반사와 국내의
SM엔터테인먼트 등이 공연과 음반 발매에 적극 참여.
아무로 나미에, 하마사키 아유미 등의 앨범 수입.

▶ 일본 음반시장 점유율 1위의 Avex사가 인터넷 음악사이트
'iLikepop.com'을 통해 2만여 곡의 일본 인기 가요 제공.

▶ 12월 15일, 한국디지털오디오방송이 최초의 일본 음악 전문채널
'쎄티오 FM 도쿄' 신설, 스카이라이프 813번을 통해
J-Pop 중심 일본 대중음악 24시간 송출.

중 국

▶ 7월, 베이징 한복판 인민대회당에서 '한중 우호의 밤' 공연 개최.
앙드레 김 패션쇼, 리틀엔젤스 공연 및
이정현 · 보아 · 강타 · NRG 등 십대스타들의 공연으로 구성.

▶ 12월, 베이징에서 '2004한국영화제' 개최.

▶ 드라마 〈올인〉 방영.

▶ 5월, 일시 주춤했던 한류 열풍이 드라마 〈대장금〉 열풍으로 되살아 남.
  한국 드라마의 높은 인기로, 방송 시간 및
  수입 편수를 제한하여 자국 드라마를 보호해야 한다는 주장 대두.

홍 콩

▶ 12월, 화장품 브랜드 '미샤'가 배우 원빈을 앞세워 홍콩 1호점 개점.

▶ 6월, 홍콩 영화사가 제작비 전액을 투자한 영화
  〈내 여자친구를 소개합니다〉가 한국과 홍콩에서 동시 개봉, 흥행에 성공함.

일 본

▶ 4월 3일, 드라마 〈겨울연가〉, NHK-TV 지상파 방송 시작.
  주연배우 배용준은 '욘사마'라는 애칭으로 최고의 인기를 누림.
  NHK 여론조사에 의하면, 〈겨울연가〉 시청 이후
  일본인 26%가 한국에 대한 이미지가 좋아졌다고 답변.

▶ 6월, 영화 〈태극기 휘날리며〉 일본 개봉.

▶ 10월, 이병헌 주연의 〈아름다운 날들〉, 권상우 주연의 〈천국의 계단〉 방영으로
  한류 열풍 지속. 이병헌은 NHK 종합뉴스에 한국, 일본 연예인을 통틀어
  처음으로 출연, 앵커와 10분간 대담.

▶ 11월, 배용준 · 장동건 · 이병헌 · 원빈 등 이른바
  '한류 4대 천왕'의 사진 및 영상집이 잇따라 발간됨.

▶ 12월 19일, NHK 위성 채널에서 한국 및 한류 관련 프로그램
  '한국의 날 - 한국! 알고 싶다! 가고 싶다! 보고 싶다!'를 특별 편성,
  8시간 동안 연속 방송.

▶ 12월, 올해의 사자성어로 일본에서
  배우 배용준을 부르는 명칭인 '욘사마'(樣樣樣樣) 선정.
  '욘사마', '겨울연가' 등이 올해의 유행어로,
  '한류'는 올해의 히트상품으로 언론사 및 각종 기관에서 선정.

▶ 〈뉴욕타임스〉에서도 연말에 한류를 주요기사로 다루고,
  한류 스타 배용준이 한국과 일본에서 23억 달러의 경제효과를 창출했다고 평가.

2005 —

한국 및 공통사항

▶ 한국관광공사에서 2005년을 '한류 관광의 해'로 선포.
▶ 경기도에서 한류 체험 문화관광산업단지
  '한류우드(Hallyuwood)'를 일산에 조성한다는 구상 발표.
▶ 〈겨울연가〉의 스타 최지우가 다국적 화장품 브랜드
  '크리스찬 디올'의 첫 번째 아시아 모델로 발탁됨.
▶ 1월, 드라마 〈겨울연가〉의 일본 내 인기에 따라,
  대한항공이 일본 여행사 JTB와 제휴하여
  '겨울연가 전세기' 운항 시작.
  일본 관광객을 〈겨울연가〉 촬영지로 직송하기 위해
  강원도 양양과 일본 오사카를 잇는 항공편 증설.
▶ 한일 양국은 2005년을 '한일 우정의 해'로 선포.
  한류 지속을 위한 정부 차원의 방안이 잇따라 제기 됨.
  문화관광부 등 관련 부처에 '한류 지원단'을 구성하고,
  문화관광부에 민간 자문기구인 '한류정책자문위원회'를 둠.
  국정홍보처에서는 한류 스타를 관광홍보 차원에서 격상시켜
  '국가홍보대사'로 지정.

중 국

▶ 1월, 한류가 다소 침체된 상황에서
  드라마 〈인어아가씨〉가 높은 시청률 기록.
▶ 3월, 장나라의 중국 내 첫 앨범 〈일장(一場)〉이
  100만 장 판매 기록. 중국 '골든 디스크 어워드'
  인기투표에서 1위 기록.
▶ 4월, 온라인게임 〈미르의 전설 2〉가 동시접속자
  70만 명 이상을 기록. 중국 온라인게임 시장의 65% 점유.

▶ 드라마 〈대장금〉이 선풍적인 인기 속에 방영.
  5월 1일에 방영된 마지막회는 홍콩에서 사상 최고의 시청률(47%) 기록.

일 본

▶ 3월, 일본 바이어들을 대상으로 한 KOTRA 조사에서 "한류의 영향으로 한국에 대한 호감도가 높아졌다"는 응답이 78.9%로 조사됨.
▶ 5월, 한류스타 배용준 우표를 한국, 일본에서 동시 발행.

· 김설화, 〈중국의 한류 현상과 그 수용에 관한 연구〉 서울대 언론정보학부 석사 논문, 2002.

· 김정수, 〈한류현상의 문화산업적 함의〉, 《한국정치학회보》 11권 4호, 2002.

· 김태만, 〈한류의 정치학 – 지역에서 세계읽기〉, 《한중 문화교류의중국적 토대》, 학술진흥재단 기초학문육성 인문사회분야 지원 산업 중간발표 워크샵, 한국해 양대학교, 2003.

· 김현미, 〈'한류' 담론 속의 욕망과 현실〉, 《당대비평》 19호, 2002.

· 김현미, 〈일본대중문화의 소비와 팬덤(fandom)의 형성〉, 《한국문화인류학》 36-1.

· 대외경제정책연구원, 〈한류의 경제적 효과와 정책 시사점에 관한 설문조사〉, 《KIEP 동향분석속보》, 2-28호, 2001.

· 백원담, 〈이병헌 팬사이트를 통해서 본 동아시아 대중문화소통 현상 연구〉, 《중국현대문학》 30호, 2004. 9.

· 백원담, 〈한류의 극복, 중국의 문화변동을 고려한 진정한 동북아 문화교류 방안〉, 광주문화포럼, 2003.12.23.

· 백원담, 〈동북아담론과 문화교류〉, 한국문화관광정책연구원 동북아 문화관광교 류와 문화산업 협력 심포지엄 발표논문, 2003.12. 3.

· 백원담, 〈한중 문학 · 출판 교류: 교감, 소통, 생산〉, 《문화예술》 2002년 10월호.

· 백원담, 〈진짜 한류를 만들어내자〉, 《한국일보》(2004. 5.13).

· 백원담, 〈한류의 방향타를 잡아라〉, 《한겨레21》(2004. 9.15).

· 백원담, 〈한류를, 동아시아에 다시 흐르게 하라〉, 《씨네21》(2004. 7.13).

· 백원담, 〈한류의 동아시아적 여정(旅程)〉, 《야호코리아》(2004, 12월호).

· 백원담, 〈하노이, 전쟁 · 촌락 · 시, 한류 · '한류'〉, 《진보평론》(2005, 봄호).

· 백원담, 〈한류의 지속화문제〉, 경기개발연구원 한류우드 공감대 확산을 위한 세미나 발표논문, 2005. 4.

· 백원담, 〈한중일 대중문화 삼국지〉, 《한겨레21》(2005. 4. 5).

· 백원담, 〈韓流の東アジア的可能性〉, 《現代思想》, 2005-6, 東京.

· 서강대 동아연구소, 〈동아시아에서의 '한류' 특집〉, 《동아연구》 42집, 2002.

· 서연호, 〈한류 한국붐의 의의와 아시아시대의 우리문화〉, 《문화예술》 2002년 10월호.

· 신혜선, 〈중국 청소년의 한국대중음악 수용에 관한 연구〉, 고려대 언론대학원 석사논문, 2001.

· 양은경, 〈동아시아의 트렌디드라마 유통에 대한 문화적 근접성 연구〉, 《방송연구》 57호, 2003.

· 유재기, 〈황화와 아오자이 속에 어우러진 한류〉, 《문화예술》 2002년 10월호.

· 임진모, 〈한류경제학이 가동되어야 한다〉, 《문화예술》 2002년 10월호.

· 이민자, 〈중국 개혁기 청소년문화 분석: "한류"를 중심으로〉, 서강대 동아연구소, 《동아연구》 제42집, 2002.

· 이상만, 〈한류공연예술의 근간은 인적교류이다〉, 《문화예술》 2002년 10월호.

· 이은숙, 〈중국에서의 '한류' 열풍 고찰〉, 제1회 세계 한국학 대회, 한국정신문화연구원, 2002.

· 이준웅, 〈한류의 커뮤니케이션 효과: 중국인의 한국 문화상품 이용이 한국에 대한 인식과 태도에 미치는 영향〉, 《한국언론학보》 47권 5호, 2003.

· 임진모, 〈한류경제학이 가동되어야 할 시점: 대중문화 측면에서의 한국의 역할〉, 《문화예술》 2001.

· 유세경 · 이경구, 〈동북아시아 3국의 텔레비전 드라마에 나타난 문화의 근접성〉, 《한국언론학보》 45-3호, 2001.

· 정상철 외, 《한국 대중문화산업의 해외진출을 위한 지원방안 연구: 한류의 지속화 방안을 중심으로》, 한국문화정책개발연구원, 2001.

· 조한혜정 외, 《'한류'와 아시아의 대중문화》, 연세대학교 출판부, 2004.

- 하종원·양은경, 〈동아시아 텔레비전의 지역화와 한류〉, 《방송연구》 2002년 겨울호.
- 한국문화콘텐츠진흥원, 〈한류지속화 연구 기본계획 수립〉, 최종보고서 요약본, 2001.
- 한승미, 〈한류좌담회〉, 《이미지 오브 코리아》, 연세대학교 미디어아트 센터, 2002.
- 허진, 〈중국의 한류현상과 한국 TV 드라마 수용에 관한 연구〉, 《한국방송학보》 16-1, 2002.
- 한국관광공사, 〈"신한류" 관광마케팅 전략보고서〉(2003. 1. 2).
- 한국관광공사, 〈한류를 이용한 관광마케팅 전략보고서〉(2001.10. 8).
- 한국문화콘텐츠진흥원, 〈중국 내 '한류'현상에 대한 소비자의 잠재적 니즈 파악 및 향후 접근전략-북경 현지 FGI를 통한 소비자 특성파악을 중심으로〉 (2004. 1).
- 한국문화콘텐츠진흥원 정책개발팀, 〈동북아 문화콘텐츠산업 현황〉(2003. 7).
- 한국문화콘텐츠진흥원 정책개발팀, 〈최근 일본의 문화콘텐츠산업정책 동향〉 (2004. 1).
- 아시아문화산업교류재단 뉴스레터 1-11호.
- 亞洲週刊特輯, 2001, 〈文化驚艶, 兩岸三地, 韓流滾滾〉(2001. 6.24).
- 深圳周刊特輯, 2001, 〈韓流滾熱浪〉(2001. 8.26).
- Iwabuchi, Koich ed., *Feeling Asian modernities: Transnational Consumption of Japanese TV Dramas*, Hong Kong University Press, 2004.
- 毛利嘉孝 編, 《日式韓流》, せりか書房, 2004.

■ 신문기사

· "한국드라마 日 안방 잠식", 〈한국일보〉 2003. 8.31.

· "배용준 퇴짜 ! 최지우 "싫어"···日방영 한국홍보CF 부담감", 〈스포츠투데이〉 2004. 2. 7.

· "열도 유혹 한류스타 '공인'", 〈스포츠조선〉 2004. 4. 1.

· "NHK, 이병헌−송혜교 초청... '올인' 도 일본간다", 〈스포츠조선〉 2004. 4.12.

· "베트남人 LG로 화장한다", 〈경향신문〉 2004. 4.22.

· "해외한류, '베' 에 첫 시트콤 드라마 방영", 〈연합뉴스〉 2004. 9.22.

· "연합인터뷰: 베트남 한류전문기자 티우 응언 기자", 〈연합뉴스〉 2004.11.19.

· "아세안 시장현황과 교역구조", 〈연합뉴스〉 2004.11.30.